Katas Ellie

Walk to Life

I

Eine deutsch- amerikanische Geschichte

Impressum
Texte: © 2023 Copyright by Katas Ellie
Umschlag: © 2023 Copyright by Katas Ellie

katas-ellie@gmx.de
https://www.facebook.com/Katas.Ellie

Druck: epubli – ein Service der Neopubli GmbH, Berlin
Köpenicker Straße 154a, 10997 Berlin

Verlag: Inga Rieckmann alias Katas Ellie
c/o Block Services
Stuttgarter Straße 106
70736 Fellbach

Zuständige Pflichtabgabestelle:
Württembergische Landesbibliothek
-Pflichtexemplarstelle-
Konrad-Adenauer-Str.8
70736 Fellbach

Bibliografische Information der Deutschen Nationalbibliothek:
Die Deutsche Nationalbibliothek verzeichnet diese Publikation in
der Deutschen Nationalbibliografie; detaillierte bibliografische
Daten sind im Internet über http://dnb.d-nb.de abrufbar

Kapitel 1

Gut Haulensteen Anfang Januar

»Hast du alles? Pass? Flugtickets? Dein Visum?« Kris schaut mich besorgt an. Den ganzen Morgen ist sie mir kaum von der Seite gewichen, so nervös ist sie.

»Ja, Mama! Ich habe alles eingepackt. Meine Güte, nun lass mir doch etwas Luft! Es ist ja schließlich nicht das erste Mal, dass ich wegfahre.« Mit einem langen Seufzer sehe ich mich in der winzigen, aber gemütlichen Behausung um. Es ist warm in der Wohnküche, im Küchenofen glimmt ein letzter Rest des morgendlichen Feuers. Neben dem Küchentresen lehnt mein gepackter Wanderrucksack an der Wand. Draußen vor dem großen, doppelflügeligen Halbrundfenster treibt der Wind heulend die Regentropfen vorbei. Januar in Mecklenburg von seiner ungemütlichsten Seite, ein Tag, an dem man nicht mal einen Hund vor die Tür jagen will. Genauso wenig wie den dicken schwarzen Kater Putin mit dem Knickohr, unseren Hofdiktator, der sich jetzt gähnend auf dem Sofa in die Länge streckt und uns aus seinen grünen Augen indigniert anstarrt.

»Na, hoffentlich fahren die Züge. Das fehlte noch, dass du deinen Flug verpasst«, erwidert Kris, packt den Rucksack und zieht ihn zur Tür. Zu tragen schafft sie ihn nicht, zierlich, wie sie ist. Ganz im Gegensatz zu mir. Ein Kreuz wie ein Bauarbeiter, scherzt Kris manchmal, was ja auch teilweise stimmt. Denn das bin ich die letzten zweieinhalb Jahre mehr oder weniger gewesen, und ganz sicher war ich niemals so zierlich wie sie.

»Komm, Dicker, raus mit dir!«, scheuche ich den Kater vom Sofa. »Hier wird jetzt abgeschlossen. Such dir einen anderen Schlafplatz!«

Er maunzt empört, huscht aber angesichts der Übermacht in den Vorraum und schlüpft dann zur Tür hinaus. Aber nur halb. Kaum bemerkt er die fliegenden Regentropfen, will er sofort wieder umdrehen. Kris schiebt sanft mit dem Fuß hinterher und schließt die Tür wieder. Seufzend schaut sie nach draußen, leichte Sorge im

Blick. »Hoffentlich hält das Dach durch. Heute Nacht haben sie Orkanböen angesagt.«

Ich schaue ebenfalls nach draußen. Das große Haupthaus verschwindet fast in der nebeligen Suppe auf der anderen Seite des Hofes, so schlecht ist die Sicht. »Keine Sorge, die Jungs haben gute Arbeit geleistet. Das Dach wird halten. Ich habe jede einzelne verdammte Klammer kontrolliert, die sie gesetzt haben.« Wir tauschen ein Verschwörerinnengrinsen.

Sicherlich haben die Dachdecker vom Gutshausretterverein vieles erwartet, als sie im Frühsommer hier angefangen haben, aber ganz sicherlich nicht, dass eines der verrückten Weiber (O-Ton des Altgesellen) ständig auf dem riesigen Gerüst herumturnt, immer ihnen über die Schulter schauend und mit ihnen durch die Dachsparren kletternd. Denn ich wollte lernen, was sie da machen, egal was. Zuerst waren sie genervt. Dann haben sie versucht, mich anzubaggern, besonders die Älteren. Doch das habe ich ignoriert, und als sie merkten, dass ich mit anfasse und wirklich etwas *kann*, da haben sie mich akzeptiert und mir sogar Dinge gezeigt, die wir wissen müssen, sollte mal etwas kaputt gehen. Denn wir können nicht immer auf Handwerker zurückgreifen. Die Förder- und Spendengelder haben für die Sanierung des Daches gerade so gereicht. Den Rest müssen wir selber stemmen.

Ich ziehe mir rasch die Winter-Trekkingjacke über. »Bereit?«

Kris nickt und schaltet das Licht aus. »Eins, zwei... drei!« Ich schwinge mir den Rucksack auf den Rücken, packe die selbst genähte Kameratasche – Spezialanfertigung - und folge ihr aus der Tür. Ein kurzer Sprint rüber zum Rücheneingang des Gutshauses bewahrt mich vor dem schlimmsten Regen, aber meine Wanderstiefel platschen durch den Matsch und sind im Nu eingesaut. Na super, hoffentlich bekomme ich die wieder einigermaßen sauber, sonst schmeißen mich die Amis gleich wieder raus oder unser liebster Taxifahrer, der jetzt jeden Moment eintreffen muss, nimmt mich gar nicht erst mit. Hastig trete ich sie ab und schlüpfe ins Haus. Als ich mich umdrehe, um die Tür zu schließen, sehe ich aus den

Augenwinkeln eine Bewegung im Nebel, eine kleine Gestalt. Ganz kurz nur, ein Winken. Ich lächele zurück, dann ist sie wieder weg. Mit einem tiefen Durchatmen schließe ich die Tür.

In der Waschküche empfängt mich der muffige Geruch eines alten Kellers, wie das in so uralten Häusern halt ist. Aber dahinter, in der großen Gutsküche, ist der Herd voll durchgefeuert, und es riecht nach Rauch, Essen und Gemütlichkeit. Notdürftig streife ich mir den Matsch von den Schuhen, während Kris in ihre Crogs schlüpft. Keine Dreckschuhe im Haus. Eiserne Regel im Winter, aber heute gilt sie nicht für mich. Sorgfältig auf das ausgelegte Malerfliess tretend, steige ich die Treppe mit dem Eisengeländer hoch in die Eingangshalle.

Kris folgt mir und fragt leise: »Wer war es, der Junge oder das Mädchen?«

»Der Junge. Hat sich verabschiedet«, erwidere ich genauso leise. Mehr sage ich nicht.

Oben in der Halle ist es wie zu erwarten so eiskalt, dass kleine Dampfwölkchen vor meinem Mund aufsteigen. Zwar ist die Heizung bereits angeschlossen, aber wir heizen mit Holz, so viel es nur irgend geht, um die Gaskosten zu sparen. Neues Dach hin oder her, dieser Kasten ist so zugig wie ein alter DDR Eisenbahnwagen mit geöffneten Fenstern bei voller Fahrt im Winter. Wie gut habe ich es doch in dem winzigen Nebenhaus, dem ehemaligen Backhaus des Gutes. Irgendeiner der ambitionierten, aber gescheiterten Vorbesitzer hatte dort mit der Restaurierung angefangen und zumindest neuere Fenster und ein richtiges Bad eingebaut. Ein Segen bei diesem Wetter.

Aber Kris stört das nicht und ihre bessere Hälfte auch nicht. Sie sind gleich hier eingezogen, selbst als das Dach noch offen war und die Hälfte aller Böden kaputt und durchgebrochen. Camping auf der Baustelle, anfangs sogar im Zelt. Doch es wird langsam. Überall kann man die vergangene Schönheit des Hauses bereits erahnen, das konnte man mit viel Fantasie von Anfang an. Über uns schraubt sich die wuchtige Wendeltreppe in fast schon wieder alter Eleganz in die Höhe. Das wird das Prachtstück des Hauses, sollte sie erst einmal fertig werden.

Von oben aus dem ersten Stock dröhnt Deep Purple aus einer Musikbox gegen das Kreischen einer Flex an. Kris tritt an das Geländer der Wendeltreppe, nimmt den Schlegel, der dort hängt, und schlägt ein paar Mal kräftig gegen das Metall. »Perri, komm runter und sag Sanna auf Wiedersehen!«, brüllt sie gegen den Lärm an. Man hört ein lautes Scheppern, dann einen Fluch. Dann verstummt die Musik.

»Ich komm' ja schon! Ist das Taxi da?«

»Noch nicht«, rufe ich mit einem Blick über die Schulter.

Perri kommt die Treppe heruntergepoltert. Diese zittert richtig unter seinem Gewicht. Er ist von Geburt Däne, hat aber schon überall auf der Welt als Zimmermann und Schiffsbauer gearbeitet, bis er sich in die elfengleiche Kris verliebt hat und mit ihr in dieses Wahnsinnsprojekt eingestiegen ist. Langer Zottelbart mit zwei geflochtenen Zöpfen, ehemals rotblonde, jetzt mit viel Grau durchsetztes Haar und über zwei Meter groß, kann man ihn sich gut als Schrecken der Meere vorstellen. Seit Jahren sind er und Kris ein Paar, wie es ungleicher nicht sein kann. Sie mit ihrer unerschöpflichen Energie und er mit seiner unerschütterlichen Ruhe und Gelassenheit. Ich mag beide wahnsinnig gerne und nehme jetzt mit Tränen in den Augen Abschied.

Er umarmt mich, hebt mich regelrecht vom Boden hoch und gibt mir einen dicken Kuss. »Pass auf dich auf, Süße. Und denk an das, was dich der Meister gelehrt hat.«

Ich muss lachen und erwidere seine Umarmung fest. »Mach ich doch, keine Sorge.« Draußen hupt es. Perri setzt mich wieder auf dem Boden ab, und die beiden bringen mich zur Tür.

»Mach uns spektakuläre Fotos, ja?« Kris umarmt mich ein letztes Mal.

»Das werde ich. Genug mit dafür habe ich ja«, erwidere ich mit einem Grinsen und rolle die Schultern. Ich habe sehr viel in den Ultralight Backpacker Foren geforscht und mir die Ausrüstung so leicht gemacht, wie es nur irgend geht. Aber die Technik wiegt nun einmal, die Kamera, das Stativ, die Akkus, Solarladegerät, das Ultrabook, die Ladekabel. Zumal ich im Winter losziehe, das bedeutet einen dickeren Schlafsack, wärmere Klamotten. Alles in allem trage ich runde fünfzehn Kilo Gewicht mit mir herum, und da sind noch keine Vorräte und kein Wasser dabei. Ganz schön viel für meine Verhältnisse. Aber wer Winterfotos haben will, muss halt im Winter los, besonders solch spezielle, wie ich sie machen will. Oder Kris sie haben möchte.

Der Taxifahrer steigt aus. Ich bin erfreut, ein bekanntes Gesicht für die Fahrt nach Rostock bei mir zu haben. »Kurt! Wie geht es dir?«

Er öffnet mir grinsend den Kofferraum. »Immer rein damit und dann ab ins Warme, Mädel«, begrüßt er mich mit seinem breiten berliner Akzent und hilft mir mit dem Rucksack. Ich winke meinen beiden Freunden in der Eingangstür noch einmal zu und schlüpfe aufatmend auf den Beifahrersitz. Geheizt. Grinsend mache ich es mir gemütlich. Auf Kurt ist doch immer Verlass! Er wechselt noch ein paar Worte mit Kris und Perri, dann steigt er ächzend hinter das Steuer.

Kurt ist eine echte Legende in der Gegend. Längst in Rente, verdient er sich mit dem Taxifahren ein Zubrot. Oder er versucht der Langeweile zu entkommen, wie er manchmal augenzwinkernd meint. Als die Direktorin der Samtgemeinde über die Köpfe der Dorfbewohner hinweg klammheimlich mit einigen Immobilienhaien den Verkauf und Abriss von Gut Haulensteen beschlossen hatte, war er einer der ersten gewesen, der eine Bürgerinitiative zur Rettung des Anwesens ins Leben gerufen hat. Erst hat die Direktorin das noch milde belächelt. Doch sie hat ihre Rechnung ohne Kurt gemacht. Er ist ein Veteran der 89er Bewegung und kann Reden schwingen, dass einem das Hören und Sehen vergeht. Sie hatte keine Chance. Vor drei Jahren dann haben Kris und Perri das Haus zu einem symbolischen Preis von einem Euro – und einer Million Bauauflagen - gekauft. Da war die Samtgemeinde nur noch froh, dass endlich Ruhe um den Kasten herrscht. Ein abgedrehtes Künstlerpärchen war ihnen da allemal lieber als die Horden von linken Hausbesetzern, die sich etliche Scharmützel mit der Polizei und der örtlichen rechten Szene aus der Nachbarstadt geliefert haben.

Kurt brummt ungehalten und schaltet den Scheibenwischer auf eine höhere Stufe, bevor er losfährt. »Mensch Mädel, da hast du dir aber ein beschissenes Wetter für deine Reise ausgesucht. Ich täte ja nichts lieber, als mich jetzt in so eine schaukelnde Blechkiste zu setzen!«

»Ach, das ist schon okay. Ich bin schon bei schlimmerem Wetter geflogen«, winke ich ab. Die Bäume in der lang gezogenen Allee biegen sich gen Osten. Ich schaue besorgt nach oben. Hoffentlich kommt nicht ausgerechnet jetzt ein Ast runter! Wir haben es noch nicht geschafft, alle Totäste zu beseitigen, es sind einfach zu viele. Der Sommer war so kurz und randvoll mit Arbeit, da blieb für die Baumpflege keine Zeit.

Doch dann ist die Allee zu Ende, und Kurt biegt durch die Toreinfahrt auf die Landstraße ein. Am Gutsverwalterhaus stehen zwei Gestalten in der Tür und winken, und ich winke zurück. Helena und ihr Mann Georg sind uns gute Freunde geworden und er mein Mentor in Sachen Selbstverteidigung. Der Meister, wie Perri sagt. Wenn man als Frau allein auf Reisen geht, dann ist man gut beraten, sich verteidigen zu können, und Georg ist als pensionierter Polizist und ehemaliges Mitglied einer Spezialeinheit der ideale Partner, mir das beizubringen. Er hat mich im letzten halben Jahr ganz schön rangenommen, und mittlerweile traue ich mir einiges zu. Was nicht ist immer so gewesen ist.

Ich seufze bei dem Gedanken. Kurt tätschelt mir das Knie. »Kopf hoch Mädel, kein Trübsal blasen! Nun erzähl doch mal, wie läuft's denn so bei euch in dem alten Kasten?«

Und damit schafft er es, dass meine trüben Gedanken im Nu verflogen sind. Begeistert unterhalten wir uns über die Fortschritte im Obergeschoss und die Pläne, die Kris mit ihrer Galerie in der Scheune hat. Er verspricht mir, während meiner Abwesenheit nach den Fahrzeugen zu sehen und sie gebührend spazieren zu fahren und zu pflegen, damit sie keinen Rost ansetzen. Kurt ist einfach ein Schatz, und das sage ich ihm auch, als er in die Taxischleife am Rostocker Bahnhof einbiegt.

»Ach lass nur, Mädel! Deine beiden Schätzchen sind tolle Spielzeuge für einen alten Mann wie mich«, grinst er mich an und hebt mir den Rucksack aus dem Kofferraum. Damit hat er vermutlich recht. Den zwanzig Jahre alten Landrover Defender und den über Sechzig Jahre alten Unimog habe ich mitsamt Anhänger, Tonnen von Werkzeugen und Maschinen in dieses Projekt mit eingebracht. Aus einem anderen Leben. Es war ein Tauschgeschäft für die Unterkunft im Backhaus, dringend benötigtes Material, ohne das Perri und Kris nie so weit hätten kommen können. Dass ich damit jedoch auch Freunde fürs Leben eintausche, hätte ich nie gedacht.

Ich vereinbare mit Kurt, dass ich mich kurz über Handy melde, sobald klar ist, ob der Zug auch wirklich fährt. Ansonsten würde er mich auch nach Hamburg fahren, selbst bei diesem Wetter. Doch es geht alles glatt. Die Regionalbahn ist sogar pünktlich, und ich steige erleichtert ein. Ein kurzer Anruf, und ich schaue aus dem Fenster ins Leere. Meine Gedanken und Gefühle sind abgestumpft, erschöpft. Die Fröhlichkeit mit den anderen lediglich aufgesetzte Fassade. Deshalb will ich auch weg. Eigentlich ist der Winter zum Verschnaufen da, um zu sich zu kommen. Aber auf Haulensteen lächelt einen die Arbeit immer an, und ich kann sie einfach nicht ignorieren. Das liegt nicht in meiner Natur. Nicht, wenn Kris und Perri es auch nicht machen. Was wäre ich denn für eine Freundin, wenn ich die beiden schuften ließe und selber die Füße hochlege? Deshalb ist es gut, dass ich erst einmal für ein paar Monate woanders bin. Und allein. Das vor allem.

Über den Flug von Hamburg nach London gibt es nicht viel zu berichten. Die Piloten sind stürmisches Wetter gewohnt, und ich habe es fast noch nie erlebt, dass diese wichtige Verbindung eingestellt worden ist. Natürlich gibt es angenehmere Tage zum Fliegen, aber das Gerüttel und der damit verbundene Lärm verhindern wenigstens, dass man in aufdringliche Gespräche verwickelt wird.

Wir kommen einigermaßen pünktlich in Heathrow an, aber dann geht plötzlich alles schief. Ich sehe es schon auf der ersten Anzeigetafel, zahlreiche Flüge stehen entweder auf *delayed* oder sogar *cancelled*, und leider auch mein schöner Direktflug nach Phoenix in Arizona. Aufgeregte Rufe und Stöhnen aller Passagiere ringsherum.

Heathrow gleicht einem Tollhaus. Ich als Business-Class Passagier habe es da noch vergleichsweise gut, ich darf an einen extra Schalter und werde aufmerksam betreut. Doch leider wartet dann noch eine Hiobsbotschaft auf mich: Die nächste einigermaßen verlässliche Verbindung zum eigentlichen Ziel, Tucson in Arizona, geht ausgerechnet über New York. Ich würde am geplanten Tag dort ankommen, jedoch fände dann der Stopover nicht in Phoenix, sondern in New York statt. Einen Moment lang zögere ich. Will ich das? Doch es nützt ja nichts, offenbar hat das Wetter derartig viele Verbindungen beeinträchtigt, dass mir kaum eine andere Wahl bleibt, ansonsten würde ich erst Tage später ankommen. Also greife ich zu. Irgendwie werde ich es schon schaffen.

Ich lenke mich ab, indem ich mir eine einigermaßen ruhige Ecke suche und mich ins Netz einlogge, um das Hotel in Phoenix zu stornieren. Mit dem in Tucson brauche ich das ja zum Glück nicht zu tun. Um mich herum finden allerlei aufgeregte Telefonate statt. Es hängen offenbar ziemlich viele Leute komplett hier fest. Da hatte ich ja Glück!

Kopfschüttelnd schaue ich mich um. Warum lamentieren die denn so? Sie können es ja nicht ändern! Diese Businesstypen, die altmodischen mit, die neumodischen ohne Schlips, alle ach so wichtig mit ihren Smartphones und Laptops, habe ich noch nie leiden können, was auch an meinen früheren Jobs liegt. Gott sei Dank bin ich aus dieser Falle raus, denke ich und lege verächtlich die schlammbespritzten Wanderstiefel übereinander, als ich den Terminal in Heathrow gewechselt und mich in den Wartebereich für den Flug nach New York begeben habe. Dennoch, egal wie ich daherkomme, wie ich mich gebe, immer versucht irgendeiner, mich in aufdringliche Gespräche zu verwickeln, und das geht mir entsetzlich auf den Keks. Diesmal ist es ein rotgesichtiger Engländer mit einem so starken Cockney Akzent, dass ich ihn kaum verstehe. Dankend lehne ich die Einladung auf einen Drink ab und flüchte auf die Toilette. Mit etwas saubereren Stiefeln und eingestöpselten Kopfhörern setze ich mich demonstrativ in eine andere Ecke, die Kameratasche Abstand einfordernd auf dem leeren Platz neben mir.

Was finden diese Typen nur an mir? Ich schaue innerlich kopfschüttelnd auf das Spiegelbild in der großen Außenscheibe des Terminals. Da sitzt eine knapp 1,65 Meter große, kräftig gebaute, schlanke Frau mit mittellangen, zu einem kurzen Zopf geflochtenen Haaren in undefinierbarer Farbe. Straßenköterblond, durchmischt mit grauen Strähnen. Im Sommer eher blond, im Winter eher braun. Trekking Kleidung in brauner Farbe, Wollkapuzenpulli, kein Schmuck, nicht einmal eine Uhr. Ich bin Ende Vierzig, sehe aber jünger aus und habe ein eher rundliches Gesicht mit einer für meinen Geschmack etwas zu dicken Nase und breitem Mund und großen blauen Augen, die je nach Stimmung entweder grau oder leuchtend blau sein können, wie meine Freunde sagen. Oder eisig, richtig eisig, wenn ich wütend bin. Ganz normaler Durchschnitt und weit entfernt von diesen eleganten Stöckelschuhtanten mit all ihrer Schminke und Parfüms. Dafür habe ich mich nie interessiert. Morgens eine Stunde Zeit im Badezimmer? Von wegen! 15 Minuten. Maximum. Keine Chemie, kein Lack. Stattdessen habe ich immer hart gearbeitet, beruflich wie privat, und viel Zeit in der Natur verbracht, und das sieht man vor allem meinen Händen auch an. Kurz und kräftig sind sie und mittlerweile ziemlich faltig von zu viel Baustaub.

Ich habe meinen Weg gemacht, auch ohne mich die Karriereleiter hoch zu schlafen, habe mich auf einen Bereich der IT spezialisiert, in dem es nicht viele Leute gibt, die so etwas können, und ziemlich gut verdient, bis... ja bis mein ach so abgesichertes Leben mit

Volldampf gegen die Wand gefahren und zerbrochen ist. Vor Haulensteen.

Bevor die Gedanken in diese gefährlichen Regionen wandern können, wird der Flug nach New York aufgerufen. First und Business Class zuerst, zumindest eine kleine Gnade heute! Ich hole Pass, Visa Unterlagen und Flugticket hervor und laufe mit einem nicht unbefriedigenden Gefühl an den Schlipsträgern vorbei, die von ihren Firmen zur Economy-Class verdonnert worden sind, und stelle mich in die Reihe der noch eleganteren Passagiere. Ungläubige Blicke folgen mir und teilweise auch leise Verachtung angesichts der klobigen Stiefel von den Frauen. Es ist mir herzlich egal. Ich habe mir einfach geschworen, nie wieder einen Langstreckenflug in der Bretterklasse zu machen. Wofür habe ich so hart gearbeitet, wenn ich mir nicht mal etwas gönnen kann? Dann fliege ich lieber weniger und dafür ausführlich.

Doch erstmal ist die Passkontrolle dran. Neben dem britischen Zollbeamten sitzt einer von den Amerikanern. Hier geht das schon los?, denke ich beunruhigt. Ich weiß, dass sie in letzter Zeit wieder stärker kontrollieren, wegen der vielen illegalen Migranten und ernst zu nehmender Terrorwarnungen. Mit einem Lächeln reiche ich die Unterlagen hinüber, und der Ami lächelt tatsächlich zurück. Gescannt, geprüft, pieps, und ich darf weiter. Schönen Flug, Madam. Thank you, Sir.

Erleichtert gehe ich zum Flieger, einer noch recht neuen großen Maschine, die mit allem Komfort ausgestattet ist. Ich habe einen Einzelsitz am Fenster, der Platz neben mir bleibt frei, was für ein Glück! Die Stewardess fragt, ob ich vor dem Abflug einen Drink haben möchte, und ich nehme gerne an, während sich hinter mir nach und nach die Economy-Class füllt. Sinnierend betrachte ich das Visum und fahre mit dem Daumen über das Emblem. United States of freaking America. Wer hätte das gedacht, dass ich da jemals wieder hinreise!

Als Kris und ich die Idee mit den Winterfotos aus der Wüste hatten – ein Bereich, den meine alten Reisefotos leider nicht abdecken

– habe ich erst gar nicht an die USA gedacht, sondern eher an Südamerika, die Anden. Das hätte aber bedeutet, dass ich Haulensteen im Sommer hätte verlassen müssen, in der betriebsamsten Zeit, was wir beide nicht wollten. Nach einer Recherche im Internet sind wir jedoch auf einen neuen Trail in Arizona gestoßen, der erst letztes Jahr angelegt worden ist. Im Süden und Westen der USA reihen sich die Nationalparks und Reservate wie an einer chaotischen Perlenschnur aneinander. Dieser Trail ist noch relativ unbekannt, eigentlich eine Zusammenlegung von vielen bereits existierenden Wanderwegen, nur für die Lücken hat man neue Streckenabschnitte geschaffen. Genau richtig für mich, aber ich bin nicht so fanatisch, dass ich unbedingt jeden Meter eines Weges durchwandern muss. Wenn die Strecke zu ätzend, zu eintönig ist, kann man auch mal den Daumen rausstrecken und sich mitnehmen lassen bis zum nächsten Abschnitt oder ganz woanders entlangwandern.

Unbekannte Wege bedeuten nicht viele Fotos im Stock, den Portalen zur Stockfotografie, womit ich mittlerweile mein – wenn auch bescheidenes – Auskommen bestreite, gemessen an dem, was ich früher verdient habe. Aber für die laufenden Kosten des Lebens auf dem Gut reicht es. Und gerade die Siedlungen im Westen der USA, die alten Minenstädte, verlassene Wüstenkäffer, bedeuten eine Menge Lost Places.

Landschaftsfotos sind für die Stockfotografie eher uninteressant, dort geht es mehr um Menschen, Berufe, Motive für Werbung, welche die Agenturen einkaufen. Oder Firmen. Gut Haulensteen mit seiner Mega Baustelle, dieser Lost Place, hat mir Tonnen von Fotos beschert und ein stetes Einkommen in den bekanntesten Agenturen. Mittlerweile habe ich mir bei gewissen Tags einen Namen gemacht, historische Handwerksarbeit, und ich bekomme sogar Anfragen wie "hast du nicht ein Motiv mit traditionellen Zimmerleuten" oder Ähnliches. Ich mag das nicht. Fotos kann man nicht erzwingen, sie entstehen aus einer Stimmung heraus. Ich fotografiere nach Gefühl, bediene die Kamera wie im Schlaf, denke nie über Belichtung, diese ganzen technischen Details nach, an denen sich vor allem männliche Fotografen stundenlang aufhalten können. Ich spiele damit. Meistens kommen bei meinen Bildern auch so sehr gute Dinge heraus. Ein Bild muss man betreten können, sagt Kris immer, und damit hat sie recht, und deshalb ist meine Leidenschaft auch die Landschafts- und Gebäudefotografie.

Die gute Kris. Ich lächele in die Scheibe des schmalen Flugzeugfensters, und mein müdes Gesicht lächelt zurück. Kris und Perri habe ich auf einer Wanderung in Südengland kennen gelernt, nach dem Zusammenbruch meines alten Lebens. In Land's End habe ich sie getroffen, ausgerechnet an dieser Touristenabzocke, wo man Eintritt zahlen muss, um das zu sehen, was man ein paar Meter weiter ganz umsonst bekommen kann: eine atemberaubende Landschaft. Sie stritten lauthals auf Deutsch und er fluchte zwischendrin kräftig auf Dänisch herum, dieser Riesenkerl. Es war herzerfrischend, denn ich verstehe das Dänische ziemlich gut, und ich habe die beiden schmunzelnd beobachtet. Mittlerweile konnte ich das wieder, unter Menschen sein, beobachten und Gespräche führen. Am Anfang wäre das nicht möglich gewesen.

Sinngemäß ging es bei den beiden darum, dass sie, obwohl sie alle Hände voll zu tun hatten, extra wegen dieser dämlichen Fotos hierhergefahren waren und jetzt das Wetter so schlecht war, dass sie rein gar nichts sahen und Perri nicht den teuren Eintritt für Lands End bezahlen wollte. Und tatsächlich blies der kräftige Wind gerade eine gewaltige Schauerwolke heran, sodass Kris ihre riesige Kamera schleunigst wieder einpacken musste und sie zurück ins Dorf gefahren und in den nächsten Pub geflüchtet sind.

Ich hatte dort in der Nähe ein Zimmer reserviert, und so traf ich die beiden im Pub wieder. Wir kamen ins Gespräch, und sie luden mich zum Essen ein. Sie erzählten mir von Haulensteen, das ihnen nächste Woche übergeben werden sollte, und ihren Plänen. Kris ist Künstlerin, Malerin, und macht auch Kollagen aus Fotos, und sie brauchten Platz, viel Platz. Ich muss doch etwas skeptisch dreingeschaut haben, doch sie lächelte nur und holte aus ihrer Riesenumhängetasche eine Broschüre mit Fotos heraus.

»Hier, von meiner Galerie in Berlin«, sagte sie und zeigte mir ein paar ihrer Arbeiten. Was ich da sah, verschlug mir die Sprache. Diese Bilder, riesig, mehr als mannshoch, wie sie diese zusammenfügte, aber vor allem die Rahmen waren der reine Wahnsinn. »Die Rahmen macht Perri«, sagte sie, und er wurde doch tatsächlich rot. Wie süß! »Aber es ist so schwer, an gute Fotos heranzukommen. Für unsere Zwecke, meine ich, und ich selber kann leider gar nicht gut fotografieren«, fügte sie seufzend hinzu und schaute missmutig auf ihre Kamera. So ein riesiges Ding habe ich nie besessen. Mir sind die kleinen Allrounder lieber, alles in einem.

»Fotografen wollen immer Geld für ihre Bilder, und für so eine Collage brauchen wir mindestens ein Dutzend Fotos. Das können wir uns nicht immer leisten«, ergänzte Perri.

Naja, ich machte ja genug Fotos, und so zeigte ich ihr einige von den letzten, von der Küste vor Land's End, wie der Sturm aufzog. In ein irres Licht getauchte Felsen und die schwarzen Wolken mit der aufgewühlten See im Hintergrund, solche Stimmungen liebe ich. Als Kris diese Bilder sah, geriet sie völlig aus dem Häuschen. »Sanna, die sind ja fantastisch! Oh, du *musst* mir erlauben, damit zu arbeiten!« Also trafen wir eine Vereinbarung. Ich überließ den beiden die Land's End Serie, und sie luden mich ein, sie auf dem Gut zu besuchen, und dann könnten wir über eine weitere Zusammenarbeit sprechen. Ich konnte es kaum glauben. Sollte das etwa ein Wegweiser in die Zukunft sein?

Und so kam es, dass ich Wochen später mit Sack und Pack auf Gut Haulensteen gelandet bin, und diese Entscheidung hat mein ganzes Leben von Grund auf verändert.

Den Flug nach New York verbringe ich trotz des komfortablen Sitzes zunächst schlaflos, denn ich bin nervös. Ob es bei der Einreise Schwierigkeiten gibt? Allein schon herauszufinden, welches Visum für mich das Richtige ist, war eine Wissenschaft für sich. Denn ich bin ja professionell unterwegs und nicht als reine Touristin, also kam das Standardverfahren für mich nicht infrage. Ich habe mich bei einem befreundeten Journalisten schlau gemacht und eine Mischung aus dem langfristigen Reise- und Arbeitsvisum beantragt und dazu gleich noch einen neuen Pass, denn der alte, der hat derartig viele arabische Stempel in den Seiten, dass sie mich damit niemals reingelassen hätten.

Nach einigen Wochen erhielt ich endlich Nachricht und wurde nach Berlin in die Botschaft zitiert. Es gäbe da eine Unstimmigkeit, die ich erklären müsste, hieß es im schönsten Diplomatenjargon. Da hätte ich das Projekt am liebsten abgebrochen, aber Kris hat mich dazu überredet, dennoch hinzufahren. »Mehr als Nein sagen können sie nicht, oder hast du Angst, die sperren dich ein?« Ich muss doch sehr blass gewesen sein, denn sie sprach mir Mut zu. Sie wusste ja, warum ich blass geworden war, sie kennt meine Geschichte ganz genau.

Also bin ich nach Berlin gefahren, in die amerikanische Botschaft am Pariser Platz, die etwa so aussieht wie die Stasi Zentrale des einundzwanzigsten Jahrhunderts und gesichert ist wie eine Festung. Gut, das muss sie vielleicht auch sein, aber als Besucher wird man wie ein potenzieller Selbstmordattentäter durchsucht und gefilzt.

Doch die Befürchtungen bestätigten sich nicht. Ich wurde genauer zur Art und Zweck des Aufenthaltes befragt und nach kaum dreißig Minuten wieder entlassen. Drei Wochen später hatte ich mein Visum ohne eine weitere Erklärung.

Ob das in New York auch so reibungslos klappt? Man hört ja allerlei Horrorstorys von Leuten, die 48 Stunden in der Immigration festgehalten wurden wegen solcher Lappalien. Dabei ist diese Lappalie kein Vergleich zu dem, was wirklich in meiner Vergangenheit vorgefallen ist. Wie von selbst fahren meine Hände unter die Achseln, halten fest, was dort unter dem Shirt vor den Blicken der Welt verborgen in die Haut eintätowiert ist. So eingerollt auf dem komfortablen Schlafsitz, versuche ich nicht an das zu denken, was hinter mir liegt, sondern vor mir.

Irgendwann muss ich dann doch erschöpft eingeschlafen sein, denn das Nächste, was ich mitbekomme, ist die Stewardess, die mich sanft an der Schulter rüttelt. »Ma'am, Sie müssen aufwachen. Es gibt gleich etwas zu essen. In einer halben Stunde beginnen wir mit dem Landeanflug auf New York.«

Müde reibe ich mir die Augen und tapse auf den Flugzeugsocken in die Toilette, um mich etwas frisch zu machen. Business Class hin oder her, nach einem Langstreckenflug sieht die Toilette aus wie Sau, denn auch die Schlipsträger bekommen es nicht hin, sich zum Pinkeln hinzusetzen, weshalb ich über die dicken Socken echt dankbar bin. Als ich zurückkomme, steht auf dem Klapptisch neben meinem Sitz bereits das Essen. Ich staune, wie schnell sie das immer hinbekommen, und lasse es mir schmecken.

Die Küste liegt im Nebel, als wir sie überqueren. Nur undeutlich kann man unten Straßen und Häuser erahnen. Zunächst die ausgedehnten Siedlungen an den Stränden, Ferienparadiese für reiche Amerikaner, doch bald wird die Besiedlung dichter. Industrie, wohin das Auge blickt, dazwischen Siedlungen und dann die ersten Hochhäuser. Amerika oder Europa, Asien oder Afrika, diese Vorstädte sehen doch alle gleich aus. Ich bin ganz froh, dass die Sicht nicht so gut ist, denn ich möchte gar nicht mehr sehen.

»Meine Damen und Herren, darf ich um Ihre Aufmerksamkeit bitten«, meldet sich die Chefstewardess über die Lautsprecher. »Die Behörden haben eine kurzfristige Änderung der Einreiseregelungen verfügt. Meine Kollegen und Kolleginnen werden Ihnen jetzt gleich ein Formular überreichen, das Sie bitte wahrheitsgemäß ausfüllen und bei der Passkontrolle bereithalten müssen.«

Ach herrje, denke ich und nehme erstaunt das weiße Kärtchen entgegen. Weil ich Deutsche bin, bekomme ich ein ganz Spezielles. Kopfschütteln und ungläubiges Gemurmel rings um mich herum. Ja, gibt es denn so was? Nach Jahren der elektronischen Einreise schwenken sie jetzt wieder auf Karteikarten um? Wir sind hier doch nicht in Afrika! Konsterniert gehe ich die Fragen durch. War Ihr Vater oder Ihr Großvater ein Nazi? Woher soll ich das wissen, mein Vater ist nach dem Krieg geboren, und mein Großvater ist tot und hat nie darüber gesprochen. Also kreuze ich brav Nein an. Reisen

Sie mit einer terroristischen Absicht in die Vereinigten Staaten ein? Nehmen Sie Drogen oder führen Sie welche ein? Als wenn ich euch das auf die Nase binden würde, ihr Idioten! Dass sie so naiv sind, so dumm! Oder arrogant? Ich kann es kaum glauben.

Um mich herum werden Witze gerissen, offenbar haben auch die Briten so ihre Probleme mit den Dingen, die sie dort ankreuzen sollen. Einer witzelt, ob sie ihre Joints nicht lieber gleich aufrauchen sollten, noch wäre genug Zeit. Die Stewardessen lächeln milde und sammeln die Kugelschreiber wieder ein. Dann müssen wir uns auch schon anschnallen und die Sitze aufrecht stellen.

Auf dem JFK Flughafen muss ich vom internationalen Terminal in den nationalen wechseln. Es ist früher Abend und bereits dunkel draußen und nebelig, sodass mir etwaige Anblicke der Skyline von Manhattan verborgen bleiben. Die Immigration ist ein richtiges Tollhaus, lange Schlangen und genervte Einreisebeamte und Passagiere, denn offenbar waren die Änderungen derart kurzfristig, dass alle nicht so recht wissen, wie sie damit umgehen sollen. Einige Passagiere schreien die Beamten regelrecht an, unbeeindruckt von den massigen Wachleuten mit den Händen an den Waffen.

Die Flieger werden der Reihe nach abgefertigt und die Passagiere anhand der alphabetischen Namensfolge. Ich lese das so, dass sie verhindern wollen, dass jemand heimlich als ein anderer Passagier durchschlüpft. Da ich sehe, dass unser Flieger der fünfte auf der Liste ist, und dass jeder Flieger jeweils nur einem Doppel von Beamten zugewiesen ist, weiß ich, das kann dauern. Zumal ich mit Buchstabe R ziemlich weit hinten auf der Liste stehe. Aber ich habe ja Zeit, der Anschlussflug nach Tucson in Arizona geht erst morgen früh.

Ich lehne mich an einen Pfeiler und versuche, mich in das freie Wifi des Terminals einzuwählen, um Kris und Perri eine Nachricht zu schicken, doch das Handy, ganz neu und ultraleicht, zickt herum, und ich stecke es entnervt wieder weg.

Zu mir an die Säule gesellt sich einer der Briten aus der Business Class des Fliegers. »Oh man, das kann ja dauern«, seufzt er.

Da wir nichts anderes zu tun haben und er nicht so aufdringlich wirkt wie der andere in Heathrow, kommen wir ins Gespräch. Er erzählt mir, dass er mit seiner amerikanischen Frau und den Kindern in New York lebt, aber immer noch seinen britischen Pass hat. Normalerweise kein Problem, denn die Daueraufenthaltsgenehmigungen werden entsprechend abgefertigt, aber jetzt hängt er wie alle Ausländer in dieser Prozedur fest.

»Ach, bekommt man bei der Heirat nicht automatisch die doppelte Staatsbürgerschaft?«, frage ich verwundert und beobachte die wenigen Amerikaner, die gelassen an der langen Schlange vorbeigehen und zu den automatischen Scannern für US Citizens, ganz wie wir das in der EU mit unseren Bürgern auch machen.

Nein, bekommt man nicht, den kann man erst nach Jahren beantragen, was er aber nie getan hat, er wollte nicht. Was ich gut verstehen kann. Er erzählt mir ein wenig von dem Leben in New York und was er von den Amerikanern dort hält, ich erzähle ihm ein wenig von meiner Reise durch den Südwesten Englands und wie nett ich die Leute dort fand, was ihn sehr erfreut, und darüber, was ich auf dieser Reise vorhabe, was ihn einigermaßen beeindruckt. Er gibt mir ein paar Tipps, wie ich mir im Terminal am besten die Nacht um die Ohren schlagen kann, und wir reißen noch ein paar Witze auf Kosten der dämlichen Einreiseformulare der Amerikaner, dann springt die Anzeige über einer Box, besetzt mit zwei großbusigen Afroamerikanerinnen, auf unseren Flieger um. Es geht los. Ich bin schlagartig nervös, kann das aber gut verbergen vor dem Briten. Als sein Name aufgerufen wird, wünscht er mir viel Erfolg und winkt mir zum Abschied zu.

M, N, O... als P aufgerufen wird, marschiert mein Freund aus Heathrow zum Schalter. Ach herrje, der sieht aus, als stünde er völlig unter Dampf, denke ich und lausche, wie er die Beamtin anraunzt, warum das so lange dauert und was das soll und überhaupt. Ich schüttele nur den Kopf und rolle mit den Augen, was die andere Beamtin sieht. Ihr strenges, finsteres Gesicht wird einen winzigen Moment etwas freundlicher, und sie zwinkert mir unmerklich zu.

Sie schaut auf ihre Liste. »Räymän!«, ruft sie. Damit bin dann wohl ich gemeint. Mittlerweile ist der Bereich in der Immigration recht leer geworden, sodass ich mich nicht mehr durch die Menge nach vorne schieben muss. Ich trete an den Schalter und reiche ihr die Unterlagen durch. Sie scannt alles, geht die Fragen auf dem Kärtchen durch, macht einige Eingaben in ihrem Computer. Nebenan führt sich mein Freund aus Heathrow ganz unmöglich auf und dampft schließlich ab, ohne sich zu bedanken, als er seine Unterlagen zurückerhält.

»Was für ein Arschloch«, grummelt die andere Beamtin und trinkt einen Schluck aus ihrer Colaflasche. Das sollte sie mal lassen, denn sie ist wirklich ziemlich dick.

Ich lehne mich bequem an den Schalter. »Der ist ein ganz widerlicher Typ. In Heathrow hat er versucht, mich anzubaggern. Da hatte er schon ziemlich viel intus. Igitt.«

»Oh, really?« Beamtin Cola zieht die Augenbrauen hoch und trinkt noch einen Schluck. Ich sehe in Gedanken die Zuckerstückchen ihren Hals hinunterpurzeln.

»Männer sind doch alle Schweine«, murmelt meine Beamtin, während sie weiter konzentriert auf ihren Bildschirm starrt.

»Oh yeah, Baby!«, gluckst die andere dieses tiefe kehlige Lachen der Afroamerikanerinnen und wackelt ein wenig mit ihrem umfangreichen Busen. Aber nur ganz unauffällig. Offenbar ist ihnen Fröhlichkeit im Dienst nicht erlaubt. Dann wird ihre Miene wieder unbeweglich, und sie schaut auf die Liste und ruft den nächsten Kandidaten auf.

Der Computer meiner Beamtin piepst, eine Fehlermeldung. Sie zieht überrascht die Augenbrauen hoch. Oh nein, jetzt ist es passiert, doch ich bleibe äußerlich gelassen. »Gibt es ein Problem?«

»Hmm, hier steht, dass Ihr Visumsantrag einer genaueren Untersuchung unterzogen worden ist. Warum?«

»Ach, so.« Ich winke ab und erzähle ihr von dem Besuch in der berliner Botschaft.

»Und wegen so 'nem Scheiß lassen die Sie extra nach Berlin fahren? Haben die kein Telefon?« Ungläubig schüttelt sie den Kopf.

»Tja, was soll ich machen«, zucke ich mit den Schultern und erzähle ihr freiwillig, warum ich in die USA reise. Danach muss sie eh fragen. Sie schaut mit großen Augen auf die doch sehr merkwürdig aussehende Kameratasche.

»Sie ganz allein? Die Wüste ist verdammt groß«, meint sie mit dem Respekt einer echten Stadtpflanze vor der ach so gefährlichen Natur. Bei ihrer Figur bewegt sie sich bestimmt nicht viel draußen.

»Glauben Sie, dass das 90 Tage Visum reicht?«, fragt sie zweifelnd mit Blick auf das offene Rückflugticket.

»Keine Ahnung«, erwidere ich. »Kommt auf das Wetter an. Sonst muss ich halt verlängern.«

»Ach, wissen Sie was, wir machen gleich 120 Tage draus, dann haben Sie damit keinen Ärger und können in aller Ruhe unser schönes Land fotografieren. Und hinterher kommen Sie hierher und zeigen uns die Bilder, bevor Sie wieder nach Deutschland fliegen.« Sie macht die entsprechenden Eintragungen und reicht mir die Unterlagen zurück. Ich bedanke mich artig und wünsche den beiden einen schönen Feierabend, wofür sie sich schon sehr viel fröhlicher bedanken. Mit weichen Knien gehe ich an den grimmig dreinschauenden Wachleuten vorbei zum Ausgang. Geschafft! Ich gehe durch die Türen und bin drin. United States of freaking America!

Am nächsten Morgen sitze ich erschöpft an einem Fensterplatz in der Business Class des Fliegers nach Tucson. Die Nacht ist ein ziemlicher Albtraum gewesen. Anstatt einige Dinge auf meiner ToDo-Liste abzuhaken, zum Beispiel amerikanische Sim Karten und Datenraten für das Handy und Ultrabook zu kaufen und zu installieren und anschließend gemütlich in irgendeiner Ecke etwas Schlaf suchen zu können, gibt es einen Feueralarm. Alle müssen den Terminal verlassen. Feuerwehr und Polizei überall. Fröstelnd stehen wir draußen in der Kälte und warten, dass wir wieder rein können. Ich staune darüber, wie viele Einsatzfahrzeuge vorfahren und die große Anzahl an Feuerwehrleuten, die in den Terminal strömten. Doch dann fällt mir der katastrophale Flughafenbrand in Düsseldorf vor einigen Jahren ein und die ewigen Brandschutzdiskussionen vom BER. Sie werden wohl ihre Gründe für dieses Aufgebot haben. Unruhig sehe ich den Männern und Frauen in ihrer schweren schwarzgelb gestreiften Schutzkleidung hinterher. Hoffentlich passiert ihnen nichts!

Als wir dann endlich wieder reindürfen, entdeckt mich unglücklicherweise Heathrow in der Menge und beschließt, mich mit seiner ungeteilten Aufmerksamkeit zu beglücken. Also bin ich die restliche Nacht auf Achse, immer auf der Flucht vor dem aufdringlichen Gesellen. Zum Glück sitzt er jetzt nicht in diesem Flieger, darauf habe ich geachtet!

Als wir abheben, ist die Sicht wesentlich besser als am Vortag. Ein schöner klarer Wintermorgen. Die Maschine dreht eine große Schleife, bevor sie nach Südwesten einschwenkt, und der Pilot macht eine Durchsage, dass man auf meiner Seite einen fantastischen Blick auf die Skyline von Manhattan, die Freiheitsstatue und so weiter hätte. Alle lehnen sich herüber, auch mein Sitznachbar. Ich biete ihm meinen Platz an, denn er hat sein Smartphone gezückt und fuchtelt mir damit unangenehm dicht vor dem Gesicht herum. Er bedankt sich begeistert, während ich mich auf den innen liegenden Platz zurückziehe. Ich mag dort nicht hinausschauen, mag nicht die Südspitze von Manhattan sehen. Dies ist einer der wenigen Momente, bei dem die Kamera ganz bewusst in der Tasche bleibt. Denn ich sehe dort nicht die glitzernden Hochhäuser, sondern nur Trümmer und Asche. Und die Geister der Toten. Verdammt, warum gab es keinen Flug über Washington oder einen der anderen großen Flughäfen? Warum ausgerechnet hier? Ich weiß keine Antwort darauf.

Ich muss doch sehr blass geworden sein, denn später erkundigt sich die Stewardess besorgt nach meinem Befinden. Doch ich winke ab, erkläre meine Blässe mit Müdigkeit. Nach dem Frühstück ziehe ich den Sonnenschutz herunter, tue mir Ohrstöpsel in die Ohren und falle binnen Sekunden in tiefen Schlaf.

Über Tucson gibt es nicht viel zu berichten. Eine amerikanische Stadt halt, gesichtslos, ein wenig Wildwest mit Indianer Folklorechichi. Man merkt die Nähe der mexikanischen Grenze, ich höre viel Spanisch, und mir fallen die vielen, vielen Grenzbeamten auf, schwergewichtige Männer, bis an die Zähne bewaffnet und mit großen Jeeps unterwegs.

Ich nehme mir zwei Tage Zeit, mich zu akklimatisieren, meine Sachen zu richten, Vorräte zu kaufen. Ich habe darauf verzichtet, Lebensmittel mitzubringen, wegen der Zollformalitäten. In einer abgelegenen Ecke der Innenstadt finde ich einen Bioladen, in dem ich mich mit den Grundnahrungsmitteln eindecke. Nüsse, Müsli, Reis, Couscous und Nudeln und Trockenfrüchte. Milchpulver. Tee. Für den Rest muss leider der übliche Convienience Store herhalten, und dort ist wie befürchtet die Auswahl an gesunden Lebensmitteln eher beschränkt. Also wähle ich das kleinste Übel aus Tütensoßen und YumYums, den asiatischen Nudelsuppen, die unschlagbar leicht sind und doch so gut sättigen.

Die Touristeninformation ist natürlich Pflicht, denn nur dort kann ich mich über kurzfristige Änderungen von Öffnungszeiten einiger Parks, gesperrte Wege und etwaige Permits erkundigen. Doch es ist absolute Nebensaison und die Parks fast völlig verlassen, kein Problem, die Permits für die Übernachtungsplätze in den Nationalparks zu bekommen. Anfang Januar, die Amerikaner haben keine Ferien, und auf den Hochebenen ist es eisig kalt, wie man mir sagt, und sie erwarten einige Schneefälle weiter im Norden. Nur die riesigen Campingplätze rings um die Stadt sind randvoll mit Dauercampern, die das milde Klima zum Überwintern nutzen, aber um solche Plätze mache ich sowieso stets einen großen Bogen.

Ich freue mich über die Aussicht, endlich allein zu sein, sage es aber nicht laut, denn ich werde eh schon schräg genug angeschaut, eine Frau, ohne Begleitung im Winter auf Wanderschaft. Den Rest des Tages verbringe ich in der Hotelbar bei etlichen Latte Macchiatos und gehe auf dem Ultrabook die geplante Route durch. Lautlos fluchend kämpfe ich anschließend mit dem neuen Handy, endlich das Wifi und das GPS zum Laufen zu bekommen, installiere die Sim-Karten, für das Ultrabook mit unbegrenzter Datenrate, für das Handy ohne, und auch eine bekannte Wanderapp sowie das unverzichtbare Verzeichnis aller Camping- und Übernachtungsplätze der Staaten. Mit der neuen Telefonnummer und einer eigens eingerichteten E-Mail-Adresse melde ich mich bei WhatsApp und unserem deutschen Chatprovider an und schicke die Kontaktdaten nach Hause. Ein anschließendes erfolgreiches Telefonat mit Kris hebt meine Stimmung doch sehr, und ich kann es kaum erwarten, dass es endlich losgeht.

Ein Ranger nimmt mich zum Eingang des nächsten Nationalparks mit. Ich sage Nationalpark, aber die Amerikaner haben tausend verschiedene Bezeichnungen für ihre Parks. National Park, Wilderness Area, National Forest, um nur ein paar zu nennen. Den Unterschied habe ich nie so richtig verstanden, und so informiert er mich ein wenig über lokale, bundesstattliche und nationale sowie private Schutzgebiete und die Reservate der Indigenen, die einen ganz eigenen Status haben. Ich höre vor allem heraus, dass es um Geld geht, Boden, Immobilien und wie man die besten Fördermittel abgreift. Das kommt mir doch sehr bekannt vor! Ich frage, ob ich die Indianerreservate betreten und durchwandern darf, und er rät mir, vorher mit den Stammesältesten zu reden, denn einige reagieren ganz schön empfindlich auf ungebetene Fremde, vor allem solche, die fotografieren. Was ich gut verstehen kann angesichts ihrer leidvollen Geschichte.

Am Eingang angekommen, erkundigt er sich, wann ich denn wieder zurückkommen will. Ich lächele nur. Gar nicht. Aber das braucht er ja nicht zu wissen. Ich bekomme noch eine Warnung mit, dass der große Zaun in letzter Zeit ziemlich durchlässig sei und einige Illegale in der Gegend. Gefährliche Gestalten, wie er voller

Verachtung des weißen Amerikaners für alle Migranten meint. Ich bedanke mich, und er lässt mich ziehen.

Kapitel 2

Etliche Tage später habe ich meinen Rhythmus gefunden. Die anfangs noch schmerzenden Knochen und Füße sind vergangen, und ich beginne, die Reise richtig zu genießen. Das Alleinsein, dieses sich Dahintreiben lassen, wie hat es mir gefehlt! So etwas sollte ich viel öfter machen. Schon nach wenigen Tagen merke ich, dass ich wieder mehr in mir selber ruhe, schon fast traumhaft dahinwandere. Ich schlafe wie ein Stein, genieße die Landschaft und mache Hunderte von Fotos, ein befriedigendes Gefühl. Die schönsten Bilder entstehen morgens und abends, wenn die tief stehende Sonne das Land in eine Zauberlandschaft verwandelt. Diese Stimmungen, besonders wenn am Horizont dunkle Wolken aufziehen, sind einfach unglaublich. Ich kenne die Weite der Wälder und Prärien im Norden durch eine Reise durch Kanada, aber hier, mit den vielen Bergen und den Schluchten, wirkt das Land wilder und fremd. Sicherlich, die Weite des Himmels, das hat man auch hier, aber es ist eben doch anders. An anderen Stellen ist es überraschend grün. Kakteen und blühende Landschaften, dazwischen rotgelbe Felsen, in höheren Lagen auch dichte Wälder. Einfach wunderschön!

Es ist jetzt Ende Januar, und ich bin ein gutes Stück weiter nördlich in Arizona unterwegs. Das Land steigt langsam an, ich merke es an den fallenden Temperaturen und der dünneren Luft. Die Gegend ist noch nicht so spektakulär wie weiter im Norden, wo es die tiefen Canyons und die berühmten rotgelben Felsen gibt, aber jeder Park, jede Area hat einen ganz eigenen Reiz, den ich versuche, mit der Kamera einzufangen.

Ein paar Tage in der Wildnis wechsele ich mit einem Waschtag in den Kleinstädten ab. Teilweise erwarten mich echte Absteigen mit schimmeligen Bädern, wo ich lieber auf dem Fußboden schlafe als in den durchgelegenen Betten und nach einer Nacht wieder das Weite suche, aber oft habe ich auch Glück und finde eine Farm, eine Lodge oder ein kleines B&B, sowieso die mir liebsten Unterkünfte, weil man da meistens zusammen mit der Familie wohnt. Dort bleibe ich dann in der Regel zwei Nächte und werde rund um die Uhr beköstigt und führe die nettesten Gespräche, die man sich vorstellen kann. An solchen Tagen bleibt es mir erspart, eine Bar oder ein Diner aufzusuchen und dort allein am Tisch oder am Tresen eine ziemlich kalorienreiche Mahlzeit in mich hineinschaufeln zu müssen.

Allein zu sein in einer Bar, das vermeide ich, wo es nur geht, denn das lockt in schöner Regelmäßigkeit ungebetene Aufmerksamkeit an. Frau allein unterwegs, einige Männer betrachten das als Herausforderung. Doch richtig zudringlich wird eigentlich niemand, da habe ich schon ganz andere Sachen erlebt. Sei es, weil ich mir den Ehering gleich bei der Einreise an die linke Hand gesteckt habe anstatt an die rechte. Oder weil ich demonstrativ das Ultrabook aufklappe und deshalb nur abwesend und einsilbig auf Ansprachen reagiere. Außerdem setze ich mich stets in die Nähe der Bedienung hinter dem Tresen, die pfeift die ganz Zudringlichen schon zurück, wenn's nötig ist.

Das Ultrabook ist nicht nur Schutz, ich arbeite wirklich. Fotografie bedeutet auch viel Dokumentation, die Orte, Namen, Geo-Daten und etwaige Urheberrechte wollen festgehalten werden. Dazu zwinge ich mich an diesen Abenden, auch wenn es eine echt ätzende Arbeit ist, denn nach der Reise alles zu rekonstruieren, ist nahezu unmöglich. Daneben schicke ich Kris erste Serien, fülle meine Stocks. Viel Arbeit.

Leider ist die Ausbeute an Schneefotos noch recht mager. Es schneit zwar ab und an, das ja, aber in den Niederungen taut alles sehr schnell wieder weg, wenn es nicht gleich regnet, was es nur selten tut. Es ist teilweise so warm und sonnig, dass ich die Jacke im Rucksack lassen kann. Wirklich angenehm zum Wandern, und auch in den Nächten kann ich den Schlafsack manchmal offenlassen, aber für meine Ziele nicht wirklich hilfreich. Daher mache ich mich jetzt auf den Weg nach Norden, wo die Hochebenen liegen, der Grand Canyon und die fantastischen Felsenwelten an der Grenze zu Utah. Aber bis dahin dauert es noch eine ganze Weile.

Diese Nacht schlafe ich in einem Motel. Da bin ich immer ganz besonders vorsichtig, verbarrikadiere Fenster und Tür, so gut es geht. Ich möchte nicht mitten in der Nacht aufwachen und einen Unbekannten über mir stehen sehen, und diese amerikanische Leichtbauweise trägt dazu bei, sich nicht allzu sicher zu fühlen. Am Morgen packe ich erleichtert meine Sachen zusammen, alles gewaschen und trocken.

Der typische Abend in einem Motel sieht so aus: die schmutzigen Sachen durchgewaschen, dann möglichst fest in die Motel-eigenen Handtücher eingedreht, sodass die meiste Feuchtigkeit bereits rausgepresst wird. Dann eine Schnur gespannt, Klimaanlage auf Vollgas, und wenn ich vom Essen zurückkomme, sind die meisten Sachen bereits trocken, wenn auch das Zimmer eine eisige Höhle oder die tropische Hölle ist, je nachdem. Energieverschwendung pur, aber ich habe das Zimmer ja bezahlt.

Da ich erst gestern Abend eingetroffen bin, hatte ich noch keine Zeit, das Tourismusbüro zu besuchen. Wie so oft in solch kleinen Käffern gibt es auch hier keine richtige Touristeninformation, sondern im Rathaus findet man alles auf einem Haufen: die Stadtverwaltung, das Büro des Sheriffs und eben jenen Tresen, einen Ständer mit Broschüren, eine Karte an der Wand und eventuell einen freundlichen Menschen, der einem weiterhilft. Was oft genug der Sheriff höchstpersönlich oder einer seiner Deputies ist.

Diesmal jedoch erwartet mich eine Überraschung, ein richtiger Trekking Store, klein, aber gut bestückt. Trekking Läden sind für mich das, was für andere Frauen Parfümerien sind. Ich kann mich stundenlang in ihnen aufhalten. Und eine Menge Geld ausgeben.

Eine Frau, etwas jünger als ich, steht hinter dem Tresen, schwarze lange Haare, hohe Wangenknochen, ein bildschönes Gesicht. Sie mustert mich interessiert. »Wollfan, was?«, meint sie mit einem Grinsen.

Ich lächele zurück. »Ganz genau. Es gibt in meiner Heimat ein Sprichwort: Cotton kills.« Dass dieser Spruch aus Island stammt, *dem* Land aller Wollpulliträger, tut nichts zur Sache.

»Ha!« Sie lacht. »Das ist ein gutes Sprichwort. Hast du den Hoodie selbst gemacht?« Ich erlaube ihr, die gewalkte Wolle zu befühlen. Sie brummt anerkennend. Nicht zu dick, aber warm.

»Eine Freundin. Sie versteht sich auf traditionelle Wollverarbeitung und hält selber Schafe. In Deutschland.« Die Fangemeinde von Haulensteen ist groß und vielfältig, und Kris und Perri haben zahlreiche nützliche Kontakte.

»So was brauchen wir hier noch«, seufzt sie und zeigt um sich. Ihr Handrücken ist tätowiert, sehe ich, ein interessantes Muster aus Punkten und Rauten. »All dieses Plastikzeug, das taugt doch nichts. Aber da rede ich bei meinem Chef gegen Wände.«

»Nee, und nach ein oder zwei Tagen Tragen fängt es echt an zu stinken«, grinse ich, und wir lachen und fangen an zu quatschen. Sie heißt Faith und ist eine Navajo aus der Gegend, wohnt im örtlichen Reservat. Da habe ich ja gleich jemanden für meine Fragen gefunden. Ich erzähle von dem Projekt, zeige ihr ein paar meiner Bilder und die geplante Route, frage nach dem Wetter. Sie schnalzt zweifelnd mit der Zunge.

»Schöner Weg, aber der hier durch ist viel besser. Nicht offiziell. Unser Land«, sagt sie und lächelt stolz. Auf meinen fragenden Blick erklärt sie: »Die Regierung hat damals unserem Volk ein Stück Land zugewiesen, wie allen anderen Stämmen auch, ohne Rücksicht auf die ursprünglichen Siedlungsgebiete. Dieses Land hier haben wir zurückerstritten, es ist uns heilig.«

»Ah, und ihr wollt bestimmt nicht, dass da Horden von Touristen durchtrampeln«, sage ich verständnisvoll.

»Nein, und vor allem nicht, dass sie überall ihren Müll hinterlassen und uns ablichten wie seltene Tiere. Das ist echt widerlich. Einige Clans weiter im Norden verdienen damit ihr Geld, mimen die bösen Indianer. Bauen Casinos. Für mich ist das wie Hurerei. Zumal dies unser Stammesland ist und nicht irgendein zugewiesenes Reservat.«

»Das kann ich gut verstehen. Mir sind diese ganzen Selfie-Horden und Busgruppen auch zuwider.« Ich erzähle ihr ein wenig, wie Kris und ich arbeiten, und dann: »Ich habe ein Mantra: Ich fotografiere niemals fremde Menschen, auch nicht mit ihrer Erlaubnis. Das ist, als würde man ein Stück ihrer Seele einfangen und mitnehmen. Ich würde es bei mir nicht wollen, und deshalb mache ich es auch nicht bei anderen. Wenn ich Menschen fotografiere, dann nur Freunde und Familie, weil ich den Augenblick mit ihnen festhalten und ihnen schenken will.«

Einen Moment schaut sie mich sinnierend an. Dann dreht sie sich um, geht zur Zwischentür, die in die Verwaltung hinübergeht, zieht sie auf. »Hey, Al, komm mal her!«, ruft sie in den Gang.

Nach einigen Augenblicken stapft ein Deputy herein, ein schwergewichtiger, riesengroßer Kerl und ganz offensichtlich von ihrem Volk. »Mein Bruder. Sieht man nicht, was?«, sagt sie und grinst, als ich den Mund aufreiße. Denn sie ist ausgesprochen schlank und sportlich.

»Freut mich«, bringe ich ächzend hervor, als meine Hand in seiner Pranke verschwindet und fast zerquetscht wird.

»Sanna ist Fotografin und macht echt coole Fotos«, fängt sie an und wechselt dann in ihre Stammessprache, spricht eindringlich auf ihn ein. Ich warte geduldig. Er brummt etwas, mustert mich aus seinen braunschwarzen Augen. Sie redet weiter auf ihn ein. Er verzieht das Gesicht, kraust die Nase. Merkwürdig sieht das aus. Dann wendet sie sich an mich. »Wir planen, hier ein Kulturzentrum aufzubauen, ein richtiges, keine Folklore. Aber dazu brauchen wir Fotos, wirklich gute professionelle Fotos von unseren heiligsten Bergen und von der Gegend für gerahmte Bilder, Poster und so. Nur kostet ein Profi sehr viel Geld, und das haben wir nicht. Wärest du vielleicht bereit, uns zu helfen?«

»Läuft denn der Pfad an euren heiligen Bergen vorbei?«, frage ich und schaue interessiert auf die Karte.

»Oh ja. Wir könnten dir die Stellen markieren, wo du einen guten Blick hast.« Faith schaut mich hoffnungsvoll an. Da ich weiß, was professionelle Fotografen und die Lizenzgebühren kosten, wundert mich diese Bitte nicht. Das Geld ist knapp in dieser Gegend, das sieht man schon an den verfallenen Häusern einfachster Billigbauweise, und in den Reservaten ist es meist noch ärmlicher.

»Ich bin keine typische Profi-Fotografin«, gebe ich zu bedenken. »Und unsere Arbeit ist eher künstlerischer Natur. Aber ich kann es gerne versuchen, und ich will dafür auch kein Geld haben. Wenn euch die Fotos nicht gefallen, nehmt ihr sie einfach nicht. Im Gegenzug dafür erlaubt ihr mir, von der Gegend da oben Bilder zu machen. Wir werden keine heiligen Stätten für unsere Arbeiten verwenden, das verspreche ich. Also muss mir hinterher jemand helfen, die entsprechenden Bilder auszusortieren, die ich dann euch ausschließlich überlasse. Ein paar der Übrigen nehmen wir ausschließlich für unsere Werke, und der unbedenkliche Rest geht im Stock auf, und ihr könnt sie für Poster und Postkarten verwenden. Aber eines sollte euch klar sein: Ich lehne es grundsätzlich ab, meine Fotos farbtechnisch nachzubearbeiten. So etwas mache ich nicht. Diese bonbonfarbenen, überzeichneten Google Hintergrundbilder werdet ihr von mir nicht bekommen. Ich nehme die Dinge auf, wie sie wirklich sind, und verfälsche sie nicht.«

»Hmm«, macht Deputy Al und wechselt einen Blick mit seiner Schwester.

»Das zu verhandeln, steht uns eigentlich nicht zu«, sagt sie vorsichtig.

Er nickt und seufzt dann. »Kommen Sie mit. Wir reden mit unserem Vater.«

Wir fahren in seinem riesigen Polizeijeep in eine Gegend, wohin sich bestimmt kein Tourist verirren würde. Große Schilder an der Zufahrtsstraße, kein Zutritt für Fremde. Es geht bergauf. Er brettert mit lautem Gescheppere über etliche Viehgatter hinweg.

Krüppelhafte Bäume bewalden die Hänge. Dann eine Ansammlung von halb verfallenen Hütten, kaputte Fahrzeuge und Schrott überall. Ärmliches Amerika, wie es schlimmer kaum geht. Doch als wir in die Mitte der Siedlung kommen, wird es etwas besser. Einige Häuser sind Rundbauten aus Holz und Lehm, teilweise auch aus modernen Materialien und noch recht neu. Vor einem solchen hält er an. Vor der Tür in einem Schaukelstuhl sitzt ein älterer Mann mit einem Gesicht wie gemeißelt. Er fängt an zu lächeln, als er uns sieht, und hebt die Hand.

Ich werde vorgestellt und hineingebeten. Sie erklären mir, dass dieses Haus ein sogenannter Hogan ist, die traditionelle Behausung der Navajo. Drinnen ist jedoch Schluss mit Tradition. In einem einzigen Raum ist alles untergebracht, Schlafstätte, Sitzgelegenheiten, ein Ofen in der Mitte mit Rauchabzug und ein ganz stinknormaler Küchenblock, wo wir uns an den Küchentisch setzen. Der Deputy höchst persönlich kocht uns einen Tee, während sein Vater, der Stammeschef, und ich uns unterhalten. Er ist sehr interessiert, fragt nach meiner Heimat, wo ich herkomme, und was ich so mache. Ich betone, dass mir an alten Dingen sehr viel liegt, dass ich die Schönheit der Natur schätze und respektiere und sie auf meine Weise ehren will.

Die beiden fangen an zu lachen und winken ab. »Kein Grund, einen solchen Eiertanz aufzuführen«, gluckst der Vater.

»Dass Sie keine von den typischen Touristen sind, das merkt man schon daran, wie Sie sich geben, verhalten«, fügt der Deputy hinzu.

Ich werde ein wenig verlegen, und der ältere Mann tätschelt mir die Hand. Und dann fängt er an, mit mir zu feilschen, dass mir Hören und Sehen vergeht. Von wegen, rückständige, ärmliche Ureinwohner! Der ist mit allen Wassern gewaschen und weiß genau, was er will. Er war es, der dieses Land für die Navajo – oder Diné, wie sie sich selber nennen - zurückerstritten hat. Teils von den Apachen, die eigentlich in dieser Gegend wohnen, teils von der Regierung.

Aber ich weiß auch, was ich will, und verhandeln, das habe ich von der Pike auf gelernt. Ich erkläre ihm den Unterschied zwischen den Bildern, die ich in den Stock lade, die also im Netz nach Bezahlung für jedermann zugänglich sind, und denjenigen, die ausschließlich Kris für ihre Werke verwendet. Denn diese landen nie im Stock, da hat sie hält die Rechte drauf. Außerdem erkläre ich ihnen den Unterschied zwischen den Foto Formaten RAW und JPEG und dass ich die JPEGs nicht benutze, da sie immer eine Umwandlung bedeuten, dass die Elektronik der Kamera die Bilder verändert, um das JPEG erzeugen zu können. Ich fotografiere ausschließlich im RAW Format, muss aber, damit sie die Bilder für ihre Zwecke nutzen können, im JPEG liefern. D.h. ich mache die Umwandlung selber, was ein wenig Arbeit bedeutet und daher Zeit kostet, aber die bin ich gerne bereit zu investieren.

Und so treffen wir eine Vereinbarung, mit der wir alle leben können. Innerlich führe ich einen kleinen Freudentanz auf. Ich darf einen wirklich unbekannten Pfad betreten, sie bekommen die Fotos für ihr Kulturzentrum. Wenn das keine Win-Win Situation ist! Wir vereinbaren, dass ich in ein paar Tagen am nördlichen Ende des Weges zu einem Ort namens Harper's Creek gehe, wo ein Cousin von ihm wohnt und der mir helfen wird, die Fotos zu sortieren. Wir tauschen Kontaktadressen aus, er holt seinen Laptop, schreibt mir eine E-Mail und kopiert seinen Cousin mit ein, und ich bestätige. Mittlerweile sind wir beim Du angekommen, und ich unterhalte mich angeregt mit Joe und Al, Vater und Sohn.

»Wie sieht es denn mit deiner Ausrüstung aus? Hast du alles für einen Wintermarsch durch die Berge?«

Ausrüstungstechnisch bin ich auf dem besten Stand, da kann ich sie beruhigen, doch sie empfehlen mir, auch Schneeschuhe mitzunehmen, etwas, das ich nicht in meinem Reisegepäck habe, weil zu voluminös. Also fährt mich Al noch einmal zum Laden seiner Schwester, und sie zeigt mir ein Modell aus Karbon, dem Material, das die Herzen aller Ultralight Backpacker höherschlagen lässt. Der Preis aber auch. Aber was soll's, den Rat der Einheimischen soll man beherzigen, und so kaufe ich die Dinger. Beim Bezahlen fällt mir dann siedend heiß etwas ein.

»Ach, verdammt, das habe ich euren Vater ganz vergessen zu fragen. Neben euren heiligen Stätten habt ihr doch sicherlich auch alte Grabstätten, Totengründe, die ihr vielleicht auch speziell kennzeichnet, oder? Ich möchte sie nicht betreten und damit ein Tabu brechen.« Nein, das möchte ich auf keinen Fall, und ich habe bereits in den wenigen Wochen gelernt, dass jeder Stamm oder Teil eines größeren Stammesverbandes seine eigenen Symbole und Orte dafür hat. Dass ich ganz bewusst danach frage, hat mir bereits etliche Türen geöffnet. Das tut es bereits seit Jahren, es ist in fast allen Ländern mit Stammesbevölkerung dasselbe. Dass meine wahren Gründe jedoch ganz andere sind, behalte ich tunlichst für mich.

Die beiden wechseln einen Blick. »Du solltest mit der Großmutter reden. Sie weiß das am besten«, sagt Al, schaut auf die Uhr und seufzt. Er ist schließlich im Dienst.

»Ich habe gleich Mittagspause, ich bringe dich hin«, sagt Faith, und so fahren wir eine halbe Stunde später ans andere Ende der Siedlung, wo in einem schmucklosen Betonkasten das Pflegeheim der Gegend untergebracht ist.

Faith steigt aus und schaut grimmig. »Wenn ich mal alt werde, werde ich mich eher in den Canyon stürzen als so zu enden«, sagt sie zu mir.

Ich nicke mitfühlend. »Diese Altenheime unterscheiden sich nicht wirklich, das ist überall auf der Welt gleich.«

»Wir hätten Großmutter ja gepflegt, aber sie wollte es nicht, wollte keine Last für uns sein. Hat halt nen Dickschädel, wie alle in der Familie. Außerdem sind alle ihre Freundinnen hier, die haben eine richtige WG gegründet.« Sie schaut etwas fröhlicher und führt mich ins Haus.

Die alte Frau besteht nur noch aus Runzeln in dem dunklen Gesicht. Sie freut sich sehr, ihre Enkelin zu sehen, und als diese auch noch interessanten Besuch mitbringt, ist der Tag für sie gerettet und ihre Mitbewohnerinnen gleich mit. Ich werde bemuttert und gelöchert, dass mir Hören und Sehen vergeht und der Nachmittag noch dazu. Meine Pläne, heute noch aufzubrechen, schwinden dahin, aber das ist nicht schlimm, denn die Frauen bieten mir einen unerwarteten Schatz aus Geschichten über die Gegend, die wohl kein Tourist sonst zu hören bekommt. Das sollten sie in ihrem Kulturzentrum festhalten, Audible History, also mündliche Überlieferung in Ton festgehalten. Ich beschließe, Faith das vorzuschlagen.

Als ich nach einiger Zeit, da ist Faith schon lange wieder losgefahren, weil ihre Pause vorbei ist, mein Anliegen vorbringe, bemerke ich, wie die alte Dame mich mit intensivem Blick mustert, einem viel zu intensiven, wissenden Blick, unter dem mir ganz unwohl wird. Auf einmal sagt sie etwas in ihrer Stammessprache, und die anderen verstummen. Sie schaut mir in die Augen. Ihr Blick schimmert. Dann hebt sie die Hände und legt sie an meine Schläfen. Ihre Linke ist tätowiert in demselben Muster wie bei Faith auch, erkenne ich jetzt, kaum zu sehen unter all den Runzeln und Altersflecken. Ich sitze ganz still. Sie sagt etwas in ihrer Sprache, ein leiser Singsang. Ich versinke fast in ihrem Blick, bin wie hypnotisiert. Dann sagt sie auf Englisch: »Du bist eine, die eine Brücke schlägt. Warum leugnest du, was du bist?«

Ich fahre keuchend zurück. »Ich…« Ich muss schlucken. Räuspere mich. »Das tue ich nicht.«

»Nein?« Sie lächelt wissend, und ich senke ermattet den Kopf.

»Nein. Ich bin nur vorsichtig.«

»Hast du Angst davor?«, fragt sie behutsam, und als ich aufblicke, ist der unheimliche Blick fort und sie schaut mich mitfühlend an. Ich nicke unmerklich.

»Ach, Kind.« Sie tätschelt meine Hand, und die anderen Frauen, bisher stumm, brummen mitfühlend. »Hab keine Angst davor. Dir wird nichts geschehen. Denn du trägst das Gute, das Leben in dir.« Sie guckt auf mein aufgeschlagenes Notizbuch, wo schon viele Skizzen verewigt sind. »Die Orte, die brauchst du doch gar nicht vorher zu wissen. Du spürst es auch so.«

Ich lächele matt. »Nein, die sind nur ein Andenken an diese Reise und eine Überzeugungshilfe. Würden Sie mir diese trotzdem aufmalen?«

Da kichern die alten Frauen los, umarmen mich und tun mir den Gefallen. Als ich eine halbe Stunde später aufbreche, ist mir etwas leichter ums Herz. Zu Fuß laufe ich in den Ort zurück und erreiche die Stadtverwaltung gerade, als Faith den Laden schließen will. Draußen wird es dunkel, und ich habe keine Unterkunft für die Nacht. Schöner Mist, wieder in dieses muffige Motel.

»Nichts da, du kommst mit zu mir!«, bestimmt Faith, als sie von meinem Dilemma hört. »Du willst doch eh von da oben loswandern, dann bist du morgen früh gleich vor Ort.« Und so fahre ich zum dritten Mal an diesem Tag die Strecke, die sonst kein Tourist betritt.

Ihr Hogan steht etwas außerhalb der Siedlung, ist winzig klein und gemütlich. Sie entschuldigt sich für den fehlenden Platz, doch den Zahn kann ich ihr gleich ziehen, denn das Backhaus, das ist noch enger. Es fasziniert sie, so wie es mich fasziniert, etwas aus ihrem Leben zu erfahren. Die halbe Nacht verbringen wir mit Erzählen und leeren dabei etliche Kannen Tee. Im Reservat und selbst im Supermarkt in der Stadt gibt es keinen Alkohol, wofür sie sich entschuldigt, doch ich winke ab, trinke eh so gut wie nie. Begeistert nimmt sie meinen Vorschlag mit den Geschichten der alten Frauen auf, und wir überlegen, wie das Kulturzentrum zu etwas ganz Besonderem werden kann. Meine Reiseerfahrungen zapft sie dabei gerne an, und ich gebe ihr zahlreiche Ideen aus aller Herren Länder. Irgendwann aber schlafen wir fast ein und beschließen, zu Bett zu gehen. Ich nächtige auf dem Sofa und wache am Morgen etwas steif auf, weil es so durchgesessen ist.

Nach einem herzhaften Frühstück bringt sie mich zu Fuß zum Beginn des Pfades in die Berge. Wir begegnen keinem Menschen, die Siedlung ist hinter den Bäumen verborgen. »Sei vorsichtig«, sagt sie zum Abschied und umarmt mich. »Es ist ein Fremder in der Gegend, jemand, der nicht hierhergehört. Wir haben Spuren gefunden. Den Männern gefällt das nicht. Mein Vater hat allen von dir erzählt, sodass du nichts zu befürchten hast, aber pass trotzdem auf.«

Aber der andere?, frage ich mich, als ich ihre Umarmung erwidere. »Das werde ich. Ich bin nicht wehrlos. Wir hören in ein paar Tagen voneinander.« Ich hebe die Hand zum Abschied, und sie läuft in die Siedlung zurück. Dann drehe ich mich um, atme tief durch und sehe auf den Pfad, der sich vor mir durch das Gebüsch schlängelt. *Jetzt fängt meine Reise erst richtig an*, das spüre ich.

Kapitel 3

Ich bin wirklich allein. In den anderen Parks war ich ab und an noch einem anderen Wanderer oder Spaziergänger begegnet, doch hier ist absolut niemand. Stammesland. Der Weg eher ein unscheinbarer Trampelpfad, oft auch gar nicht zu erkennen. Ich behalte den roten Punkt meines Standortes in der Karte der Wanderapp genau im Auge. Faith hat mir die GPS Punkte der Route gestern Abend überspielt und ich sie in die App geladen, sodass ich genau *on Track* bin.

Das Gelände steigt an, die Bäume werden zahlreicher und größer. Pinien und Kiefern hauptsächlich, ihr Duft begleitet meinen Weg. Es wird kälter, immer noch sonnig, aber der Wind frischt auf. Es passt zu der Stimmung, zu den dahinjagenden Wolken unter der Wintersonne. Den ersten der heiligen Berge erreiche ich am späten Nachmittag. Die Sonne senkt sich gerade gen Horizont, ein wirklich schönes Licht. Und da, dort blitzt es weiß zwischen den Bäumen auf. Mit einem Jubelruf laufe ich los. Endlich Schnee! Der Wald bleibt zurück, ich betrete ein kleines Plateau. Vor mir liegt ein Bergpanorama aus wild gezackten Felsen. Die Sonne lässt die Felsen rötlich gelb leuchten und dazu den Schnee glitzern wie verrückt. Jetzt hält mich nichts mehr. So schnell hatte ich das Stativ noch nie aufgebaut, denn das Licht, es wird schwinden. Jeder Moment ist einzigartig und wird nie wieder genauso erscheinen wie jetzt.

Zunächst schieße ich eine ganze Serie von dem Berg. Wie die Wolken sich zwischen den Graten ballen, wunderschön! Ich spiele mit den verschiedenen Modi der Kamera und den Filtern, aber die besten gelingen mir immer noch im manuellen Modus ohne allen elektronischen Zauber. Dann packe ich das Stativ und laufe ein wenig weiter, hinein in eine kleinere Felsengruppe. Dort gibt es bizarre Formationen, ganz merkwürdige Stelen, die aussehen, als hätten sie kleine Hüte auf. Ich fotografiere, bis das Licht schwindet.

Da der Wind immer noch recht kräftig bläst, suche ich mir eine windgeschützte Ecke zwischen den Felsen und baue dort mein Zelt auf. Endlich, endlich keine Permits und vorgegebenen Übernachtungsplätze mehr! Joe hat mir auch erlaubt, Feuer zu machen, mit der Auflage, dass ich die Asche hinterher vergrabe oder in eine Schlucht verstreue und damit die Natur unberührt zurückbleibt. Das erfülle ich doch gerne.

Warm in meinen Schlafsack eingepackt, die Füße zum Feuer ausgestreckt, esse ich langsam mein Standard Camping Menü, Nudeln mit Soße, und schaue auf den unglaublich klaren Sternenhimmel. Der Wind schläft ein, und der Mond kommt heraus, er ist halb voll. Still leuchtet der Schnee in seinem Licht, und ich weiß, ich muss einfach noch einmal raus, diese Stimmung einfangen.

Dafür packe ich mich extra warm ein, denn die Nachtfotografie bedeutet viel Rumgestehe und Warten, dass die Belichtung fertig durchläuft. Die Temperatur ist extrem gefallen, mein Handy zeigt weit unter null Grad. Die Ersatzakkus trage ich jetzt am Körper, denn sie können bei der Kälte in Windeseile leer sein. Ich brauche für den Weg keine Taschenlampe, der Mond leuchtet hell genug, und man sieht so viel, viel mehr aus der Umgebung, als wenn sich die Augen auf den Lichtkreis der Lampe fokussieren.

Zunächst mache ich Probeaufnahmen, spiele mit den Perspektiven, Belichtungszeiten. Ich weiß, das Mondlicht wird wandern, und das gilt es zu berücksichtigen. Schließlich entscheide ich mich für einen bestimmten Blickwinkel und baue das Stativ dort auf. Einige Stelen im Vordergrund, den Berg im Hintergrund. Schneefelder dazwischen. Einfach wunderschön!

Die Füße des Stativs klemme ich zwischen schwere Steine, damit es auch ja nicht verrutscht. Dann stelle ich den Timer in der Kamera. Alle zwei Minuten ein Bild. Hoffentlich bleibt es windstill, sonst ist dieses Experiment im Eimer. Denn Wind bedeutet immer Vibrationen im Stativ, egal wie stabil es ist, und dann verwackeln die Sterne. Die ersten paar Bilder warte ich ab, schaue durch den Sucher, ob es meiner Zufriedenheit entspricht. Dann ziehe ich mich fröstelnd ins Lager zurück. Das Feuer ist längst erloschen, es ist eiskalt. Die kleine Fernbedienung bereitlegend, krieche ich voll bekleidet in den Schlafsack. Sie wird piepsen, wenn der Akkustand zu niedrig wird, dann muss ich wieder raus und ganz, ganz vorsichtig, damit sich auch ja nichts verstellt, den nächsten Akku in die Kamera einlegen. Zwischendrin versuche ich zu schlafen, und es gelingt mir auch zeitweise, aber anstrengend ist es doch. Als ich den letzten Wechsel vornehme, muss ich schon wahre Gähnkrämpfe unterdrücken.

Als ich mich umdrehe und zum Lager zurückgehen will, halte ich mit einem Mal inne. Aus den Augenwinkeln habe ich etwas gesehen, etwas, das hier nicht hergehört. Ziemlich weit weg, auf der anderen Seite des Tales. Vorsichtig trete ich an den Rand des Plateaus. Ohne Mondlicht ist es dunkel, und ich will kein Licht machen. Da, da ist es wieder! Ein kleiner, weißlicher Lichtpunkt. Er bewegt sich, als liefe da jemand. Der Fremde? Ich unterdrücke ein Frösteln. Also bin ich doch nicht allein in der Gegend. Hoffentlich hat derjenige mein Feuer nicht bemerkt! Auf einmal ist die Freude des vergangenen Tages wie weggeblasen. Mit einem unguten Gefühl kehre ich ins Lager zurück und verbringe den Rest der Nacht halb wach, halb dämmernd, immer auf mögliche sich nähernde Schritte lauschend.

Am Morgen weckt mich die Sonne. Ich bin ziemlich groggy, die unbequeme Nacht auf Faiths Sofa und der Fotomarathon fordern ihren Tribut. Doch ein Blick in die Kamera hebt meine Stimmung erheblich. Mit dem letzten verbliebenen vollen Akku scrolle ich rasch durch die Bilder. Es könnte gelingen, könnte wirklich, frohlocke ich. Es juckt mich in den Fingern, die Bilder sofort auf das

Ultrabook ins Fotoprogramm zu laden und zusammenzufügen. Doch dafür reicht die Energie nicht, und so etwas macht man am besten an einem großen Bildschirm. Also lasse ich das Book schweren Herzens aus. Das muss warten, bis ich wieder Strom habe.

Zum Frühstück schmelze ich Schnee für einen Tee und genieße etwas von Faiths leckerem selbst gebackenem Brot, das sie mir gestern mitgegeben hat. So gutes Brot bekommt man selten in den Staaten, daher verzichte ich meistens dankend auf die pappige Alternative. Rasch noch eine neue Ladung Schnee geschmolzen für den Wassersack, dann packe ich zusammen.

Mein Energievorrat bereitet mir ein wenig Sorgen. Mir bleiben jetzt nur noch ein voller Akku und der Rest eines zweiten, der sich in der Wärme meines Schlafsackes wieder etwas erholt hat. Das ist nicht viel, denn der volle Akku ist ja auch der permanenten Kälte ausgesetzt. Daher befestige ich das kleine Solarlademodul oben auf dem Rucksack und klemme das Ladegerät unter der Jacke fest. So bleibt es warm und stört mich nicht beim Wandern. Die Kamera wickele ich in ein Tuch und etwas Alufolie von Faiths Brot, um sie wenigstens etwas vor der Kälte zu schützen, und lasse sie in der Tasche.

Zum Glück scheint die Sonne an diesem Morgen recht kräftig, und es ist nach wie vor windstill, sodass ich die Kälte nicht wirklich spüre. Ich mache noch ein paar tolle Bilder vom Berg, dann breche ich auf, nicht ohne vorher die andere Seite des Tales sorgfältig mit den Augen abgesucht zu haben. Aber dort ist niemanden.

Der Weg verläuft an der Flanke des Berges entlang über einen Kamm und öffnet sich dann in eine weite Ebene. Einzelne Tafelberge, die nächsten heiligen Stätten auf der Liste, erheben sich weiter entfernt wie dicke Türmchen aus ihr. Dahinter sehe ich höhere schneebedeckte Felsgrate. Ein toller Ausblick. Seufzend packe ich die Kamera wieder aus, mache Bilder. Packe sie wieder ein. Hoffentlich wird es bald wieder etwas wärmer, dann kann ich sie draußen lassen.

Der Abstieg auf der Nordseite hat es in sich. Hier zeigt sich nun, wie weise der Rat von Joe und Al gewesen ist. Tiefer Schnee türmt sich in windverwehten Wellen auf. Ich kann den ungefähren Verlauf des Weges erkennen, kleine Kehren in den Felsen, die sich in Serpentinen nach unten winden. Ohne Schneeschuhe keine Chance, da hinunter zu gelangen.

Bald keucht mein Atem in der kalten Winterluft, kleine Eiszapfen zieren den Kragen meiner der Jacke. Hier im Schatten des Berges schlagen die eisigen Temperaturen voll durch. Doch kalt ist mir nicht, denn das Schneeschuhwandern ist anstrengend und erfordert volle Konzentration. Ein falscher Schritt, und man verliert das Gleichgewicht und landet tief in einer Schneewehe oder stürzt sogar ab. Daher achte ich nicht mehr auf mögliche Motive, sondern sehe zu, dass ich diesen Abschnitt möglichst rasch aber sicher hinter mich bringe. Zum Glück habe ich das Schneeschuhwandern in Skandinavien bereits gelernt, sodass ich keine ganz blutige Anfängerin bin. Doch es ist etwas ganz anderes, gemütlich durch die schneebedeckten Weiten Nordschwedens zu zockeln, als sich hier in diesem steilen Gelände zu bewegen. Vorsichtig mit den Wanderstöcken den Untergrund ertastend, arbeite ich mich den Berg herunter. Ich bin heilfroh, als ich endlich unten angekommen bin und wieder die Felsen durch die dünne Schneedecke unter den Stiefeln spüre.

Ich weiß, ich darf jetzt keine Pause machen, so verschwitzt, wie ich bin, denn das birgt die Gefahr, sich böse zu erkälten. Daher binde ich nur kurz die Schneeschuhe wieder an den Rucksack und laufe dann weiter, langsam und stetig, und erst, als der Schweiß auf meiner Haut und in den Klamotten getrocknet ist, mache ich eine Pause, die Sonne angenehm warm im Gesicht. Die Temperaturen sind etwas angestiegen und liegen knapp unter null Grad, gerade so, dass der Schnee nicht taut. Ich schaue mich um und sehe sehr schöne Schneekristalle, umgeben von rotgelben Felsen. Da ist sie, die nächste Serie!

Um die Mittagszeit bin ich schon gut unterwegs. Ich habe einen weiteren Akku fast geladen und beschließe, es zu riskieren und die Kamera wieder draußen an ihrer Halterung am Schultergurt zu befestigen, damit ich sie nicht immer wieder aus- und einpacken muss.

Als es Nachmittag wird und die Sonne wieder gen Horizont wandert, bin ich schon bei den Tafelbergen angekommen. Ich habe ein paar sehr schöne Fotos gemacht, aber es fehlen noch welche, wenn die Sonne wieder das Farbenspiel beginnt. Nur, zwischen den Tafelbergen habe ich dafür einen denkbar schlechten Spot erwischt, denn man kann so nicht die Dimension, das Panorama einfangen, sondern nur einzelne Details. Ich müsste wieder raus aus der Ebene, höher hinauf. Eine Befragung der Karte zeigt, dass die umliegenden Hänge in Wahrheit die Abbrüche eines Hochplateaus sind. Ich schaue mich um und entdecke ein relativ flach auslaufendes Stück, einen ehemaligen Hangrutsch fast ohne Schnee. Da müsste es gehen. Es sind etwa 100 Meter hinauf. Kein Problem, wenn auch ziemlich anstrengend, weil der Schotter extrem rutschig ist.

Im oberen Drittel finde ich überraschenderweise einen Absatz, einen flachen Felsvorsprung mit einem kleinen Überhang, den man von unten aus nicht sehen konnte. Der perfekte, windgeschützte Übernachtungsplatz, freue ich mich. Und die Aussicht ist einfach phänomenal. Die Tafelberge ragen aus der Ebene auf und scheinen die dahinter liegenden eisigen Höhen fast zu tragen, wie die Finger einer riesigen Hand. Ich schieße den Chip voll, wechsele ihn und steige dann hinauf auf das Plateau, nicht ohne mich vorher vorsichtig umzusehen, bevor ich mich auf der flachen Ebene zeige. Doch da oben ist niemand.

Auch von hier ist die Aussicht grandios, und ich fotografiere, bis die Sonne untergeht. Heute verzichte ich auf Nachtfotos und krieche bei Anbruch der Dunkelheit in den Schlafsack, völlig erledigt von den letzten beiden Nächten und dem anstrengenden Abstieg am Morgen.

Mitten in der Nacht schrecke ich plötzlich hoch. Ich weiß nicht, was mich geweckt hat. Ein Schrei? Irgendetwas hat meinen Schlaf gestört, etwas, das bis ins Unterbewusstsein durchgedrungen ist und mich alarmiert hat. Doch es ist still und bleibt auch so. Langsam beruhigt sich mein klopfendes Herz wieder. Eine Weile liege ich da und lausche der Stille und ringe mit mir. Soll ich weiterschlafen? Doch da ich eh schon einmal wach bin, beschließe ich, aufzustehen und pinkeln zu gehen, denn ich habe am Abend relativ viel getrunken, um den Flüssigkeitsverlust vom Tage wieder auszugleichen. Toilette mit Aussicht, die Sterne blinken hinter den Zacken der Berge. Da kann ich natürlich nicht widerstehen und mache doch ein paar Nachtaufnahmen, aber nur wenige, dann zieht es mich wieder zurück in meinen warmen Schlafsack. Eine Weile noch lauschend, fallen mir schließlich wieder die Augen zu, und ich schlafe bis zum Morgen durch.

Die Sonne scheint warm in die windgeschützte Mulde hinein, als ich aufwache. Die Tafelberge werfen lange Schatten auf die Ebene. Winternebel wabert um sie herum, das Sonnenlicht zieht lange Steifen, schon wieder ein magischer Anblick. Ich weiß gar nicht, wie oft es mir den Atem verschlägt. Kann es denn noch besser werden, jeder Tag eine Steigerung? Doch ich merke auch, langsam beginnen die Eindrücke sich zu überlagern und zu verschwimmen. Das habe ich schon öfter auf längeren Reisen erlebt, irgendwann schaltet das Gehirn einfach ab, weil es überfrachtet ist mit Eindrücken, und dann hat man aus Erschöpfung keine Kraft mehr für das Festhalten wirklich einmaliger Dinge.

Damit mir das hier nicht passiert, nehme ich mir Zeit, meditiere an diesem Morgen, leere ganz bewusst meinen Geist, sitze mit geschlossenen Augen in der Sonne und sauge die Stille in mich ein. Nach einer halben Stunde bin ich vollkommen ruhig und leer, bereit, diesen neuen Tag mit seinen Eindrücken in mich aufzunehmen.

Eine kurze Konsultation der Wanderkarte zeigt, dass ich eigentlich unten in der Ebene weiterwandern und am Ende des Tales wieder aufsteigen müsste. Aber ich kann auch hier oben weiterwandern, wenn auch der Weg etwas länger ist, da ich die vielen kleinen Seitentäler umgehen muss. Dafür ist aber der Ausblick besser, und so beschließe ich, mir den erneuten Ab- und Anstieg zu ersparen und oben mein Glück zu versuchen.

Dort ist die Schneedecke dünn, nur einzelne Schneewehen türmen sich auf in bizarren Formationen, geschaffen vom Wind. Krüppelkiefern wachsen hier in unregelmäßigen Abständen, ihre schneebedeckten Äste glitzern in der Sonne. Tolle Motive, und so ist der Weg ein Genuss. Der Ausblick hält, was er verspricht, und auch die Schluchten sind interessant, eine Welt voller Eis und Schnee.

Gegen Mittag bin ich bereits dicht an den Pass, der hinüber in die nächste Ebene führt, herangekommen. Dahinter liegen weitere heilige Berge, und dann, nach einem knappen Tagesmarsch, Harper's Creek. Dann wäre dieser spektakuläre Teil der Wanderung zu Ende. Da lasse ich mir lieber noch ein wenig Zeit, denke ich und mache reichlich weitere Fotos, während ich langsam durch den Wald laufe.

Gerade biege ich um eine Felsengruppe herum, da wird dieser so traumhafte Tag abrupt unterbrochen. Vor mir im Schnee verläuft eine Fußspur. Ich bleibe wie angenagelt stehen. Also habe ich doch etwas in der Nacht gehört, ich bin nicht alleine hier unterwegs!

Nach allen Seiten umschauend, hocke ich mich vorsichtig hin und betrachte die Spur. Nicht ganz frisch, aber noch keinen Tag alt, denn die Ränder sind scharf, nur hier und da ein wenig Schnee hineingeweht. Etwa Schuhgröße 45, ein Mann also. Amerikanisches Modell, dem Profil nach zu urteilen, denn es ist mir fremd. Ich bin der Meinung, die Amis verstehen nichts von Wanderschuhen, und mit der Meinung bin ich nicht allein, ich singe da im Chor der weltweiten Globetrotter Community. Meine Bergstiefel von einem bekannten österreichischen Hersteller sind uralt, tun aber nach wie vor hervorragend ihren Dienst, sind wasserfest und warm.

Ich richte mich wieder auf, lausche. Nichts zu hören. Zögernd schaue ich auf die Spur. Sie verläuft genau in die Richtung, in die ich auch möchte. Soll ich wirklich weitergehen? Ich will diesen Weg nicht mit jemandem teilen, will allein sein. Außerdem weiß man nie. Das letzte, was ich gebrauchen kann, ist irgendein Verrückter, der hinter einem Felsen hervorspringt und über mich herfällt. Wer sollte schon anderes hier sein als ein Irrer, ein Irrer, der genauso bekloppt ist wie ich?

»Komm schon, sei kein Feigling! Was kann er dir schon tun?«, rede ich mir leise zu. Also gehe ich weiter, der Spur folgend. Ein paar Schritte später erlebe ich die nächste Überraschung, eine zweite Spur, vier Pfoten. Er hat einen Hund, und keinen kleinen, wie ich an der Größe der Abdrücke und dem Abstand erkennen kann. Da gerate ich ernsthaft ins Wanken. Einen Mann kann ich vielleicht noch abwehren, aber einen Hund, vielleicht ein bissiges Biest...

»Warum denkst du immer nur das Schlechteste?«, schimpfe ich mich selber. Es gab eine Zeit in meinem Leben, da habe ich das regelmäßig getan, sehr zum Leid anderer. So wollte ich nie wieder sein, das hatte ich mir geschworen, also stapfe ich trotzig weiter und folge der Spur, mir innerlich ein paar Nackenschläge verpassend.

Solange ich die Spuren sehe und der Blick frei ist, schreite ich rasch voran. Verschwindet sie zwischen den Felsen, werde ich vorsichtiger, spähe erst einmal um die Ecken. Das geht eine ganze Weile so, und anhand der Spuren erkenne ich, ich hole ihn ein, sie werden frischer. Ab und an hat er sich hingesetzt, ganz schön oft sogar, wie ich bemerke.

Und dann finde ich etwas, das meine Furcht in Sorge umschlagen lässt. Vor mir im Schnee leuchtet Blut auf, Blut vermischt mit gelblichem Auswurf und einer gräulich-schwarzen Substanz. »Oh nein!«, flüstere ich und lege einen Zahn zu. Der ist ja krank, vielleicht sogar ernsthaft!

Jetzt bin ich nicht mehr vorsichtig, laufe, so schnell ich das mit meinem schweren Rucksack kann. Es dauert keine zehn Minuten, da höre ich den Hund. Er bellt und jault wie verrückt, es klingt gequält. So etwas konnte ich noch nie ertragen, ein leidendes Tier. Ich renne los, immer den Lauten nach, breche aus dem Kiefernwald hervor auf ein Plateau am Rande der Hochebene. Der Hund ist an einem Baum festgebunden und zerrt mit aller Kraft an seiner Leine, ist völlig außer sich. Als er mich bemerkt, rastet er total aus, kommt zähnefletschend auf mich zu. Ich weiche zurück, bis die Leine straff ist.

»Ist ja gut, ich tue dir nichts«, sage ich leise und hocke mich hin, doch er rast gleich wieder los, in die andere Richtung diesmal, wirft sich wie verrückt in die Leine, bellt und jault wieder so herzzerreißend. Mein Blick folgt ihm, und ich entdecke, was ihn so außer sich geraten lässt: Da steht eine Gestalt, gefährlich dicht an der Klippe, eine Hand an einer verkrüppelten Kiefer, die sich bedenklich unter dem zusätzlichen Gewicht gen Abgrund neigt.

»Oh Scheiße!« Mein Ausruf geht in dem Gebell des Hundes unter. Mein Rucksack kracht in eine Schneewehe, ich sprinte los. Die Kiefer knackt, ich höre, wie er stöhnt. Die Hand rutscht tiefer, seine Stiefel kommen ins Rutschen. »Nein, nicht!«, schreie ich und erschrecke ihn so, dass er automatisch wieder fest zufasst und den Arm um den Baum schlingt. Das zieht ihn ein wenig zurück, und ich nehme all meinen Mut zusammen und komme schlitternd auf dem schmalen Platz zwischen ihm und den Abgrund zum Stehen.

Weit aufgerissene, tief in ihren Höhlen liegende blaugrüne Augen starren mich an und gleichzeitig irgendwie durch mich hindurch. Das Gesicht ist wegen der wirren langen Haare und dem verfilzten Bart nicht zu erkennen. Ich zwinge mich, vor diesem irren Blick nicht zurückzuzucken, sondern fest zurück zu starren. »Tu das nicht! Was auch immer mit dir ist, das ist es nicht wert.«

Sein Atem geht keuchend, das Rasseln hört sich wirklich schlimm an. Und ich sehe diese Leere in seinem Blick, diesen Punkt, an dem einem alles gleichgültig ist, egal, was andere sagen. Wie gut ich das kenne! Und ich erkenne auch in diesem winzigen Augenblick, der sich so unendlich dehnt, dass er die Grenze schon fast überschritten hat. Doch ich werde nicht zulassen, dass er seinem Leben ein Ende setzt. Nicht, wenn ich dabei bin!

»Wenn du jetzt springst, dann nimmst du mich mit. Denn ich werde nicht von hier weggehen!«, sage ich eindringlich. Er knurrt, schaut nach rechts und links, aber ich schüttele den Kopf. »Ich werde dich festhalten, mit all meiner Kraft. Also versuche es gar nicht erst. So schnell wie ich bist du niemals.«

Da zerbricht etwas in ihm. Er stößt einen unterdrückten, verzweifelten Schrei aus und sackt zusammen. Aber er hält sich fest, und nach einem Augenblick zieht er sich mit einem Stöhnen um den Baum herum auf die andere Seite, in Sicherheit. Mir werden vor Erleichterung die Knie weich. Keuchend falle ich in den Schnee, bemerke erst jetzt, dass ich außer Atem bin von dem Sprint und dass mein Herz und die Schläfen hämmern wie verrückt. Er kriecht von mir fort, auf allen Vieren, schluchzend. Zu seinem Hund. Ich schaue ihm zu, helfe ihm aber nicht. Als er dort ankommt, bricht er zusammen, heulend wie ein kleiner Bengel, und umschlingt den Hund, der weder ein noch aus weiß und ihn abschleckt, winselt und bellt.

Als sich mein Atem etwas beruhigt hat, stehe ich auf. Ein vorsichtiger Blick nach hinten, und ich mache einen schnellen Schritt in Sicherheit. Das war wirklich knapp gewesen! Hinter mir geht es steil runter, nicht mehr ganz so hoch wie an dem vorherigen Übernachtungsplatz, aber für einen Todessprung hätte es auf jeden Fall gereicht. Mein Blick fällt auf das Plateau. Überall liegen Sachen verstreut, ich habe es in der Eile, zu ihm zu kommen, nicht bemerkt. Hat er getobt? Ganz sicher hat er das. Ich schaue wieder zu ihm. Lange kann er da nicht im Schnee liegen bleiben, nicht mit der angeschlagenen Lunge.

»Ach verdammt, was hast du dir nur dabei gedacht?«, murmele ich leise und beginne, die ersten Sachen aufzuheben.

Ich bin einigermaßen überrascht, denn die Dinge, die ich finde, sind von guter Qualität. Ein Zelt, Markenhersteller, und kein billiger. Kochgeschirr, der Rucksack, der Schlafsack, alles noch ziemlich neu, aber nicht gut gepflegt und echt schwer. Schneeschuhe, Wanderstöcke wie bei mir. Nein, der ist kein Penner, erkenne ich und bin erleichtert, auch darüber, dass ich weder Schnapsflaschen, Bierdosen noch Drogenutensilien finde, nicht mal Zigaretten. So ein Problem hat er also nicht, sonst hätten die Augen anders ausgesehen. Die Klamotten lassen mich mit dem Kopf schütteln. Ausnahmslos synthetische oder baumwollene Sachen, sogar eine Jeans. Wer geht denn mit so einem schweren Ding auf Wanderschaft? Mit großen Augen starre ich auf eine Boxershorts, eine mit einem Smiley auf dem Eingriff, der die Zunge rausstreckt, eine sehr, sehr lange Zunge. Undeutlich sind Eddingspuren zu erkennen, Unterschriften. »Cotton Kills, Leute«, brumme ich kopfschüttelnd und muss ein wenig grinsen. Die Shorts haben ihm bestimmt seine Kumpels geschenkt. Rasch lege ich die Sachen zusammen.

Was mich beunruhigt, ist, dass er keine Vorräte mehr hat. Ich finde nur Hundefutter, das aber ausreichend. Also liegt der Hund ihm wirklich am Herzen, und mir wird ein wenig wohler. Auch dass er sich nicht hat überwinden können, mich in Gefahr zu bringen, das sagt einiges. Vielleicht ist er ja doch noch nicht so weit hinüber und im Grunde kein schlechter Kerl.

Ganz hinten auf dem Plateau, schon fast unter den Bäumen, finde ich dann einige persönliche Gegenstände. Eine Brieftasche, aber leer. Eine Handyhülle. Hat er den Rest weggeschmissen? Verbrannt? Ein Messergriff ragt aus dem Schnee, daneben Fetzen von Papier, die sich als zerrissene Fotos herausstellen. Vorsichtig sammele ich sie ein und stecke sie in meine Hosentasche. Vielleicht freut er sich später darüber, dass ich sie gerettet habe.

Das Messer ist erstaunlich lang, eines von diesen Militaria Dingern mit gezackter Schneide, auf die die Amis und auch manche rechtsgerichteten Deutschen so stehen. Es ist sogar graviert auf der Metallscheide. LT. T.R. Flynnt steht drauf. LT heißt doch Leutnant übersetzt?, versuche ich, mich zu erinnern. Die Dienstränge der amerikanischen Armee sind so ziemlich das Letzte, das mich auf dieser Welt interessiert. »Auch das noch... ein Soldat.« Naja, ist nun nicht zu ändern.

Ich stehe auf und bringe die Fundstücke zu seinem Rucksack. Der Hund jault auf, und ich sehe, wie der Mann zusammensackt und sich nicht mehr rührt. Jetzt wird es wirklich Zeit. Hastig schnappe ich mir ein paar Hundekuchen und gehe vorsichtig auf die beiden zu.

Da ich weiß, dass Hunde an der Kette sich häufig in die Ecke gedrängt fühlen, weil ihre Bewegungsfreiheit eingeschränkt ist, mache ich als erstes einen großen Bogen und gehe zu dem Baum, wo die Leine befestigt ist. Das ist ein Risiko, ich weiß es. Wenn ich die Leine löse und der Hund sich auf mich stürzt, habe ich keine Chance. Doch der Hund, anscheinend ein Labrador Retriever Mischling, bleibt neben seinem Herrchen liegen und beobachtet mich aufmerksam. Ich mache die Leine los und lege sie in den Schnee.

Langsam auf die beiden zugehend, rede ich beruhigend auf das Tier ein und hocke mich in einigem Abstand vor ihm hin. Ich packe die Hundekuchen aus. Der Hund rührt sich nicht. Nach und nach komme ich näher und achte darauf, dass ich mich von der Seite des Tieres nähere, nicht auf der anderen, damit der Hund merkt, ich will seinem Herrchen nichts tun.

Schließlich bin ich heran und strecke meine flache Hand aus, den Hundekuchen darin. »Das war ein Schreck, was? Aber jetzt wird alles gut. Wir kümmern uns um deinen Herrn, wir beide, nicht wahr?« Ich warte geduldig. Es wird still auf der Lichtung, nur der rasselnde Atem des Bewusstlosen ist zu hören. Der Hund schaut, ein leiser Laut kommt aus seiner Kehle, ein Winseln. Dann, ein zögerliches Schwanzwedeln.

»Ja, du möchtest doch, nicht wahr? Komm her«, locke ich, und schließlich wird meine Geduld belohnt: Er kriecht zu mir, erst vorsichtig, doch dann leckt er mir über die Hand und inhaliert den Hundekuchen. »So ist es fein. Du bist ein hübscher, tapferer, guter Hund. So ein guter Hund! Passt auf ihn auf, was?«

Für den nächsten Hundekuchen werde ich bereits abgeschleckt und darf ihn streicheln. Eine kurze Untersuchung, und ich erkenne, dass es eine Hündin ist. Auf dem verdreckten Halstuch ist Schrift zu sehen. Ich ziehe es auseinander. Sally steht da. Ich muss lachen. »Hallo Sally!« Sie wufft kurz und wedelt mit dem Schwanz. »Na, hoffentlich heißt dein Herrchen nicht Harry, sonst muss ich immer an den Film denken, wenn ich nach euch rufe.« Sie bellt wieder. Ich stehe auf, und sie erlaubt mir nun auch, an ihn heranzugehen.

»Ach herrje!«, murmele ich und hocke mich zu ihm. Ein prüfender Griff an die Stirn, und ich merke, dass er kühl ist, aber nicht unterkühlt. Blut klebt in seinem Bart, und er stinkt, als hätte er sich tagelang, womöglich wochenlang nicht gewaschen. Er trägt eine völlig verdreckte Trekkingjacke, Militärhosen und hohe, völlig ausgetretene Armeestiefel. Deshalb habe ich das Sohlenprofil nicht erkannt. Er wirkt relativ groß, bestimmt um die 1,90 m, aber dürr, entsetzlich dürr. Halb verhungert. Dennoch traue ich mir nicht zu, ihn zu tragen, daher packe ich seine Knöchel und schleife ihn die Strecke zu seinen Sachen herüber. Trotz seiner Abgemagertheit ist er ziemlich schwer. Der Hund lässt mich gewähren, läuft hechelnd neben uns her. Dort angekommen, finde ich ein erste Hilfe Set und packe ihn erst einmal in eine Rettungsdecke ein.

»Komm her, Sally! Leg dich hierher, halte ihn schön warm. Ich muss sein Zelt aufbauen.« Der Hund tut, wie geheißen, bekommt zur Belohnung noch mehr Hundekuchen, und ich packe das Zelt aus und baue es auf. Das Prinzip ist mir fremd, es ist ganz anders als mein Ultraleichtzelt, viel größer und schwerer, aber ich bekomme es hin. Isomatte und Schlafsack sind einigermaßen sauber, überraschenderweise. Hat er nicht mehr geschlafen in letzter Zeit? Ich erinnere mich an das Licht in der Nacht. Ist er gewandert, tagelang, über den Rand der völligen Erschöpfung hinaus? Mitleid überkommt mich. So weit bin ich nie gegangen, selbst an meinen schlimmsten Tagen nicht. Ich finde noch eine völlig zugehaarte Campingdecke mit Aluminiumbeschichtung, die Decke des Hundes. Die breite ich neben seinem Schlafsack aus. Sicherlich schläft der Hund immer bei ihm.

Als ich alles gerichtet habe, ziehe ich ihn bis auf die Unterhose aus. Seine Sachen sind klatschnass geschwitzt, er ist aber nicht so schlimm unterkühlt, wie ich gedacht habe. Keine Erfrierungen an den Zehen, was mich erleichtert. Er stöhnt, wacht aber nicht auf, als ich den gröbsten Schmutz mit Schnee herunterhole und ihn anschließend kräftig mit einem Handtuch abreibe, damit seine Blutzirkulation wieder in Gang kommt. Er ist so mager, dass ich die Rippen zählen kann. Die Haut sieht schlaff und faltig aus, aber nicht wie bei einem alten Mann, sondern eher so, als hätte er binnen kürzester Zeit erheblich an Gewicht verloren. Wenn er beim Militär ist, dann war er bestimmt ganz gut bepackt. Man sieht es sogar noch, die Beine sind muskulös, die Arme auch, das Kreuz breit. Mein Blick fällt auf Narben an seinem rechten Unterarm, sie sehen wie geschmolzen aus, alte, längst verheilte Brandwunden. Ganz schön was abbekommen muss er haben.

Das Alter von ihm kann ich schwer schätzen. Das fettige verfilzte Haar ist von undefinierbarer Farbe, aber ich meine, eine Mischung aus blond und grau mit einem Stich ins Rötliche oder Braune zu erkennen. Ich stufe ihn auf etwa mein Alter ein, kann mich aber auch täuschen. Die Erschöpfung macht Menschen häufig älter, als sie sind.

Schließlich habe ich ihn wieder mit trockenen Sachen angezogen und in seinen Schlafsack verfrachtet. Sally legt sich gleich neben ihn auf ihre Decke und winselt leise. »Bleib bei ihm und wärme ihn, ja? Lassen wir ihn erstmal schlafen.« Eine Weile sitze ich da und lausche seinem rasselnden Atem. Die Lunge macht mir wirklich Sorgen. Bei dem Auswurf würde ich auf eine Lungenentzündung tippen, aber passt das zu dem schwarz-grauen Zeug? Vielleicht ist es auch Krebs oder etwas anderes. Ich habe zwar eine Notration Antibiotika dabei, aber ob diese das Richtige ist? Da bin ich vorsichtig. Nicht, dass er allergisch darauf reagiert. Ich beschließe, es zunächst mit Wärme und heißem Tee zu versuchen.

Rasch hole ich meinen Rucksack und stelle erleichtert fest, die Kamera hat den rüden Sturz von vorhin gut überstanden. Erstmal baue ich mein Zelt auf, richte meine Sachen, dann stapfe ich los, Feuerholz suchen. Ich muss seine Klamotten trocken bekommen, unbedingt. Hinter dem Wäldchen gibt es einige Felsen, und tatsächlich, dort finde ich wunderbar trockenes Holz. Doch etwas an den Felsen macht mich mit einem Mal stutzig. Noch bevor ich nach einem Symbol suchen kann, spüre ich etwas. Langsam lege ich das Holz wieder auf die Erde und richte mich auf. Mein Herz schlägt auf einmal wie verrückt. Ein Totengrund. Oh verdammt, das wollte ich doch unbedingt vermeiden! Aber es ist zu spät. Etwas richtet nun seine ungeteilte Aufmerksamkeit auf mich. Ich halte die Luft an und mache mich bereit.

Alles hätte ich erwartet, nur nicht die winzige Frau, die mit einem Mal zwischen den Felsen hervortritt. Sie trägt traditionelle Kleidung, ist auf der Stirn tätowiert. Ihr Alter kann ich schwer schätzen. Nicht so alt wie Faiths Großmutter. Aber sie sieht weise aus, erfahren. Und normal. Ich bin erleichtert. Wohnt sie hier, eine Wächterin über die Totenstätte? Abwartend schaut sie mich an. Da ich nicht genau weiß, wen ich vor mir habe, lege ich die Hand ans Herz und verneige mich leicht. Der internationale Gruß aller aufrechten Menschen.

»Ich grüße dich«, sage ich. »Verzeih, dass ich die Ruhe an diesem heiligen Ort gestört habe. Ich wusste nicht, dass er sich hier befindet.«

Sie sagt nichts, sieht mich weiter abwartend an. Ich gebe mir einen Ruck.

»Ich suche Feuerholz. Mein Begleiter ist sehr krank, ich muss ihn wärmen. Darf ich etwas nehmen?«

Sie schaut fragend.

»Ja, sehr krank«, nicke ich. »Er hustet Blut und Schleim, hat sich schlimm erkältet. Ich mache mir große Sorgen um ihn.«

Sie nickt verstehend, zeigt auf das Feuerholz zu meinen Füßen, nickt wieder. Hat sie ein Schweigegelübde abgelegt?, wundere ich mich. Scheint fast so. Sie hebt den Finger, bedeutet mir, ihr zu folgend. Das tue ich, aber ich vermeide sorgfältig diese unsichtbare

Grenze im Boden, die ich deutlich vor mir spüre. Es wird mit Wohlwollen honoriert, das merke ich daran, dass sie mich viel freundlicher anschaut, als sie sich wieder zu mir umdreht. Sie zeigt auf einen Busch, an dem gefrorene Beeren hängen. Der ist mir schon öfter aufgefallen, die Vögel tun sich häufig daran gütlich.

Ihre Hände imitieren einen Topf. Sie zeigt eine volle Hand. Fünf Beeren, ich verstehe. Sie imitiert das Kochen, die Wassermenge und den ungefähren Zeitraum, dann zeigt sie auf die Kiefern, klopft mit den Fingern auf die Rinde und zeigt auf die Nadeln am Boden, nimmt eine Handvoll. Ätherische Öle, ja natürlich. Ich seufze erleichtert auf. Wieder hebt sich der Finger. Sie zeigt auf die Beeren, auf die Kiefer, imitiert den Topf und den Dampf darüber.

»Inhalieren?« Sie nickt. Dann zeigt sie die Geste des Schlafens.

»Ah, ich verstehe. Vor dem Schlafen.« Vermutlich krampflösend und ein wenig betäubend. Die Beeren sind bestimmt hochgiftig, sollte man sie einnehmen. Ich darf sie auch nicht zu lange in dem Sud lassen. Sie lächelt, als sie meine Gedanken erahnt, es ist ein schönes Lächeln, das ich voller Erleichterung erwidere.

»Oh, ich danke dir. Ich komme von weit her und kenne mich mit den Heilpflanzen hier nicht aus. Das wird bestimmt helfen!«

Sie lächelt wieder, dann zieht sie sich zurück, winkt mir zum Abschied zu. Ich beeile mich, dass ich die Dinge einsammle, die sie mir erlaubt hat zu sammeln, und mache, dass ich fortkomme. Nicht, dass da noch etwas anderes auf mich aufmerksam wird!

Mit reicher Beute kehre ich ins Lager zurück. Er rührt sich immer noch nicht, liegt mit rasselndem Atem da, scheint jetzt aber richtig zu schlafen, denn die Atemzüge sind tiefer und ruhiger. Da ich nun weiß, was ich zu tun habe, mache ich mich gleich ans Werk. Als erstes Feuer entfachen und die nassen, stinkenden Klamotten darüber aufhängen. Das Wetter macht mir ein wenig Sorgen, der Himmel zieht sich zu, es sieht aus, als würde es anfangen wollen zu schneien. Von daher sehe ich lieber zu, dass ich die Klamotten trocken bekomme.

Seinen Topf schrubbe ich mit Schnee und Sand sauber und setze in ihm den Sud an. Den Kocher bekomme ich nach einigem Herumprobieren mit einer großen Stichflamme, die mir fast die Haare versengt, in Gang. Sally wufft überrascht und kommt heraus, lässt sich aber mit Streicheleinheiten und einem Hundekuchen beruhigen, bevor sie sich wieder neben ihr Herrchen legt.

Während der Sud zieht, fange ich mit meinem Geschirr an zu kochen. Er muss etwas essen, entkräftet, wie er ist. Nudeln mit Soße ist nicht das Richtige in seinem Zustand. Ich entscheide mich für die YumYums, kräftig gewürzte Brühe mit den dünnen asiatischen Nudeln, und koche eine anständige Portion und tue auch ordentlich das scharfe Zeug rein. Dann stelle ich die Nudeln zum Abkühlen auf einen Stein in die Nähe des Feuers.

Der Duft der Suppe weckt ihn auf. Mit einem Keuchen kommt er hoch und fällt gleich wieder zurück. Der Hund bellt, schleckt ihn winselnd ab. Schwach tätschelt er ihn, sich stöhnend über das Gesicht reibend. Dann erstarrt er gut sichtbar, sieht auf sein Zelt, den Feuerschein, der sich flackernd an den Wänden bricht. Wie geschwächt er auch ist, seine Reflexe sind offenbar noch voll da.

Keinen Moment später hockt er auf allen Vieren im Zelteingang und starrt hinaus. Dieser blanke, leere Blick! Es läuft mir kalt den Rücken herunter. Ich muss mich regelrecht zwingen, ihm zu begegnen. »Willkommen zurück unter den Lebenden, Fremder«, sage ich leise und fülle ihm etwas von der Suppe in eine Schale, tue einen Löffel hinein. »Hier, das wirst du jetzt brauchen. Iss.« Ich strecke ihm die Schale hin.

Er fährt zurück. Dreht den Kopf weg, ringt gut sichtbar mit seinem wieder erwachten Hunger und damit, was er eigentlich vorgehabt hat. Ich lasse ihn aber nicht entkommen. »Iss. Das ist ein Befehl, Lieutenant!« Ich stelle die Schale vor ihm ab und ziehe mich schleunigst zu meinem Zelt zurück.

Er knurrt, als wolle er mich mit seinem Riesenmesser erdolchen. Ich ziehe auffordernd eine Augenbraue hoch und deute auf die Schale. Beinahe, aber nur beinahe hätte er das Essen in meine

Richtung geschleudert, ich sehe die Regung gut und halte die Luft an. Aber der Duft, der aus der Schale aufsteigt, ist stärker. Er sackt zusammen, atmet rasselnd ein paar Mal ein und aus. Dann setzt er sich hin, ächzend wie ein alter Mann, die knochigen Knie über Kreuz, hebt die Schale auf und nimmt einen vorsichtigen Schluck. Sofort fängt er an zu keuchen und verschluckt sich.

»Jaaa, das macht wieder lebendig, was?«, grinse ich und fülle mir selber etwas auf.

Sein Keuchen aber geht in einen richtigen Hustenanfall über, sodass ich ihm erschrocken die Schale abnehmen und helfen muss. Er hustet und würgt wieder dieses merkwürdige blutige Zeug heraus, und es tut ihm weh, das merke ich, er krampft richtig. Doch irgendwann hört es auf, und ich wische ihm behutsam das Blut ab. »Immer langsam, dagegen habe ich etwas, das hilft. Aber erstmal wird gegessen.«

Doch diesmal schüttelt er den Kopf, die reine Qual im Blick. Ihm kann man nicht mehr helfen, so lese ich das. »Doch, du wirst sehen. Es wird bald besser. Iss.« Auf ihn einredend wie ein kleines Kind, nötige ich ihn dazu, wieder die Schale zu nehmen und zu essen. Diesmal geht es besser, schon bald siegt der Hunger, und er fängt an zu schlingen.

»Langsam, langsam, sonst kommt alles wieder hoch. Wäre doch schade drum«, mahne ich ihn und setze mich dann selber hin, um zu essen. Die nächsten Minuten vergehen in gefräßigem Schweigen, und ich spüre, wie er mich beobachtet, als ich zwischendrin die gute Sally füttere, die auch nicht leer ausgehen soll. Da ich nicht weiß, was ich sagen soll, sage ich gar nichts, bis der Topf leer ist. Drei Schalen Suppe hat er vertilgt, und es ist alles dringeblieben. Das ist schon mal ein gutes Zeichen.

»Okay, und jetzt Teil Zwei der Behandlung«, ordne ich an, hole sein Handtuch heraus, so ein großes Frotteeding, und halte es ihm hin. »Lege es dir über den Kopf. Du wirst jetzt inhalieren.« Mein Ton duldet keinen Widerspruch, und das versteht er auch so. Unwirsch mit den Schultern zuckend, tut er, was ich sage. Ich hole den anderen Topf, den ich inzwischen auf dem Feuer warmgehalten habe, und stelle diesen vor ihm auf der blanken Erde ab. Als ich den Deckel abnehme, kommt mir intensiver Kiefernnadelgeruch entgegen, aber darunter auch etwas anderes, es riecht leicht stechend. »Los, rüber mit dem Tuch. Wenn du husten musst, spuck's einfach aus, aber nicht in den Topf, verstanden?«

Er sagt nichts, tut aber wie geheißen. Die ersten Atemzüge zieht er überrascht ein, dann fängt er an zu keuchen. Er bekommt kaum Luft, macht aber weiter, hustet ein paarmal wieder so fürchterlich, doch bald wird es besser, seine Atemzüge tiefer. Nach zehn Minuten denke ich, es ist genug. Als ich das Tuch herunterziehe, sitzt er zusammengekrümmt da, wie benommen. Da bin ich doch ziemlich erschrocken. War das zu lange gewesen? Ich packe ihn unter den Achseln, ziehe ihn auf seinen Schlafsack und wische ihm das Gesicht trocken. Er reagiert kaum noch, liegt schlaff da und atmet tief und ruhig, kaum noch ein Rasseln zu hören. Wow, das wirkt, und wie! Danke, Hüterin!, denke ich froh und meine fast, ihr leises Lachen zu hören. Ihn fest eingepackt zurücklassend, kann ich ihn beruhigt schlafen lassen.

Mittlerweile wird es langsam dunkel, und ich mache mich daran, die Sachen zu säubern, zusammenzupacken und mich für die Nacht vorzubereiten. Sein Handtuch, blutbespritzt, reinige ich im Schnee und hänge es über dem Feuer auf. Die restlichen Sachen sind trocken, Gott sei Dank! Diese lege ich zusammen und tue sie in sein Zelt, wo Sally neben ihm liegt und mich beobachtet. Nachdem auch die Töpfe und das Geschirr gereinigt sind und in die Zelte gebracht, habe ich auf einmal nichts mehr zu tun.

Doch da fällt mir wieder ein, weshalb ich eigentlich hier bin. Merkwürdig, in den letzten Stunden habe ich nicht einmal mehr an die Fotos gedacht, so beschäftigt bin ich gewesen. Ich schnaube verblüfft und erkenne, eigentlich müsste ich sauer darüber sein, einen halben Tag voller Licht und Farben verpasst zu haben. Aber das bin ich nicht merkwürdigerweise nicht, irgendwie schaffe ich es nicht, böse wegen dieser Unterbrechung meiner Routine zu sein. Was wohl auch an seinem bemitleidenswerten Zustand liegt.

Aber jetzt schnappe ich mir wieder die Kamera und trete an den Rand des Plateaus. Was dort zu sehen ist, verschlägt mir die Sprache. Eine grauschwarze Wand erhebt sich vor mir, umschlingt brodelnd die Felsendome. Von hinten schickt die untergehende Sonne die letzten Sonnenstrahlen auf die Felsen und die Wand und taucht sie in unwirkliches Licht. Ich schaffe es gerade noch, ein paar Fotos zu schießen, dann ist die Wolkenwand heran, und ich werde wie von einer Faust von Kälte und den ersten Schneeflocken getroffen, der Wind bläst mich einfach um. Mit einem Schrei springe ich auf, laufe zurück zu den Zelten, darf keine Zeit verlieren. Seins zerre ich zuerst zu, keinen Moment zu früh, der Wind reißt schon an der Klappe und hat seine Klamotten nach hinten geweht. Sally winselt leise, ich beruhige sie über das Tosen des aufkommenden Sturmes hinweg, stopfe hastig die durcheinander gewehten Sachen in seinen Rucksack und gucke noch, ob er schläft, was er tut.

Dann bin ich wieder draußen in der Kälte, trete das Feuer aus, damit die Funken nicht unsere Zelte entzünden, bringe hastig das restliche Brennholz in den Windschatten seines Zeltes in Sicherheit und suche dann erleichtert in meinem Zelt Schutz vor den Naturgewalten. Zitternd krieche ich in den warmen Schlafsack, liege keuchend da und sehe im letzten Licht der Dämmerung, wie mein Atem kleine Dampfwölkchen bildet. Das war knapp!

Die Zeltplane rattert und wackelt wie verrückt, doch das beunruhigt mich nicht, ich weiß, dass das Zelt das aushält. Es ist ein Expeditionszelt, für solches Wetter gemacht. Was ich nicht weiß, ist, wie stabil sein Zelt ist. Hoffentlich hält es durch. Meins steht in Windrichtung vor seinem, also hat seines ein wenig Schutz, wenigstens das. Ich schaue auf die Uhr. Noch keine fünf Uhr nachmittags, und es ist bereits stockfinster. Wie gut, dass ich ihn bereits versorgt habe! Nicht auszudenken in dem Sturm. Ist er auch warm genug zugedeckt? Die Temperatur fällt in Windeseile. Aber ja, ich habe ihn warm angezogen und fest zugedeckt, und außerdem ist der Hund bei ihm. Es wird alles gut gehen.

Der Sturm tobt den ganzen Abend. Irgendwann wird das Gerüttel an der Zeltwand weniger, daneben baut sich eine Schneewehe auf, die mich vor den gröbsten Winden schützt, und damit auch vor der Kälte. Da es noch so früh ist, beschäftige ich mich, so gut es geht. Scrolle durch die Bilder, von denen die letzten, die von dem aufkommenden Sturm, wirklich spektakulär sind. Ich freue mich wie ein kleines Kind darüber. Da ich damit rechne, im Laufe des morgigen Tages in Harper's Creek einzutreffen, schalte ich das Ultrabook ein und fange schon mal an, die Notizen der letzten Tage zu vervollständigen. Doch das ist bald erledigt, und so bleibt mir nichts anderes übrig, als mich einzig mit meinen Gedanken zu beschäftigen.

Was, wenn ich ihn nicht gefunden hätte? Er wäre umgekommen in diesem Sturm, ganz sicher. Das hätte er nie und nimmer allein geschafft. Wie kommt er nur hierher? Was ist ihm zugestoßen? Da fallen mir die Fotoschnipsel wieder ein. Die Hose habe ich ausgezogen und unten in den Schlafsack gestopft, damit sie nachts nicht feucht wird. Jetzt wühle ich sie wieder hervor und hole vorsichtig die Fetzen aus der Tasche heraus. Ein Puzzle, warum nicht?

Es sind drei, finde ich sehr schnell heraus. Vorsichtig lege ich sie zusammen. Das erste, ein Gruppenfoto, zeigt fünf junge Männer, alle Arm in Arm mit den gleichen blauen Arbeitsoveralls und in braunen Drillichhosen. Die Embleme auf den Schultern kann ich nicht erkennen. Scheint eine Art Uniform oder Firmenkleidung zu sein. Sie grinsen selbstbewusst in die Kamera, gutaussehende, schlaksige Jungs am Rande des Erwachsenwerdens. Zwei sind blond, zwei schwarzhaarig und der Letzte ganz eindeutig gemischter Herkunft mit etwas dunklerer Haut als die anderen.

Welcher von denen er wohl ist? Oder sind das alles seine Kumpels? Leider fehlt das Gesicht desjenigen in der Mitte, den Schnipsel habe ich nicht gefunden. Schade.

Das zweite ist ein Familienfoto. Eine Frau, drei Kinder, ein Junge und zwei kleine Mädchen. Der Älteste hat die dunklen Haare der Frau, aber die gleichen blaugrünen Augen geerbt, die mich heute angestarrt haben. Also ist das sein Sohn, da bin ich sicher. Ein gutaussehender Junge, vielleicht dreizehn oder vierzehn Jahre alt, der frech in die Kamera grinst. Das mittlere Mädchen, mit rotblond gelockten Haaren, starrt dagegen mit denselben blaugrünen Augen missmutig an der Kamera vorbei. Oh oh, diesen Blick kenne ich von meiner Nichte, die hat es auch immer gehasst, fotografiert zu werden. Jedes Mal ein Drama!

Die Jüngste, wieder etwas dunklere Haare und die blauen Augen der Frau, strahlt hingegen und ist ganz offenbar Mamas Liebling, denn deren Hand liegt fest auf der Schulter des Mädchens. Bei der Frau fällt mir auf, dass das strahlende Lächeln, verstärkt durch viel Lippenstift, nicht die Augen erreicht. Sie wirken irgendwie kalt oder gestresst, das mag ich nicht beurteilen. Vielleicht ärgert sie sich aber auch gerade über ihre mittlere Tochter, was ich gut verstehen kann. Das Foto macht mich traurig, ich weiß auch nicht, warum.

Das letzte Bild zeigt zwei Männer in mittleren Jahren. Die Arme einander auf die Schultern gelegt, stehen sie an einem See und zeigen breit grinsend ihre Angelerfolge in die Höhe. Ich finde die lang gezogenen Kerben in den Wangen des linken Mannes in den Gesichtszügen des Jungen auf dem Familienfoto wieder. Also ist das der Großvater. Sein Vater. Da ich nun die Familienähnlichkeit erkenne, versuche ich, *ihn* auf dem Gruppenfoto der jungen Männer zu finden, aber es gelingt mir nicht. Also ist er derjenige in der Mitte. Ob er sich absichtlich verbannt hat? Sehen die Ränder nicht ein wenig verkohlt aus? Als hätte er eine Zigarette darauf ausgedrückt. Irgendwie habe ich Schwierigkeiten, einen strahlenden jungen Mann mit dem menschlichen Wrack da draußen in Einklang zu bringen.

Doch dann fällt mir noch etwas auf: Der Mann neben dem Großvater, der sieht dem anderen blonden jungen Mann auf dem Gruppenfoto derart ähnlich, dass dies nur Vater und Sohn sein können.

Also sind nicht nur die Väter befreundet, sondern auch die Söhne. Sandkastenfreundschaft? Gut möglich. Das Ganze macht einen sehr stabilen, familiären Eindruck. Was bringt einen Mann dazu, dies alles über Bord zu werfen und sein Leben beenden zu wollen?

Tja, Sanna, du standest auch mal kurz davor, mahne ich mich. Ich sehe auf die Fotos herab. Irgendwie finde ich es schade, sie wieder auseinanderzureißen. Ich müsste sie aufkleben, ins Notizbuch am besten. Doch ich habe nichts... mein Blick fällt auf eine Schale, in die ich die Beeren getan habe. Ich habe mehr als die fünf mitgenommen, als Vorrat. Beerensaft klebt doch wie verrückt. Ich probiere es gleich aus und behalte recht. Es funktioniert hervorragend, sieht nur ein wenig merkwürdig aus, als würden die Bilder bluten. Vorsichtig blase ich den Saft trocken, damit die Seiten nicht verkleben. Vielleicht kann ich ihm die Bilder eines Tages wiedergeben.

Zufrieden mit dem Projekt, stecke ich das Notizbuch wieder ein, reinige mir gründlich die Finger, stopfe mir Ohropax gegen den heulenden Wind in die Ohren und lege mich schlafen. Doch meine Gedanken, aufgewühlt von den Ereignissen, kommen nicht zur Ruhe, und so finde ich erst Schlaf, als jemand, etwas, beruhigend über meinen Geist streicht und mich ins Reich der Träume schickt.

Am Morgen werde ich von Sonnenschein geweckt. Ich wache auf und finde meine Nase dicht an der Zeltwand wieder, flach gedrückt vom Schnee. »Oh je!«, entfährt es mir. Hastig ziehe ich mich an und kämpfe mich nach draußen. Den Eingang bekomme ich kaum auf, es liegt ein halber Meter Schnee davor, und das Zelt ist fast zugeweht. So aber habe ich gut und warm geschlafen, bin wirklich erholt.

Ein Blick zu seinem Zelt und ich sehe, es steht noch. Mein Zelt hat den gröbsten Schnee von seinem abgehalten, der Lagerplatz dazwischen ist relativ frei. Staunend schaue ich mich um. Die Welt hat sich in eine Wintermärchenlandschaft verwandelt, ich erkenne das Plateau kaum wieder. Ich schnappe mir die Kamera, doch da höre ich den Hund winseln.

Alarmiert öffne ich das andere Zelt, aber Sally will nur raus, sie rast an mir vorbei und verschwindet in den Weiten des Schnees. Er dagegen schläft immer noch tief und fest, der Atem geht ruhig. Ich beschließe, ihn schlafen zu lassen und in aller Ruhe Fotos zu schießen und dann das Frühstück vorzubereiten.

Es ist kalt, aber windstill, weshalb ich nur im Wollkapuzenpulli in die strahlende Morgensonne an den Rand des Plateaus trete. Wieder verschlägt es mir den Atem. Die Zauberlandschaft erstreckt sich über das gesamte Tal. Die Tafelberge habe lange Schleppen bekommen, wo der Wind den Schnee um sie herum geweht hat. Es sieht einfach wunderschön aus, wie Ballkleider. Ich gehe in die Hocke, die Kamera unbenutzt in der Hand. Sally kommt zu mir, stupst mich an. Ich lege den Arm um sie. »Guck's dir an, Sally, guck es dir nur an. Ist das nicht toll?« Ich sitze einen Moment still und genieße, ohne ein Bild zu machen. Wie muss es nur sein, hier oben zu leben, umgeben von der Natur?, frage ich mich und denke an die Hüterin. Sie ist zu beneiden!

Irgendwann schlafen mir die Glieder ein, und mir wird kalt, ich muss mich bewegen. Eine kleine Foto Tour und ein bisschen Stöckchen Werfen mit dem Hund bringen mich wieder in Schwung. Als ich mich umdrehe und zurückgehen will, sehe ich eine lange Gestalt zwischen den Zelten stehen und uns beobachten. Auch der Hund hat ihn jetzt entdeckt und rast los, freudig bellend. Ich möchte das Wiedersehen der beiden nicht stören, hocke mich daher hin und mache noch ein paar Bilder von der Winterwelt und den Kristallstrukturen des Schnees. Erst als das Gebelle aufhört, kehre ich ins Lager zurück.

Er hat sich angezogen und hockt im Zelteingang, den Kopf des Hundes auf dem Schoß. Die Militärsachen, schon fast durchgescheuert im Stoff, schlottern an seinen dünnen Beinen. Oh Mann, du brauchst wärmere Klamotten, denke ich und bin sofort besorgt. Wortlos starrt er vor sich hin. Unheimlich sieht es aus, wie sich die Morgensonne in den blaugrünen Augen zwischen all dem Haargewirr bricht. Wie zwei kalte, blanke Spiegel. Ich grüße ihn nur kurz und mache mich daran, ein Feuer zu entfachen und Schnee zu schmelzen, halte mich beschäftigt, um diesen gruseligen Augen ohne jede Hoffnung darin zu entgehen.

Als ich endlich eine Tasse Tee in den Händen halte, leuchtet die Sonne schon stark herab. Ich merke, heute werde ich eine Sonnenbrille brauchen, sonst werde ich schneeblind. Hoffentlich hat er auch irgendwo eine, denn ich habe gestern beim Zusammensuchen seiner Sachen keine entdeckt.

Er hockt stumm in seinem Zelteingang und starrt auf den Tee in seinen Händen herab. Geholfen hat er mir nicht, was ich ihm aber nicht zum Vorwurf mache. Ich teile die letzten Reste von Faiths leckerem Brot auf und rühre für jeden von uns eine Schale Müsli mit Milchpulver an. »Iss!«, befehle ich streng, und er tut es, wenn auch langsam und zögerlich wie ein alter Mann. Seinen Tee habe ich extra stark gekocht und mit viel Zucker, meiner Notration.

Ich kümmere mich nicht weiter um ihn, sondern esse langsam das Frühstück auf, füttere auch Sally, schmelze Wasser für den Wassersack und den Abwasch. Dann beginne ich, meine Sachen zusammenzupacken, denn ich muss ja noch das Zelt ausgraben, was bestimmt einige Zeit dauert. Als ich den Rucksack nach draußen hieve, sitzt er da und schaut durch mich hindurch.

»Ist was?«, frage ich, aber es kommt keine Antwort. Doch ich sehe es auch so. Er will nicht. »Hör zu«, sage ich und stelle den Rucksack an eine Kiefer. »Wir können nicht hierbleiben. Meine Vorräte werden nicht für ewig reichen, und du bist hier ohne Erlaubnis auf heiligem Navajo Land unterwegs. Sie haben bereits deine Spuren gefunden und wollen dich jagen gehen. Da verstehen sie keinen Spaß. Ich dagegen habe ihre Erlaubnis, hier zu sein. Von daher tust du gut daran, an meiner Seite zu bleiben und mit mir in die nächste Siedlung zu gehen, nach Harper's Creek. Ein Tagesmarsch, diese Richtung.« Ich zeige zum Pass. »Wenn wir da sind, kannst du meinetwegen machen, was immer du willst. Und wenn du dich in den nächsten Canyon stürzen willst, dann bitte. Aber nicht hier. Dies ist ein heiliger Ort, das heißt, wir werden ihn verlassen. Also pack deine Sachen, Cowboy, nun mach schon. Und zieh dich wärmer an.«

Ich warte nicht ab, ob er dem Folge leistet, sondern ziehe den Regenüberzug meines Rucksackes über einen Schneeschuh und schaufele damit die Schneewehe von meinem Zelt herunter. Das ist ganz schön anstrengend, und ich komme gehörig ins Schwitzen. Als ich das Zelt endlich frei und eingepackt habe, sitzt er auf einem umgekippten Baumstamm, den Rucksack fertig gepackt neben sich, und guckt ins Leere. Na super. Ich bin so verschwitzt, dass mir sofort kalt wird, sobald ein Windhauch geht, und oben auf dem Pass, da wird es mit Sicherheit sehr windig sein. Also ziehe ich noch eine Weste über den Wollpulli, darüber die Trekkingjacke und auch die Regenhose an, und mache mich daran, unsere Feuerspuren zu beseitigen, bevor es losgeht.

Der viele Schnee macht das Vorankommen wirklich mühsam, wir gehen mit Schneeschuhen. Auch der Hund kommt nur langsam voran und schließlich gar nicht mehr. Jaulend bleibt Sally im Schnee stecken. Aus der Hundedecke improvisiere ich einen Schlitten, die Alu Seite nach unten, und klemme die Ecken in den Hüftgurt meines Rucksackes. So ziehe ich Sally auf dem Schnee voran. Es ist schwer, keine Frage, sie wiegt locker dreißig Kilo, doch mir bleibt keine Alternative, denn er, so viel steht fest, kann das auf keinen Fall.

Der Weg hinauf auf die Anhöhe verlangt uns alles ab und hinunter auch. So sehr ich zu kämpfen habe, für ihn ist es fast zu viel, geschwächt, wie er ist. Unterwegs hustet er wahre Schleimberge aus, aber ich bin beruhigt, er krampft nicht mehr, daher vermute ich, es löst sich jetzt alles und kommt heraus.

Am Ende des Abstiegs, im nächsten Tal, bricht er fast zusammen, und wir müssen eine längere Pause einlegen. Ich bin besorgt, denn so kommen wir heute nicht nach Harper's Creek. In Gedanken gehe ich meine Vorräte durch. Es wird langsam eng, es reicht noch für einen Abend und für morgen früh.

Ungefragt gehe ich an sein Gepäck und packe um, sein Zelt und den Sack mit dem Hundefutter und noch ein paar andere schwere Dinge auf die Decke, sodass er nur noch mit leichtem Gepäck marschiert. Zum Glück liegt der Schnee hier unten nur knöcheltief, sodass es nun etwas leichter vorangeht. Sally springt fröhlich voraus. Wie auf einem weichen Teppich schreiten wir dahin.

Von da an lasse ich ihn das Tempo bestimmen. Er geht langsam, wie um jeden Schritt ringend. Wäre er in Form, er würde mir in Windeseile davonlaufen mit seinen langen Beinen. So aber gibt diese langsame Gangart mir Zeit, Fotos zu machen, und ich finde Motive zuhauf. Abwartend sitzt er dann da, meistens die Augen geschlossen, oft schlafend, sodass ich ihn wecken muss. Ich füttere ihn mit Rosinen und Nüssen, unverzichtbare Energiespender, doch es nützt nicht viel. Am späten Nachmittag kommt er nicht mehr hoch. Ich hocke mich vor ihn. »Genug für heute, hmm?«

Er nickt geschlagen. Es stört ihn sichtlich, so auf Hilfe angewiesen zu sein. Ich muss ihm sogar sein Zelt aufbauen und ihm in trockene Kleidung helfen, so sehr zittert er. Als er endlich liegt, dreht er den Kopf zur Zeltwand, schaut mich nicht an.

»Schlaf ein wenig, ich mache uns etwas zu essen«, sage ich und klopfe ihm tröstend auf die Schulter. Dabei bin ich selber völlig erledigt, das Schneeschaufeln, das zusätzliche Gepäck und der anstrengende Schneeschuhmarsch waren auch für mich zu viel. Und jetzt muss ich erstmal Holz sammeln, Feuer machen... ich merke, wie ich in alte Verhaltensmuster zurück rutsche. Müssen, müssen, müssen, Pflichten über Pflichten, ohne Rücksicht auf die eigenen Bedürfnisse.

Nein, auch ich brauche eine Pause, und daher baue ich erst einmal mein Zelt auf, ziehe trockene Kleidung an und lege mich ein wenig hin. Die Sonne scheint warm herein, ich liege mit dem Kopf auf den Armen im Zelteingang und dämmere langsam weg. Nur, dass daraus locker zwei Stunden werden. Ich werde wieder wach, als eine Zunge über mein Gesicht fährt.

»Sally...« Ich kraule sie, und sie wufft begeistert. Irritiert blicke ich nach oben. Geht die Sonne unter? Aber nein, über mir blinken die ersten Sterne, und das Licht ist Feuerschein. Ich fahre auf. So lange habe ich geschlafen?

Mir müde die Augen reibend, krieche ich aus meinem Zelt hervor. Tatsächlich, vor mir brennt ein munteres Feuer. Daneben in sicherer Entfernung summt sein Gaskocher auf niedriger Stufe vor sich hin, ich rieche Tee. Unsere feuchte Wäsche trocknet auf der Leine. Von ihm sehe ich nur diese unmöglichen Stiefel aus dem Zelt Richtung Feuer ragen. Er schläft schon wieder, hat offenbar keine Kraft mehr, doch diese kleine Geste der Hilfe rührt mich fast zu Tränen.

Eine Stunde später wecke ich ihn zum Essen. Diesmal gibt es Nudeln, und zwar mit viel Soße, da ist ordentlich Zucker und Fett drin. Doch er isst nur mit mäßigem Appetit, die Augen liegen tief in ihren Höhlen. Irgendwann stellt er die Schale weg, kann nicht mehr. War das zu mächtig? Ich traue mich nicht zu fragen. Wie soll ich ihn nur nach Harper's Creek bekommen?

Ich nötige ihn, noch einmal zu inhalieren, und das ist dann zu viel für ihn. Er bekommt einen Hustenanfall wie noch nie. Mehrere Minuten ringt er japsend nach Luft und spuckt und spuckt, bis er ganz schwach und zittrig ist und fast bewusstlos. Wieder muss ich ihn in sein Zelt zerren und wie ein kleines Kind zudecken. Doch dann schläft er ein, und sein Atem ist ruhig. War das die Krise gewesen? Wollen wir es hoffen.

Am Morgen ist es draußen spürbar wärmer geworden. Die Temperaturen gehen über null Grad, der Schnee taut in der Morgensonne. Er ist wach, als ich in sein Zelt schaue, krault er Sally mit abwesendem Blick. Ich kann nicht sagen, ob das ein gutes oder ein schlechtes Zeichen ist, aber da sein Atem ruhig geht, ohne Rasseln, bin ich beruhigt.

Beim Frühstück schwenke ich von Müsli auf YumYums um, die kräftigen Suppen bekommen ihm offenbar am besten, und richtig, er verzehrt wieder drei Portionen. Als ich sein Gepäck zum Teil bei mir aufladen will, schüttelt er den Kopf. Okay, dann halt nicht. Ich zucke mit den Schultern und packe mein Zeug zusammen. Mal sehen, wie lange das gut geht.

Doch ich werde überrascht, er hält anstandslos durch. Scheint, als wäre er wirklich auf dem Weg der Besserung. Ich überlasse ihm mehrere Packen Nüsse, und er mampft die ganze Zeit vor sich hin, während wir durch das Tal hinab in die Ebene steigen. Es wird stetig wärmer, bald ist es über zehn Grad, und ich kann die Jacke ausziehen. Wir behalten den gestrigen Rhythmus bei, er gibt das Tempo vor und die Pausen und wartet, wenn ich einmal länger fotografiere. Ich merke, seine Anwesenheit stört mich nicht, da er schweigt und nicht drängt. Von daher bin ich zufrieden.

Irgendwann, da ist es noch nicht Mittag, brummt mein Handy, die Zivilisation hat mich wieder. Ich sehe, dass Faith mir mehrere Nachrichten geschickt hat.

<Melde dich, wenn du wieder Netz hast!!!> lautete die Letzte.

Ich höre die Sorge hinter ihren Worten. Sicherlich hat es auch bei ihr gestürmt. *<Ich lebe noch, alles gut.>*

Keine Minute später summt das Handy wieder. *<Na endlich! Wir wollten schon nen Suchtrupp nach dir losschicken. Wo bist du?>*

<Kurz vor Harper's Creek. Ich habe durch den Schnee ein wenig länger gebraucht. Du kannst deinem Bruder ausrichten, ich habe den ungebetenen Besucher in den Bergen aufgelesen und bringe ihn mit runter. Armer Kerl, hatte sich völlig verirrt, und sein Handy ist kaputt. Hat sich eine böse Erkältung eingefangen.>

<Oh, das ist gut! Die Männer haben schon einen Trupp aufgestellt. Ist er in Ordnung? Braucht er einen Arzt?>

Ich schaue sinnierend auf ihn, wie er vor mir läuft. Nein, einen solchen Arzt braucht er nicht. Eher jemanden für die Seele. *<Nein, der kommt schon wieder in Ordnung. Ich kümmere mich um ihn.>*

Kaum habe ich das abgeschickt, durchzuckt es mich. Was schreibe ich denn da? Will ich denn weiter Babysitter für ihn spielen? Ich bringe ihn nach Harper's Creek, und damit Schluss.

Doch das ist gar nicht so einfach. Das merke ich schon daran, wie er stocksteif stehen bleibt, als die ersten Häuser in Sicht kommen. Es ist nur eine Ansammlung von kaum ein Dutzend Hütten, die meisten einfachste Mobile Homes, und doch, er steht da, schwer atmend und die Fäuste geballt, als wolle er jeden Moment die Flucht ergreifen. Da merke ich, *wie* angeschlagen er in Wahrheit ist.

»He, was ist denn?«, frage ich und fasse ihn behutsam am Ellenbogen. Sofort reißt er ihn zurück, wild den Kopf schüttelnd. Nein, so kann ich ihn nicht dorthin mitnehmen. »Hör zu, warum bleibst du nicht erst einmal hier, und ich gehe allein in den Ort und gucke, wo Faiths Cousin wohnt. Dann kann ich dich ja nachholen. Einverstanden?«

Was bleibt ihm anderes übrig? Er nickt geschlagen, setzt sich auf einen Stein, wieder so leer vor sich hinstarrend. Nur ungern lasse ich ihn dort zurück und schaue mich immer wieder nach ihm um, dass er auch ja nichts Dummes anstellt. Zum Glück dauert mein Weg nicht allzu lange. Eines der Mobilheime liegt etwas oberhalb der Siedlung im Tal, und als ich dort vorbeikomme, wird die Haustür aufgerissen und eine Frau ruft mich an.

»Sanna?«

Ich hebe erfreut die Hand. »Ja, das bin ich. Hallo.« Lächelnd trete ich den Weg auf das Haus zu, und sie kommt freudestrahlend auf mich zu.

»Endlich, wir haben uns schon Sorgen gemacht. Ich bin Mary, die Frau von Faiths Cousin Ted.« Wir begrüßen uns. Sie ist eine sehr kleine, rundliche Frau, gar nicht wie die schlanke Faith. Sie ist mir auf Anhieb sympathisch und will mich sofort hineinbitten. »Mein Mann kommt gleich. Es gibt eine Versammlung, sie wollen in die Berge, weil ein Fremder sich dort herumtreibt.«

Oh verdammt! »Das brauchen sie nicht mehr, ich habe ihn mitgebracht. Faith und Al habe ich auch schon bescheid gesagt. Sie geben es weiter.«

»Was?«, entfährt es ihr erstaunt, und sie blickt hinter mich, wo sie natürlich niemanden sieht.

Ich nicke. »Ich habe ihn und seinen Hund halbtot kurz vor dem Schneesturm aufgelesen und wieder auf die Beine gebracht. Aber er ist noch sehr schwach, und ich mache mir große Sorgen um ihn. Es wäre in seinem derzeitigen Zustand nicht gut, wenn er auf allzu viele Menschen treffen würde, vor allem keine wütenden Menschen. Was er braucht, ist Ruhe und gutes Essen, und viel davon.«

Sie sieht mich aus großen Augen an, doch sie versteht offenbar, was ich sagen will. »Ist er ein Suchender, eine verlorene Seele?«

Ich hebe die Schultern. »Kommt mir so vor, ja.« Ich sehe, wie ihre Miene arbeitet.

»Wird er Ärger machen? Ist er gefährlich?«, flüstert sie nun schon beinahe ängstlich. Das kommt mir merkwürdig vor, aber dann fällt mir ein, dass sie hier bestimmt viel Ärger mit Vagabunden haben, oft alkoholisierten Streunern. Faith hatte ja auch schon so etwas angedeutet.

»Nein... nein, das glaube ich nicht. Er würde alles für seinen Hund tun und hat auch mir geholfen, als es nach dem Sturm echt schwer war. Nein, bösartig ist er nicht, und auch nicht alkohol- oder drogenabhängig. Aber verletzt, und das sehr tief. Krank. Und voller Trauer. Ich glaube, es hat was mit seiner Familie zu tun. Bitte, kann ich ihn irgendwo hinbringen, wo es keinen Menschenauflauf gibt? Ich weiß, dass ihr ihn sucht. Aber es war keine böse Absicht, die ihn dort oben hingetrieben hat. Er wirkt so verloren. Bitte, ich möchte ihm helfen.«

»Also gut«, ringt sie sich zu einem Entschluss durch. »Siehst du unsere Scheune da? Hinten rum gibt es einen Schlafraum, wenn Helfer kommen. Da bring ihn rein. Aber mein Mann wird sich mit ihm unterhalten müssen und der Chief auch.«

Ich danke ihr erleichtert und laufe zurück, um ihn zu holen. Trotz allem guten Zuredens schaffe ich es fast nicht, ihn dorthin zu bewegen, muss ihn regelrecht hinter mir herzerren. Seine Hand, rau und rissig, liegt eiskalt in meiner. Der Raum in dem Schuppen, kaum mehr ein Bretterverschlag, besteht aus mehreren blanken Pritschen und einem grob gezimmerten Tisch mit ein paar Stühlen. Ein Kanonenofen in der Ecke, eine Toilette hinter einer halb hohen Bretterwand, hinter einer zweiten ein Hahn in der Decke, wohl eine Dusche. Zwei Kochplatten, aber kaputt, der Stecker ist zerbrochen, ein altes Abwaschbecken. Das war's. Aber ich bin zufrieden. Hier kann er erstmal bleiben.

Er schaut sich fast panisch um. »Schscht, nicht. Hier bist du allein und kannst dich ausruhen«, beruhige ich ihn. Ich helfe ihm, den Rucksack abzusetzen, packe seine Sachen aus, lege die Isomatte auf eine Pritsche. Helfe ihm wieder aus den verschwitzen Sachen. Da es hier einigermaßen geschützt ist, schlüpft er so in den Schlafsack und schließt erschöpft die Augen. »Versuche ein wenig zu schlafen«, sage ich und gehe zur Tür. »Ich bringe dir nachher etwas zu essen und halte dir die anderen vom Leib.« Das hört er nicht mehr. Er ist sofort eingeschlafen.

Mary hat ihren ersten Schrecken überwunden und empfängt mich mit einem warmen Lächeln in der Küche. Sie kocht uns einen Tee, und wir setzen uns. Sie fragt nach meiner Herkunft und der Wanderung, ich erzähle ein wenig von meinen Erlebnissen, doch wir werden vom Eintreffen ihres Mannes Ted und eines weiteren unterbrochen. Mit ernsten Gesichtern treten sie auf das Haus zu. Oh, oh, das Verhör beginnt jetzt gleich, denke ich und spanne mich an. Mary tätschelt mir begütigend die Hand.

Der zweite Mann wird mir als Clan Chef vorgestellt. »Sag einfach Chief zu mir«, brummt er gutmütig und gar nicht mehr so finster, als wir uns vorgestellt haben. Ich entspanne mich etwas und antworte offen auf die Fragen der Männer. Schon bald höre ich heraus, der Fremde in den Bergen hat die Gemüter der kleinen Gemeinde erregt, und wie! Da wird mir doch etwas angst und bange, und ich will mich für ihn ins Zeug legen.

Doch der Chief hebt die Hand: »Der Rat tritt nachher hier zusammen, dann kannst du für ihn sprechen, wenn du unbedingt willst. Früher, da haben wir Eindringlinge einem Opferritual unterworfen.« Er gluckst in sich hinein, als er meine erschrockene Miene sieht, wird aber schnell wieder ernst. »Das machen wir natürlich nicht mehr, aber wir werden entscheiden, was mit ihm geschieht. Vermutlich übergeben wir ihn den Deputies.«

Oh nein, das wäre sein Ende, doch meine Einwände werden abgewiegelt. »Wir wollen solche Leute hier nicht haben. All diese Esoterik-Spinner, Ufo- und Geistergläubige, die meinen, hier draußen ihren Spirit finden zu müssen. Drogenabhängige, Alkoholsüchtige. Die bedeuten meistens jede Menge Ärger, sie achten unsere Kultur nicht und entweihen unsere heiligen Stätten.«

»Nein, so seiner ist er nicht. Er ist...«

»Immer mit der Ruhe«, wiegelt er ab. »Sie kommen nachher alle zum Essen her. Ruh dich etwas aus, und...«, er zwinkert, »wir wollen die Bilder sehen. Kannst du uns eine Auswahl zeigen?«

»Mit ein wenig Vorbereitung schon. Ihr habt nicht zufällig einen Monitor, den ich mir borgen kann? Damit geht es schneller.«

Seufzend erhebt sich Ted. »Na dann, ab in die Technik Hölle.« Er schiebt sich durch die schmale Küche den Gang hinunter und winkt mir, ihm zu folgen. Am Ende ist eine Tür, ein großes Poster warnt *Eintritt Verboten bei Todesstrafe*. Ted reißt die Tür auf. Sofort schallt uns lautes Geballer entgegen, unterlegt von den wilden Gitarrenriffs einer Trashmetall Band. »Wir haben Sanna zu Besuch, Sohn! Schalt das Ding ab und begrüße sie!«

Amüsiert trete ich näher und stehe einem schlaksigen Teenager mit Pickelgesicht gegenüber, der sich unwirsch ob der Unterbrechung erhebt. Der Geruch, der mir aus seinem Zimmer oder mehr Kabuff entgegenströmt, kommt mir doch sehr bekannt vor. Alte, ungewaschene Socken, Chips und Cola und die Hormonhölle, das kenne ich nur allzu gut von meinen Neffen. Ich begrüße ihn und schaue auf den Schreibtisch. Ein großer Gaming Monitor, ein ausgefranster Bürostuhl, Kabel und Elektronikteile ohne Ende. Ein Spiel ist auf dem Monitor eingefroren. »Oh, du spielst Hall of the Dooms? Welches Level?«

Seine Miene hellt sich auf. Stolz zeigt er auf den Schirm. »Ich bin im vierten Level des Masterzirkels angekommen.« Ich gebe mich hinreichend beeindruckt. Mein ältester Neffe hat, glaube ich, das siebte Level geschafft, bevor seine Mutter ihm den Stecker gezogen hat, weil seine Noten zu schlecht wurden. Das Eis ist auf jeden Fall gebrochen, und wir tauschen uns ein wenig über das Spiel aus, bis ich zu meinem Anliegen komme.

»Ich brauche einen Monitor. Hast du einen für mich?«, frage ich.

Er schaut einigermaßen entsetzt hinter sich auf sein Prachtexemplar. »Was, diesen? Aber... aber...« Im Geiste sieht er bestimmt seine Punkte davonschwimmen.

»Pass bloß auf, Sohn!«, knurrt Ted und hebt die Hand.

»Nein, nein, nicht dieses Riesending, aber wie wäre es mit dem da?« In der Ecke steht noch ein Siebzehn Zoller, nicht angeschlossen und völlig eingestaubt. »Alles, was größer als mein Book ist, hilft. Was hat er denn für eine Auflösung?« Sie ist nicht perfekt, aber es genügt mir.

Da es in der Küche und dem Wohnraum sehr eng ist und ich Mary bei den Vorbereitungen für das Abendessen nicht im Weg sein will, beschließe ich, meinen Arbeitsplatz im Schuppen aufzubauen. Der Junge, der praktischerweise nach seinem Vater Teddy heißt, wird dazu verdonnert, mir zu helfen. Er schließt den Strom an, bringt mir Feuerholz und stellt auch das Wasser an, das sie sonst wegen des Frosts im Winter immer aus lassen. Dabei beäugt er vorsichtig den schlafenden Fremden in der Ecke. »Sieht ja echt gruselig aus«, meint er flüsternd zu mir, während er Sally tätschelt, sie sofort mit ihm Freundschaft geschlossen hat.

»Nicht gruselig. Er ist einfach nur krank. Pst, sei leise, wecke ihn nicht auf. Habt ihr eine Waschmaschine?« Er nickt. Ich weiß, dass dies in amerikanischen Haushalten nicht unbedingt die Regel ist, erst recht nicht hier im Reservat, wo viele nicht einmal einen Wasseranschluss haben. »Kannst du deine Mutter fragen, ob ich ihre Waschmaschine benutzen darf? Ich zahle auch den Strom dafür.«

»Pah, so'n Quatsch. Ich komm gleich wieder.«

Als er mit einem Wäschekorb zurückkommt, bringt er seine Mutter mit, die mir ein Tablett beladen mit Sandwiches, Keksen, einem Teekessel, zwei Tassen, Teebeuteln und Milch und Zucker reicht. »Ich wusste nicht, wie er ihn trinkt«, entschuldigt sie sich. »Mehr gibt es heute Abend. Gib mir ruhig, was du zum Waschen hast, ich kümmere mich darum«, flüstert sie mit einem vorsichtigen Blick in die Ecke.

»Ich fürchte, bei seinen Sachen ist das alles, wirklich alles, und ich habe auch nicht mehr viel Sauberes. Ich kann dir auch helfen.«

»Nein, nein, lass nur. Bearbeite du man deine Bilder und ruhe dich ein wenig aus. Du siehst geschafft aus und wirst heute Abend Kraft brauchen. Wenn du duschen willst, kannst du das gerne bei uns tun. Hier würde ich dir das nicht empfehlen, das Wasser ist eiskalt.«

Doch das kalte Wasser kommt mir gerade recht. »Ich glaube, ich dusche lieber hier. Kann ich Handtücher von dir haben?« Sie guckt ein wenig verwundert, erfüllt mir aber den Wunsch. Als ich endlich allein bin, atme ich tief durch und setze mich einen Augenblick auf den wackeligen Stuhl. Wo habe ich mich da nur reingeritten?, schimpfe ich mich innerlich. Ich soll für *ihn* sprechen? Wie soll ich das anstellen?

»Schöne Scheiße, Sanna!«, fluche ich unterdrückt, aber es nützt nichts, es ist nicht mehr zu ändern.

Als erstes gehe ich duschen. Die Wasserleitung erwacht glucksend zum Leben. Zunächst kommt nur braune Brühe, aber das kenne ich von Haulensteen auch nicht anders. Doch dann fließt wunderbar klares Wasser heraus, gar nicht begleitet von dem sonst allgegenwärtigen Chlorgeruch amerikanischer Wasserrohre. Es ist Quellwasser! »Oh, sehr schön!«, freue ich mich.

Dass Quellwasser erheblich kälter ist als Leitungswasser, das habe ich beinahe vergessen, werde jetzt aber daran erinnert. Japsend seife ich mich ein und spülte mir so gut es geht die Haare durch. Ziemlich zerzaust sind sie, stelle ich fest, ich muss sie gründlich entwirren. Doch die Dusche zeigt ihre Wirkung, als ich sie ausdrehe, bin ich wieder hellwach und wirklich erfrischt. Jetzt noch die saubere Wäsche an, und ich fühle mich wie neu geboren, herrlich! Als ich meine Haare rubbelnd in den Wohnraum zurückkomme, sehe in seiner Ecke zwei helle Punkte im Halbdunkel. Er ist wach!

»He, alles okay?«, frage ich leise. Er dreht den Kopf zur Wand. Na gut, dann halt nicht.

Der Ofen ist inzwischen tüchtig in Gang, und so setze ich mich im Langarmshirt an den Tisch. Als allererstes lade ich die Fotos von den Chipkarten herunter. Das dauert eine Weile, währenddessen ich das Fotoprogramm hochfahre und das Internet – Teddy hat mir seinen WLAN Code zugesteckt. Gleichzeitig lausche ich auf die Geräusche hinter mir. Er ist immer noch wach. Also schön, denke ich, hole den Teekessel vom Feuer und brühe ihm einen Tee auf, mit ordentlich Milch und Zucker, und mir selber einen ohne alles. Als dieser ein wenig abgekühlt ist, setze ich mich zu ihm auf die Pritsche. »Hier. Trink. Das wird dir guttun.«

Er kommt kaum hoch, ich muss ihm helfen. Langsam, Schluck für Schluck, flöße ich ihm das heiße Gebräu ein. Nach einer halben Tasse drückt er meine Hand fort und sinkt erschöpft zurück. Ich rücke einen Schemel an das Bett und lasse ihm die Tasse da und auch einen gut gefüllten Teller.

Meine Arbeit schlägt mich bald in den Bann, und ich vergesse ihn völlig, so ruhig ist er. Erst einmal rufe ich E-Mails ab, scanne durch, ob etwas Wichtiges dabei ist, doch es ist nur Banales. Dann trenne ich das Internet wieder, um mehr Leistung für das Fotoprogramm zu haben, und wende mich den Fotos zu. Als allererstes scrolle ich einmal durch, treffe eine Vorauswahl, was ich heute Abend zeigen will. Nach kurzer Zeit schleicht Teddy herein und hockt sich zu mir. »Mega«, flüstert er und zeigt auf das dünne Ultrabook. »Kostet bestimmt ganz schön viel.«

Ich bin verlegen. »Nun ja, ich arbeite damit, und es muss für die Wanderungen möglichst leicht sein. Das hat halt seinen Preis.«

Ich zeige ihm das Fotoprogramm und erkläre, was ich vorhabe. Als ich die ersten Nachtaufnahmen von dem Berg aufrufe, zieht er überrascht die Luft ein. »Wie super cool! Aber welches willst du nehmen?«

»Ganz einfach: alle. Pass mal auf.« Ich markiere die Bilder und klicke auf eine Einstellung, welche die Bilder zusammenrechnen lässt. Das Book erwacht surrend zum Leben, ich beobachte besorgt die Anzeige des Prozessors. Es ist das schnellste Modell auf dem Markt, aber hier kommt auch dieses an seine Grenzen. Hoffentlich hängt sich das Programm nicht auf! »Dieses Programm hat ein Freund für uns geschrieben«, erkläre ich Teddy. »Das gibt es so auf dem Markt nicht. Es existieren eine Menge Kameras und auch Fotoprogramme, die ähnliche Funktionen haben, doch das erfüllt nicht ganz unsere Zwecke. Deshalb haben wir uns etwas Eigenes gebaut, vor allem für meine Freundin, die es für ihre Kollagen nutzt. Sie fügt damit mehrere Bilder nahtlos zusammen. Nur leider frisst das extrem viel Rechnerkapazität.«

Doch es geht alles gut. Als sich langsam, Zeile für Zeile, ein Bild aufbaut, hält Teddy die Luft an. »Oh wow!«, flüstert er, und ich sitze da und mache innerlich einen Freudensprung, und wie!

»Für heute Abend brauchen wir auf jeden Fall deinen Monitor. Das wird sie umhauen, was meinst du?«, frage ich ihn grinsend.

»Auf jeden Fall!«, stimmt er begeistert zu. Das ist für ihn keine Frage mehr.

Stundenlang hocken wir vor dem Rechner und bearbeiten Bilder und erzählen uns aus unserem Leben. Ihn fasziniert, dass ich von soweit hergereist bin, um derartige Bilder zu machen. Wir surfen zu Kris' Galerie, und er staunt, was aus den Fotos entsteht.

Zwischendrin schaue ich nach meinem Patienten, doch der hat sich den Schlafsack über den Kopf gezogen und sich zur Wand gedreht, schläft vermutlich. Die Teetasse und der Teller sind leer. Sehr gut!

Ich lasse Teddy auch mal ran, er probiert begeistert die verschiedenen Einstellungen aus. Ich zeige ihm auch meine Stocks im Netz und wie ich die Bilder dort hochlade.

»Warum steht da überall S.I.R. über den Bildern?«, wundert er sich über das Piktogramm.

»Das ist ganz einfach: Erst wenn du das Bild kaufst, geht das Piktogramm weg. Vorher kann es niemand verwenden.«

»Und was heißt S.I.R.?«, fragt er neugierig.

»Na, das bin ich. Susanna Iris Reimann. S.I.R. Unter diesem Namen bin ich im Netz bekannt. Das hat den Vorteil, dass die ganzen Spinner da draußen nicht wissen, ob ich ein Mann oder eine Frau bin.«

»Oh ja, Spinner gibt es da draußen zuhauf«, gluckst Teddy.

Das Geräusch eines sich nähernden Fahrzeugs unterbricht uns. So spät schon?, erkenne ich erschrocken, und Teddy springt auf. »Das werden die anderen sein. Ich bau schnell die Sachen auf.«

Da wird es auch für mich Zeit, mich fertig zu machen. Die Haare zum unvermeidlichen Zopf flechtend, trete ich an die Pritsche. Er ist wach, hat das Fahrzeug gehört. Zusammengekrümmt liegt er da und atmet hörbar schwerer. »He, ist ja gut. Ich regle das schon.« Er muss etwas mitbekommen haben, denn Teddy und ich haben uns auch über den bevorstehenden Abend unterhalten. Tröstend streiche ich ihm über die Schulter, doch da packt er meine Hand, umklammert sie verzweifelt und stöhnt leise auf. Es geht in einen Hustenanfall über, wieder einmal.

»Mach dir keine Sorgen. Ich verspreche dir, die anderen werden nicht hier reinkommen, das werde ich verhindern. Schscht, ist ja gut.« Nur sehr langsam wird es besser, aber er bleibt unruhig, wendet immer wieder den Kopf nach draußen. Wenn jetzt noch ein Auto kommt, dann war's das, erkenne ich.

Doch da fallen mir die restlichen Beeren ein, und habe ich nicht auch noch etwas Rinde und Kiefernnadeln? Das Wasser kocht nach wie vor auf dem Ofen. Am besten, ich schicke ihn ins Reich der

Träume, und zwar jetzt gleich. Das verhindert auch, dass man ihn noch befragen will.

Also koche ich den Sud und lasse ihn inhalieren. Ganz festhalten muss ich ihn, damit er nicht umfällt und sich verbrüht, aber es wirkt. Am Ende liegt er ruhig da und schläft. »Ist wohl besser so«, flüstere ich und streiche ihm das verfilzte Haar aus der Stirn. Beruhigt kann ich ihn allein lassen.

Als ich auf das Haus zugehe, kommt ein weiteres Fahrzeug den Weg hoch. Ich erkenne ein Polizeifahrzeug und spanne mich an, aber nur solange, bis es aufblendet und das Seitenfenster runtergeht. »Sanna!«, ruft Faith und winkt. Ich bin erleichtert, und wie! Lachend laufe ich ihr entgegen und umarme sie, begrüße anschließend Al. Hinten hilft sein Vater einer kleinen Gestalt aus dem riesigen Gefährt. Es ist die Großmutter, die mich freudestrahlend begrüßt.

»Wir sind einfach neugierig, das ist alles. Und, wie war's?« Faith hakt mich unter, und wir gehen plaudernd ins Haus, während die Männer etwas langsamer mit der Großmutter folgen.

Drinnen ist es schon gut voll. Mindestens ein Dutzend Leute drängen sich in dem engen Wohnraum. Ich werde vorgestellt, neugierig beäugt. Es sind die Leute aus dem Ort da, aber auch einige Clanchefs aus der Gegend. Teddy zeigt mir die Aufbauten, ich gebe ihm das Ultrabook, das kann er anschließen.

»Dein Sohn hat mir sehr geholfen heute Nachmittag«, zwinkere ich Ted zu, der mit den Augen rollt und lacht. Schließlich kennt er seinen Sohn ganz genau.

Al zieht mich ein wenig beiseite, was heißt, wir stehen im Flur zur Küche, wo die Frauen wahre Berge von Essen vorbereiten. »Und? Wie geht es ihm? Wird er Ärger machen?«

Ich entschließe mich zur Wahrheit. »Nicht gut. Aber Ärger machen wird er nicht. Ich habe ihn betäubt.«

»Wie, betäubt?«, fragt Faith von nebenan und kommt mit einem Tablett voller Köstlichkeiten auf uns zu.

»Ach, nicht richtig, aber so, dass er schläft«, winde ich mich verlegen und erkläre ihnen das Verfahren mit den Beeren.

Faith zieht erschrocken die Luft ein. »Du hast... oh man, Sanna! Woher weißt du, wie man die anwendet? Die können sehr gefährlich sein! Eine zu viel, und man stirbt!« Die anderen Frauen wenden sich überrascht zu uns um, und Al runzelt die Stirn.

Ich werde noch verlegener unter den Blicken. »Nun ja, da war diese Frau, eure Hüterin, in den Bergen bei der Totenstätte. Sie hat es mir gezeigt. Es hilft. Es geht ihm schon viel besser damit.«

Auf einmal ist es so still, dass man eine Stecknadel hätte fallen hören können. Alle starren mich an, mit weit aufgerissenen Augen. »Was ist?«, frage ich irritiert. »Ihr könnt versichert sein, ich habe die Stätte nicht betreten. Das musste ich nicht. Sie kam heraus zu mir.«

»Da oben solltest du eigentlich gar nicht lang«, ächzt Faith schwach und muss sich setzen. Sie ist leichenblass geworden.

»Nein, ich weiß, aber *er* war da, ich bin seinen Spuren gefolgt. Tut mir leid. He, was ist denn?« Das Tablett droht ihr aus den Händen zu rutschen. Rasch nehme ich es ihr ab, doch bevor ich mich aufrichten kann, liegt da eine runzelige Hand auf meinem Arm. Ich blicke in die schimmernden Augen der Großmutter. Sie sagt leise ein abgehacktes Wort in ihrer Sprache und drückt mich. Die Augen der anderen werden noch größer, doch die Alte nickt bestätigend. Wieder sagt sie dieses Wort.

Eine Stimme von nebenan unterbricht den Bann. »Sanna, kann ich das erste Bild schon auf den Schirm bringen?«, ruft Teddy. Dankbar über die Unterbrechung flüchte ich vor den Blicken der Frauen. In seinem jugendlichen Ungestüm hat Teddy den Ablauf des Abends gründlich durcheinandergebracht. Kaum hat er das erste Bild aufgerufen, verstummen die Gespräche.

»Das wollten wir eigentlich nach der Beratung machen, Sohn«, rügt Ted, aber sie sind alle so fasziniert, dass sie beschließen, erst einmal etwas zu essen und dabei die Bilder anzuschauen, bevor es um ernstere Dinge geht.

Ich werde auf ein durchgesessenes Sofa zwischen Ted und dem Chief verfrachtet, bekomme einen übervollen Teller in die Hand gedrückt. Die Frauen bleiben im Hintergrund, es ist eine Runde der

Männer. Also habe ich den Ehrenplatz. So ganz kann ich mich nicht entscheiden, ob ich geehrt sein oder mich fürchten soll. Das Essen hilft erst einmal, die Nervosität abzubauen, und die Dinge, die die Frauen zubereitet haben, sind wirklich köstlich. Lauter traditionelle Speisen, ich esse mit Appetit, und dann starten wir die Bildershow. Teddy hockt im Schneidersitz vor mir auf dem Boden und bedient auf meine leisen Anweisungen hin das Ultrabook.

Bald füllen erstaunte Ausrufe den Raum. Als Teddy voller Stolz das Bild von dem Berg aufruft, ist die Runde mit einem Mal stumm. »Wow!«, flüstert Faith ergriffen.

»Es sieht aus, als würden die Sterne und die Felsen für unseren heiligen Berg tanzen«, sagt eine andere Frau mit brüchiger Stimme.

Es stimmt. Die Sterne ziehen ein Rund über den Himmel, jedes Foto hat einen Teil der Erdrotation eingefangen. Aneinandergefügt ergibt es eine durchgehende Spur, wie ich gehofft hatte, und das Mondlicht, das um die Felsen gewandert ist, hat eine Schleppe um sie gemalt, als würden sie einen weiten Rock schwingen. Es ist das beste Bild der ganzen Ausbeute. Ich stoße Teddy mit dem Fuß an, damit er weitermacht, und bald kommen wir zum Ende der Bildershow.

»Das Nachtbild kommt an unseren Versammlungsplatz«, brummt der Chief, und die anderen nicken. »Viel zu schade für die Augen der Fremden.«

»Die übrigen sind aber auch wirklich schön«, sagt Faith. »Wir könnten viel, viel mehr davon gebrauchen.«

»Es ist ja nur eine kleine Auswahl, ich habe noch mehr«, wehre ich ihre Komplimente ab. Ich weiß, dass die Bilder gut sind, aber ihre Ergriffenheit macht mich denkbar verlegen.

»Das meine ich nicht«, sagt Faith und löst sich aus der Gruppe der Frauen. »Wir haben noch viele heilige Orte, sehr viele, vor allem die kleineren, nicht so bekannten. Manche auf unserem Land, viele auch nicht. Wir wollen sie vor der Zerstörung bewahren, aber... Sie sollen auch sichtbar sein, für andere, ihre Bedeutung sichtbar sein, ohne dass sie zerstört werden. Keiner hat sie bisher so erfasst wie du. Du hast ein Auge dafür, was wichtig ist und was nicht.«

Ich spüre eine Bewegung neben mir. Die Großmutter kommt heran, umfasst mein Gesicht. Leise sagt sie etwas in ihrer Sprache, streicht mir mit den Daumen über die Stirn. Ich spüre die Überraschung im Raum auf ihre Worte, Teddy fährt sogar wie gestochen zu mir herum und starrt mich offenen Mundes an. Sie endet wieder mit diesem Wort von vorhin.

»Was heißt das, bitte?«, frage ich matt, als sie mich losgelassen hat.

Der Chief macht eine auffordernde Handbewegung in Faiths Richtung. Sie räuspert sich. »Das bezeichnet eine heilige Frau, eine unserer Ahninnen. Wir glauben, dass sie an der Stätte da oben wohnt. Manche von uns spüren sie. Ganz wenige können sie hören. Aber noch nie, soweit ich zurückdenken kann, hat jemand sie gesehen. Schon gar keine Weiße.« Und jetzt starren mich wirklich alle an. Fassungslos.

Mir bleibt die Luft weg. Oh verdammt, oh nein, denke ich und will die Hände vors Gesicht schlagen und bin doch wie gelähmt. »Das kann nicht sein«, wehre ich schwach ab. Sie sah so *normal* aus. »Nein. Das *kann* nicht sein!« Ich will aufspringen, aber Ted und der Chief packen meine Arme und halten mich zurück.

»Beschreib sie uns«, befiehlt der Chief.

»Nun«, ich schaue unsicher auf ihre Pranken, und sie ziehen sie schleunigst zurück. »Sie ist... eine ältere Frau, aber noch nicht so alt wie eure Großmutter. Einen Kopf kleiner als ich. Eher rundlich im Gesicht. Sie hatte traditionelle Gewänder an, und Schmuck. Und, oh, sie hat die Stirn tätowiert!«

»Kannst du das malen?«, bittet Faith.

»Natürlich. Gib mir mal das Ultrabook, Teddy.« Doch er ist so gelähmt, dass er erst nach einem nicht eben sanften Tritt von seinem Vater reagiert. Hastig übergibt er mir das Book, bevor er sich in Sicherheit bringt. Es macht mich traurig, aber das ist jetzt nicht zu ändern. Ich rufe das Zeichenprogramm auf und male die

Symbole auf den Schirm, so gut es ohne vernünftige Unterlage geht. Als ich fertig bin, geht ein Flüstern durch den Raum.

Ted steht auf, stapft hinaus und kommt gleich darauf mit einem Wollumhang in der Hand zurück. Er faltet ihn auf, zeigt ihn mir. Darauf leuchtet in schönen Farben eingewebt das gleiche Symbol. »Eine solchen Umhang tragen wir für unsere Zeremonien. Du wirst dieses Symbol nirgends anders finden als dort. Sie sagt die Wahrheit«, sagt er zu den anderen.

Es macht sie fassungslos und mich auch. Stumm sitze ich auf dem Sofa, während die anderen das Licht wieder anmachen, das Essen, Teller und Besteck fortgeräumt wird. Getränke werden herumgereicht, Pfeifen angezündet. Versammlungszeit. Faith kommt zu mir, setzt sich neben mich, legt mir den Arm um die Schulter, bestärkend, tröstend. Die Männer tolerieren das, obschon ich merke, dass sie eigentlich nicht in diese Runde gehört.

»Erzähl«, bittet sie leise.

Was soll ich erzählen? »Da gibt es nicht viel zu erzählen. Schon immer hatte ich ein Gespür für gewisse Orte, für Gefahren. Aber diese Gabe wurde erst vor ein paar Jahren in mir wach. Sie wurde erweckt.« Und zwar von Kris. Aber das brauchen sie nicht zu wissen. »Ich... ich kann damit nicht umgehen. Meide diese Orte, wo es nur geht. Manche Geister sind böse und grausam, sie machen mir Angst. Aber sie sind gefesselt an diese Orte, und so kann ich sie meiden, denn ich spüre sie schon von weitem. Aber es ist sehr schwer. Friedhöfe, Kirchen, Gedenkstätten, historische Schlachtfelder... all das kann ich seitdem nicht mehr betreten. Es gibt so viel Grausames auf dieser Welt, so viele gewaltsame Tode. Ich...« Ich schaue in die Runde. Schimmernde dunkle Augen überall. »Ich habe nicht wirklich gemerkt, wen oder was ich da vor mir habe. Ich war in Sorge um den Fremden, er stand kurz vor dem Tod. Das hat sie verstanden, sie hat mir geholfen. Sie war sehr freundlich und nicht böse, dass ich ihre Ruhe gestört habe.«

»Die Geister unserer Ahnen haben dich dorthin geführt, Kind«, sagt die Großmutter.

»Die oder *er*«, brummt der Chief, und die Großmutter schnalzt missbilligend mit der Zunge. »Es hätte nicht viel gefehlt, und er hätte den Ort entweiht!«

»Das stimmt«, sage ich leise und schaue auf meine Hände herab. »Er wollte seinem Leben dort oben ein Ende setzen. Doch das habe ich mit aller Macht verhindert. Wegen der heiligen Erde dort, aber auch, weil er mir leidtut. Seine Seele ist fast zerstört. Ich will ihm helfen«, kommt es aus mir heraus, obschon ich das doch gar nicht wollte. Aber ich muss. Es führt kein Weg daran vorbei.

»Wie willst du ihm helfen?«, fragt Faith.

Ich schaue sie an. »Es gab einmal eine Zeit in meinem Leben, da ging es mir fast genauso. Ich bin dann losgewandert, ganz allein. Es *hat* mir geholfen. Nur habe ich das im Frühjahr gemacht, als es warm wurde. Nicht im Winter. Sonst wäre ich vermutlich so geendet wie er. Krank, erschöpft, halb tot.« Tief Luft holend, schaue ich in die Runde. »Ich bitte euch, übergebt ihn nicht den Deputies. Das wäre sein Ende, das hält er derzeit nicht aus. Lasst ihn mit mir gehen. Wenn ich ihn nicht davon abhalten kann, sein Leben zu beenden, dann sei es so. Aber sollte es noch eine Chance geben, dass er wieder gesund wird, will ich sie ergreifen. Denn was ist denn das Leben wert, wenn wir nicht Menschen helfen, die in Not sind? Dann sind wir nichts.«

Eine lange Zeit sagt niemand etwas. »Wie... wie willst du das anstellen?«, fragt Faith. »Er ist eine verlorene Seele, ein Suchender. Das kann sehr gefährlich werden für dich, doch, glaub es mir.«

Ich hebe die Schultern. »Weiterwandern und ihn mitnehmen. Draußen in der Einsamkeit, da kann er wieder gesund werden. Er folgt mir. Ja, das tut er.« Was bleibt ihm auch anderes übrig. Das oder der Tod. Ich unterdrücke ein Schaudern und blicke auf. »Erlaubt ihr mir, weiter über euer Land zu wandern? Denn dort ist niemand. Bis auf der eine oder andere Geist«, füge ich mit einem matten Lächeln hinzu. Faith stößt mich mit dem Ellenbogen an, und wir tauschen einen Blick. »Ich werde euch weitere Bilder liefern und *ihn* davon abhalten, Dummheiten zu machen. Gleiche Vereinbarung wie mit Joe. Alle paar Tage brauchen wir einen Stützpunkt, eine Siedlung, eine Farm, wo wir Vorräte auffüllen können und die Fotos durchsehen. Kein Motel oder so was, das ist noch nichts für ihn. Das mag später kommen. Ihr legt die Route fest, denn ihr kennt die Gegend und die Leute am besten. Was sagt ihr?«

Erst einmal gar nichts. Dann geht es hin und her, in ihrer Sprache. Eigentlich eine Unhöflichkeit gegenüber einem Gast, doch das stört mich nicht, ich beobachte sie fasziniert. Eine Menge Gesten, aber vor allem ihre Mimik. Dieses Kopfwiegen, das Nasekrausen, das mir auch schon bei Al aufgefallen war. Es scheint ganz viel auszudrücken. Im Gespräch mit Fremden machen sie das nicht, nur untereinander.

Mit angehaltenem Atem warte ich. Faith nimmt meine Hand, drückt sie. Das gibt mir Mut. Und am Ende habe ich es, das Einverständnis des Clans. Als ich nach Stunden völlig erledigt in meinen Schlafsack krieche, kann ich noch gar nicht fassen, was das bedeutet.

Die Sonne steht schon hoch, als ich aufwache. Ein rascher Blick hinüber auf die andere Seite, aber seine Gestalt liegt regungslos, die Atemzüge klingen tief. Gut! Leise stehe ich auf und mache Feuer, setze Wasser auf. Als ich die Tür öffne, finde ich davor ein großes Tablett beladen mit den Essensresten von gestern Abend. Daneben zwei Taschen, eine mit meinen Sachen, gewaschen und getrocknet, die andere mit seinen. An ihr hängt ein Zettel: <*Tut mir leid, da war nicht mehr viel zu retten, M.*>, steht da.

Ich hole die Sachen heraus und halte lauter Fetzen in der Hand. Bis auf diese unmögliche Boxershorts, die hat's überlebt, und die Trekkingjacke, aber der Rest ist hin. Oh je, denke ich, aber das ist nicht mehr zu ändern. Die Klamotten sind eh Mist für das, was ich vorhabe. Ich beschließe, nach dem Frühstück einen Anruf zu machen.

Die Sachen vor der Tür lese ich so, dass ich nicht ins Haupthaus rüberkommen soll. Mary war mir nach der gestrigen Beratung mit auffallender Reserviertheit begegnet. Das tut mir weh, aber ich kann es nicht ändern. Seufzend trage ich die Sachen hinein.

Als der Tee fertig ist, wecke ich ihn. Mit einem Keuchen fährt er hoch, sieht sich panisch um. »He, ganz ruhig. Es ist alles gut. Sie werden uns in Ruhe lassen.« Er starrt mich aus weit aufgerissenen Augen an. Es ist das erste Mal, dass er es wirklich richtig tut. Endlich sehe ich eine Regung von ihm. Er hat Angst, lese ich da, und sofort habe ich Mitleid mit ihm. Daher nicke ich bekräftigend, erleichtert um diese Emotionen in seinen Augen. »Ich habe eine Vereinbarung mit ihnen ausgehandelt. Solange du bei mir bleibst, geschieht dir nichts. Alles klar?« Mehr braucht er erstmal nicht zu wissen.

Es reicht auch so. Er sackt zusammen, stöhnt und zittert. Greift wieder nach meiner Hand. Ich lasse ihm Zeit, drücke sie tröstend, denn die haben wir ja. Nachdem er sich wieder beruhigt hat, gebe ich ihm den Tee und stelle ihm etwas zu essen hin. Er muss endlich wieder richtig essen und zu Kräften kommen. Schweigend verzehrt er Bissen um Bissen.

Nach dem Essen bewege ich ihn dazu, sich unter die Dusche zu stellen. Das hat er auch nötig, meine Schneewäsche ist bereits drei Tage her, und das riecht man. Als ich ihm helfen will, schiebt er meine Hand fort, zieht mir mit einem Ruck die Tür vor der Nase zu. Seine Shorts fliegt im hohen Bogen darüber.

Ich reiße erst einmal die Fenster auf und werfe die Boxershorts mit spitzen Fingern in den Sack mit den kaputten Sachen. Puh, wie die stinkt! Die wasche ich bestimmt nicht mehr. Stattdessen lege ich ihm die andere und die Jacke hin, soll er erstmal damit klarkommen. Seinen Schlafsack hänge ich zum Lüften raus. Ihn höre ich die ganze Zeit japsend und keuchend in der Dusche hantieren und lausche mit halbem Ohr, ob er zurechtkommt. Doch es scheint so. Als er wieder zum Vorschein kommt, ist er sauber. Die langen Haare sind feucht und nach hinten gekämmt, der Bart zumindest etwas entwirrt. Beides ist blond, sehe ich jetzt, durchsetzt mit viel Grau und diesem Stich ins Rötliche, den ich schon erahnt habe. Sein Gesicht ist ziemlich lang und schmal und sehr eingefallen, die langen Grübchen seines Vaters kaum mehr zu erahnen in dem Gewirr aus Haaren. Ein Schatten seiner selbst.

Wortlos geht er an mir vorbei und legt sich wieder hin. Ich bringe ihm den Schlafsack, den er förmlich an sich reißt und mir den Rücken zuwendet. Ich beschließe, das zu ignorieren und draußen zu telefonieren. Auf dem Weg hinaus schnappe ich mir die Tüte mit den kaputten Sachen.

Ein Stück weg vom Haus setze ich mich auf einen Stein und rufe Faith an. Sie meldet sich mit dem Namen des Ladens.

»Ich bin's, Sanna.«

»Oh, hast du gut geschlafen? Wie geht es ihm?«, fragt sie sofort.

»Besser, glaube ich. Hör zu, ich brauche ein paar Dinge aus deinem Laden. Kleidung hauptsächlich, aber auch etwas Ausrüstung. Hast du etwas zu schreiben?«

»Ich höre.«

Ich leere die Tüte aus, greife mir die zerfetzte Armeehose. »Also gut, eine Hose, warm, wasser- und windabweisend, aber atmungsaktiv, Größe... Mist, das Etikett kann ich nicht mehr lesen. Er ist so 1,90 m groß, hat lange Beine und auch Arme. Ist eher dünn, aber breit in den Schultern. Reicht dir das als Angabe? Sonst muss ich messen.«

»Wird schon passen«, sagt Faith und schnaubt belustigt.

»Okay, eine normale Trekkinghose als Ersatz, am besten mit Zip Offs. Material egal, aber leicht sollte sie sein. Ein Gürtel wäre nicht schlecht, möglichst leicht. Eine Regenhose, möglichst kleines Pack Maß. Jetzt die unteren Lagen: Alles aus Merino, wenn ihr habt. Lange Unterhosen, in zweifacher Ausführung, normale Unterhosen, dreifache Ausführung. Socken Größe... Mist, was ist Schuhgröße 45 bei euch?«

»Keine Ahnung, ich guck's nach.« Sie schreibt fleißig, ich höre das Kratzen des Stiftes.

»Wandersocken, ein Paar dick, zwei dünn, alle extra lang, er hat Militärstiefel. Einen warmen Hoodie, am besten einen wie meinen aus gewalkter Wolle. Den habt ihr nicht im Laden, aber vielleicht stellt einer von deinen Leuten so etwas her? Wenn du den nicht auftreiben kannst, dann warmes Fleece. Eine gesteppte Weste aus dem Ultraleicht Material, die habe ich auf eurem Ständer im Eingang gesehen. Merino T-Shirts oder Wärmeshirts, zwei lange, ein kurzes.« Das muss reichen, denke ich, und schwenke zur Ausrüstung. »Eine Sonnenbrille und eine Mütze und einen Hut oder ein Basecap, für wärmere Tage. Handschuhe, einen Buff. Ein Trekkinghandtuch. Eine Trinkblase, die mittlere Größe sollte reichen. Ach ja, Schneestulpen und ein paar Eiskrampen, habt ihr so etwas? Diese Dinger aus Gummi, die man sich unter die Sohlen schnallt?«

»Ja, haben wir da. Puh, das wird ganz schön teuer«, sagt sie.

»Ich weiß. Buche es einfach von meiner Kreditkarte ab, die Unterlagen hast du ja. Ich präsentiere ihm später die Rechnung... mit ordentlich Zinsen.« Meine Grimasse muss sie durchs Telefon hören, sie lacht.

»Hoffentlich lässt du ihn wirklich bluten für die viele Mühe, die du dir mit ihm machst. Sonst noch was?«

»Ich muss Vorräte einkaufen.« Und das viel. Wir sind jetzt zu zweit oder vielmehr zu dritt.

»Sag mir einfach, was du brauchst, ich bringe es mit. Hast du genug Bargeld?«

»Ja, wird schon reichen. Danke, Faith. Danke, wirklich.«

»Kein Problem. Wir sehen uns später.« Sie notiert die Einkaufliste und legt auf.

Nun, da das geklärt ist, sitze ich einen Moment sinnierend auf dem Stein da. Sie hörte sich ganz normal an, auch gestern Abend hatte sie sich schnell wieder gefangen. Warum nur ist das bei Mary nicht so? Einerlei, denke ich, und schaue auf die Uhr im Handy. Es ist später Vormittag, also in Deutschland später Nachmittag. Ich gehe zum Haus zurück, werfe unterwegs die Sachen mit Genuss in den Müllcontainer. Als ich wieder in Reichweite des WLANs bin, mache ich einen Anruf bei Kris.

Sie gerät völlig aus dem Häuschen, als ich ihr von meiner Vereinbarung mit den Stämmen berichte. »Ich kann dir vielleicht heute Abend schon die ersten Serien schicken. Sie sind toll geworden«, berichte ich ihr.

Doch ihre Begeisterung schlägt in Sorge um, als sie von meinem unfreiwilligen Neuzugang erfährt. »Sanna, bist du dir auch sicher, dass das richtig ist? Was, wenn er gefährlich ist? Wirklich verrückt?«

»Ach, so schwach, wie er ist, ganz bestimmt nicht«, wiegele ich ab.

»Der ist Soldat!«, ruft sie aufgebracht. »Wenn er erst einmal wieder erholt ist, hast du keine Chance gegen den, keine. Die Amis haben doch alle 'nen Sockenschuss mit ihren Waffen und Kämpfergehabe! Der macht dich einfach platt oder fällt über dich her! Pass bloß auf dich auf!«

»Das werde ich. Mach dir keine Sorgen. Ich melde mich nochmal, bevor wir wieder aufbrechen. Es wird noch ein oder zwei Tage dauern, bis ich alles bearbeitet habe.«

Ihre Worte geben mir zu denken. Was, wenn er nicht will, was, wenn er versucht, sich gewaltsam zu befreien oder mich überfällt? Auf einmal überkommt mich das Frösteln. Oh, was hast du dir nur dabei gedacht, Sanna? Doch nun ist es zu spät.

Den Tag verbringe ich mit dem Verarbeiten der Fotos. Da ich merke, dass er nur an das Essen rangeht, wenn ich nicht da bin, mache ich entsprechend viele Pausen. Die brauche ich auch, denn der wackelige Stuhl ist echt unbequem, und ich merke die Anspannung in Schultern und Nacken von zu viel Bildschirmarbeit. Ich spiele draußen mit Sally, hacke etwas Holz, als unseres zur Neige geht. Mary lässt sich nicht blicken, die ganze Zeit nicht. Vielleicht ist sie auch arbeiten. Es stört mich nicht. Wenn ich wieder reinkomme, ist schon wieder Essen vom Tisch verschwunden, der Teekessel leerer geworden. Das stimmt mich zuversichtlich.

Am späten Nachmittag knattert dann ein Mofa auf den Hof. Teddy kommt von der Schule nach Hause. Er grüßt mich fröhlich und krault die begeisterte Sally. Die Reserviertheit vom Vortag ist verschwunden. Was bin ich erleichtert darüber!

»Dad sagt, ich soll dir helfen, die Fotos zu sortieren. Damit ich die heiligen Stätten besser kennenlerne. Ich bringe nur schnell meine Sachen rein und komm dann wieder raus. Brauchst du etwas? Essen, Trinken? Wir haben noch echt viel übrig von gestern.«

Guter Junge. »Ja, bring ruhig etwas mit, oder hast du gar keinen Hunger?« Er grinst und macht sich davon.

Nicht bedacht habe ich, dass *er* das hören könnte. Als ich hereinkomme, hat er sich an die Wand gepresst, die Augen geschlossen. »He, ist ja gut.« Ich setze mich zu ihm. »Das ist nur Teddy. Er hilft mir bei den Fotos. Er ist ein Junge, nur ein Junge. Und echt nett. Sally mag ihn. Komm, leg dich hin. Dreh dich zur Wand, zieh dir den Schlafsack über den Kopf. Er kennt das schon, es stört ihn nicht.« Denn das ist seine Höhle, sein Schutz. Unzureichend, aber immerhin.

Mich trifft ein fast mörderischer Blick aus halb geschlossenen Lidern. Habe ich ihm nicht gesagt, dass die anderen uns in Ruhe lassen? Aber immerhin, schon wieder zeigt er eine Regung, zum zweiten Mal heute. Das ist so viel besser als dieses leere Starren aus den Tagen zuvor. Scheint, als ginge es ihm wirklich besser. »Hör zu, ich muss arbeiten, und brauche dazu seine Hilfe. Das ist meine Vereinbarung mit dem Clan, damit wir bleiben dürfen. Also tu, was ich dir sage. Nun mach schon.« Offenbar geht es bei ihm nur mit Strenge. Befehlen. Ein Soldat, wahrhaftig. Er folgt meinen Worten prompt. Aber wie lange noch, frage ich mich unruhig, an Kris' Worte denkend.

Teddy und ich kommen gut voran. Als es Abend wird, haben wir sämtliche Fotos katalogisiert und die für den ausschließlichen Gebrauch des Stammes aussortiert. Ich muss sie noch umwandeln, das schaffe ich morgen. Und dann, dann geht es weiter. »Ich überspiele die Bilder auf eure Speicherkarte, lösche sie von der Festplatte und lasse meinetwegen noch ein Defrag drüber laufen. Dann könnt ihr sicher sein, dass ich nichts behalten habe von den Heiligtümern.«

Er guckt mich groß an. »Ach nein, wir trauen dir auch so. Wirklich. Pa meint, das können wir. Und die anderen auch.« Und fügt unhörbar für meinen Schatten in der Ecke hinzu: »Du bist ja eine, die mit den Geistern spricht. So jemand lügt nicht.«

Wow, denke ich, und weiß nicht, was ich sagen soll. Ein sich näherndes Auto rettet mich vor meiner Verlegenheit. Gleich darauf hält ein klappriger Lieferwagen mit dem Emblem vom Trekkingladen im Hof. Faith steigt aus. Da sie weiß, wie es um den Fremden steht, wartet sie draußen auf mich. Vier große Tüten hat sie dabei. Ach herrje, wie soll ich das nur alles in unseren Rucksäcken unterbringen?

»Ich muss mal mit dir sprechen, aber so, dass es niemand mitbekommt«, raunt sie mir zu. Da Teddy die Sachen neugierig beäugt, trage ich ihm auf, sie reinzubringen, und gehe mit Faith ein paar Schritte das Tal hinauf. Sie zieht ein Blatt Papier aus der Tasche und gibt es mir. »Hier. Das kam heute über den Melder rein. Ich hab's mir geschnappt, bevor die Jungs das zu Gesicht bekommen haben. Ist er das?« Sie schaltet die Taschenlampe von ihrem Handy ein, denn es ist bereits recht dunkel.

Ich falte es auseinander. Es ist eine Suchmeldung. Das Foto eines Soldaten, mit tief in die Stirn gezogenem Käppi. Es ist eines dieser Fotos, wie man sie auch für den Pass braucht. Fast alle Leute sehen darauf wie Verbrecher aus. Ich sehe eigentlich nur ein strenges, kantiges Kinn und ein schmales Gesicht mit undeutlichen Zügen. Das Foto ist grobkörnig und kaum zu erkennen. »Lieutenant Thomas Robert Flynnt. Gesucht von Robert Alan Flynnt«, lese ich. »Der Name passt zu seinem Messer. Aber das Gesicht... puh! Diese Militärmützen sehen immer aus, als hätte jemand mit dem Hammer draufgeschlagen, damit sie ja fest auf den Ohren sitzen. Ich weiß nicht.«

Faith prustet los. »Da hast du recht, dieses Foto ist echt scheußlich. Aber der Name passt? Dann ist der andere bestimmt sein Vater.
Da unten steht noch mehr. Kannst du das lesen?«

»Hmm... ja. Beschreibung. Merkwürdig. Keine besonderen Merk-
male? Aber hier steht, er ist vermutlich mit Hund unterwegs. Ret-
riever-Labrador Mischling, ja, das passt. Und, oh, hier steht noch
eine Telefonnummer, die von dem Vater. Eine Festnetznummer.
Was ist das für eine Vorwahl?«

»Tja... Ostküste, würde ich sagen, der Norden. Maryland, New
Hampshire, vielleicht New York State. Soll ich nachgucken?«

Ich überlege. »Nein, nein, lass nur. Darf ich das behalten? Habt
ihr davon noch eine Kopie?«

Sie schüttelt den Kopf. »Ich habe die Meldung gelöscht. Die kas-
sieren ihn sonst sofort ein, das müssen sie, Vereinbarung mit den
Clans hin oder her. Das geht nicht. Aber ich finde, du solltest den
Mann anrufen, jetzt gleich. Er muss außer sich vor Sorge sein.«

»Okay. Das muss ich wohl.« Auch wenn mir ganz und gar unwohl
dabei ist.

Faith spricht mir Mut zu, dann verabschiedet sie sich mit Hinweis
auf weitere Termine, nicht ohne das Versprechen, morgen Abend
nochmal vorbeizukommen, vor allem, um das Bargeld einzuheim-
sen, wie sie zwinkernd meint.

Mit dem Blatt in der Hand stehe ich da und sehe ihren Rücklich-
tern hinterher. Oh man, Sanna, wo hast du dich da nur reingeritten?

Teddy will natürlich sofort wissen, was los ist, aber ich schicke
ihn mit einer Ausrede weg. Im Verschlag rührt sich nichts, mein
Begleiter schläft anscheinend. Das Blatt in die Hosentasche ste-
ckend, trete ich ein und beginne die Tüten zu sichten. Alles da, wie
bestellt, und die Etiketten schon entfernt, sehr schön. Die Kleidung
scheint mir von der Länge her in Ordnung zu sein, vielleicht ein
wenig weit, aber wenn er noch Gewicht zulegt… besser zu weit als
zu eng. Auch die Lebensmittel sind okay, sie hat lokale Produkte
gekauft, wo es ging. Die Rechnung für die Klamotten lässt mich
zusammenzucken. Aber Hallo! Vierstellig. Das Merino Zeug ist ja

schon in Deutschland teuer, aber hier rufen sie wirklich astronomische Preise auf. Da muss ich wohl an mein Tagesgeldkonto ran, das Kreditkartenkonto auffüllen, zumal ich den wirklich schönen Hoodie bar bezahlen muss. Am besten mache ich das jetzt gleich und schiebe den Anruf noch ein wenig vor mir her. Innerlich grummelnd logge ich mich ins Netz ein und führe die Transaktionen aus.

Dann kann ich nicht widerstehen. Das Internet vergisst nie etwas, so viel ist sicher. Ich gebe *seinen* Namen ein. Und bin echt überrascht, keinen Eintrag zu finden, auch nicht zum Vater. Das ist schon ungewöhnlich, aber ich selber bin ja auch nicht anders, hüte meine persönlichen Daten, bin nicht bei Social Media unterwegs. Den Jungen dagegen finde ich. Colin, mit ein paar Basisdaten. New York State. Auf dem College, d.h. er ist jetzt mindestens siebzehn. Und auch die mittlere Tochter finde ich, Lizzie, Highschool. Jetzt mit pechschwarz gefärbten Haaren und fettem Kajal im Gesicht und Stecker an der Nase und finsterer Kämpfermiene. Wow. Goldlöckchen ist wohl ausgezogen. Die Konten sind gut geschützt, aber das reicht mir auch so, die Bilder passen. Ich klicke die Weltzeituhr an. Acht Uhr abends dort. Na dann, Sanna, auf geht's.

Für dieses Gespräch setze ich eine Stirnlampe auf und nehme mir eine Decke mit und das Notizbuch, denn ich ahne, das kann dauern. Ich gehe weit ins Tal hinauf, wo mich auch ja keiner hören kann. Sally begleitet mich und schnüffelt mal hier, mal da, und legt sich dann zu mir, den Kopf auf meinem Schoß, als wolle sie mir Mut zusprechen.

Im Licht der Lampe tippe ich die Nummer ins Handy ein. Es gibt diesen Wählton mit den vielen Knackern, als würden Relais geschaltet. Dann ein Freizeichen. Nach dreimal Klingeln wird abgehoben.

»Hallo?« Die Stimme ist tief und klingt wie ein Reibeisen.

»Hallo, spreche ich mit Mr. Robert Flynnt?«

»Am Apparat. Worum geht's?«

»Mr. Flynnt, mein Name ist Susanna Reimann. Ich habe Ihre Suchanzeige gesehen und möchte Sie etwas fragen.«

Ich höre, wie er scharf die Luft einzieht. »Fragen Sie«, bringt er mühsam hervor.

»Hat Ihr Sohn eine Brandwunde am rechten Unterarm, etwa vom Ellenbogen bis zum Handgelenk? Eine alte Wunde?«

Der Hörer raschelt, als würde er ihn gegen seine Schulter pressen. Undeutlich höre ich ihn keuchen. »Oh, Gott sei Dank, Gott sei Dank!« Dann, etwas deutlicher. »Wo... wo haben sie ihn gefunden?« Die Stimme bricht. Er wappnet sich anscheinend gegen das Schlimmste.

»Auf einer Wanderung. Wir sind hier in Arizona, im Navajo Land. Ich habe Ihren Sohn in den Bergen aufgelesen, ihn und die liebe Sally. Es... Mr. Flynnt, ich...«

»Was ist mit ihm? Ist er krank? Verletzt?«, unterbricht er mich grob.

»Verletzt nicht, nein. Aber sehr krank. Ich konnte ihm helfen, aber ich fürchte, er... er ist noch nicht über den Berg. Er ist in ziemlich schlimmen Zustand.«

»Liegt er im Krankenhaus? Sollen wir ihn abholen? Wo kann ich ihn sehen? Ich muss...«

»Nein!« Mein Ausruf kommt heftiger raus als geplant. Er schweigt schockiert, und ich entschuldige mich sofort. »Bitte, hören Sie mir einen Moment zu, dann werde ich Ihnen alles erklären. Und bitte verzeihen Sie mir, wenn ich vielleicht nicht ganz die richtigen Worte finde oder den richtigen Ton treffe. Wie Sie vielleicht hören, ist Englisch nicht meine Muttersprache. Das macht es sehr schwierig für mich.«

»Sie sind aus Deutschland, nicht wahr?«, tippt er zu meiner Überraschung genau richtig.

»Ist das so gut zu hören?«

»Nicht Ihr Akzent, aber Ihr Name… ich war mal in Deutschland stationiert, vor dem Vietnam-Krieg. In Ramstein. Sind Sie eine Touristin? Machen Sie dort Urlaub?«

»Nein. Ich bin Fotografin und arbeite im Auftrag der Navajo an einer Fotoserie über ihre heiligen Stätten. Deshalb bin ich hier in den Bergen unterwegs, und dort habe ich Ihren Sohn gefunden.«

»Also gut.« Er atmet tief durch. »Also gut. Erzählen Sie.«

Es wird ein langes, sehr aufwühlendes Gespräch, bestimmt zwei Stunden lang. Wir wechseln sehr schnell zum Du über, und er bittet mich, ihn Rob zu nennen. Irgendwann lasse ich ihn mich zurückrufen, weil ich fürchte, dass mein Guthaben nicht lange genug reicht. Behutsam erkläre ich dem alten Mann, wie es um seinen Sohn steht, erwähne aber nicht den Selbstmordversuch am Canyon. Das muss er nicht wissen. Es ist auch so schlimm genug für ihn. Er weint am Telefon, und auch mir kommen die Tränen, so sehr empfinde ich mit ihm.

Irgendwann wage ich zu fragen, was denn eigentlich vorgefallen ist. Da zerbricht die Stimme des alten Mannes, es macht ihm so zu schaffen, dass er fast nicht mehr sprechen kann. »Es war ein Unfall. Irgend so ein besoffenes Arschloch ist ihnen ins Auto gefahren. Seiner Frau Pam und ihrer mittleren Tochter Lizzie ist nichts passiert, aber ihr Ältester, Colin, wurde schlimm verletzt, und die Kleine... oh Gott. Man hat sie neben der Straße gefunden, sie wurde aus dem Auto geschleudert. Sie war sofort tot. Und er lag ein Stück weiter im Wald, auch verletzt, aber nicht so schlimm. Keiner kann sich erklären, was da vorgefallen ist.

»Oh Himmel, das ist ja furchtbar. Es tut mir leid, so leid. Wie alt war denn die Kleine?«

»Sie war sechs«, flüstert er mit erstickter Stimme. »Naja«, ich höre, wie er sich über das Gesicht reibt, »jedenfalls ist er zwei Wochen später spurlos verschwunden. Saß nur da und hat nicht gesprochen, hat dann seinem besten Freund eine Nachricht geschickt, Lizzie abzuholen, und dann war er weg. Das war vor Monaten. Erst haben wir ihn nur an der Ostküste suchen lassen, dann immer weiter nach Westen, als die ersten Hinweise eintrafen, meistens seine Bankabhebungen. Jetzt suchen wir landesweit. Du kannst dir vorstellen, die letzte Zeit war ein Albtraum für uns, besonders für die Kinder. Pam, sie ist... nicht in der Lage, sich um sie zu kümmern. Sie ist außer sich vor Trauer. Die Kinder sind jetzt bei mir, Col auch, seit er aus dem Krankenhaus raus ist.«

»Ich kann mir nicht vorstellen, wie furchtbar das ist, ein Kind zu verlieren. Kein Elternteil sollte so etwas durchmachen. Und umgekehrt auch nicht. Für die Kinder ist es bestimmt auch furchtbar. Sie haben nicht nur ihre kleine Schwester, sondern auch beide Elternteile verloren.«

»Du kannst das gut nachempfinden. Hast du selber Kinder?«, fragt er leise.

Ich seufze. »Nein. Ich bin Witwe, und mein Mann und ich, wir hatten keine Kinder. Was ich sehr bedauere. Rob, ich... ich bin keine Psychologin oder so etwas, aber... aber ich habe einmal eine ähnliche Phase durchgemacht wie dein Sohn, von daher glaube ich, ganz gut zu verstehen, wie es in ihm aussieht, und ich glaube, ich weiß auch, wie ich ihm helfen kann.« Ich erkläre ihm meinen Plan.

»Und du bist sicher, dass das hilft? Und dass du das schaffst?«, fragt er, als ich geendet habe. Er klingt müde, erschöpft.

»Nein.« So ehrlich bin ich zu ihm. »Aber ich glaube zu spüren, dass er einfach Zeit braucht, und die kann er hier draußen bekommen. Ich bitte dich, gebt sie ihm, reißt ihn nicht heraus. Zieht die Suchanzeige zurück, damit man ihn nicht findet. Ich glaube, dass er sonst zerbricht. Er verträgt im Moment keine anderen Menschen.«

»Nur dich.«

»Tja... wie auch immer es dazu gekommen ist.« Ich seufze komisch, und er lacht leise.

»Gott segne dich, Mädel, dass es so ist! Wirst du uns auf dem Laufenden halten?«

»Auf jeden Fall. Hast du WhatsApp?«

»Ah.... mein Enkel hat mir da was eingerichtet, aber ich weiß nicht... geht auch E-Mail? Die habe ich.«

»Natürlich.« Er nennt mir die Adresse, und ich schreibe sie ins Notizbuch. »Ich verspreche, ich werde mich so oft melden, wie es geht, aber seid bitte nicht beunruhigt, wenn ihr einmal ein paar Tage nichts hört. Es gibt hier draußen nicht überall Empfang, und meine Fotografien erfordern viel Zeit und Geduld und führen mich in die entlegensten Gegenden. In Ordnung?«

Er seufzt leise. »In Ordnung. Oh Gott, ich muss den Jungs bescheid sagen, jetzt gleich, vor allem Jimmy.«

»Die Jungs?«, frage ich, neugierig geworden.

»Seine besten Freunde. Jimmy, Danny, Sean und Vince. Sie sind BBFs, wie mein Enkel sagt, *Best Buddies Forever*, schon seit der Schulzeit. Sie sind fast verrückt geworden vor Sorge um ihn.«

»Dann tu das. Gute Nacht, Rob. Du hörst von mir, schon bald. Und grüße die Kinder von mir.«

»Das mache ich. Gute Nacht. Und Gott segne dich, Sanna.«

Nachdem er aufgelegt hat, sitze ich eine Weile still da. Ich weiß nicht, was ich empfinden soll, oder denken. Ein Teil von mir will zurückschrecken. Das ist zu groß für dich. Das schaffst du nicht. Doch ein anderer Teil will genau das Gegenteil, ihm helfen. Und der Familie. Rob und den Kindern. Es lässt das Pendel in mir zu ihren Gunsten ausschlagen. Also gut. Ich blättere im Notizbuch, finde die zusammengesetzten Fotos. »Hallo Jungs«, sage ich zu dem Gruppenfoto und schreibe ihre Namen dazu. Natürlich weiß ich noch nicht, wer wer ist, aber egal. Ein Anfang ist gemacht.

So nett ich ihn fand und so leid mir die Familie tut, ich bin doch vorsichtig, denn sie sind Unbekannte, und man kann nie wissen, wie diese unter Stress reagieren. Deshalb habe ich Rob auch nicht unseren genauen Aufenthaltsort verraten, und deshalb lege ich auch noch am selben Abend ein neues E-Mail-Konto an, bevor ich ihn kontaktiere. Ich will nicht, dass es sich mit meinen anderen Kontakten vermischt. Ich nenne es **Sallyontour**, und an die erste E-Mail hänge ich ein schönes Foto von ihr dran, wie sie durch den Schnee tobt. Das muntert die Kinder bestimmt auf! Ich beschreibe noch kurz, wie wir untergebracht sind, was ich gerade tue und wann wir planen aufzubrechen. Das reicht für den Anfang.

Den nächsten Tag verbringe ich mit der stupiden Umwandlung der Bilder. Damit habe ich wirklich zu tun und kann nicht viel Pause machen. Daher stelle ich ihm seinen Anteil von dem Essen, das ich am Morgen wiederum vor der Tür gefunden habe, auf den Stuhl vor der Pritsche. Etwas Tee und Wasser dazu, dann lasse ich ihn in Ruhe, ignoriere ihn völlig. Die leisen Geräusche, die er von Zeit zu Zeit macht, stören mich nicht. Zwischendrin gehe ich raus und reinige die Zelte und die Rucksäcke, vertrete mir die Beine. Sobald ich draußen bin, höre ich ihn drinnen rumoren. Er steht auf, geht zum Klo, wäscht sich. Kocht sich Tee. Na bitte, geht doch!

Am Nachmittag schleicht sich wiederum Teddy herein. »Dad fragt, ob du mal rüberkommen kannst«, flüstert er mit vorsichtigem Blick hinter mich. Rasch packe ich das Ultrabook und die Speicherkarte ein und gehe mit ihm.

Ted wartet in der Küche auf mich. Seine Frau Mary nickt mir kurz kühl zu und lässt uns dann ohne ein weiteres Wort alleine. Er schüttelt nur den Kopf und seufzt, will sich entschuldigen, doch das wiegele ich ab. Er hat einen ganzen Stapel vollgeschriebener Zettel bei sich. »Tut mir leid, manche haben nicht mal ein Handy da draußen, geschweige denn Strom oder Telefon. Ich zeige dir auf der Karte, wo du sie finden kannst. Mach uns mal einen Tee, Sohn, na los! Und dann ab mit dir, Hausaufgaben machen!«

Gemeinsam legen wir die Route fest. »Unser Vorhaben hat sich in Windeseile herumgesprochen. Wir erhalten Anfragen von Leuten, von denen wir noch nie gehört haben«, berichtet er mir mit hörbarem Stolz.

»Alles Navajo?«

»Nein, nicht nur. Das Land hier unten im Süden gehört eigentlich zum Apachen Reservat, aber die Leute leben auch gemischt, teilweise auch Weiße. Wir haben mit allen geredet, sie wissen von euch und heißen unsere Idee gut. Viele der Heiligtümer gehören auch zu ihnen, und die Weißen akzeptieren es. Weiter im Norden, wo unser großes Reservat liegt, sieht es dann anders aus. Du weißt sicherlich, dass sich das Hopi Reservat mitten in unserem befindet? Da musst du aufpassen. Überschreite die Grenze nicht ohne Kontakt. Ich zeige dir, wo du lang gehen kannst und wo nicht.« Ich höre daraus, dass sie mit den Hopi nicht unbedingt freundschaftlich verbunden sind, und nehme daher seine Warnung sehr ernst.

Es entsteht ein gezackter Kurs gen Nordosten, hin und her geht es, immer ihre Heiligtümer auf der Route. Einmal gegen den Uhrzeigersinn um das Hopi Reservat herum, dann entlang der Canyons zu den großen klassischen Sehenswürdigkeiten der Gegend. Monument Valley, Glen Canyon und Grand Canyon sehe ich auf der Karte. Wir markieren Wegpunkte, linken Kontaktdaten dazu. Er warnt mich, dass ich bei den meisten nicht so komfortabel unterkommen werde wie hier.

»Das stört mich nicht, ist mir sogar lieber«, sage ich und zeige mit dem Daumen hinter mich. Er nickt verstehend.

»Hier unten im Süden wirst du noch nicht viele Menschen treffen. Es ist in weiten Strecken touristisch nicht erschlossenes Land und teilweise sehr öde, und wir führen dich um alles herum, was irgendwie mit Besuchern zu tun hat. Das wird sich aber im Norden ändern, wenn du Richtung der großen Canyons kommst. Da wird es sehr viel voller werden, auch jetzt im Winter. Unsere Leute werden dir auch da helfen, sicherlich. Aber da musst du ihn soweit haben, dass er sich wieder unter Menschen wagen kann. Sonst wird es schwierig.«

»Jaaahh... hoffen wir, dass es bis dahin besser ist.«

Er brummt. »Wir haben auch Anfragen von jenseits der Grenze bekommen, aus New Mexico, teilweise sogar aus Colorado. Das haben wir aber erstmal abgelehnt. Die Besitzverhältnisse dort sind derart kompliziert, dass selbst wir dort kaum durchblicken, es ist ein richtiger Flickenteppich von Stammes- und Nicht-Stammesland. Das wollen wir dir nicht zumuten, vor allem nicht mit ihm. Wir kennen die Weißen dort nicht und wollen nicht, dass du an die Falschen gerätst, verstehst du? Daher läuft die Route fast ausschließlich in Arizona, bis du zu den großen Canyons kommst, da überschreitest du die Grenze zu Utah.«

»Danke, Ted, das ist gewiss besser«, nicke ich verstehend. Ich hatte mich schon gefragt, was die vielen kleinen Kästchen jenseits der Grenze auf der Karte bedeuten. Das erklärt es.

»Ah, und hier«, er zeigt mir einen Punkt auf der Karte knapp unterhalb des eigentlichen Navajo Reserverates, »das wird dich vielleicht auch interessieren, der Petrified Forest. Steht leider nicht unter unserer Kontrolle, sondern unter der der Regierung, daher wirst du dich da an die Eintrittszeiten halten müssen, wenn sie überhaupt offen haben. Das Gebiet ist aber so klein, dass du gut einen Tagesabstecher einplanen kannst.«

Ich beschließe, mir das einmal vorher im Netz anzuschauen. »Ich danke dir, Ted, und auch deiner Frau. Wir werden morgen sehr früh aufbrechen und ich mich nicht verabschieden können. Deshalb, danke, nochmal, für alles«, sage ich und überreiche ihm feierlich die Speicherkarte.

Am Abend kommt Faith angebraust. Wir setzen uns auf die Stoßstange ihres Wagens, sind aber leise, flüstern fast. »Es hat geklappt, niemand hat etwas gemerkt«, sagt sie und steckt dankend die Scheine ein, die ich ihr gebe. »Wie war es mit dem Vater?«

»Sehr aufwühlend, das kann ich dir sagen. Du hattest recht, er war außer sich vor Sorge. Aber ich habe ihn überzeugen können. Er zieht die Suchanzeige zurück. Er lässt mir die Zeit.«

»Na, hoffentlich lohnt sich das auch«, schnaubt sie und guckt zum Verschlag. »Wie geht es ihm?«

Ich hebe die Schultern. »Ganz ehrlich? Keine Ahnung. Er versorgt sich selbst. Immerhin. Wir werden sehen. Ted hat mir die Route gezeigt. Da werden wir ganz schön lange unterwegs sein, echt toll. Hoffentlich reicht die Zeit aus.«

»Sei bloß vorsichtig, Sanna«, sagt Faith besorgt. »Da draußen laufen eine Menge kaputter Gestalten herum, die würden mit so einem kurzen Prozess machen. Wir haben dich angekündigt, aber ob das auch alle mitbekommen? Haltet euch erst mal von allem fern.«

»Das werde ich. Willst du was essen? Ich habe noch jede Menge da. Mary ist zwar irgendwie sauer auf mich, aber versorgt hat sie uns trotzdem gut.«

Faith schnaubt verächtlich. »Ach Mary! Mach dir um die keinen Kopf. Die ist eifersüchtig auf dich, nichts weiter.«

»Was, auf mich?!«, rufe ich erstaunt aus und senke gerade noch meine Stimme zu einem Flüstern.

»Ja, auf dich. Es gab mehrere Kandidatinnen, die Großmutters Nachfolge antreten sollten. Sie war eine davon, aber sie konnte nicht... sie hat halt nicht die Gabe. Und dann kommst du daher...« Sie hebt die Schultern.

»Und, wer wird nun ihre Nachfolgerin?«, frage ich neugierig.

Da grinst sie und hebt ihre linke Hand mit dem Tattoo. »Na, ich natürlich. Was denkst denn du?« Wir prusten los und umarmen uns. Auf einmal habe ich eine Geistesschwester gefunden. Ein tolles Gefühl.

Das Handy habe ich auf 5 Uhr morgens gestellt. Als ich den Wecker ausschalte und kurz meine Nachrichten checke, sehe ich, dass eine WhatsApp mit einer unbekannten Nummer eingetroffen ist.

<Liebe Sanna, Col hat mir gezeigt, wie das mit diesem Ding geht. Ich soll dich grüßen von ihm und Lizzie. Das Foto finden sie ganz toll und ich auch. Die Jungs fragen, ob sie deine Nummer bekommen können. Sie sind völlig aus dem Häuschen, von Tom zu hören, und haben tausend Fragen. Liebe Grüße Rob>

Oh nein, nicht auch das noch! Aber das war ja zu erwarten gewesen. Rasch füge ich die Handy Nummer zu Robs Kontakt hinzu, die ich mit *Der Vater* aufgebaut habe, auf Deutsch, falls mein Schatten zufällig mal einen Blick auf das Display erhaschen sollte.

<Lieber Rob, ich denke, erstmal nicht. Ich habe schon Schwierigkeiten, dir gegenüber zu schildern, was hier geschehen ist. Das Ganze noch mal vier... nein, erstmal nicht. Tut mir leid. Wir

brechen jetzt auf. Liebe Grüße an die Kids und bis in ein paar Tagen. Sanna. > Dann schalte ich das Handy ab.

Als das Teewasser heiß ist, wecke ich ihn. »Steh auf. Ich habe Tee gemacht.« Ich lege die neuen Sachen vor ihm auf die Pritsche. »Zieh dich an. Wir werden bald aufbrechen.«

Müde wie ein alter Mann richtet er sich auf. Er befühlt die Sachen, schnuppert an ihnen. Schaut mich fragend an. »Deine Sachen haben leider nicht die Waschmaschine überlebt. Ich habe dir neue besorgt, gute Wandersachen für die Berge. Dorthin werden wir heute aufbrechen. Und zwar ganz allein.«

Seine Miene arbeitet. Er ballt die Fäuste. Will er etwas sagen? Sich gar weigern? Ich spanne mich an. Aber es kommt kein Ton, und dann sackt er auch schon wieder in sich zusammen. Doch er tut, was ich ihm sage, ich brauche ihm nicht zu helfen und bin erleichtert. Die Kleidung schlottert etwas, ist ihm zu weit, aber nicht allzu sehr. Er setzt sich auch von allein an den Tisch, isst und trinkt. Ich mache mir im Geiste eine Notiz für das Tagebuch, das ich gedenke, Rob zu schreiben.

Der Weg hinab in die Siedlung liegt im Dunkeln. Straßenbeleuchtung gibt es hier nicht. Ich weiß, wir müssen schnurstracks geradeaus, einmal die Straße überqueren, dann eine Piste entlang, bis die nächste Hügelkette anfängt.

Am Beginn der Straße zögert er, bleibt wie angewurzelt stehen. Sein Gesicht kann ich in der Dunkelheit nicht sehen, aber ich habe schon beinahe damit gerechnet. Ich drehe mich um, mit dem Rücken zur Siedlung. Strecke die Hände aus, umfasse seine. »Komm, nur Mut. Es sind nur wenige Schritte. Und du gehst sie nicht allein. Ich bleibe bei dir.«

Kapitel 4

<Lieber Rob, wir sind nun schon einen ganzen Tag unterwegs und haben unser Lager unterhalb ein paar Felsen aufgeschlagen.

Ich habe es geschafft, uns unbemerkt aus der Siedlung herauszubringen. Mit jedem Schritt, den wir uns von ihr entfernen, geht dein Sohn ein Stück aufrechter, das ist gut zu spüren. Ich muss mich manchmal ganz schön sputen, um mit ihm mitzuhalten! Er ist ein verdammt langer Lulatsch, dass ich auf meinen kurzen Beinen kaum hinterherkomme, und er futtert wie eine gefräßige Raupe alles in sich hinein, was ich ihm gebe. Zum Glück habe ich genug Vorräte dabei! Die gute Sally hält wunderbar durch, wird nicht einmal müde. Sie ist ein toller Hund, wirklich tapfer!

Die Gegend ist sehr flach und ziemlich öde. Den halben Morgen waren wir auf einer staubigen Sandpiste unterwegs. Normalerweise hätte ich diese Strecke in einem Jeep überbrückt, aber das geht ja nun nicht mehr. Auch die Sonne hat beschlossen, nicht hervorzukommen, es ist bedeckt und trübe. Es ist nicht schade – fototechnisch gibt der Tag nicht viel her. Das nächste Heiligtum werden wir morgen erreichen, dann ist das Wetter hoffentlich besser. Liebe Grüße, Sanna>

In diesem Stil schreibe ich ihm jeden Abend. Was wir sehen, wie sein Sohn sich verhält, kleine Fortschritte, aber auch die Rückschläge. Einmal knattert in der Ferne ein Quad über die Ebene. Er geht sofort in Deckung, versteckt sich, und ist danach für eine geschlagene Stunde nicht mehr zum Aufstehen zu bewegen. Ich nenne ihn immer noch "*er*" in Gedanken, obschon ich ja seinen Namen weiß, damit ich mich nicht versehentlich verplappere. Wenn ich ihn anspreche, nenne ich ihn *Cowboy*. Er guckt dann immer so grimmig und zieht sich schweigend in sein Schneckenhaus zurück. Ich weiß, das muss ihm wehtun, kann es aber nicht ändern. Am Anfang habe ich einmal versucht, ihn dazu zu bewegen, mir seinen Namen in den Sand zu malen. Er ist geflüchtet, ich merke, man darf ihn nicht drängen. Aber immerhin, diese Leere im Blick, die zeigt sich nicht mehr, und darüber bin ich ehrlich froh.

Bald spielt sich zwischen uns eine gewisse Routine ein, und das schreibe ich auch Rob. Er kümmert sich um das Feuer, so wir denn Holz dafür finden, denn die Gegend ist viel karger als im Süden. Ich mache Essen und den Abwasch, denn ich bin die Herrin über die Lebensmittel, trage alles bei mir, auch wenn es das Gewicht, was ich tragen kann, an ein absolutes Limit bringt. Das habe ich von vorne herein so gepackt, denn ich will verhindern, dass er sich aus dem Staub macht, und er muss auch das Hundefutter tragen, einen riesengroßen Sack. Doch die Gefahr besteht nicht. Er läuft einfach mit, wartet auf mich, wenn ich fotografiere, kommt zurück, wenn er zu weit gelaufen ist oder eine Abzweigung verpasst hat. Ich merke bald, ich kann ihm vertrauen. Es ist nur so ein Gefühl, wie eine unsichtbare Strömung, denn sprechen tut er immer noch nicht, obschon ich manchmal den Eindruck habe, dass er es möchte. Was ihn wohl daran hindert?

Schon bald entdecke ich, er beginnt sich einige Dinge bei mir ab-zuschauen. Ich habe über die Jahre eine gewisse Routine entwickelt, um mit möglichst wenig Gepäck auszukommen. Dazu gehört, am Ende des Tages die verschwitzten Klamotten zu trocknen, für den Abend und die Nacht dann die saubere Wäsche anziehen und mor-gens dann wieder das verschwitzte, aber trockene Zeug vom gest-rigen Abend. Ich bemühe mich, nie Spuren zu hinterlassen. Müll verbrenne ich immer, so es denn kein Alu ist, damit ich ihn nicht schleppen muss, andere Dinge wie die Essensreste werden grund-sätzlich vergraben, genauso wie alle anderen menschlichen Abfälle und die Überreste des Feuers. Er guckt sich das einen Tag an, dann macht er es genauso.

Mit dem Einstieg in die Hügel wird das Gelände interessanter. Es sind zunächst nur flache Schluchten, aber mit bizarren Felsen, das erste Rot der Berge im Norden lässt sich bereits erahnen. Noch sind Temperaturen im Plusbereich, aber das Gelände steigt an, und ich hoffe bald auf den ersten Schnee.

Nach ein paar Tagen und einer semi-spektakulären, aber für Kris' Zwecke gut geeigneten Fotoausbeute erreichen wir die erste Kontaktadresse. Es ist eine verlassene Blechhütte in einem Seitencanyon. Niemand dort, an der Tür hängt ein Zettel mit meinem Namen. War dorthin der Quadfahrer unterwegs? Gut möglich. Ich finde Vorräte, einen Kanister Wasser und eine Telefonnummer, sollten wir Hilfe brauchen, und eine Supermarktquittung. In der Hütte gibt es einen Ofen, eine Pritsche. Hinter der Hütte finden wir Feuerholz und eine Tränke. Wasser läuft aus einem Rohr dort hinein, es ist Quellwasser. Perfekt! Netz habe ich keines, aber das ist nicht schlimm. Wir kommen morgen in die Nähe einer Straße, da gibt es bestimmt Empfang. Beruhigt hole ich meinen Begleiter aus seinem Versteck, wohin er sich verkrochen hat.

In der Nähe der Straße habe ich tatsächlich Empfang. Das nutze ich für eine ausgedehnte Mittagspause, ich sage ihm, ich will Nachrichten abrufen. Er zuckt nur mit den Schultern und setzt sich in eine sonnige Ecke. Ich schicke die Mails an Rob ab, gucke nach Nachrichten von Faith und Ted. Sie schicken mir weitere Kontaktdaten, die ich in meine Karte übertrage. Sie wird beständig voller! Rob hat mir wieder eine WhatsApp geschrieben, erneut drängt er mich, dass er meine Nummer weitergeben darf. Ich antworte nicht darauf. Soll er erstmal mit den E-Mails zufrieden sein.

Wir kommen in einem verschlungenen Zickzackkurs gen Norden voran. Die Stationen, die Ted uns zusammengetragen hat, sind vielfältig, und liegen oft nur einen Tag auseinander. Mal mit, mal ohne menschliche Bewohner, mal einfache Verschläge, ab und an auch mal ein Hogan, die traditionelle Behausung der Navajo. Ist es eine Farm oder ein Wohnhaus bei einer Siedlung, schlagen wir unser Lager weit außerhalb des Geländes auf, in sicherer Entfernung. So kann er sich zurückziehen und sein Gesicht wahren, während ich mich mit den Bewohnern unterhalte, die Fotos durchsehe, weitere Kontakte knüpfe. Ich werde freundlich, teils reserviert, teils mit offener Neugierde empfangen. Mal sind es Navajo, mal Apachen, schon bald lerne ich die Unterschiede, aber auch Gemeinsamkeiten beider Kulturen kennen. Sicherlich, ich kratze nur an der Oberfläche. Von Faith weiß ich, dass die Glaubenswelt der Navajo komplex ist, jede Geste, jedes Tier, jede Wolke und die Felsen, alles hat seine spezielle Bedeutung. ‚Glaub mir, das willst du gar nicht alles wissen', hat sie nur gelacht, als ich sie in unserer gemeinsamen Nacht danach gefragt habe.

Dennoch, man honoriert mit Wohlwollen meine Achtung ihrer Kultur, die Vorsicht, die ich walten lasse, damit ich gegen keine Tabus verstoße und dass ich meinen Begleiter von ihren Frauen und Kindern fernhalte. Er ist ihnen nicht geheuer. Sind alte, weise Frauen dabei, suche ich mit ihnen das Gespräch. Ich gehe nicht mit meiner Gabe hausieren, das nicht, aber sie haben ein unheimlich gutes Gespür dafür, wie es um ihr Gegenüber bestellt ist, und teilen bereitwillig mit mir ihr Wissen um die Totengründe, damit ich keine unliebsamen Überraschungen erlebe.

Mein Kontakt mit Rob wird stetig intensiver, der Ton wärmer. Erst bin ich noch die liebe Sanna, dann werde ich die liebste Sanna oder *my dear*. Ich mag den alten Mann, er hat Humor, erzählt mir viele Anekdoten von den Kindern und ein wenig von seiner Zeit als Soldat in Deutschland. Er versucht nicht mehr, mich zur Weitergabe meiner Nummer zu überreden. Er muss wohl spüren, wie unwohl ich mich damit fühle. Bald freue ich mich genauso auf eine Nachricht von ihm, wie er sehnsüchtig auf meine wartet. Während ich schreibe, achte ich sorgfältig darauf, dass mein Begleiter ja keinen Blick auf den Bildschirm erhascht. Meistens setze ich mich etwas abseits vom Lager auf einen Felsen, oder ich gehe zum Wohnhaus, wo mir die Bewohner ihr WLAN überlassen, so sie denn eins haben. Ich weiß nicht, was er darüber denkt. Er sitzt da, schweigt und beobachtet mich. Wann er wohl anfängt zu sprechen?

Unsere erste wirklich Belastungsprobe kommt, als wir in die Nähe des von Ted erwähnten Petrified Forest kommen. Ich habe

mich vorher im Netz schlau gemacht und entschieden, diese Felsformationen, die versteinerten Bäume muss ich sehen. Dazu habe
ich mir das Gelände über Satellitenkarten genau angeschaut. Ich
weiß, es gibt zwei Eingangstore, eines im Norden, eines im Süden,
wo wir herkommen werden. Der Park wird von der guten alten
Route 66 in zwei Hälften zerschnitten und ist eher für Autofahrer
ausgelegt, die sich an den Viewpoints aus dem Fahrzeug bequemen.
Abends werden die Tore dann bei Sonnenuntergang geschlossen.
Nach den unabhängigen Tagen im Navajo Land eine ungewohnte
Situation für mich. Aber ich will das unbedingt sehen und habe
auch schon einen Plan, wie ich das anstellen will. Dazu muss ich
einen Platz finden, wo ich *ihn* sicher zurücklassen kann, versteckt
vor anderen. Schwierig, denn die Gegend rings um den Eingang
scheint topfeben zu sein, zeigt mir Street View. Also ein ganzes
Stück außerhalb.

Meinen Cowboy bereite ich ein paar Abende vorher behutsam
auf dieses Ereignis vor. Zunächst gerät er in Panik, schüttelt wie
wild den Kopf. Als ich ihm vorschlage, dass wir unser Nachtlager
in den Hügeln weitab aufschlagen und er einen Tag allein bei unserem Gepäck bleiben könnte, zieht er die Schultern ein. Ängstlich?
Traurig? Das mag ich nicht entscheiden.

»Hab keine Angst. Dich wird niemand sehen. Ich schaue mich
dort unten um, mache ein paar Bilder, und nach einem halben Tag
bin ich wieder da und wir verschwinden. Es wird alles gut gehen,
du wirst sehen.«

Das lasse ich erst einmal einen Tag sacken. Am nächsten Tag erzähle ich ihm, wie schön die Bilder im Netz aussehen, und dass ich
mich sehr freuen würde, wenn ich wirklich dorthin gehen könnte.
Er guckt mich mit glimmenden Augen an und zeigt keine Reaktion.
Da wird mir das Herz schwer, und ich bin ernsthaft am Zweifeln,
ob es wirklich eine so gute Idee ist, ihn derart zu bedrängen. Doch
am dritten Tag, da sind wir an dem Lagerplatz angekommen, frage
ich ihn, ob er mich dorthin gehen lässt, und er gibt mir schließlich

sein Einverständnis. So gut kenne ich seine Regungen inzwischen, dass es dafür keiner Worte bedarf.

Früh am nächsten Morgen breche ich auf. Es dämmert gerade. Ich will den Ranger abpassen, der die Tore aufschließt, und noch vor den ersten Touristen das Gelände betreten. Eine ungewohnte Wanderung ist das, so ganz ohne Gepäck, nur mit der Kameratasche und etwas Wasser beladen. Ich genieße es, mal wieder allein zu sein, und sei es nur das kurze Stück.

Entspannt lehne ich am Tor, als sich bei Sonnenaufgang ein Wagen der Parkverwaltung nähert. Die beiden Ranger, ein Mann und eine Frau, sind denn auch sehr erstaunt, mich zu sehen, so ganz ohne Wagen. Doch als sie meine ungewöhnliche Kameratasche erblicken, dämmert es ihnen. »Sie sind die Fotografin!«

Ich lache auf. »Ganz genau. Ich bin Sanna. Erfreut, Sie kennenzulernen.« Die Welt ist ein Dorf und hier draußen erst recht. Wir kommen ins Gespräch, und sie zeigen sich hinreichend beeindruckt von meiner Winterwanderung durch die Gegend. Gerne nehmen sie mich ein Stück mit hinein in den Park. Ich verlasse mich auf ihre Expertise, und an einem ganz bestimmten Spot setzen sie mich ab.

»Hier sind die Felsen besonders schön, gerade jetzt in der Morgensonne. Später werden Sie hier nicht allein sein«, verabschieden sie sich. Ich winke ihnen fröhlich hinterher und atme tief durch. Foto Tour!

Nach einem halben Tag habe ich genug. Meine Speicherkarte ist voll und mein Kopf auch, völlig überlastet von den vielen, vielen Blinkwinkeln und Eindrücken. Nach den ersten beiden, sehr schönen einsamen Stunden habe ich mich von den Touristen von Spot zu Spot mitnehmen lassen. Am Informationszentrum kann ich meine Bargeldbestände auffüllen und ein paar Vorräte einkaufen. Ich wandere durch die Ausstellung, doch schon bald gehen mir die Menschen mit ihrem Geschnatter, ihren Fragen und ihren ewigen Selfies auf die Nerven. Was hier wohl los ist, wenn Saison ist?, frage ich mich entsetzt.

Da suche ich doch das Weite, auch wenn mir bewusst ist, dass das Touristenpärchen, das mich wieder bis zum Südeingang mitgenommen hat, mir rätselnd hinterher schauen muss, weil ich nicht zu den Farmhäusern südlich der Straße gehe, sondern in der öden Weite in Richtung der nächsten Hügel verschwinde. Hoffentlich kommt keiner auf die Idee, mir zu folgen! Doch es geht alles gut. Langsam schreite ich dahin, den Blick ins Leere gerichtet, und setze mich am Eingang des Tales in die warme Sonne, meditiere ein bisschen, genieße die Stille. Ich nehme mir einfach die Zeit.

Als ich schließlich das Lager betrete, ist die Sonne schon weit in den Westen gewandert. Doch dort angekommen, überfällt mich der eiskalte Schrecken. Die Rucksäcke sind weg. Kein Mensch zu sehen, auch den Hund höre ich nicht. Ich beginne zu rufen, pfeife nach Sally. Da, entfernt ein Bellen, und dann kommt sie auch schon über die nächste Hügelkuppe gerast und begrüßt mich freudig. »Wo ist er, Sally? Bring mich hin! Gutes Mädchen, bring mich zu ihm!« Sie läuft schwanzwedelnd voran.

Nicht weit hinter der Kuppe kommt eine Felsengruppe in Sicht. Sie führt mich zu einer etwa mannshohen Höhle. »Bist du hier?«, frage ich leise. Als von drinnen keine Antwort kommt, betrete ich die Höhle. Sie ist nicht sehr tief. Meine Augen erfassen die beiden Rucksäcke und dann ihn. Mit angezogenen Knien hockt er in der hintersten Ecke, den Kopf in den Armen vergraben. »He, ist alles in Ordnung mit dir?« Vorsichtig hocke ich mich vor ihn, fasse ihn an der Schulter.

Er kommt mit einem Schrei hoch, schlägt meine Hand weg. Ich verliere das Gleichgewicht, kippe hinten über und pralle schmerzhaft mit dem Rücken auf. Nur undeutlich sehe ich seinen Schatten an mir vorbeihuschen. Rasch rolle ich mich herum und stemme mich auf die Knie. Da steht er im Eingang, die Fäuste geballt, und starrt mich an, die Augen glimmend, eine lange unheimliche Gestalt gegen das Abendlicht. Mir wird eiskalt. Kris' Warnungen fallen mir ein. Langsam richte ich mich auf. Mit dem Handrücken wische ich mir über die Unterlippe, sie ist feucht. Ich schmecke Blut, muss mir vor Schreck auf die Lippe gebissen haben. Innerlich wappne ich mich zur Abwehr. Er macht einen Schritt auf mich zu. Ich zucke zurück und hebe die Hände. Das verschreckt ihn zutiefst. Er stößt einen verzweifelten Laut aus, dreht sich um, bricht auf die Knie und schlingt die Arme um seinen Kopf.

Meine Abwehr zerfällt sofort zu Staub. »Oh nein, nicht. Bitte nicht. He, ist ja gut!« Ich hocke mich zu ihm.

Er ringt die Hände, will meine Lippe anfassen, traut sich aber nicht. Seine Miene, die Augen sind voller Zorn, doch der gilt nicht mir, erkenne ich, er verzweifelt an sich selber. Da kann ich nicht anders, ich nehme ihn einfach in die Arme und tröste ihn, und er, er klammert sich geradezu an mir fest und lässt all das heraus, was sich in den letzten Stunden angestaut hat. Hätte ich ihn nur nicht so lange allein gelassen!

Es dauert eine ganze Weile, bis er sich wieder beruhigt hat. Ich erkenne, so können wir nicht weiter. »Wollen wir heute Nacht hierbleiben, hmm? Hier drin?« Er nickt geschlagen.

Wieder einmal baue ich ihm sein Lager. Es ist Sorge und Entschuldigung zugleich. Nach dem Essen liegen wir nebeneinander auf unseren Isomatten und starren an die Decke. Ob das wirklich eine so gute Idee war, hier zu bleiben, bezweifle ich jetzt. Das Zelt bietet doch zumindest etwas Abstand und Privatsphäre. Sally kommt herein, lässt sich zwischen uns fallen. Wie von selber wollen wir beide ihren Kopf streicheln und zucken zurück, als sich unsere Hände treffen. Ich richte mich auf. Nein, so geht das nicht!

»Was ist, möchtest du einmal meine Bilder sehen?«, frage ich.

Er schaut überrascht auf, dann ein zögerliches Nicken. Ich lehne mich an den Felsen neben seinem Lager, sodass ich ihm die Kamera bequem hinhalten kann, und klappe das Display auf.

Es ist nur klein, die Bilder kommen nicht wirklich gut rüber, aber er ist trotzdem fasziniert. Schließlich hat er meine Bilder noch nie gesehen. Nach einiger Zeit nimmt er mir die Kamera aus der Hand, beginnt selber zu scrollen. Ich lasse ihm seinen Willen und ziehe mich mit dem Handy auf mein Lager zurück. Kein Netz, aber ich schicke Rob eine kurze WhatsApp mit einigen schönen Handy Fotos von den Spots und meinen Erlebnissen im Park. Eine E-Mail schreibe ich ihm an diesem Abend nicht. Von dieser Episode heute soll er nichts erfahren. Als ich nach einiger Zeit wieder aufblicke, ist *er* mit dem Kopf auf den Armen eingeschlafen, die Kamera locker in der Hand. Ich muss lächeln. Behutsam nehme ich sie ihm ab und lege mich selber schlafen.

Am Morgen liegt er da und betrachtet mich. Seinen Blick vermag ich nicht zu deuten, aber er hebt die Hand, streicht mit dem Daumen über meine Unterlippe. Au! Das tut ganz schön weh. Vor Schreck fahre ich zurück. »Was... blutet sie etwa noch?«

Knappes Kopfschütteln, dann ist er aufgesprungen und hinaus. Den ganzen restlichen Tag kommuniziert er nicht mehr mit mir, schaut mich auch nicht an. Ich kann es nicht ändern. Schweigend marschieren wir dahin, und die Freude über die schöne Gegend ist wie erloschen.

Wir streifen die Ausläufer des Parks, fernab der Besucher. Wie gerne wäre ich durch die Desert Area gegangen, aber dazu braucht man wieder einmal ein Permit, und mit ihm an meiner Seite wage ich das nicht. Bald überschreiten wir die Grenze zum Navajo Reservat. Ein verrostetes Schild, halb vergraben im Sand, weist uns darauf hin. Unsere Route geht nach Norden, wird dann aber nach einiger Zeit nach Nordosten schwenken, denn im Norden liegt das Hopi Reservat, das wir nicht betreten sollen. Ich merke, etwas hat sich verändert, nur bin ich ratlos, was es ist. Er hält jetzt merklich Abstand, was mir einerseits ganz recht ist, dann habe ich mehr Zeit für die Fotos, anderseits stimmt es mich auch bedenklich. Aber ich kann es nicht ändern.

Am Abend nimmt er mir dann zu meiner Überraschung alle Arbeiten ab, er kocht sogar, und es schmeckt. Ich bin ehrlich überrascht. Als ich dann im Licht der untergehenden Sonne Kamera und Stativ nehme und das Lager verlassen will, kommt er mit. Das hat er noch nie gemacht. Ich weiß nicht, was ich davon halten soll. Doch diese Sorge behalte ich für mich.

<Lieber Rob, heute war ein guter Tag. Nach einigen ziemlich öden Strecken wird die Landschaft jetzt dramatischer, die Felsen roter, teilweise durchmischt mit Weiß. Ich bin zufrieden mit meiner Fotoausbeute, es kommen schöne Serien für meine Freundin und meinen Stock zusammen, und auch die heiligen Stätten habe ich nicht vergessen. Wir finden viele uralte Felszeichnungen. Das Wetter ist sonnig mit gelegentlichen Schauern, die mal als Schnee, mal als Regen runtergehen, doch das stört uns nicht. Es gibt kein falsches Wetter, nur falsche Kleidung! Die Sonnenuntergänge sind zwischen den Felsen wirklich spektakulär, besonders mit den dunklen Wolken dahinter, die Nächte klirrend kalt und oft sternenklar. Ich mache sehr schöne Nachtfotos.

Dein Sohn hat sein Verhalten verändert, und das freut mich mittlerweile sehr. Hat er sich am Anfang noch gleich nach dem Essen in sein Zelt verkrochen und erschöpft geschlafen oder vor sich hingebrütet, ändert sich das jetzt. Er kommt mit mir hinaus, wenn ich eine abendliche Fotorunde drehe. Erst stand er nur in meiner Nähe und hat geschaut, geschaut und geschaut, doch nun setzt er sich auch allein auf einen Aussichtspunkt oder geht ein paar Schritte für sich. Das sorgt mich nicht, denn er kommt stets zurück. Für mich sieht es so aus, als würde er die schöne Landschaft beginnen zu genießen und wieder am Leben teilhaben zu wollen. Auch sein Husten wird beständig besser. Die warmen Klamotten, aber auch der Kräutertee, den meine Navajo Freunde mir mitgegeben haben, zeigen ihre Wirkung. Wenn er ausspuckt, ist kein Blut mehr dabei. Was bin ich froh darum! Hoffen wir das Beste!>

<Liebste Sanna, das macht mich wirklich froh zu hören. Die Kinder lauern jeden Abend vor dem Rechner, ob du eine Nachricht schickst. Sie finden deine Fotos toll, und Lizzie bekniet mich, ihr eine Kamera zum Geburtstag zu schenken, der ist in zehn Tagen, also nicht mehr lange hin. Vielleicht weißt du ein gutes Modell für sie?

Meine Liebe, ich möchte dich nicht bedrängen. Ich weiß, dass die Kommunikation dort draußen schwierig ist, das sehe ich schon an den langen Abständen deiner Nachrichten. Aber ich bitte dich inständig, erlaube mir wenigstens, deine Nummer an Jimmy weiterzugeben. Er ist Toms bester Freund, und es würde ihm alles bedeuten, die Dinge, die du berichtest, aus erster Hand zu erfahren. Er macht sich fast verrückt vor Sorgen. Falls du dich dazu durchringen kannst, ihn selber zu kontaktieren, findest du seine Nummer untenstehend. Alles Gute euch Dreien, Rob>

Oh nein! Als ich das lese, kann ich mich nicht entschließen, ob ich traurig oder entrüstet sein soll. Der alte Mann weiß anscheinend genau, welche Knöpfe er bei mir drücken muss. Ich spüre, wie meine Abwehr zu bröckeln beginnt. Wie kann ich da jetzt noch ablehnen? Ich grolle, tippe aber die Nummer ab und speichere sie in meinen Kontakten unter dem deutschen Titel *DerBesteFreund*.

Heute Abend sitze ich draußen an einem wackeligen Gartentisch auf einer Farm, fest eingewickelt in meinen Schlafsack, denn es ist schon ziemlich kalt. Die Familie hat uns mit leckerem Essen bewirtet, das ich ihm hinaus in unser Lager gebracht habe, und ich habe anschließend die Fotos mit dem örtlichen Clan Chef durchgesehen. Doch für meine E-Mails und persönlichen Dinge gehe ich immer irgendwo hin, wo ich allein bin. Und wenn es bedeutet, dass ich draußen in der Kälte sitzen muss.

Unschlüssig schaue ich auf das Handy herab. Eigentlich will ich nicht. Aber mein Herz, das sagt mir etwas anderes. Ich rufe WhatsApp auf und sende eine Kontaktanfrage an ihn. Schreibe einfach nur *<Hallo>*

Es dauert ein paar Minuten, dann brummt das Handy. <*Sanna?*>

<*Ja, ich bin's. Hallo Jimmy*>

<*Oh man, danke!!! Das meine ich wirklich. Das muss alles sehr schwierig für dich sein, und dann auch noch wir. Die Jungs sitzen neben mir und würden mir am liebsten das Handy aus der Hand reißen!*>

Ach, verdammt! Auch das noch. Ich habe keine Lust, schon wieder so ein tränenreiches Gespräch wie mit Rob hinter mich zu bringen. Was mir fehlt, ist ein wenig Leichtigkeit. Und Mut. Wie kann ich nur... ich überlege. Und dann fällt mir etwas ein:

<*Ich habe dir geschrieben, weil Rob mich so sehr darum gebeten hat. Er sagt, ihr habt viele Fragen. Also fragt. Aber meine Antworten haben einen Preis.*> So. Jetzt habt ihr was zu denken, Jungs, schmunzele ich und beobachte, wie mir die App anzeigt, dass er schreibt. Dann Pause. Wieder schreibt, was da meistens heißt, er löscht es wieder. Seine Kumpels reden bestimmt auf ihn ein.

Dann kommt nur: <*Welchen Preis?*>

Ha, jetzt habe ich euch! Grinsend tippe ich ein: <*Die Beantwortung einer Frage*>

Pause. Dann: <*Die da wäre?*>

Mein Grinsen wird breiter. <*Wer hat ihm diese unmögliche Boxershorts geschenkt?*>

Wieder Pause. Dann kommen vier Tränen lachende Smileys durch. Ich kann ihr schallendes Gelächter förmlich durchs Telefon hören. Er tippt wieder. <*Nicht zu fassen, dass er ausgerechnet das Ding mitgenommen hat! Das waren wir. Wir haben sie ihm zur Hochzeit geschenkt. Seine Frau Pam war NOT AMUSED*>

<*Wie das nur sein kann*> schreibe ich und schicke den Smiley mit der ausgestreckten Zunge hinterher.

<*Haha, du bist echt witzig*>

<*Ja, danke für die Blumen. Also gut, was willst du wissen?*>

Zu meiner Überraschung entsteht eine lange Pause, viel länger, als ich erwartet hätte. Ratlos starre ich auf das Handy. Was ist denn nun? Habe ich sie verärgert? Aber nein. Nach vielleicht zwanzig Minuten summt das Handy wieder.

<Sorry. Ich bin jetzt allein>

Da bin ich baff. Meine Güte, der hat ja verstanden! Hat er die anderen weggeschickt? Das hat bestimmt Diskussionen gegeben.

<Danke, ich weiß das zu schätzen. Was möchtest du wissen?>

Er tippt. Lange. *<Ich habe deine Mails und Chats mit Rob gelesen, und er hat mir auch von eurem Telefonat erzählt. Er ist so glücklich, dass er nichts hinterfragt, was du sagst. Anfangs war ich das auch, aber… verstehe mich nicht falsch, ich meine nicht, dass du nicht die Wahrheit sagst, aber ich frage mich… nun, ob du uns was verschweigst. Wie knapp war es wirklich?>*

Wow. Ich sitze da und bekomme einen Moment keine Luft. Dass er das gemerkt hat, sagt einiges über ihn. Der beste Freund. Wahrhaftig. Ich beschließe, ehrlich zu sein. *<Du liegst richtig. Ich möchte dem alten Mann nicht noch mehr wehtun, schreibe ihm nur die Fortschritte und kleineren Probleme. Es war knapp.>*

<Wie knapp?>

Er lässt nicht locker. Verdammt! *<Sagen wir mal so, ich habe mich zwischen ihm und den Abgrund gestellt>*

<Im übertragenden Sinne gewiss. Aber was hat er getan? Sag es mir!>

<Das darfst du gerne wörtlich nehmen>

Nach diesem Satz klingelt das Handy. Am liebsten hätte ich es ausgeschaltet. Aber ich tue es nicht. »Hi.«

»Ist das dein Ernst?!« Die Stimme am anderen Ende klingt entsetzt. Sie ist nicht so tief wie Robs, wirkt jünger. Derselbe Ostküstenakzent, den auch Rob spricht. Mittlerweile kann ich ihn ganz gut von dem Kauderwelsch in dieser Gegend unterscheiden. Im Hintergrund höre ich Verkehrsgeräusche, Autos und Hupen, aber entfernt. Vermutlich sitzt er in einem Park oder ist jetzt zuhause und hat das Fenster geöffnet.

»Ja, mein voller Ernst. Ich habe ihn gefunden, da wollte er sich gerade in einen Canyon stürzen. Aber er konnte irgendwie nicht loslassen, diesen letzten Schritt tun. Und dann habe ich mich dazwischen gestellt und ihm gesagt, dass ich nicht mehr weggehe, dass er uns beide umbringen würde, sollte er es versuchen. Das hat ihn davon abgehalten.«

Der Mann am anderen Ende hat scharf die Luft eingezogen. »Oh Scheiße, Sanna! Oh Scheiße!« Er weiß nicht, was er sagen soll, klingt völlig fassungslos. Meinen Namen spricht er amerikanisch aus, *Zänna*. Ich verbessere ihn nicht.

»Es war... hinterher konnte ich gar nicht fassen, was ich da gemacht habe, war ganz zittrig, aber in dem Moment, da... da habe ich nicht nachgedacht. Bin einfach hin und hab ihn aufgehalten.«

»Dem Himmel sei Dank, dass du es getan hast! Und jetzt? Wie steht es jetzt?« Ich kann förmlich hören, wie er sich anspannt.

»So schlimm ist es nicht mehr, aber irgendwas... irgendwas hält ihn davon ab, wieder zum Leben zurückzufinden. Manchmal denke ich... jetzt ist es soweit, er spricht wieder. Aber er schafft es nicht. Er verzweifelt daran, will es ja selber. So langsam... weiß ich nicht mehr, was ich noch tun soll. Körperlich ist er fast wieder gesund, aber die Seele... die ist immer noch extrem angeschlagen.«

»Ich bring' sie um! Dafür bringe ich sie um!«, knurrt er.

»Wen?«

»Pam. Es ist alles ihre Schuld. Sie hat gesagt, er hätte die Kleine umgebracht.«

»Was?!« Mir bleibt die Luft weg. »Oh Gott. Aber Rob sagte doch, es wäre ein Unfall gewesen und...«

»Das war es auch. Aber sie hat ihn immer wieder angeschrien, es wäre alles seine Schuld, er hätte sie getötet, und irgendwie hat sie es dann geschafft und ihn endgültig zerstört. Rob weiß das nicht. Es ist schon schwer genug für ihn, damit wollten wir ihn nicht auch noch belasten.« Ich höre, wie er sich anders hinsetzt. »Die Ehe der beiden lief nicht mehr gut, schon vorher nicht. Sie haben entsetzlich gestritten, vermutlich auch, als es zu dem Unfall kam. Zumindest sagt Col das. Was dann passiert ist, weiß er nicht. Und zu Tom bin ich nicht mehr durchgedrungen.«

»Oh man. Das muss furchtbar für euch gewesen sein. Jimmy, ich... ich werde weitermachen. Alles versuchen, damit er eine Chance hat. Die Reise ist noch lang.«

»Er hat Glück, dass er dich gefunden hat. Oder vielmehr du ihn. Wir alle haben das. Du weißt gar nicht... ich meine...«

»Schon gut. Darf ich...« Ich muss schlucken. »Darf ich dich mal anrufen, wenn ich nicht mehr weiterweiß? Wenn ich mal mit jemandem reden muss, ich meine, richtig reden?« Die Frage ist heraus, noch bevor ich über sie staunen kann. Was hat mich denn da geritten? Ich kenne den Mann doch kaum. Und dennoch, wenn einer mir etwas sagen kann über den Hintergrund meines Schattens, dann er. Ich merke, wie sehr ich das brauche, wie sehr mich die Situation mittlerweile belastet und ich mich nach einem Helfer sehne.

»Jederzeit, auch mitten in der Nacht. Das meine ich wirklich. Gute Nacht, Sanna. Schlaf gut.«

Als ich ins Lager zurückkehre, springt er alarmiert auf und schaut mich erschrocken an. Ich habe es nicht wirklich bemerkt, aber mir laufen die Tränen herunter. Hastig wische ich sie mir mit dem Handrücken herunter und winke ab. Heute Abend bin ich es, die sich ohne ein Wort ins Zelt verkriecht, niemanden mehr sehen will. Eine Weile noch steht er da und wartet, doch dann höre ich, wie er sich in sein eigenes Zelt begibt und nicht mehr rührt.

Am Morgen ist die Stimmung angespannt. Ich mag ihn gar nicht ansehen, er trägt die finsterste Miene zur Schau. Zu der Stimmung passt das Wetter. Ein bleigrauer Himmel mit einem ganz merkwürdigen Licht und irgendwie drückende Luft, obschon es nicht wirklich warm ist.

Als wir den Ort auf einem Umweg verlassen wollen, kommt der Chief den Pfad herauf. Oh nein, denke ich an meinen Schatten und spanne mich an. Doch es geschieht etwas Überraschendes: Anstatt die Flucht zu ergreifen, rückt er näher, baut sich regelrecht hinter mir auf. Er merkt, dass etwas nicht stimmt, und will mich beschützen. Das bemerkt auch der Chief und bleibt in einiger Entfernung stehen. Mit einem knappen Nicken in seine Richtung wendet er sich an mich.

»Ich wollte euch warnen. Eine Warmfront schiebt sich vom Golf ins Land, ungewöhnlich für diese Jahreszeit. Es hat heute Nacht bereits heftige Unwetter auf den Plains gegeben, mit Tornados, Starkregen und Hagel. Selbst wenn ihr kein Gewitter seht, der Regen kann es bis hierher schaffen. Passt also auf, besonders in den Senken.«

»Ich danke Ihnen, Chief. Das werden wir.« Mit einem unverbindlichen Nicken wendet er sich ab und kehrt in den Ort zurück.

Ich werfe einen vorsichtigen Blick hinter mich, doch er steht nur da und starrt dem Mann finster hinterher. Gleich darauf fällt die Anspannung von ihm ab wie eine schwere Decke. Er atmet einmal tief durch, umrundet mich, ohne mich anzusehen, und stapft davon.

In unbehaglichem Schweigen wandern wir dahin. Es geht jetzt wieder in einem Zickzackkurs nach Norden, das Hopi Reservat haben wir westlich liegen gelassen. Weiter im Norden erwartet uns dann der Canyon de Chelly, wo ich einen weiteren Kontakt habe, aber bis dahin ist es noch ein gutes Stück.

Ich kann mir nicht helfen, aber ich spüre, etwas braut sich zusammen. Er ist angespannt, weicht mir nicht von der Seite. Das kenne ich so gar nicht, und bald nervt es mich regelrecht. Ist es wegen gestern? Ich bin einerseits besorgt, andererseits möchte ich ihn fortschicken, das ist mir viel zu dicht. Doch wie ihm das sagen, ohne dass es gleich die nächste Krise auslöst? Ich beschließe, es einfach zu ignorieren.

Wenn wir einen Hügel oder ein Plateau überqueren, sind im Süden und Osten massige Wolkenberge zu sehen, die berühmten Amboss Wolken des mittleren Westens. Da die Sonne es doch geschafft hat, den trüben Himmel zu durchdringen, gelingen mir ein paar wirklich spektakuläre Fotos mit rotgelben Felsen und den grün-grauen Wolkentürmen dahinter. Das versöhnt mich ein wenig mit der gereizten Stimmung, und ich schreite etwas fröhlicher dahin. Am späten Nachmittag erreichen wir einen kleinen schmalen Canyon, den wir durchqueren müssen, um auf der anderen Seite etwas weiter hinten wieder aufzusteigen, wie die Wanderkarte mir sagt. Denn dahinter liegt im nächsten Tal ein heiliger Ort mit Felszeichnungen, die ich unbedingt noch in dem irren Licht erreichen will.

Wir sind gerade einmal ein paar Dutzend Meter in dem Canyon entlanggelaufen, da spüre ich mit meinem Mal, wie sich in meinem Nacken ein Luftzug bewegt. Die Luft war heute merkwürdig still, wie gedrückt, deshalb schaue ich mich irritiert um. Kommt Wind auf? Ein Sturm? Doch der Himmel ist klar, keine Wolke über uns zu sehen. Nur ganz weit hinten sehe ich eine schwarze Wand, doch die ist da schon den ganzen Tag und nicht nähergekommen. Und dennoch, ich habe ein ungutes Gefühl. Es sagt mir, wir sind hier nicht am richtigen Platz.

»Wir müssen hier raus. Los, komm«, sage ich zu ihm und lege einen Schritt zu. Er guckt sich fragend um, folgt mir aber. Ich werde schneller, und dann höre ich etwas, ein leises Geräusch, das rasch lauter wird. Da weiß ich, was auf uns zukommt. »Oh nein! Lauf!! Schnell!! Lauf!!«

Ich sprinte los hin zu einer Felsensteige, aber er ist mit seinen langen Beinen viel schneller als ich, überholt mich schon nach wenigen Schritten. Mit einem kräftigen Sprung bekommt er die Kante zu fassen und zieht sich hoch, doch ich bin zu klein, schaffe es nicht. Aus den Augenwinkeln sehe ich eine grauweiße Wand auf uns zuschießen. Ich springe noch einmal, bekomme einen kleineren Vorsprung zu fassen. Hektisch versuche ich, mit meinen Stiefeln Halt zu finden, rutsche wieder ab, schreie auf. Da packt mich seine Hand und zieht mich hoch, keinen Moment zu früh, dann ist die Wasserwand heran und verwandelt den Canyon in eine brodelnde, schäumende Masse. Keuchend klammere ich mich an ihm fest und krabble auf dem Hintern vor der immer höher werdenden Flut zurück, doch da höre ich etwas, ein Jaulen.

»Oh Gott, Sally!« Sie hockt fiepend auf einem Felsen inmitten der Flut. Mir bleibt fast das Herz stehen, als sie versucht, da runterzukommen, zu uns, das ist sicher. »Sally nein!«, will ich rufen, doch ich werde überstimmt.

»Sally!! Bleib!!«, brüllt er so plötzlich los, dass ich vor Schreck einen Satz mache. »Bleib!! Sitz!!« Sein Ruf geht in einen Hustenanfall über, ein riesiger gelber Klumpen Rotz verschwindet in den Fluten.

Ich habe keine Zeit zu staunen. Das Wasser schwappt über den Rand, meine Stiefel und meine Hose werden pitschenass. Er zerrt mich zurück, höher hinauf, auf einen weiteren, sehr schmalen Vorsprung, wo wir uns dicht aneinander gedrängt an einem Felsen festklammern, um ja nicht das Gleichgewicht mit den schweren Rucksäcken zu verlieren. Keuchend halten wir uns fest und schauen diesem Naturschauspiel zu. Jetzt ist klar, wie diese Canyons über die Jahrtausende entstanden sind.

Nach weniger als einer Stunde ist der Spuk wieder vorbei. Zurück bleibt eine von Geröll und Schlamm verwüstete Mondlandschaft. Irgendwann wagen wir es dann, den Vorsprung zu verlassen, und gehen die Felsenstufe weiter, bis wir an unserem eigentlichen Aufstiegsort angekommen sind. Meine Füße sind mittlerweile zu Eisklumpen mutiert, ich habe derart viel Wasser und auch Schlamm in den Stiefeln, dass sie wie Betonklötze an meinen Füßen hängen. Mir ist so kalt, dass mir die Zähne klappern. Die Temperatur fällt in Windeseile, kalte Luft schiebt sich über das Plateau in den Canyon. Ich muss mich schleunigst aufwärmen, sonst werde ich mich böse erkälten, und das hat auch er erkannt. Er hält mich an der Hand gepackt und zerrt mich vorwärts, die Felsen hinauf auf das Plateau. Dort schaut er sich suchend um. Bald findet er eine kleine Senke, ein eingeschlossenes Tal, das seltsam grün und völlig unberührt von den Naturgewalten dort draußen daliegt. Da wissen wir, dass wir dort sicher übernachten können.

Mir ist mittlerweile so kalt, dass ich kaum noch den Rucksack absetzen kann. Er hilft mir, keine weiteren Worte kommen von ihm, als er mir bedeutet, mich auszuziehen und mir trockene Klamotten anreicht, während er sein Zelt aufbaut und unsere Schlafsäcke und Isomatten hineintut. Ich werde in meinen Schlafsack verfrachtet, und seinen bekomme ich noch obendrauf, und er rubbelt mich warm, bis ich meine Glieder wieder spüren kann und sie kribbeln wie verrückt. Völlig erledigt falle ich schließlich in einen unruhigen Schlaf.

Es ist dunkel, als ich wieder aufwache. Warmer Feuerschein dringt von draußen herein. Also hat er Holz gefunden, gut! Mir war noch nie so warm. Zu dem vertrauten Geruch meines Schlafsackes mischt sich ein anderer, strengerer Geruch. Seiner. Nicht unangenehm, sondern irgendwie vertraut und... das nasse Fell eines Hundes. »Sally?«, flüstere ich, und da ist sie auch schon und leckt mir winselnd das Gesicht. »Du bist hier, tapferes, tapferes Mädchen. Hast uns wiedergefunden, ja? Oh, du bist ja sauber! Wie kommt denn das?« Sie bellt leise, wirft sich begeistert auf mich und lässt sich durchkraulen. Ich muss lachen und weinen zugleich. Wie gut das tut!

Draußen ist es still. Doch halt, ganz stimmt das nicht. Fernes Grollen ertönt, und von Zeit zu Zeit leuchtet die Zeltplane über mir auf. Ich beschließe, mir das einmal anzuschauen, und krieche aus meiner warmen Höhle hervor.

Rings ums Feuer sind meine Sachen ausgebreitet. Die Schuhe hat er gereinigt, die Sohlen rausgenommen. Auch meine Sachen sind sauber und hängen zum Trocknen da. Vor lauter Dankbarkeit kommen mir schon wieder die Tränen. Es ist kalt draußen, schon unter null Grad. Rasch hole ich mir etwas Wärmeres zum Anziehen. Mein Rucksack hat die nasse Dusche zum Glück relativ unbeschadet überstanden, und auch mein Wollfleece ist schon fast wieder trocken, es war ja nur unten herum richtig nass geworden. Die leichten Ersatzschuhe helfen natürlich nicht gegen die Kälte, aber ich ziehe zwei Paar Socken übereinander. Derart warm eingepackt, nehme ich Kamera und Stativ und mache mich auf die Suche nach ihm.

Weit zu laufen brauche ich nicht. Ich komme an einer Quelle vorbei. So also hat er unsere Sachen sauber bekommen. Er selber hockt oberhalb der Quelle auf einem Felsen. Das muss bestimmt kalt sein, doch dann sehe ich, dass er Sallys Decke als Unterlage dabeihat. Als er mich kommen hört, wendet er sich um und rückt ein Stück zur Seite, damit ich neben ihm Platz finde.

»Okay?« Bar jeder Stimme, kann er nur flüstern. Und doch, ich freue mich riesig über diese beiden Silben, und vor allem, weil er von sich aus fragt.

»Ja, geht wieder. Was machst du hier?«

»Schau!« Er zeigt nach Osten.

Was ich da erblicke, lässt mich alles andere vergessen. Der Himmel leuchtet. Riesige Wolkentürme, weit, weit entfernt, werden von zuckenden Blitzen erhellt. Sie sind bunt, leuchten in allen Farben. Blau, rot, orange, grün und silbern. »Oh wow! Das ist wunderschön!«

Rasch schraube ich die Kamera aufs Stativ, stelle sie vor uns, ganz niedrig, damit ich mich neben ihn setzen und gleichzeitig ins Display schauen kann. Ein wenig muss ich mit der Belichtung experimentieren, denn Blitze zu fotografieren ist schwierig, besonders, wenn man noch die Landschaft ringsherum mit hineinnehmen will und die blinkenden Sterne. Ich stelle den Sucher so ein, dass ich die bizarren Felsen und die Wolken sowie die Weite des Himmels erfasse. Dann nehme ich die Fernbedienung, brauche sie nur zu drücken, wenn es hell wird, um so einen Serienschuss auszulösen.

Als er merkt, dass mir kalt wird, steht er auf und kommt bald darauf mit Sally, unseren Schlafsäcken und zwei Tassen Tee zurück. Derart warm eingepackt sitzen wir Seite an Seite da, den Hund zwischen uns gekuschelt, und schauen stundenlang zu, wie vor uns ein Naturschauspiel der Extraklasse aufgeführt wird, bis die Gewitter sich ausgetobt haben und gen Osten abgezogen sind.

Nach dem Schrecken schlafe ich tief und traumlos, doch ich werde in den frühen Morgenstunden wach, weil er sich rastlos neben mir herumzuwälzen beginnt. Unverständliche Worte flüsternd, stöhnt er von Zeit zu Zeit und wird immer unruhiger. Erst als ich ihm tröstend über die Schulter streiche, wird es wieder besser.

Da meine Nacht nun schon unterbrochen ist, beschließe ich, dem Sonnenaufgang entgegenzusehen. Es ist klirrend kalt, aber draußen glimmt das Feuer vor sich hin. Er hat da etwas gebaut, eine Konstruktion, welche die Holzstücke nachrutschen lässt. Interessant, wer hätte das gedacht, dass er solche Pfadfinderqualitäten hat? Ein prüfender Griff in meine Stiefel, und ich erkenne, die kann ich nicht wieder anziehen, sie sind noch ziemlich feucht. Ich schüre das Feuer und lege sie näher heran. Also drei Paar Socken übereinander, wenn ich mit den leichten Schuhen losziehe.

Der Canyon hat sich in eine Zauberlandschaft verwandelt. Noch ist es zu dunkel, aber ich ahne bereits glitzerndes Eis. Es juckt mich in den Fingern, dort hinabzusteigen und alles zu fotografieren, doch in den leichten Schuhen und noch dazu im Dunkeln wage ich den Abstieg nicht. Also halte ich das wunderschöne Farbenspiel vor dem Sonnenaufgang über den mittlerweile wieder wolkenfreien Bergen fest und lächele, als ich hinter mir feste Schritte höre. Gleich darauf bekomme ich eine Tasse Tee in die Hand gedrückt, und ich spüre, wie er sich hinter mir niederlässt.

»Gut geschlafen?«, frage ich und nehme einen Schluck, ohne ihn anzusehen, die Augen auf den Sonnenaufgang gerichtet.

»Okay«, flüstert er nur und schweigt. Stumm sehen wir zu, wie sich die Sonne über die Berge schiebt und beginnt, die Wüste zu erleuchten.

Irgendwann steht er auf und will weggehen, bleibt dann aber noch einmal stehen und dreht sich halb zu mir um.

»Ich heiße Tom«, kommt ein Flüstern zu mir herüber, dann ist er weg.

Ich weiß, erwidere ich in Gedanken und nehme mit einem Lächeln den letzten Schluck aus dem Becher.

Wir bleiben an diesem schönen Ort zwei Tage. Zum einen sind meine Schuhe noch nicht trocken, zum anderen haben wir beide das Bedürfnis, nach diesem Schrecken einmal eine Pause einzulegen und wieder zu uns zu kommen. Dazu braucht es keine Worte, wir verstehen einander auch so. Die meiste Zeit verbringen wir alleine, ohne den anderen. Erst stolpere ich noch mit den Ersatzschuhen durch die Landschaft, dann sind die Wanderschuhe endlich wieder getrocknet und frisch eingefettet, denn das Lagerfeuer hat dem Leder doch arg zugesetzt. Jetzt ziehe ich die Krampen über, und so ausgerüstet, verbringe ich fast den ganzen Tag in diesem und in den angrenzenden Canyons. Was ich bei Sonnenaufgang schon erahnt habe, stellt sich bei Tageslicht als bizarre Welt aus Eis und gefrorenem Schlamm heraus. Zum Glück haben die Felszeichnungen das Unwetter gut überstanden! Stundenlang streife ich durch diese Welt und schieße Tonnen von Fotos, für den örtlichen Clan und zahlreiche Serien für Kris. Sie wird begeistert sein!

Er bleibt die ganze Zeit für sich. Nur ab und an höre ich den Hund bellen, wenn sie zusammen spielen. Ich lese das so, dass er erst einmal verarbeiten muss, was geschehen ist. Muss ich ja auch. Ich freue mich wahnsinnig und weiß gar nicht, wie ich damit umgehen soll. Was ihm sagen? Immer langsam, Sanna, mahne ich mich dann. Mach einfach weiter wie bisher, lass ihn auf dich zukommen. Denn man darf ihn nicht bedrängen.

<Lieber Rob, lieber Col und liebe Lizzie, halleluja, es kann sprechen! Dieses Wesen, das mich jetzt schon so viele Wochen begleitet hat und stumm war, hat seine Sprache wiedergefunden. Ich bin froh, so froh darüber! Ich muss gestehen, im ersten Moment hatte ich Mühe, diese Laute ihm überhaupt zuordnen zu können, so fremd klangen sie. Seine Stimme ist immer noch sehr angeschlagen, und er spricht nicht viel, aber immerhin. Wie das gekommen ist? Wir mussten den Regenfluten ausweichen, und die liebe Sally hatte sich auf einen Felsen verirrt. Vor lauter Sorge hat er sie*

gerufen, und wie! Er hatte wohl noch eine fette Entzündung im Hals und hat alles Eitrige ausgespuckt dabei. Das war dann der Durchbruch. Ich bin sehr gespannt, wie es jetzt weitergeht!

Die Landschaft hat sich in eine Zauberwelt aus Eis und Kristallen verwandelt, es ist wirklich eiskalt. Tolle Bilder habe ich gemacht, ich hänge euch einige an die Mail. Für Sally ist das aber ein Problem, ihre Pfoten werden wund. Ich habe ein Paar meiner Socken geopfert und ihr Schuhe genäht, jetzt geht es für sie wieder stetig voran. Auch das Foto findet ihr im Anhang, es sieht echt lustig aus. Wir selber müssen die Eiskrampen anziehen, so glatt ist es hier. Gut, dass ich noch ein zweites Paar gekauft habe! So kommen wir voran. Viele Grüße aus dem inzwischen ziemlich eisigen Winter-Wunder-Navajo Land. Sanna>

An Jimmy schreibe ich per WhatsApp jedoch etwas ganz anderes:

<Von Rob wirst du die gute Neuigkeit sicherlich vernommen haben, aber Jimmy, es war verdammt knapp, ich wäre fast ertrunken. Nur seine Schnelligkeit und Kraft hat uns aus den Fluten gerettet. Was bin ich froh, dass er schon wieder so kräftig ist und bei mir war! Es scheint mir, als hätte dieses Ereignis ein Tor in ihm aufgestoßen, als sei etwas dabei, aus ihm hervorzubrechen, denn seit jenem Abend hat er Albträume, Jimmy, ganz fürchterliche. Sie werden von Nacht zu Nacht schlimmer, und ich wage es nicht, ihn allein zu lassen, schlafe bei ihm im Zelt. Ich weiß nicht, was er davon hält, er schweigt. Aber immerhin, er stößt mich nicht zurück, und deshalb bleibe ich optimistisch. Sanna>

Diese Nachrichten schicke ich an einer Landstraße in der Nähe einer Siedlung, wo unser nächster Kontakt wohnt, ab. Seine Antwort erfolgt prompt:

<Oh man, Sanna, ich war so in Sorge um euch!! Zu Recht, wie es sich rausgestellt hat. Die Unwetter bei euch haben es sogar bis in unsere Nachrichten geschafft. Passt bloß auf euch auf und du

vor allem auf dich, Sanna! Ohne dich ist er verloren. Und wir
auch. Jimmy.>

Und dann, kurze Zeit später, noch eine Nachricht. *<Versuche*
rauszuhören, wovon er träumt. Vielleicht hilft es dir ja weiter.>

Ich starre sinnierend darauf. Will er mir damit signalisieren, dass
er es nicht merkwürdig findet, dass ich bei ihm schlafe? Jimmy versteht sich sehr auf subtile Botschaften, so viel steht fest. Ich weiß
nicht, was ich davon halten soll, aber er hat recht. Ich muss wissen,
womit ich es zu tun habe.

Was auch immer Tom in seinen Träumen nachts beschäftigt, es
hat sich wirklich etwas verändert. In die nächste Siedlung kommt
er mit, er wartet auf mich, bewacht mich regelrecht. Auch hier haben die Unwetter schlimm gewütet, wir sehen schlammüberflutete
Gärten, eingestürzte Scheunen, Trümmer. Die Familie, die uns als
Kontakt genannt wurde, ist jedoch froh, uns zu sehen. Ich weiß,
dass sie in Sorge um uns waren, denn ich habe Faiths Nachrichten
gesehen und ihr bereits geantwortet, dass wir okay sind.

»Wir wollten schon einen Suchtrupp losschicken nach euch«,
werden wir begrüßt und herzlich in Empfang genommen. Keiner
guckt Tom schief an, denn sie sind selber schlammbespritzt und
sehen übernächtigt aus. Ein Quartier und eine Mahlzeit können sie
uns nicht bieten, aber wir können auf ihrem Land das Zelt aufschlagen und dürfen die Außentoilette benutzen, und zum Essen ver-
weisen sie uns an die örtliche Tankstelle mit angeschlossenem Diner. Also schlagen wir oberhalb der Siedlung unser Lager auf. Ich
stelle ganz bewusst einmal wieder mein eigenes Zelt auf. Das wird
von Tom mit einem raschen Blick und Schweigen quittiert.

Da auf unserem letzten Abschnitt nur wenige heilige Stätten lagen,
ist die Übergabe an den Chief schnell erledigt. Er hat auch alle
Hände voll mit den Unwetterschäden zu tun, freut sich jedoch sehr
über ein schönes Gewitterfoto, das ich ihm gerne überlasse. Fotos
hochladen möchte ich von hier nicht, die Datenrate ist zu schlecht.
Plötzlich weiß ich nicht mehr, was ich noch tun soll, und so beschließe ich, einen Spaziergang zu machen und nach vorne an die

Straße und zur Tankstelle zu laufen. Vielleicht kann ich dort ja etwas Leckeres für uns erstehen, eine Abwechslung zu den ewigen Reis, Nudeln und Tütensuppen, und meine Bargeldbestände auffüllen. Sie schmelzen durch die Bezahlung unserer Kontakte schnell dahin. Ich frage Tom, ob er mitkommen will, doch er hebt nur abwehrend die Hand und starrt finster ins Leere. Ach herrje, was ist denn nun schon wieder?

Also laufe ich alleine los. Diese Siedlungen im Reservat sind alle gleichermaßen trostlos, die Tankstelle der einzige bunte Fleck in der Landschaft. Sie hat einen ATM, und ich hebe ein paar Hundert Dollar ab, damit es für eine ganze Weile reicht. Für mich würde weniger als die Hälfte genügen, aber meine beiden Begleiter sind hungrig, und zwar immer.

Das Diner stellt sich als ähnlich schlicht und trostlos wie die Siedlung heraus, aber immerhin, es weht ein leckerer Duft aus der Küche heran. Beim Betreten lasse ich den Blick über die wenigen anwesenden Gäste schweifen, alle in genauso schlammbespritzter Kleidung wie unsere Gastgeber. Die Portionen auf den Tellern sehen reichlich aus. Gut! Ich frage die Bedienung, ob sie auch Takeaway anbieten, was diese bejaht. Während sie meine Bestellung fertig macht, Burger mit extra Käse und Speck und Fritten, laufe ich durch den Laden und decke mich ein. Nüsse, aber auch mal einen Schokoriegel zur Abwechslung, und für uns beide heute Abend eine Cola. Zucker pur. Normalerweise halte ich mich da sehr zurück, denn die Kalorien haben so eine Tendenz, sich sofort auf meinen Hüften abzulagern. Aber die letzten Wochen sind anstrengend gewesen, ich habe abgenommen und kann den Energieschub gut vertragen.

Als ich zur Bezahlung an den Tresen trete, brummt draußen eine Harley heran, und ein fettbäuchiger Typ wälzt sich von dem Sitz herunter und fängt an zu tanken. Schöne Maschine, aber nicht sehr gepflegt. Wie der Typ selber auch. Ich wende mich wieder der Bedienung zu, wir halten ein wenig Smalltalk, während sie meine Sachen zusammentippt und scannt. Beladen mit zwei großen Tüten gehe ich zum Ausgang und schiebe die Tür mit dem Hintern auf und laufe dabei unglücklicherweise in Fettbauch hinein.

»Hoppla, Lady, wohin so schnell des Weges?«, nuschelt er in seinen ungepflegten Bart und hält mich am Ellenbogen fest.

Ich mache mich sofort los. »Raus. Und du rein. Zusammen geht nun mal nicht«, gebe ich knapp zurück, verkneife mir den Zusatz *Dicker* und schiebe mich an ihm vorbei. Was für ein Widerling! So schnell ich mit meiner Ladung kann, laufe ich die Landstraße entlang. Es sind ungefähr 500 Meter bis zur Abzweigung unserer Gastgeber, und ich schaffe es fast, da höre ich die Harley starten und in meine Richtung kommen. Na, der wird doch wohl nicht... Tut er aber doch. Die Maschine wird langsamer und rollt dann in Schrittgeschwindigkeit neben mir her. »Sei doch nicht so kratzbürstig! Was ist, wollen wir uns einen netten Abend machen?«, ruft er und will mich festhalten.

»Hau ab, du Arsch!«, fauche ich ihn an, weiche aus und gehe weiter, ihn ignorierend.

Doch das versteht er nur als Herausforderung. Er fährt ein Stück vor, parkt die Harley in unserer Zufahrt und stellt sich mir in den Weg. Schade um das schöne Essen, denke ich und mache mich bereit, ihm gehörig eine zu verpassen, da schießt plötzlich eine lange Gestalt aus der Einfahrt hervor, hebelt ihn von den Beinen und verpasst ihm zwei derart schnelle Faustschläge, dass Fettwanst nur noch benommen am Boden liegt. Tom kniet über ihm, sein Messer in der Hand. »Was hast du mit meiner Frau zu schaffen?«, grollt er tonlos.

»Nichts...« ächzt der Typ, als sich das Messer an seine Kehle legt.

Ich trete an die beiden heran. »Lass ihn, Schatz. Ich wollte ihm selber in die Eier treten, das hat dieser Arsch mehr verdient«, sage ich und ziehe seine Hand mit dem Messer weg. »Komm, gehen wir. Der ist es nicht wert.« Und ich zerre ihn förmlich hoch und mit mir den Weg hinauf, bevor er noch etwas Unüberlegtes tut. Schwer atmend kommen wir an unserem Lagerplatz an.

Ich pfeffere die Tüten vor den Eingang meines Zeltes. »Scheiße, was war das denn???«, fauche ich ihn an. »Wolltest du ihn umbringen?!«

»Nein!« Er grollt es nur, doch seine Augen sprühen vor Zorn.

»Ich kann selber auf mich aufpassen! Mit einem solchen Idioten werde ich locker fertig. Ich kann mich wehren!«

Da packt er zu, umfasst hart mein Gesicht. »Nie wieder allein!«, zischt er mich an, bedenkt mich mit einem wilden Blick und lässt mich dann einfach stehen.

Mit zittrigen Knien setze ich mich in mein Zelt. Mir ist elend zumute. Er hat so hart zugepackt, dass ich die Abdrücke immer noch spüre. Morgen habe ich da blaue Flecken, befürchte ich. Was war das eben? Will er mich kontrollieren, jeden meiner Schritte überwachen? Sehe ich jetzt die dunkle Seite von ihm, bisher verborgen unter der Schwäche? Kris' Worte fallen mir wieder ein, ich bekomme es wirklich mit der Angst zu tun, und ich weiß, jetzt kann mir nur einer helfen. Ich pfeife Sally heran und laufe mit ihr runter zur Straße, außer Hörweite der Bewohner, und mache einen Anruf.

»Ich bin's, Sanna. Jimmy, ich... ich brauche deine Hilfe. Ich weiß nicht mehr weiter.«

Ich gebe ihm eine grobe Zusammenfassung der Ereignisse. Jimmy hört mir schweigend, aber zunehmend unruhig zu. »Himmel, Sanna, hat er dir etwa wehgetan?«, ruft er am Ende erschrocken aus.

»Nein, nicht wirklich, nur... ich bekomme langsam Angst vor ihm, verstehst du? Was ist mit ihm? Hat er das früher auch gemacht? Mit seiner Frau? Alles kontrolliert und sie förmlich angekettet? Oder ist es etwas anderes? Ich weiß nicht mehr weiter.«

Er atmet tief durch. »Nein, so war er nie. So rastet er eigentlich nur aus, wenn er sich um etwas große Sorgen macht. In diesem Fall dürftest du das wohl gewesen sein.«

»Was, ich? Aber...«

»So war er schon immer, wollte alle beschützen, seit er klein war. Das ist auch einer der Knöpfe, die Pam bei ihm gedrückt hat, damit sie ihn rumkriegt. Das hat sie wirklich geschickt gemacht. Du solltest ihm nicht gram sein, und vor allem, keine Angst vor ihm haben. Wenn er dir zu nahekommt, verpass ihm eine. Das versteht er dann schon«, fügt er hinzu und gluckst leise. »Besser jetzt, hmm?«

Ich muss selber lachen. »Jaa.. danke, Jimmy. Gute Nacht.«

»Gute Nacht. Und Kopf hoch. Schlaf gut. Bye.«

Halbwegs beruhigt gehe ich ins Lager zurück, muss aber feststellen, dass er immer noch fort ist. Die Burger sind inzwischen kalt. Ich esse meinen trotzdem, mit halbem Ohr auf seine Schritte lauschend. Doch er kommt nicht. Schließlich mache ich mich für die Nacht fertig und krieche in meinen Schlafsack. Ich höre nicht mehr, wann er zurückkommt.

Stattdessen werde ich mitten in der Nacht von einem Schrei wach. Im Zelt nebenan höre ich den Hund winseln, der Schlafsack raschelt, ein Stöhnen, und dann beginnt er wieder zu träumen, wälzt sich rastlos herum, murmelt unverständliche Worte. Eine Weile höre ich mir das an, dann stehe ich seufzend auf. Was bleibt mir anderes übrig, als meine Isomatte und Schlafsack wieder umzuziehen und mich um ihn zu kümmern? Ich würde sonst eh keinen Schlaf finden und er auch nicht! Innerlich grummelnd lege ich mich neben ihn, greife nach seiner Hand und halte sie fest, bis er wieder ruhiger geworden ist.

Am Morgen werde ich von dem Gefühl geweckt, dass mich jemand beobachtet. Mit einem Keuchen fahre ich hoch. Er hockt im Schneidersitz vor mir und starrt auf mich herab.

»Mann, hast du mich erschreckt!« Ich weiche seinem brennenden Blick aus, schlage den Schlafsack zurück, will mich anziehen. Da packt er meinen Arm, hält mich fest. Seine Miene arbeitet, verzerrt sich. »Ist schon gut. Mach dir keine Gedanken, es ist nichts passiert.« Doch das stimmt nicht, und wir wissen es beide. Er ringt nach Worten, zeigt auf mein Gesicht und bringt doch keinen Ton hervor. Verdammt, da sind tatsächlich blaue Flecken, und das macht er sich jetzt zum Vorwurf, und genau das halte ich nicht aus.

»Hör zu.« Ich setze mich genauso in den Schneidersitz vor ihn und schaue ihn fest an. »Ich bin dir nicht böse. Du hattest Angst um mich, nicht wahr?«, frage ich rundheraus. Er nickt geschlagen, mir nicht in die Augen schauend. »Das brauchst du nicht. Ich halte eine ganze Menge aus, und ich kann mich wehren, gegen einen solch langsamen Fettwanst allemal. Doch, es ist so«, füge ich hinzu, als er den Kopf schüttelt. »Einer meiner Nachbarn zuhause ist pensionierter Polizist, er war früher Mitglied einer Spezialeinheit. Er hat es mir beigebracht.«

»Was, du??« Jetzt guckt er ungläubig. Ich weiß, was er denkt. Eine kleine Frau wie ich gegen so einen Riesenkerl...

»Glaub es ruhig. Ich kann ganz schön austeilen, mit den schweren Wanderstiefeln allemal. Ein Tritt an die richtige Stelle, und ihr Männer liegt alle jaulend am Boden«, sage ich und muss schmunzeln. Er guckt mich einen Moment an, dann sackt er vor Erleichterung in sich zusammen. Was hat er sich angespannt! Beruhigend klopfe ich ihm die Schulter. »Was ist, hast du keinen Hunger? Und ich glaube, wir sollten mal etwas für deine Stimme tun.«

»Ja... Sanna?« Er hält mich fest, als ich aufstehen will. Es ist das erste Mal, dass er meinen Namen sagt. Nur geflüstert, aber mir wird ganz anders dabei.

»Was ist?« Ich schaue ihn fragend an.

»Warum...?« Er sucht nach Worten, schluckt, und schafft es nicht. Deshalb zeigt er nur auf mein Lager. Er will wissen, warum ich wieder bei ihm geschlafen habe.

Ich beschließe, ihm die Wahrheit zu sagen. »Eigentlich wollte ich das nicht, vor allem nicht nach gestern Abend. Aber du hast Albträume, Tom, sehr schlimme, schon seit Tagen. Ich kann nicht schlafen, wenn es so ist, und du beruhigst dich nur, wenn ich bei dir bin. Stört es dich? Soll ich es lassen?«

»Nein.« Er schüttelt den Kopf. »Nein. Bitte bleib.«

»In Ordnung.« Ich atme einmal tief durch. Soll er ruhig sehen, dass das nicht leicht für mich ist. »In Ordnung. Dann halten wir es weiter so.«

Zum Frühstück gibt es aufgewärmten Burger mit lauwarmen, pappigen Fritten und eiskalte Cola für ihn. Wie lecker! Da bleibe ich doch lieber bei meinem Müsli und Tee, aber er lässt es sich schmecken und gibt auch Sally etwas von dem Fleisch ab.

»Oh Mann, deine Hand sieht ja ziemlich lädiert aus«, meine ich mit Blick auf die roten Knöchel.

Er zuckt mit den Schultern. »Bin aus der Übung.«

Ha, das glaube ich gerne, so als Soldat. Er hat bestimmt schon öfter jemanden verdroschen. Er ist schnell gewesen, keine Frage. Ich staune immer noch, wie schnell. Obwohl er nach wie vor sehr hager ist, schimmern schon viel Kraft und Geschmeidigkeit durch seine Bewegungen durch. Das hat er auch im Canyon bewiesen.

»Warte, ich hole dir etwas Eis. Und ich guck mal, ob sie auf der Farm etwas gegen deine Halsentzündung haben.«

Unsere Gastgeber schauen mich erschrocken an, als ich sie in ihrer Küche aufsuche. »Himmel, was ist denn mit dir passiert?«, ruft die Frau aus.

»Ach, hab so wild. So ein Typ an der Tankstelle, der sich mit mir eine schnelle Nummer erhofft hat. Das habe ich ihm ausgetrieben. Er hält sich bestimmt jetzt noch seine schmerzenden Eier.«

Der Mann fährt alarmiert auf. »Einer von unseren Leuten?«

»Nein, nein, es war ein Fremder, einer von den Biker Typen. Ein widerlicher Kerl. Macht euch keine Sorgen, mir ist nichts passiert.«

»Na, wenn du es sagst! Ich habe eine Salbe, die hilft«, meint die Frau und nimmt mich mit ins Bad. Dort hängt ein Spiegel. Au weia!, denke ich bei meinem Anblick. Seine Fingerabdrücke sind wirklich gut zu erkennen. Nachdem ich etwas Salbe aufgetragen habe und die Frau mir auf meine Bitte hin auch einen Tee, etwas Honig und Halsbonbons gegeben hat, werde ich mit besten Wünschen verabschiedet.

Im Lager finde ich die beiden Rucksäcke fertig gepackt, das Feuer erloschen und die Reste vergraben. Von ihm und dem Hund indes keine Spur. »Tom? Ich habe dir...« Weiter komme ich nicht. Ich werde brutal von hinten gepackt. Meine Abwehr steht sofort, ich ramme den Ellenbogen nach hinten, rolle mich zusammen und ziehe mit meinem Schwung den Gegner über mich rüber. In hohem Bogen kracht er mit dem Rücken auf den Boden, und ich bin schon auf den Beinen und stelle meinen Stiefel demonstrativ in seinen Schritt. Zutreten tue ich aber nicht. Ich habe ihn instinktiv erkannt, am Geruch, wie mir jetzt aufgeht. Mit verschränkten Armen funkele ich auf Tom herab.

Er hat zum Zeichen seiner Niederlage die Arme gehoben. »Du bist schnell.«

»Ja. Sag ich doch.« Ich nehme meinen Stiefel fort und halte ihm die Hand hin, bin aber auf der Hut. Nicht, dass er sich noch eine Gemeinheit ausgedacht hat. Doch er scheint die Lust am Kämpfen verloren zu haben. Ächzend versucht er sich aufzurichten. »Ah, verdammt!«, krächzt er und kommt nur mühsam auf die Füße. Stöhnend massiert er sich das Kreuz.

»Hast du dir wehgetan? Geht es? Was spielst du auch für Spielchen!«

Er schnaubt. »Wollt nur gucken, ob du die Wahrheit sagst... ah, Scheiße!«, flucht er und setzt sich erstmal hin.

»Du hast dich verletzt!«, rufe ich erschrocken aus und will nach seinem Rücken sehen, doch er wehrt ab.

»Ist eine alte Verletzung. Geht schon.« Seine Stimme raspelt.

»Na, hoffentlich lehrt dich das was«, erwidere ich und werfe ihm den Packen Hustenbonbons in den Schoß.

Auf dem Weg zur Straße geht er etwas gebeugt unter dem Gewicht des Rucksackes, aber es wird bald besser. Ich schicke Jimmy eine kurze WhatsApp und frage ihn nach der Verletzung. Das muss ich wissen für den Fall der Fälle. Ich merke, dass Tom mich dabei beobachtet, und schalte das Handy schnell ab. »Freunde«, sage ich nur und stecke das Handy weg.

Ein paar Schritte vergehen. »Du schreibst viel.«

»Naja, geht so. Da kenne ich ganz andere.« Ich schaue nach rechts und links, dann überqueren wir die Straße. »Weil ich hier so wenig

Netz habe, ballt sich das natürlich. Auf anderen Wanderungen mache ich das anders. Da gehen Handy und Laptop nur abends an, sonst lasse ich sie aus. Dieses ständige Gebrumme geht mir auf die Nerven. Und ich *hasse* Selfies«, füge ich mit einer komischen Grimasse hinzu. Er knurrt nur und sagt nichts mehr.

In dem gewohnten Schweigen marschieren wir dahin. Hinter der Siedlung folgt flache Ödnis, nur durchbrochen von ein paar Viehgattern und Zäunen. Doch schon bald erreichen wir wieder die ersten Hügel und kleine Schluchten, und ich merke, wie die Anspannung von ihm abfällt. Also hat ihn die Anwesenheit anderer Menschen doch belastet. Das muss ich im Auge behalten, denn an unserem nächsten größeren Ziel, dem Canyon de Chelly, werden wir definitiv nicht alleine sein. Also muss ich ihn wohl vorbereiten, seufze ich innerlich.

Als wir mittags Rast machen, checke ich WhatsApp. Ich habe nach wie vor Netz, wie ich feststelle, denn wir laufen parallel zur Straße, auch wenn wir sie nicht sehen können.

Jimmy schreibt mir. <*Das war ein schlimmer Unfall. Er ist durch den Boden einer Lagerhalle gekracht und zwei Stockwerke tief gefallen.*>

Du meine Güte, amerikanische Bauarbeiter leben gefährlich. Er schreibt weiter:

<*Erst war gar nicht klar, ob er sich wieder erholt oder gelähmt bleibt. Aber Tom lässt sich nicht unterkriegen und hat sich wieder berappelt. Nur, schwer arbeiten konnte er danach nicht mehr. Das hat ihm sehr zu schaffen gemacht, denn wir haben fast immer zusammengearbeitet, waren von Anfang an ein Team, seit der Schulzeit. Pam hat ihm dann den Posten bei der Armee besorgt. Ihr Bruder ist da irgendein hohes Tier. Aber Tom hasst die Armee, und ich glaube, er wollte seinen Abschied einreichen. Das hat ihr nicht gepasst. Sie hat ihn einen Versager genannt. Warum fragst du danach? Hat sich die Verletzung wieder bemerkbar gemacht? Ist etwas nicht in Ordnung?*>

Sie mögen Pam alle nicht, selbst Rob nicht, auch wenn er das nie direkt geschrieben hat. Es klingt immer wieder durch. Doch ich frage nicht danach, will das erst einmal sacken lassen. Fast tut es mir leid, dass ich Tom heute Morgen so rüde angefasst habe. Aber nur fast. Selber schuld!

An Jimmy schreibe ich: <*Alles gut, keine Sorge. Ich habe ihm eine verpasst, als er sich als allzu großer Beschützer aufspielen wollte. Das hat gesessen! Wie, das zu tippen dauert mir auf dem Handy zu lange. Gibt mir mal deine E-Mail Adresse, dann schreibe ich dir heute Abend ausführlicher.*> Was er auch prompt tut. Mit einem breiten Grinsen speichere ich sie ab.

»Was ist so lustig?«, fragt Tom. Er hat mich genau beobachtet.

»Ach, nichts. Nachricht von meinen Freunden.« Ich stecke das Handy wieder weg. Er beobachtet mich weiter, auf einem Schokoriegel herumkauend. »Was ist?«, frage ich.

Er schluckt runter. »Du hast viele Freunde.«

Ich kann nicht ausloten, wie er das meint. »Nein, nicht allzu viele«, antworte ich leichthin. »Eher Bekannte, viele durch die Reisen. Enge Freunde habe ich nur ganz wenige, ein oder zwei seit der Studienzeit und meine Partnerin Kris.«

Bei dem Wort *Partner* schaut er auf meinen Ehering, ganz kurz nur, aber ich sehe es dennoch. Ich lege automatisch meine andere Hand darauf, drehe ihn. Da schaut er rasch weg. Ich merke, das muss ich erklären, denn es gibt kein geschlechterspezifisches Wort für *Partner* im Englischen. »Es ist nicht, wie du denkst«, sage ich leise und beobachte ihn nun selber sehr genau. Er wendet überrascht den Kopf, schaut mich wieder an. »Kris ist Künstlerin, wir arbeiten zusammen. Sie ist mit einem Kunsthandwerker verheiratet, mit Perri. Ich mag die beiden sehr, wir leben zusammen auf einem...«, ich suche das amerikanische Wort, finde aber keins für *Gutshof*, »einer Art Farm, wo sie ihre Werke ausstellen. Nein, ich war mal verheiratet. Mein Mann ist tot.« Und damit ziehe ich den Ring von der linken Hand und stecke ihn an die rechte, dorthin, wo er hingehört.

Er schaut stumm zu.

Ich strecke die Hand aus, betrachte den Ring. Endlich. Hat mir irgendwie gefehlt, erkenne ich. Die Stelle an meinem linken Ringfinger war schon ganz wund gescheuert. »In Deutschland, da tragen wir den Ehering an der rechten Hand, nicht wie ihr an der linken. Für hier hatte ich ihn an die Linke gesteckt, um... naja, um die Kerle abzuhalten. Aber das brauche ich jetzt nicht mehr. Du bist ja bei mir.« Das rutscht mir einfach so raus, ohne nachzudenken. Er schaut so komisch, und ich merke, wie ich rot werde. Hastig stehe ich auf und packe mein Zeug zusammen. Ich warte nicht darauf, dass er mitkommt, sondern marschiere einfach los.

Bald hat er mich wieder eingeholt. Das Schweigen zwischen uns dehnt sich. Ich merke, er will fragen, traut sich aber nicht. Nun, ich werde ihm nicht helfen, beschließe ich und ignoriere ihn, so gut es geht. Er muss endlich selber aus seinem Schneckenhaus herauskommen.

Das Schweigen dauert bis zum Abend, da müssen wir eigentlich wieder reden, Lager aufbauen, kochen und so, aber irgendwie schaffen wir es nicht. Und so sitzen wir uns beim Essen am Feuer gegenüber und schweigen uns an. Schließlich habe ich genug. »Also schön, das reicht jetzt!«, sage ich abrupt. Er fährt gut sichtbar zusammen, zieht die Schultern ein. Ich lächele leicht. »Wir können uns die ganze Zeit weiter anschweigen oder wir reden. Such's dir aus. Wenn's ersteres ist, gehe ich schlafen.«

Er kaut darauf rum. Lange. Nimmt noch einen Schluck von seinem Tee mit Honig. Dann kommt ein zögerliches »Okay.«

Na gut. Etwas Unverfängliches. »Ich habe dein Messer gefunden.« Das überrascht ihn. Mit dem Anfang hat er nicht gerechnet. Er schaut auf. »Du heißt Flynnt mit Nachnamen, das steht drauf, aber wofür steht das R?«

Seine Erleichterung ist mit den Händen zu greifen. »Robert.«

»Nach deinem Vater?«

Er nickt und lächelt leicht, dann trübt sich sein Blick. Ich merke eine Grenze und mache anders weiter. »Ich habe auch zwei Vornamen.«

Der düstere Ausdruck schwindet. »Ich weiß. Ich habe euch zugehört, die ganze Zeit. Dir und dem Jungen. Der hat ganz schön viele Fragen gestellt.«

Ich lache bei dem Gedanken an Teddy. »Oh ja, und wie. Ein ziemlicher Computerfreak. War es dir zu viel?«, frage ich behutsam.

Er zuckt mit den Schultern. Ich lese das als ein Ja, aber auch, dass er ziemlich neugierig gewesen ist und nicht weghören konnte. Das ist doch schon mal was. »Du kannst gut mit Computern umgehen«, sagt er anstatt einer Antwort auf meine Frage.

»Hmm... das liegt an meinem früheren Job. Ich habe in der IT gearbeitet, mit Leuten auf der ganzen Welt.«

»Deshalb sprichst du so gut Englisch, obwohl du aus Deutschland kommst. Irgendwie britisch. Irgendwie aber auch nicht.« Jetzt ist er wirklich neugierig geworden, das merke ich.

»Ja, die meisten meiner Kollegen waren Briten, aber auch viele Inder, ein paar Amerikaner und Kanadier und Australier und natürlich jede Menge Europäer. Da färbt jeder Akzent mit ein. Je nachdem, wie lange ich mit wem zusammengearbeitet habe.«

»Dann... sprichst du noch mehr Sprachen?«

Ich weiß, für einen Amerikaner schwer vorstellbar. Die sprechen Englisch und erwarten, dass es auch alle anderen tun, und damit gut. »Richtig fließend verständigen kann ich mich in Französisch, Spanisch und Italienisch. Gut verstehen tue ich Holländisch und Dänisch, das liegt an der Gegend, aus der ich stamme. Der Dialekt, den wir da sprechen, ist sehr ähnlich. Ein paar Grundbegriffe in den osteuropäischen Sprachen und im Arabischen.« Er starrt mich offenen Mundes an. Du hast gefragt, Mann, denke ich, und füge hinzu: »Die anderen Länder sind nicht weit weg, nur wenige Stunden Fahrt. Das lernt man von selber. Und wir, mein Mann und ich, sind viel gereist.« Jetzt bin ich es, die verstummt und traurig auf die Rechte starrt.

»Tut mir leid.« Es weht nur ganz leise herüber, begleitet von einem Knacken der Holzscheite.

»Schon gut. Es ist jetzt mehr als drei Jahre her. Manchmal kommt es mir noch so vor wie gestern.«

»Was... was ist passiert?«

Ich schaue auf, aber er guckt nicht mich an, sondern hat sich zurückgelehnt und beobachtet die Sterne. Diese Frage müsste ich eigentlich *dir* stellen. »Es war ein Unfall.« Auf einmal halte ich es nicht mehr aus. Ich stehe auf. »Ich glaube, ich mache noch ein paar Nachtfotos. Du brauchst nicht auf mich zu warten, das kann dauern.«

Doch er tut es, liegt wach da, bis ich wieder ins Zelt gekrochen komme. Als ich mich hinlege, streicht er mir behutsam über die Schulter, und ich muss rasch die Augen schließen, weil mir unwillkürlich die Tränen kommen.

In dieser Nacht schreit er das erste Mal richtig auf in seinen Träumen. Die Worte werden lauter, deutlicher, aber noch verstehe ich nichts. Ich halte ihn fest, denn er weint im Schlaf, richtig geschüttelt wird er. Wovon träumt er da nur? Von dem Unfall? Das muss furchtbar sein, und ich ahne, dass ich den Anstoß dafür gegeben habe. Wie kann ich ihm nur helfen?

Am Morgen starrt er schweigsam ins Feuer und trinkt langsam seinen Tee. Ich sitze ihm gegenüber und tippe gerade meine Mail an Jimmy, schildere ihm nochmal im Detail den Vorfall an der Tankstelle und wie Tom darauf reagiert hat.

<*Er war so schnell. Mein Gott, war er schnell. Ich konnte es gar nicht fassen. Was muss er früher für eine Kraft gehabt haben! Man merkt es jetzt schon wieder. Aber er hat es trotzdem nicht geschafft, mich zu überwältigen*>, schreibe ich weiter und schildere genüsslich, wie ich ihn zu Boden gebracht habe. Ha, da hat Jimmy etwas zu lachen, denke ich und packe die E-Mail in den Postausgang. Sie geht sofort raus, überraschenderweise habe ich Netz.

Als ich aufschaue, beobachtet er mich schon wieder. »Was?«, frage ich, nicht eben freundlich.

»Du amüsierst dich. Über mich? Schreibst du deinen Freunden von deinem Sieg?«

Offenen Mundes starre ich ihn an. »He, deine Stimme ist ja wieder da!« Es ist ein angenehmes Gebrumm, noch etwas kratzig, nicht ganz so tief wie die Stimme seines Vaters, aber das mag mit dem Alter noch kommen.

»Geht so«, wiegelt er ab, räuspert sich und schaut mich fordernd an.

Woher weiß er... ich schlucke. Merkt er, dass ich etwas vor ihm verberge? Anlügen möchte ich ihn nicht. Aber die Wahrheit, das geht auch nicht. »Ich habe an Kris geschrieben, ja. Sie soll es meinem Nachbarn erzählen, damit er weiß, dass sein Training Erfolg hat.« Das stimmt sogar. Nur eben nicht jetzt.

»Warum hast du das mit dem Training gemacht? Schlechte Erfahrung?«

Ich stecke das Ultrabook in seine gepolsterte Hülle und dann in den Rucksack. »Mich hat auf einer Wanderung mal ein Typ verfolgt. Mehrere Tage sogar, und dann eines nachts... da hat er... er ist in mein Zelt gekommen.« Meine Hand verharrt an dem Verschluss zu dem Fach. Ich mag ihn nicht anschauen.

»Sanna, nicht. Es tut mir leid.«

Ich presse die Lippen zusammen, hole einmal tief Luft und sehe dann auf. Sein Blick brennt sich geradezu in mich. Warum erzähle ich ihm das? Wer öffnet sich hier eigentlich wem? Nein, damit ist jetzt Schluss!

»Hör zu. Das sind sehr persönliche Dinge, über die ich nicht reden möchte. Nicht, wenn du nicht auch was von dir erzählst. Ich weiß nichts über dich, kenne grad mal deinen Namen. Meinst du nicht, das sollte sich mal ändern? Wir sind schon Wochen zusammen unterwegs. Quid pro quo.« Meine Stimme kippt, und das ärgert mich so, dass ich aufstehe und das Weite suche. Schwer atmend lehne ich mich an einen Felsen und starre in die winterliche Landschaft hinaus.

Wieso macht mir das so zu schaffen? Mit diesen Dingen habe ich doch schon längst abgeschlossen und kann mit ihnen leben. Doch das stimmt nicht, wie ich jetzt erkenne. Alte, längst verheilt geglaubte Wunden sind dabei, wieder aufzubrechen. Wegen ihm? Aber wie kann das sein?, frage ich mich mit zunehmendem Entsetzen. Warum rüttelt er mich so auf? Oder ist das nur ausgelöst durch unsere Nähe, zugegebenermaßen erzwungen durch seine Schwäche? Oh man, in was habe ich mich da nur reingeritten?

Eine Hand legt sich auf meine Schulter. Ich habe ihn nicht kommen hören und fahre auf vor Schreck. Wird er...? Doch er steht still hinter mir, atmet schwer. Ich drehe mich zu ihm um. Er lehnt an dem Felsen, die Augen voller Tränen. Erstickt beginnt er zu sprechen:

»Thomas Robert Flynnt. Geboren am 21. Januar 1976 in New York City. Mein Vater, Robert Alan Flynnt, lebt auch dort. Meine Mutter, Mary Rose Flynnt, ist gestorben, als ich klein war. Keine Geschwister. Ich bin verheiratet, vielleicht aber auch nicht mehr, habe drei Kinder und... und meine Kinder...« Seine Stimme bricht.

»Tom, nicht...«

»Oh Gott!« Er bricht auf die Knie, schlägt die Hände vors Gesicht. »Sie ist tot, unsere Kleine. Es ist meine Schuld, meine, meine allein!« Das letzte Wort kommt heraus als verzweifelter Schrei. Ich bin so erschrocken, dass ich einen Moment wie gelähmt dastehe und gar nicht erfasse, was er da gesagt hat. Das kommt nun dabei heraus, Sanna, wenn du ihn drängst. Du *darfst* ihn nicht drängen, du *darfst* es nicht! Ich hocke mich zu ihm, nehme ihn fest in die Arme. Er wird von wilden Schluchzern geschüttelt, kann sich gar nicht beruhigen. Sanft wiege ich ihn, und mir laufen selber die Tränen herunter vor Trauer, für diesen Ausbruch verantwortlich zu sein.

Irgendwann merke ich, wir müssen ins Warme, wir hocken nun schon ewig an dem Felsen in der Kälte. Nur mit Mühe bewege ich ihn dazu, mit mir zum Zelt zurückzukehren, sich in den Schlafsack zu wickeln. Er ist wie benommen, wie am Anfang, und ich habe eine Scheißangst, dass er wieder völlig zusammenbricht, wieder so ist wie vor Wochen. Deshalb lasse ich ihn auch nicht allein, sondern setze mich zu ihm, hole auch Sally herein. Er soll merken, dass er nicht allein ist. Es dauert nicht lange, da rollt er sich herum, kommt auf meinem Schoß zum Liegen. Er klammert sich geradezu fest, und ich lasse ihn gewähren. Wenn es ihm hilft, dann soll es gut sein.

Lange hocken wir im Zelt, bis sich draußen der Himmel bezieht und es zu schneien beginnt. Da muss ich ihn verlassen und unsere Sachen holen, die Rucksäcke, das Frühstücksgeschirr, längst alles kalt und angetrocknet. Still ziehe ich die Wand zum Vorzelt zu und sperre die Welt aus. Heute werden wir nicht wandern. Als ich mich umwende, hat er sich lang ausgestreckt, den Kopf auf den Armen, aber er schläft nicht. Stumm sieht er mich an.

Ich strecke mich auf meinem Lager aus, decke mich zu. Und schaue ihn ebenfalls an. »Erzähl«, bitte ich leise.

Er schluckt, dann dreht er sich auf den Rücken, starrt an die Decke des Zeltes. Ein paarmal holt er tief Luft, sammelt Mut. »Wir… wir waren auf dem Rückweg von einer Feier, meine Frau, die Kinder und ich. Da habe ich einen Anruf von meinem Freund bekommen, er bat mich, zu ihm zu kommen. Er klang ganz komisch. Wir waren in der Nähe, es war kein großer Umweg, aber ihr hat das trotzdem nicht gepasst. Die Kinder waren müde, sie auch, doch ich bin trotzdem hingefahren. Er ist mein bester Freund, und so etwas macht er normalerweise nicht. Ich war beunruhigt.«

Er war also bei Jimmy, erkenne ich. »Was ist passiert?«, frage ich behutsam.

»Ich wollte nur kurz rein zu ihm. Meine Frau ist mit den Kindern im Auto geblieben, aber als er mir aufmachte, war er völlig aufgelöst. Die Ärzte haben eine Veränderung in seinem Blutbild festgestellt. Er hatte gerade die Ergebnisse bekommen.« Oh Gott, nein, Jimmy hat Krebs?

Er fährt mit erstickter Stimme fort: »Das war ein Schlag, das kann ich dir sagen. Ich bin viel, viel länger bei ihm geblieben als geplant.«

»Natürlich bist du das. Er ist dein bester Freund. Wer kann dir das zum Vorwurf machen?« Ich greife nach seiner zur Faust geballten Hand, streichle sie beruhigend. Er packt zu, drückt meine und hält sich fest.

»Meine Frau. Sie war außer sich, dass sie so lange warten musste, und die Mädchen waren in einen handfesten Streit verwickelt, völlig übermüdet, wie sie waren. Wir fuhren los, und meine Frau fing sofort das Streiten an. Das ignoriere ich für gewöhnlich, denn sonst hört sie nicht mehr auf, aber diesmal, da konnte ich einfach nicht mehr. Ich habe sie angebrüllt, sie solle den Mund halten, und sie schaute mich an und hatte auf einmal richtig Angst vor mir. Es tat mir sofort leid, vor allem, weil die Kinder das mitbekommen haben. Aber wir haben geschwiegen, und ich bin aufs Gas gegangen, wollte so schnell wie möglich nach Hause. Um allein zu sein. Wir wohnen seit einigen Jahren außerhalb von New York, eine eher ländliche Gegend. Als wir auf die Landstraße einbogen, fingen die Mädchen wieder das Zanken an.«

»Oh ja, das kann einem den letzten Nerv rauben«, sage ich leise.

Er schluckt, es ist ein halber Schluchzer. Sein Griff um meine Hand wird fester, fast schmerzhaft. »Ich habe mich umgedreht, habe sie angeschnauzt, die Kleine, sie soll sich auf den anderen Sitz setzen und die Große in Ruhe lassen. Sie wollte aber nicht. Los jetzt, sagte ich, und habe ihren Gurt gelöst und sie rüber gezerrt. Als ich mich wieder umdrehte, fing meine Frau an zu schreien. Es... ein paar Scheinwerfer rasten auf uns zu, es hat gekracht, und wir wurden herumgeschleudert, es krachte wieder fürchterlich.«

Er stöhnt, rollt sich zu einem Ball zusammen. Ich halte ihn fest und warte, dass er weiterspricht. Warum nennt er seine Frau und die Kinder nicht beim Namen?, frage ich mich.

Stockend spricht er weiter. »Als ich wieder zu mir kam, war es still. Ich habe mich umgedreht, und da... da war ein Baum in unserem Auto. Mein Junge, er war voller Blut, schwer verletzt, und da, wo eigentlich die Kleine sein sollte, da war ein Loch in der Scheibe, und ihr Platz war leer. Sie.... oh Gott! Ich habe sie auf der Straße gefunden. Sie lebte noch, aber... ich konnte ihr nicht helfen. Sie... sie ist in meinen Armen gestorben.« Er weint jetzt nicht mehr, sondern liegt ganz starr. Das beunruhigt mich viel mehr als die wilden Schluchzer von vorhin.

»Ich weiß nicht mehr, was dann genau geschehen ist, es ist alles wie im Nebel. Irgendwann waren wir alle im Krankenhaus. Mein Vater ist gekommen. Er nahm mich, meine Frau und meine Große mit nach Hause. Wir hatten kaum eine Schramme abbekommen, aber mein Junge, der musste auf die Intensivstation. In der Nacht... da brach meine Frau plötzlich zusammen. Sie schrie mich an, es wäre alles meine Schuld, ich hätte nicht aufgepasst, und... und...« Er kann nicht mehr. Die Worte bleiben in seinem Hals stecken, er würgt wieder wie am Anfang.

»Schscht, nicht. Lass dir Zeit. Wie kann sie so etwas sagen? Es war ein Unfall.«

»Nein!« Der Schrei ist verzweifelt. »Hätte ich mich nicht umgedreht, ihren Gurt gelöst, wäre ich nicht so schnell gefahren, das alles wäre nicht passiert!«

Er weiß gar nicht, dass der andere Fahrer betrunken gewesen ist, erkenne ich erschrocken. Haben sie es ihm nicht gesagt? Wie furchtbar muss das für ihn sein! Und ich kann es ihm nicht sagen, das kann ich nicht. Es wäre wie Verrat, Verrat von der einzigen Stütze, die er im Moment hat. Das würde ihn zerstören, endgültig.

Er holt tief Luft. »Meine Frau, es wurde immer schlimmer mit ihr, sie geriet völlig außer sich, und dann... dann schrie sie, dass ich unsere Kleine absichtlich hätte sterben lassen, weil ich genau wüsste, dass sie nicht meine Tochter wäre.«

»Himmel, Tom!« Ich weiß nicht, was ich sagen soll. Mir ist eiskalt, und ich bin wütend und traurig zugleich. Was ist das für ein Miststück! Wie kann sie so etwas tun? Er liegt schwer atmend da und ringt um Worte. »Lass dir Zeit. Schscht, ist ja gut«, flüstere ich, als er aufstöhnt.

Schließlich spricht er weiter. »Es... ich merkte, wie ich langsam an eine Grenze geriet. Sie hackte immer wieder auf mich ein, konnte nicht aufhören. Ich merkte, wie ich sie am liebsten geschlagen hätte, das und Schlimmeres. Ich war so zornig. Da habe ich erkannt, ich musste da raus, bevor wirklich etwas passiert. Aber ich wollte meine Große nicht bei ihr lassen, nicht in dem Zustand, in dem sie war. Also habe ich meinem Freund eine Nachricht geschickt, sie abzuholen. Da wäre sie in Sicherheit. Und dann bin ich gegangen. Ich habe es nicht mehr ertragen.«

Jetzt, da es raus ist, liegt er ruhig. Ich halte ihn weiterhin fest, spüre aber, wie er langsam den Griff löst und schließlich ganz loslässt. Die Krise ist vorüber. »Wie... wie bist du dort gelandet, wo ich dich getroffen habe?«, frage ich leise.

»Per Anhalter. Trucker zumeist. Ich... ich weiß es nicht mehr genau, die Tage verschwimmen. Als ich in die Berge lief, war ich am Ende. Ich war pleite, meine Karten waren gesperrt. Anscheinend hat sie die Konten übernommen, ich weiß es nicht. Ich war halb verhungert und völlig verzweifelt.« Er verstummt.

»Du nennst deine Frau und deine Kinder nie beim Namen. Warum?«

Jetzt ist sein Blick voller Verzweiflung. Er wischt sich über die Augen. »Weil ich jedes Anrecht auf sie verloren habe! Ich habe alle im Stich gelassen. Meine Kinder. Meine Familie. Meine Freunde. Ich weiß nicht einmal, ob mein Sohn überlebt hat. Mir war klar, ich würde ihnen nie wieder unter die Augen treten können. Was müssen sie mich hassen! Und verachten.«

»Schscht, nicht. Glaub das nicht.« Oh Gott, was kann ich ihm sagen? Verzweifelt suche ich nach Worten. »Sie werden es verstehen. Sicherlich machen sie sich große Sorgen um dich und sind vielleicht auch zornig, dass du gegangen bist, aber sie werden es verstehen.«

»Nein«, flüstert er und schließt erschöpft die Augen.

»Schscht, es wird alles gut, du wirst sehen.« Denn ich weiß es ja, weiß es ganz genau.

Er stöhnt leise. »Ich wollte sterben da oben. Aber irgendwie... konnte ich nicht loslassen. Und als du dort plötzlich vor mir standst, ging es gar nicht mehr. Du hast mich festgehalten. Warum nur hast du das getan?«

»Ich muss völlig verrückt gewesen sein, mich dir in den Weg zu stellen«, erwidere ich mit einem Seufzer. »Aber ich konnte nicht anders.«

»Sanna, ich... ich kann dir nicht dafür danken. Vielleicht kann ich das nie, verstehst du?«

Oh ja, das verstehe ich nur allzu gut. »Das ist in Ordnung. Wirklich, das ist es. Schließlich... bin ich nicht ganz uneigennützig aus der Sache hervorgegangen. Du hast mir das Leben gerettet, doch, das hast du, Tom«, setze ich nach, als er abwehrend den Kopf schüttelt. »Ist aber so. Ohne dich wäre ich ertrunken.«

»Ach, halt doch die Klappe. Lass mich in Ruhe«, knurrt er, dreht mir den Rücken zu und zieht sich den Schlafsack über den Kopf. Bald darauf höre ich, wie er eingeschlafen ist. Der Arme, er muss völlig fertig sein, denke ich und lächle in mich hinein. Das hält er nicht lange durch, diese Abwehr, so viel ist klar.

Da er tief und fest schläft, hole ich das Ultrabook wieder hervor, denn ich kann jetzt relativ gefahrlos schreiben. Ich möchte Rob und Jimmy die neuesten Entwicklungen berichten. Das Netz ist schwach, aber hält sich. Ich sehe eine Mail von Jimmy, er hat gleich heute Morgen geantwortet. Mit einem Lächeln lese ich die Nachricht.

<Liebste Sanna, herzlich gelacht! Sehr gut, hole ihn ruhig mal von seinem hohen Ross als ewiger Retter und Beschützer der Schwachen herunter! Das wird ihm zu denken geben. Was deine Beobachtungen angehen, hast du recht. Er war schon immer der Größte, Stärkste und Schnellste von uns, schon in der Schule. Er hat uns alle mitgezogen, wir sind zusammen durch die Ausbildung gegangen, unzertrennlich. Selbst unsere Ausbilder haben es nicht geschafft, uns auseinanderzubringen, und mussten dann einsehen, die Jungs, die stecken wir in eine Einheit, sonst wird das nichts.

Wir waren fast immer zusammen, bis es zu jenem Unfall kam. Da hat er dann Pam kennengelernt, sie ist Physiotherapeutin. Sie wollte ihn ganz für sich, sie hat stets versucht, einen Keil zwischen uns zu treiben. Hat sie aber nicht geschafft, wir haben das nicht mit uns machen lassen. Bis zu jenem Tag. Passt schön auf euch auf und schreib bald wieder, Jimmy>

Ich will ihm schon antworten, doch dann überlege ich es mir anders. Stattdessen schreibe ich eine E-Mail an Rob, und Jimmy kopiere ich mit ein.

<Lieber Rob, ich habe Neuigkeiten, ernste aber auch hoffnungsvolle. Ich nehme Jimmy mit in cc., damit ich das nicht alles zweimal schreiben muss.

Wir hatten hier heute Morgen eine Krise. Dein Sohn hat angefangen, mich nach meiner Herkunft und meinen Erlebnissen zu löchern. Irgendwann war mir das zu viel, denn auch ich habe Dinge, über die ich nicht gerne spreche, das wurde mir zu persönlich. Ich habe ihm gesagt, jetzt sei Schluss, er könne nicht immer nur mich ausfragen und so gar nichts von sich preisgeben. Ab sofort würde ich das nur tun, wenn er es auch täte. Ich habe Druck auf ihn ausgeübt, es war zu viel Druck. Er ist zusammengebrochen, das tut mir jetzt sehr leid. Aber, und das stimmt mich hoffnungsvoll, er hat angefangen zu reden. Er hat mir von dem Unfall erzählt, wie es dazu gekommen ist und warum er gegangen ist. Das mag ich im Detail nicht schildern, wegen der Kinder, die ja mit Sicherheit an deinen Rechner gehen, Rob, so gut kannst du ihn gar nicht gesichert haben! Aber seid beruhigt, es ist in etwa, wie ihr euch die Dinge zusammengereimt habt und nicht, wie seine Frau es darstellt. Mehr kann er euch selber erzählen, wenn er soweit ist. Was ich euch aber sagen kann, ist, dass er gegangen ist, um sich und seine Kinder zu beschützen. Wie und warum, siehe oben. Er hat es nicht aus Eigennutz getan, das sei euch ein Trost.

Lieber Rob, dein Sohn gibt sich die Schuld an dem Unfall. Kann es sein, dass er noch gar nicht weiß, dass der andere Fahrer betrunken gewesen ist? Er denkt, er hat dich und die Kinder im Stich gelassen, und schämt sich entsetzlich dafür, er glaubt, er hat jedes Anrecht auf euch verloren. Das zerreißt ihn fast, denn er liebt euch sehr, und sehnt sich nach euch. Ich muss es einfach schaffen, ihn von dem Gegenteil zu überzeugen, dass ihr ihn vermisst und ihn sehen wollt. Wiederhaben wollt. Nur, allzu viel Druck darf ich dabei nicht ausüben, das verträgt er noch nicht, wie wir gesehen haben. Es muss in ganz kleinen Schritten erfolgen, dann mag es gelingen. Verliert die Hoffnung nicht. Ich denke an euch, Sanna>

Und an Jimmy schreibe ich grußlos in die weitergeleitete Mail weiter:

<Wenn du jetzt eine Schilderung der Ereignisse im Detail erwartest, nein, die wirst du nicht bekommen. Das soll er dir schön selber erzählen, später, wenn er soweit ist. Ich spiele hier nicht seine Postbotin. Aber Jimmy, etwas liegt da ganz im Argen. Seine Frau, die kommt mir wie ein echtes Miststück vor. Tut mir leid, so etwas über jemanden zu schreiben, den ich eigentlich gar nicht kenne, und es gehören auch immer zwei zu einer Beziehung, aber es ist so. Ich habe Fotos gefunden, als ich seine Sachen aufgesammelt habe, auch eines von ihr und den Kindern. Sie schaut so kalt, und ich sehe, dass sie sich ganz auf die Kleine konzentriert. Sie hat ihm etwas an den Kopf geworfen, in ihrem letzten Streit. Ich mag es eigentlich gar nicht schreiben, aber kann es sein, dass die Kleine nicht seine Tochter ist? Nicht von ihm stammt? Stimmt das? Sanna>

Ich lasse den Rechner eingeschaltet, auch wenn das die Batteriereserven vielleicht an ihr Limit bringt. Für einen Moment gestatte ich es mir, die Augen zu schließen und auszuruhen. Auch mich hat dieser Morgen angestrengt, und wie! Fast dämmere ich schon weg, da signalisiert das Gerät eine eingehende E-Mail.

Ich öffne den Posteingang, doch stattdessen finde ich eine neue Mail in *Unbekannt*. Nanu? Neugierig geworden rufe ich sie auf. Der Absender sagt mir nichts, deshalb im gesicherten Modus.

<Hi Sanna>, steht da, *<du hast recht, wir lesen deine Mails mit. Lizzie schaut mir über die Schulter, wie ich das tippe. Ich habe in Grandpa's Konto eine automatische Weiterleitung deiner Mails eingerichtet und ein Makro, das die Weiterleitung gleich löscht, damit er nichts merkt.>*

Guck einer an. Da ist ja jemand ein ganz Gewiefter!

<Wir vermissen Pa ganz schrecklich, und können es kaum erwarten, ihn wiederzusehen. Ma will, dass wir wieder bei ihr wohnen, sie hat das Jugendamt eingeschaltet. Wir sollen zu einer Anhörung kommen, einzeln, schon morgen. Grandpa und Onkel Jimmy auch. Wir wollen das nicht. Wir wollen nicht wieder bei Ma wohnen, denn sie ist ganz und gar schrecklich drauf. Lizzie hat Angst vor ihr, auch wenn sie mir gerade eine verpasst, dass ich dir das schreibe. Es ist aber wahr. Grandpa sagt, es wird schon gut gehen, wir sollen uns keine Sorgen machen, er wird das schon regeln, und Onkel Jimmy sagt das auch, aber wir merken, das stimmt nicht. Sie machen sich große Sorgen. Sanna, wir wollen etwas tun, wir merken, wir MÜSSEN etwas tun. Kannst du uns helfen? Col>

Mitleid wallt in mir auf, als ich diesen Hilferuf lese. Wie furchtbar muss das für sie sein, gerade für Lizzie, noch nicht mal vierzehn Jahre alt. Wie kann ich ihnen nur helfen? Ich denke nach, und da fällt mir etwas ein.

<Hallo Col>, schreibe ich, *<hab ich's doch gewusst! Ich musste wirklich grinsen, als ich gelesen habe, was du getan hast. Der Rest jedoch... ihr werdet stark sein müssen, alle beide, sehr stark. Wie sehr wünschte ich, dass ich euren Vater bereits wieder soweit aufgebaut hätte, dass er euch beistehen könnte! Doch das geht nun ja nicht. Deshalb versuche ich es so.*

Ich habe eine sehr, sehr gute Freundin mit zwei inzwischen erwachsenen Töchtern, die dasselbe durchmachen musste. Eine Scheidung, Sorgerechtsstreit, von der übelsten Sorte. Die Mädchen sind aber schlussendlich bei ihr geblieben. Der ausschlaggebende Punkt an der Entscheidung ist gewesen, dass ER derjenige war, der die Beziehung zerstört hat, und dass die Mädchen bei ihrer Mutter bleiben <u>wollten</u>.

Da ich ihr die ganze Zeit beigestanden habe, kann ich euch eines mit Sicherheit sagen: Die Jugendämter bei euch werden sich nicht großartig von den unsrigen unterscheiden. Sie haben Erfahrung mit solchen Verfahren, und sie wissen, dass sich zerstrittene Ehepartner alles Mögliche vorwerfen und dabei nicht immer bei der Wahrheit bleiben, nur um es sich gegenseitig heimzuzahlen. Für die Mitarbeiter selber jedoch steht das Kindeswohl, also euer Wohl, im Vordergrund. Deswegen auch die Anhörung aller Parteien, aber ganz besonders eure. Sie werden versuchen, sich ein Bild von der Gesamtsituation zu machen. Und genau das ist etwas, mit dem ihr beide euch wehren könnt.

Sie werden euch viele Fragen stellen. Nach euren Eltern, wie das Verhältnis zwischen ihnen ist. Sie werden fragen, ob euer Vater gewalttätig ist, ob er trinkt. Drogen nimmt. Denn genau das wird eure Mutter ihnen versucht haben weis zu machen, wie ich sie einschätze. Dass er ausgerastet ist. Und dass euer Großvater ein alter Mann ist, nicht in der Lage, euch zu versorgen. Sie werden euch zum Tod eurer Schwester befragen und wie euer Verhältnis untereinander war. Ich meine herausgehört zu haben, dass die Kleine der Liebling eurer Mutter war? Das muss besonders für dich, liebe Lizzie, echt schwer gewesen sein. Das sollen sie ruhig wissen.

So schlimm das alles ist, ihr solltet bei der Wahrheit bleiben. Stimmt euch genau ab, was ihr erzählen wollt und was nicht. Schreibt auf, wie ihr euch an die Ereignisse erinnert. Weicht nicht *von dem Pfad ab, selbst wenn sie euch bedrängen. Und vor allem, erzählt nichts von mir und unserem Kontakt und dass ihr von eurem Vater wisst und wie krank er ist. Das kann euch nur schaden. Es darf aber nicht zu konstruiert klingen, sonst merken sie etwas. Und nicht zu gekünstelt. Das sind ausgebildete Psychologen, vergesst das nicht. Sie müssen euch die Story abkaufen.*

Col, du bist fast volljährig. Sie werden einen jungen Mann erwarten, vielleicht noch etwas unwirsch, aber schon sehr beherrscht. Du solltest ihre Fragen kühl und sachlich beantworten, die Sorge um deine Schwester in den Vordergrund stellen. Spiel damit. Stell deinen Vater und deinen Großvater als deine großen Vorbilder hin (was sie vermutlich auch sind, oder?) und dass du deinen Grandpa sehr gerne hast. Dass er euch hilft und eine Stütze ist. Sag ihnen auch, dass du nicht gedenkst, dich irgendeinem Richterspruch zu unterwerfen, sondern dass du selber entscheidest, wo du wohnen willst. Sollten sie dich zwingen, zurückzugehen, wirst du das nach ein paar Monaten, wenn du 18 bist, wieder ändern. Mach ihnen das unbedingt klar. Sie werden dich fragen, auch wenn du deine Schwester dadurch im Stich lässt? Überlege dir eine passende Antwort darauf.

Lizzie, bei dir liegen die Dinge etwas anders. Du bist jetzt wie alt? Dreizehn? Vierzehn? Sie werden eine Göre erwarten, trotzig, zornig und nicht in der Lage, eigene Entscheidungen zu treffen. Das passt dir vielleicht nicht, dass ich es so salopp schreibe, aber es ist so. Denk dran, du bist nur eine von vielen. Rumzicken und Trotz werden dir nicht helfen, denn das werden sie negativ auslegen, als schlechten Einfluss deines Großvaters und erzeugt durch die aufgewühlten Gefühle des Unfalls und durch den Weggang deines Vaters. Deine Mutter wird es ganz gewiss so darstellen.

Aber, du kannst mit ihren Erwartungen auch spielen. Gib ihnen ruhig den mürrischen Teenager. Ich habe dein Facebook Profil gesehen. Echt starkes Foto! Mit dem Aussehen wird es dir gelingen. Antworte einsilbig, vielleicht ein wenig genervt auf ihre Fragen. Aber wenn die Sprache auf deine Mutter kommt, dass du wieder zu ihr sollst, da lass deine Maske zerbrechen. Spring auf, gerate in Panik, stell dich mit dem Rücken zu ihnen an die Wand oder ans Fenster. Breche in Tränen aus, wenn du das schaffst. Verschmier ruhig ordentlich Kajal. Es kann richtig schlimm aussehen. Und dann sagst du ihnen, dass du nicht zu deiner Mutter zurückwillst. Dass sie dich gruselt, nicht mehr sie selbst ist. Denn so klingen die Schilderungen über sie für mich. Übertreib ruhig ein wenig, aber nicht zu viel.

Oh, ich drücke euch ganz fest, ihr beiden. Ihr werdet es schaffen, da bin ich sicher. Smart genug seid ihr dafür, das habe ich gesehen! Alles Gute, Sanna

P.S. Draußen schneit es echt heftig, ich weiß nicht, wie lange ich noch Netz habe. Daher sorgt euch nicht, wenn ich mich nicht mehr melde!>

Nach dieser langen, langen Mail im Schneidersitz schreien meine verkrampften Schultern und mein Rücken geradezu vor Schmerz, und ich merke, ich muss mich bewegen. Ich schaue noch, ob die Mail rausgeht, dann schalte ich den Rechner ab. Tom schläft immer noch, jetzt fest in seinen Schlafsack eingerollt. »Komm, Sally. Gehen wir ein paar Schritte. Und dann machen wir uns was zu essen.«

Wir drehen eine gemächliche Runde durch das dichte Schneegestöber. Der Wind frischt auf, es wird richtig stürmisch. Wie gut, dass wir so geschützt stehen! Morgen werde ich schöne Bilder machen können, doch irgendwie kann ich im Moment keine Vorfreude darüber empfinden. Die Sorgen drücken mich, Sorgen um eine Familie, die nicht die meine ist. Wie kann es nur passiert sein, dass ich plötzlich mitten im Wirbelsturm stehe? Habe ich nicht genug eigene Probleme? Doch ich weiß, dass ich ihnen helfen muss. Ich würde es mir nie verzeihen, nicht alles versucht zu haben.

Eine besonders heftige Windböe treibt mich zum Zelt zurück. Ein Schrei ertönt, Sally rast los und ich auch. Ich höre ihn schon von Weitem. »NEIN! Nicht bleiben!! Komm mit mir! Kommt mit!«

»Tom!« Ich stürze ins Zelt und bringe eine Wolke Schnee mit rein. Er sitzt aufrecht auf seinem Lager, die Augen starren leer geradeaus. Dieser Blick macht mir wirklich Angst. Ich hocke mich vor ihn, fasse ihn bei den Schultern. »Tom, aufwachen! Wach doch auf!«

Doch stattdessen packt er zu, reißt mich zu sich heran, sodass ich schmerzhaft mit der Stirn an seine Nase krache. Sein Griff ist hart, geradezu brutal, als er wieder zurückfällt und mich mit sich reißt. Ich falle auf meinen Arm, liege verdreht da. Verzweifelt versuche ich, mich zu befreien, doch er ist unerbittlich. »Mitkommen... jetzt! Nicht viel Zeit!«, stöhnt er, und ich denke gerade, gleich bricht mein Arm, da sackt er zusammen und lässt los.

»Scheiße!« Er blutet aus der Nase, und ich merke, wie eine Beule an meiner Stirn entsteht. »Tom! Tom, wach auf!« Sally beginnt zu bellen. Es dauert nur einen Moment, dann wacht er mit einem Schrei auf. Winselnd leckt Sally ihm über das Gesicht. »Gott sei Dank, du bist wieder da. Hier, nimm das Tuch, du blutest alles voll.«

»Was... was ist passiert?« Stöhnend hält er sich die Nase.

»Du hast geträumt, und das schlimm. Wir sind mit den Köpfen zusammengestoßen, als ich dir helfen wollte.«

Er schaut auf meine Stirn, sieht die Beule. »Oh nein... ist es schlimm? Lass mich sehen!«

»Nein, geht schon!«, wehre ich seine Hand ab. »Deine Nase hat mehr abbekommen. Warte, ich hole dir etwas Schnee.« Ich fliehe, das ist mir bewusst, und er merkt das auch.

Draußen versuche ich, mein aufgeregtes Gemüt abzukühlen. Der Wind hilft, er wird stetig stärker, zu einem ausgewachsenen Sturm. Als ich wieder reinkomme und ihm den Schnee reiche, guckt er mich schmerzerfüllt an. »Sanna, es tut mir leid. Ich wollte dir nicht wehtun.«

»Mach dir keinen Kopf, diesmal hast du definitiv mehr abbekommen als ich.«

»Oh, ja, verdammt... du hast einen ganz schön harten Schädel«, schnieft er. »Mist, hast du noch ein Tuch?« Er fängt das blutige Schmelzwasser mit der anderen Hand auf. Ich reiche ihm eines und helfe ihm. Nicht lange, und die Blutung hört wieder auf.

»Ich glaub', ich koche uns erstmal einen Tee und mache uns etwas zu essen. Was ist, hast du Hunger? Du hast ganz schön lange geschlafen«, sage ich und krieche nach vorne ins Vorzelt.

Er brummt zustimmend. »Wie lange? Ist das ein Sturm?«

»Oh ja«, antworte ich über die Schulter. »Es ist schon Nachmittag. Da draußen ist es wirklich übel. Gut, dass wir hiergeblieben sind, sonst wären wir jetzt mittendrin. Ich fürchte nur, das Lagerfeuer fällt heute aus.« Die flatternde Zeltklappe festhaltend, schaufele ich hastig Schnee erst in seinen, dann auch in meinen Kochtopf, und ziehe sie dann mit einem Ruck wieder zu. Den reingewehten Schnee fege ich rasch unter der Plane hinaus, bevor er schmelzen kann. Nicht, dass sich Wasserpfützen bilden. Es wird durch das Kochen eh schon feucht genug werden. Als ich mich wieder umwende, fahre ich unmerklich zusammen.

Er hockt dicht hinter mir. »Gib her, ich mach das schon. Lege du mal eine Pause ein«, sagt er und bedenkt mich wieder diesem Blick.

»Hör auf, dir Vorwürfe zu machen, es geht mir gut!«, fahre ich ihn an, als ich mich an ihm vorbei drängle und nach hinten krieche, wobei er mir viel zu nahekommt. Aufatmend verschwinde ich in meinem Schlafsack. Er zieht das Innenzelt hinter mir zu, damit die Wärme von uns drinnen bleibt.

Während er draußen herumhantiert, liege ich eingekuschelt in meinem Schlafsack, Sally neben mir, streichle sie und denke nach. Ganz schön viel passiert heute, und wer weiß, der Abend ist noch lang. Die Mails an Rob, Jimmy und die Kinder hake ich schnell ab. Ich bin sicher, sie schaffen das. Also wieder zu meinem Patienten Nr. 1. Was träumt er da nur? Wenn ich mir seine Worte so in Erinnerung rufe, passt das gar nicht zu dem Unfall mit seiner Familie, wie er und die anderen ihn geschildert haben. Was ist es dann? Erinnerungen an seinen Unfall von damals? Das muss schlimm gewesen sein. Aber irgendwie kann ich mir das nicht vorstellen. Also, was dann? Immer langsam, Sanna, mahne ich mich. Dränge ihn nicht. Mit diesem Vorsatz dämmere ich weg und werde von ihm geweckt, als das Essen fertig ist.

Wir essen schweigend. Er beobachtet mich aus den Augenwinkeln, ich merke es gut. Oh je, was jetzt wohl gleich kommt. Und richtig, kaum ist das Geschirr gereinigt und wir liegen wieder beide in unseren Schlafsäcken, fragt er: »Was ist passiert?«

»Wie?« Ich verstehe nicht.

»Quwid po Qwuro, Sanna«, kauderwelscht er.

»Junge, Junge, an deinem Schullatein musst du aber noch ein wenig arbeiten«, schnaube ich leichthin. »Es heißt quid pro quo.«

Er reißt die Augen auf. »Das ist Latein?« Er sieht so überrascht aus, dass ich lachen muss.

»Ja, was denkst du denn? Was lernt ihr denn in der Schule?«

Er grinst. »Nicht genug, wie ich gerade feststelle. Also, du schuldest mir noch eine Antwort.« Unvermittelt wird er ernst, und sein Blick, der geht mir durch und durch. Ich muss fortschauen. »Sanna!« Jetzt drängt er wirklich.

Ich seufze. »Es ist nicht wirklich was passiert«, sage ich und schaue ihn wieder an. Wie er guckt! »Nicht, was du denkst. Oh ja, er hat es versucht, und er ist auch ziemlich weit gekommen, aber ich habe mich mit allen Mitteln gewehrt und ihn dann irgendwie so erwischt, dass ich ihn mit beiden Füßen aus dem Zelt getreten habe. Dann habe ich ihm den nächstbesten Stein auf den Kopf gedroschen. Ich weiß nicht, ob er das überlebt hat. Ich bin abgehauen, hab meine Sachen einfach in den Sack gestopft und bin gerannt und gerannt und gerannt, mitten in der Nacht, bis ich mich irgendwo verkriechen konnte. Ich war ziemlich lädiert und völlig außer mir, habe mich einen ganzen Tag nicht getraut weiterzulaufen. Danach... habe ich mir geschworen, soweit wird es nie wieder kommen. Also habe ich trainiert.«

»Und du bist gut geworden darin«, brummt er anerkennend.

»Tja... mein Trainer sagt, ich bin es. Hoffentlich werde ich das nie herausfinden müssen.«

»Und weiter?« Er schaut mich immer noch an.

»Wie, weiter?«, frage ich leichthin zurück, aber innerlich spanne ich mich an.

»Das war nur die halbe Geschichte. Warum warst du da ganz allein unterwegs?« Er beobachtet meine Reaktion sehr genau.

»Darf man als Frau nicht allein auf Reisen gehen, ohne dass ihr Kerle gleich wer weiß was denkt?!« fauche ich und ärgere mich sofort, denn das bringt ihn erst recht auf die richtige Fährte.

»Sanna...«

»Ach, lass mich doch in Ruhe!« Jetzt bin ich es, die sich abwendet und sich den Schlafsack über die Ohren zieht. Angespannt liege ich da und lausche auf mögliche Geräusche hinter mir. Kommt er näher? Dann würde ich ihm wirklich eine verpassen müssen. Doch es scheint, als hielte er sich zurück, denn irgendwann höre ich, dass er sich anders hinlegt und sich zudeckt. Schöner Mist, Sanna, schelte ich mich. Das wird noch ein Nachspiel haben, da bin ich sicher.

In der Nacht träumt er wieder so fürchterlich, und diesmal meine ich, einen Namen zu verstehen. Ich will mir sofort mein Handy schnappen und das an Jimmy schicken, doch es ist tot, der Akku leer. Ach verdammt, habe ich etwa die Datenverbindung angelassen? Nun, da ist nichts zu machen. Morgen werden wir den Canyon de Chelly erreichen, da habe ich hoffentlich wieder Strom. Nach dem Ultrabook kramen mag ich nicht, denn dazu müsste ich ins Vorzelt hinaus, und da pfeift der Wind noch immer unangenehm hindurch. Nein, das wird warten müssen.

Der Morgen ist klirrend kalt und glasklar. Da er nach wie vor schläft, lasse ich Sally raus und tobe mit ihr ausgelassen durch den Schnee. Trotz der aufwühlenden Ereignisse habe ich gut geschlafen und lange, denn wir waren gestern recht früh dran. Die Bewegung tut mir gut, und die Luft macht meinen Kopf klar. Jetzt freue ich mich auf den Tag.

»Was ist, Sally, gehen wir und...« Weiter komme ich nicht. Eine eiskalte Schneekugel trifft mich schwungvoll im Nacken. Ein Volltreffer, sie rutscht mir so richtig schön in den Kragen. Ich kreische los und fahre herum.

Tom steht da. »Ich finde, nach der Abfuhr gestern hast du dir das verdient«, ruft er, dreht sich um und geht in Richtung Lager zurück. Scheint, als wäre er wirklich sauer. Mir tut meine unwirsche Reaktion von gestern Abend schon beinahe leid, aber nur beinahe. Jetzt werde ich auch sauer, und ich kann gar nicht anders, ich bewaffne mich meinerseits und zahle es ihm mit gleicher Münze heim.

Es überrascht ihn völlig, das sehe ich daran, wie er mit offenem Mund herumfährt. »Mund zu, es zieht!«, rufe ich und feuere die nächste Schneekugel ab.

Mit einem Aufschrei duckt er sich weg. »Na warte! Das wirst du büßen!«

Ich greife in den Schnee, und im Nu ist eine wüste Schneeballschlacht im Gange, in die sich auch Sally mit Begeisterung stürzt, sie versucht, unsere Geschosse zu fassen zu bekommen. Getrieben von unserem Zorn schenken wir einander nichts. Nur habe ich gegen jemanden wie ihn kaum eine Chance. Bald hat er mich zu fassen und wirft mich mit Schwung zu Boden und nagelt mich fest. »Und nun?«, grollt er und nimmt eine neue Handvoll Schnee. »Wie sieht deine Gegenwehr jetzt aus?«

Mir wird auf einmal ganz anders. Leichte Panik überfällt mich, als er mich so niederhält. Nein, denke ich instinktiv, und dann stoße ich ihn mit einem Schrei zurück. »Nein!« Schwer atmend springe ich auf und bringe hastig Abstand zwischen uns beide. »Tu das nie wieder!«, rufe ich und laufe zum Lager zurück.

Später wandern wir in ungemütlichem Schweigen durch die winterliche Landschaft. Ich versuche, mich ausschließlich auf meine Fotografien zu konzentrieren und ihn zu ignorieren, doch das schaffe ich nicht lange. Seine Stimmung ist wie eine unsichtbare Strömung, sie zerrt mich beständig wieder zu den Ereignissen.

Schließlich halte ich es nicht mehr aus. Ich will diesen schönen Wintertag nicht durch miese Stimmung verdorben haben.

Also bleibe ich einfach stehen und halte ihn am Arm fest. Er fährt herum, schaut funkelnd auf mich herab. Ich kann nur schlucken. Seine Miene verzerrt sich, und dann packt er mich hart und zieht mich in eine fast Knochen brechende Umarmung, doch das stört mich nicht. Ich brauche das genauso wie er. Und so halten wir uns eine ganze Weile fest, bis wir uns beide wieder beruhigt haben.

Schließlich lassen wir einander los. »Ich werde mich nicht entschuldigen«, sage ich.

»Das ist gut, denn ich nämlich auch nicht«, gibt er zurück. »Qwid pro quo?« Diesmal bekommt er es fast hin.

Ich schlucke, doch dann nicke ich. »Okay. Also gut, ja. Quid pro quo.«

Wir setzen unseren Marsch fort. Das Schweigen dauert nicht allzu lange. »Wie...«

»Warum...« Beide legen wir gleichzeitig los und müssen nun schon fast lachen. Ich winke ab. »Fang du an.«

»Wie... ich habe dich noch gar nicht gefragt, wie alt du eigentlich bist«, kommt zu meiner Überraschung.

Ich muss schon wieder lachen. »Eine solche Frage stellt man einer Lady aber nicht.«

»Du bist vieles, aber ganz gewiss keine Lady«, erwidert er in einem Brustton der Überzeugung.

Wow, denke ich, und nehme das als Kompliment. »Wohl wahr.«

»Also? Wie alt?«

»Ich bin so alt wie du. 48. Zwei Wochen jünger, wenn du's genau wissen willst.« Ich schmunzele, als er mich überrascht ansieht und dann den Kopf schüttelt.

»Niemals.«

»Doch, es ist so.«

»Du siehst aus wie Mitte dreißig. Aber niemals so alt wie ich.«

Das wage ich zu bezweifeln, nach dieser wochenlangen, anstrengenden Wanderung. Ich habe seit meiner letzten Unterkunft im

Motel kaum einen Spiegel gesehen. »Keine Chemie, keine Schminke, gutes Essen. Kein Tabak, keine Drogen. Das hält die Haut jung. Meine Mutter hat es genauso gehalten. Sie sah mit Siebzig noch aus wie Mitte Fünfzig. Vielleicht liegt es auch in den Genen. Keine Ahnung.«

»Da würden euch aber viele beneiden«, sagt er, und seine Miene verdüstert sich schlagartig.

Ich weiß genau, von wem er da spricht. »Sie haben's ja selber in der Hand. Was unterwerfen sie sich auch den Modezwängen! Ich habe das nie gebraucht. Und nie gewollt, schon als Teenager nicht.«

Er schnaubt. »Damit hast du dich in der High School bestimmt so richtig beliebt gemacht.«

Jetzt meint er bestimmt seine Tochter, vermute ich. »Hmm... nicht wirklich. Ich stand immer außen vor, von daher war's egal. Das macht unabhängig.«

Er guckt mich fragend an, und ich merke, das muss ich erklären. »Das waren damals noch andere Zeiten. Wir haben ein etwas anderes Schulsystem als ihr. Die besten Schüler kommen nach den ersten Jahren auf eine höhere Schule, eine solche, wo man einen Abschluss machen kann, der zum Studium an einer Universität berechtigt. Das war damals oft eine Frage des Geldes, denn die Schule war weiter weg, das Lernmaterial teuer und die Fahrten dahin kosteten. Meine Eltern hatten nie viel Geld, mussten hart arbeiten. Aber sie wollten mir das unbedingt ermöglichen, denn ich war viel zu gut für die allgemeine Schule. Also haben sie gespart. Ich war die erste überhaupt aus der ganzen Familie, die das geschafft hat. So wurde ich früh zur Außenseiterin, vom Land, kein gut situiertes Elternhaus. Ich hatte kaum Zeit, Freundschaften zu schließen, denn neben all dem Lernen habe ich mir immer Jobs gesucht, um meine Eltern zu unterstützen und um Taschengeld zu haben.«

»Das habe ich auch gemacht«, kommt nach einer Pause. »Meine Ma ist früh gestorben, und mein Dad hat nie wieder geheiratet. Das Leben in New York ist teuer, das Geld war immer knapp. Ich habe auch gearbeitet neben der Schule. Und wie ging's weiter? Unis sind verdammt teuer. Hast du ein Stipendium bekommen?«

So läuft es in Amerika, das weiß ich. »Nein. So etwas gibt es in Deutschland nicht. Der Staat fördert ärmere Studenten mit kostenlosen Krediten, aber ich hatte Panik davor, so viele Schulden zu machen. Nein, ich habe einen anderen Weg gefunden. Es gab damals ein neues Programm, ein sogenanntes duales Studium. Das heißt, du fängst in den Unternehmen an und arbeitest, aber gleichzeitig schicken sie dich zur Uni und bezahlen das Studium. Im Gegenzug verpflichtest du dich, eine gewisse Zeit für das Unternehmen zu arbeiten, wenn du fertig bist. Es war die perfekte Lösung für mich. Ich konnte studieren, habe aber gleichzeitig bereits das erste Geld verdient. Meine Familie war völlig aus dem Häuschen, als ich die Zusage bekommen habe.«

»Das kann ich mir vorstellen. Sie müssen sehr stolz auf dich gewesen sein.«

Ich seufze, und er wendet verwundert den Kopf. »Meine Mutter, auf jeden Fall, aber mein Vater... weißt du, er hat sich einen Sohn gewünscht. Stattdessen bekamen sie mich als Älteste. Irgendwie... habe ich immer gespürt, dass ich eine Enttäuschung für ihn gewesen bin. Vielleicht... vielleicht bin ich deshalb so ehrgeizig gewesen. Weil ich es ihm beweisen wollte. Ich weiß es nicht. Gesprochen haben wir darüber nie, er war ein wortkarger Mann. Als meine Schwester dann kam, war es ganz anders. Sie war sein absoluter Liebling, und das hat sie weidlich ausgenutzt, das kann ich dir sagen.«

»Ihr habt euch gestritten?«

»Oh ja, bis aufs Messer. Meine arme Mutter, sie tat mir im Nachhinein oft leid. Das muss nicht leicht für sie gewesen sein.« Das sage ich nicht ohne Grund, und ich beobachte seine Reaktion aus den Augenwinkeln genau. Und richtig, seine Miene verfinstert sich.

»Oh ja, das kenne ich.« Doch dann kommt nichts mehr, und wir laufen eine Weile schweigend nebeneinander her. Dann: »Ist das jetzt immer noch so?«

»Was? Meine Schwester und ich?« Er brummt bejahend. »Nein, zum Glück nicht.« Nicht mehr, füge ich in Gedanken hinzu. »Als wir beide ausgezogen waren und verheiratet, wurde es besser. Sie hat einen ganzen Stall voller Kinder bekommen, sechs Stück. Da war sie froh, wenn sie mal ein oder zwei über das Wochenende oder in den Ferien abgeben konnte, und die Kids, die waren gerne bei uns. Sind sie immer noch«, füge ich mit einem Lächeln hinzu.

»Du selber hast aber keine Kinder?«

»Nein.« Jetzt bin ich es, die eine Weile schweigend weiterläuft. Er drängt mich nicht, und das rechne ich ihm hoch an. Aber ich bin ihm was schuldig. »Wir konnten keine bekommen, obwohl wir alles versucht haben. Wirklich alles. Es hat mich kaputt gemacht.«

»Tut mir leid, ich wollte nicht…«

Ich bleibe stehen. »Das muss es nicht.« Er wendet sich zu mir um. »Quid pro Quo, Tom.« Jetzt bist du dran. Aber ich dränge auch nicht, und so laufen wir schweigend weiter.

Die Gegend um uns herum ist beinahe vollständig flach und öde, nur vereinzelte Hügel sind zu sehen. War es am Anfang noch klar und schön gewesen, trübt sich das Wetter jetzt merklich ein. Also keine schönen Spiegelbilderserien für Kris mehr. Wann wir wohl am Canyon ankommen?, frage ich mich und schaue mich um. Merkwürdig, rechterhand steigt das Land an, und da hinten ist eine dunkle Linie. Was ist das? Felsen? Die habe ich auf der Karte so gar nicht gesehen, denke ich und will meine Wanderapp aufrufen. Doch der Akku ist nach wie vor so leer, dass ich das Handy gerade einmal in den Lademodus geschaltet bekomme. Kein Display. Das kleine Solarmodul schafft halt nicht allzu viel. »Mist!«, sage ich und stecke das Handy wieder unter meine Jacke und rücke das Solarmodul mehr in die fast nicht mehr vorhandene Sonne.

»Problem?«, fragt er sofort.

»Hmm… ich weiß nicht, wo wir genau sind. Irgendwie habe ich das Gefühl, wir gehen nicht in die richtige Richtung. Schwer zu sagen.« Ich drehe mich um, schaue auf den trüben Sonnenfleck. Schalte dann das Ultrabook ein, das auch schon fast leer ist, um wenigstens eine Uhrzeit zu bekommen. Es ist noch nicht ganz Mittag. »Lass uns weiter nach Norden gehen. Eigentlich müssten wir dann schon auf den Canyon treffen.«

Um ganz sicher zu gehen, hole ich aus einer kleinen Tasche im Träger meines Rucksackes einen winzigen Kompass heraus. »So, damit wissen wir die Richtung«, sage ich zufrieden und klicke ihn außen an meiner Jacke fest.

»Du hast Erfahrung mit so was. Mit Navigation«, brummt er anerkennend.

»Oh ja.« Wir stapfen wieder los, und ich behalte den Kompass im Auge.

»Woher?«

»Mein Mann und ich, wir sind...« Mir geht auf, was da gerade passiert. »Oh nein!«, rufe ich halb entrüstet, halb belustigt aus. Ich bleibe stehen und zeige mit dem Finger auf ihn. »So nicht, Tom Flynnt! Du bist jetzt dran.« Das hat er wirklich geschickt gemacht, ich hab's fast nicht gemerkt. Er steht da und grinst auf mich herab, dann zuckt er gutmütig mit den Schultern und stapft wieder los.

Rasch hole ich zu ihm auf. »Kannst du das denn, Navigieren?«

»Hmm... nicht so wirklich. War mal kurz bei den Pfadfindern, aber die haben mich und die Jungs wieder rausgeworfen. Zu wild. Gab richtig Ärger. Wir sind dann zelten gefahren, mit unseren Vätern, später auch allein. Und waren später dann immer zum Springbreak nach Florida, bis wir einmal so fertig wiederkamen, dass uns unsere Chefs angezählt haben, weil wir gar nichts mehr auf die Reihe gebracht haben. Danach wurde uns sämtlicher Urlaub um die Zeit gestrichen, und sie haben uns auseinandergerissen, vorübergehend in andere Einheiten gesteckt. Das hat dann gesessen. Wir hatten es wohl nötig.«

»Ihr habt so richtig die Sau rausgelassen, nicht wahr?« Ich schüttele grinsend den Kopf.

»Oh ja, und wie! Da waren wir noch verdammt jung. Grad mal zwanzig oder so.« Er lacht leise, aber es klingt traurig.

»Und, wie heißen deine Jungs, oder stehen deren Namen auch auf der Tabu Liste?«, frage ich leichthin, spanne mich aber an. Und richtig, er ballt die Fäuste, nur unmerklich, aber ich sehe es trotzdem. Fast tut es mir leid, so gefragt zu haben.

»Nein.« Er schweigt.

Nein, was jetzt? Nein, weil nicht auf der Liste, oder nein, ich will nicht? Ich warte, laufe schweigend weiter.

»Wir sind zu fünft«, sagt er schließlich. »Meinen besten Freund, Jimmy, kenne ich schon seit... seit der Geburt. Unsere Väter sind... waren beste Freunde, wie wir auch. Wir sind immer zusammen gewesen, von klein auf. Die anderen kamen dann in der Schule hinzu: Sean, Vince und Danny, in der Reihenfolge.«

Das Foto fällt mir ein, von seinem Vater und dem anderen Mann. Das ist also Jimmys Vater, und damit weiß ich auch, wer Jimmy auf dem Gruppenbild ist. Blond, gutaussehend, verwegenes Grinsen. Grübchen am Kinn und in den Wangen. Dem sind die Mädchen bestimmt nur so zugeflogen. Hallo Jimmy, denke ich und bin froh, weil ich jetzt endlich ein Bild zu der Stimme habe, und mit dem älteren Bild des Vaters weiß ich auch in etwa, wie er heute aussieht. Doch dann fällt mir wieder ein, was Tom gesagt hat. »Und Jimmy, ist er derjenige, der...?« Ich muss es einfach wissen.

Er holt tief Luft. »Ja… oh Gott, ich wünschte, ich wüsste, wie es ihm geht.«

Es geht ihm gut, bin ich versucht zu sagen, obschon ich es gar nicht weiß. Du kannst ihn anrufen. Er wartet auf dich, schon so lange. Wie ich ihm so dabei zusehe, wie er zu kämpfen hat, bin ich es wirklich, wirklich versucht. Doch das darf ich nicht.

Traurig laufe ich neben ihm her, und das merkt er. Er will mich was fragen, doch da summt mein Handy. Es hat wieder genug Strom. »Oh gut«, sage ich und ziehe es heraus.

Als ich die Karte aufrufe, ist erst nur ein unbestimmter weißer Fleck zu sehen. Ich schirme das Display gegen die reflektierende Sonne ab. Ein Strich verläuft senkrecht durch die Karte, östlich unseres Standortes, und gleich dahinter noch ein zweiter. Nanu, was ist das denn? Rasch scrolle ich raus, und dann schnappe ich nach Luft. »Ach du Scheiße.... guck dir das an! Wir sind auf dem besten Weg nach New Mexico, stehen fast schon mit einem Bein drin! Wir sind viel zu weit östlich!«

»Was? Zeig her!« Er stellt sich hinter mich.

»Hier, siehst du? Der Canyon ist da hinten, da ist eine Siedlung. Die dunkle Fläche östlich von uns, das sind bewaldete Hügel. Da liegt bestimmt ganz schön viel Schnee zwischen den Bäumen, da sollten wir nicht reingeraten. Und dahinter ist die Grenze. Das kommt davon, wenn man so lange quatscht und nicht aufpasst.« Eine tolle Navigatorin bin ich! »Schöner Mist! Unser Kontakt wohnt südwestlich des Canyons, in Richtung des Hauptortes, Chinle. Das ist ganz auf der anderen Seite. Nein, das schaffen wir heute nicht mehr, aber vielleicht bis zu den ersten Häusern hier unten? Ist noch ein ganzes Stück.« Ich scrolle ein wenig die Karte, doch dann gibt der Akku wieder seinen Geist auf. »Verdammt! Was ist denn mit dem Ding?«

»Vielleicht hat der Akku Frost bekommen? Hast du das Handy immer warmgehalten?«

»Eigentlich ja, bis auf... oh nein. Beim Sturm lag es an der Zeltwand. Ich habe nicht aufgepasst. Diese modernen, ultradünnen Dinger, nichts können sie ab! Naja, ist jetzt nicht zu ändern. Los, komm. Lass uns gehen, damit wir vor Einbruch der Dunkelheit die Siedlung erreichen.«

Wir legen einen ordentlichen Zahn zu, und das ist auch nötig, denn bald kommt Wind von Norden auf und treibt uns den Schnee so richtig kräftig entgegen. Die Sicht wird schlechter, wir müssen uns gehörig einmummeln und letztendlich auch die Sonnenbrillen aufsetzen, denn der Schnee peitscht uns wie eisige Nadeln ins Gesicht und in die Augen. Verbissen kämpfen wir uns voran, immer in die Richtung, die der Kompass vorgibt. Als Tom merkt, dass ich an meine Grenzen gelange und langsamer werde, setzt er sich vor mich, gibt mir Windschatten, sodass es etwas leichter wird für mich.

Im letzten Licht des Tages stolpern wir dann schließlich auf eine Straße, und da, da hinten sehe ich ein schwaches, flackerndes Licht.

»Sie haben keinen Strom!«, ruft er über das Tosen des mittlerweile ausgewachsenen Sturmes hinweg.

»Ja, sieht so aus. Komm, lass uns klopfen. Mehr als wegschicken können sie uns nicht.«

Wir gehen auf das Haus zu, stets auf der Hut vor möglichen Hofhunden, die insbesondere Sally manches Mal schon zu schaffen gemacht haben. Doch es bleibt alles ruhig. Die Kerze brennt im Fenster, wohl ein Wegweiser. Doch niemand macht auf. Verdammt! Suchend sehen wir uns um. Wir können die schattenartigen Umrisse mehrerer Gebäude erkennen, und dann hören wir das Schlagen einer Tür und Stimmen. Zwei Gestalten kommen um die Ecke und bleiben wie angewurzelt stehen, als sie uns entdecken.

»Hallo!«, rufe ich gegen den Sturm an und hebe grüßend die Hand.

Sie entspannen sich sofort, das ist gut zu sehen. So habe ich es schon oft erlebt. Ungebetene Besucher auf dem Gelände, da wird sofort Böses vermutet, bis sie meine hohe Stimme hören. Eine Frau. Keine Gefahr.

Die beiden kommen auf uns zu. »Hey, habt ihr euch verlaufen?«, werden wir von dem Mann begrüßt. Die andere Gestalt ist eine Frau. Sie sind genauso dick eingemummelt wie wir, daher können wir nicht viel erkennen, aber sie scheinen vom Stamm zu sein.

»Ja, wir sind vom Wege abgekommen. Wir sind eigentlich mit Chief Hank verabredet.«

»Mit Chief Hank?! Meine Güte, da seid ihr hier aber falsch. Der ist... Moment mal.« Die Frau ist jetzt heran und mustert mich. »Oooh, du bist die Fotografin! Wir warten schon auf dich. Alle sind sehr gespannt!«

»Ja, ich bin Sanna, hallo. Und das ist Tom, mein Freund. Er begleitet mich ein Stück.«

»Wir sind Meg und Nathan.« Wir schütteln einander die Hände, selbst Tom, obschon er nichts sagt. Sehr gut! Sally wird auch ausgiebig begrüßt und gekrault, sodass sie schon wieder im siebten

Hundehimmel ist, obwohl sie völlig fertig sein muss, das arme Mädchen.

»Wir sind zu weit gelaufen, waren schon beinahe über die Staatengrenze rüber, bis wir es gemerkt haben. Mein Handy hat den Geist aufgegeben, ich konnte nicht richtig navigieren.«

Sie bedeuten uns, ihnen ins Haus zu folgen, und Nathan sagt über die Schulter: »Wow, da müsst ihr aber richtig gut unterwegs gewesen sein, bei dem Wetter. Respekt. Kommt rein.«

Wir landen in einem Vorraum, der bei uns wohl so etwas wie eine Schmutzdiele gewesen wäre. Arbeitskleidung, schwere Stiefel und Werkzeug überall. Ich fühle mich sofort heimisch. Erleichtert schälen wir uns aus unseren dicken Sachen, treten den Schnee von den Schuhen.

»Hängt euer Zeug am besten da drüben hin. Na, dann setze ich mich mal ans Funkgerät. Wir haben seit zwei Tagen keinen Strom und kein Telefon, aber die Batterien sind voll«, sagt Nathan und verschwindet durch eine Tür.

»Mögt ihr einen schön heißen Tee?«, fragt Meg. »Oder lieber einen Kaffee?«

»Tee wäre ganz wunderbar. Vielen Dank«, sagt Tom zu meiner Überraschung, und ich staune, wie mühelos ihm das gelingt. Ganz leicht berühre ich seine Hand, und er versteht es richtig, es ist ein Dank.

Wir werden in die Küche verfrachtet. In einem Herd brennt ein munteres Feuer, das Wasser kocht. Fast wie zuhause, denke ich, und wärme mir fröstelnd die Hände auf. »So ein Küchenherd ist Gold wert bei dem Wetter«, sage ich zu Meg. »Ich habe auch einen.«

»Oh, wirklich? Na, dann kennst du dich ja aus. Hier, schön heiß.« Sie reicht mir eine Tasse, und auch Tom wird bedacht.

Nathan kommt wieder herein. »Alles klar, sie wissen Bescheid und holen euch ab. Chip fährt mit dem Jeep rüber. Sie wollten schon einen Suchtrupp nach euch ausschicken«, fügt er hinzu und gießt sich selbst einen Tee ein.

»Oh je«, sage ich, einen Schluck trinkend. »Diesen Satz habe ich in den letzten Wochen schon öfter gehört. Aber keine Sorge. Wir kommen klar.«

»Ha, das glaub ich gerne, nachdem ihr es bei dem Wetter hierhergeschafft habt! Euch eilt mittlerweile ein gewisser Ruf voraus«, sagt Nathan und setzt sich. Er mustert erst mich, dann Tom aus seinen dunklen Augen. »Dir vor allem, Sanna, aber auch dir, Tom.«

Ich merke Toms Anspannung sofort, obwohl er das gut verbirgt, daher fühle ich mich genötigt, ihm beizustehen. »Tom mimt gerne den Finsterling. Das hält die wirklich fiesen Typen zurück. Keine Sorge. Er ist eigentlich ganz zahm.«

Tom verschluckt sich und bekommt einen richtigen Hustenanfall. »Sorry«, keucht er. »Habt ihr mal ein Handtuch? Ich tropfe eure Küche voll.« Das stimmt, seine Haare und sein Bart hängen immer noch voller Eisstückchen. Meg zeigt ihm das Bad, und ich will mich gerade erleichtert setzen, da beugt Nathan sich vor und sieht mich eindringlich an.

»Stimmt das auch? Ein Suchender, der kann gefährlich sein.«

Langsam setze ich mich, die Hände um den Becher, ein Halt. »Woher weißt du das?«, frage ich leise. Weiter hinten im Haus höre ich Megs helle zwitschernde Stimme und Toms kurze Antworten.

»Faith ist eine Cousine von uns. Also?«

»Er findet zurück. Er ist fast wieder gesund. Wirklich, du brauchst dir keine Sorgen zu machen um deine Leute.«

Er schüttelt den Kopf. »Wir sorgen uns um *dich*, Sanna. So jemand kann sehr stark an einem zehren.« Oh ja, das kann er. Und wie! Nathan bedenkt mich mit einem fragenden Blick, und ich schüttele den Kopf. Er seufzt. »Die Alten haben nach dir gefragt, sie sind schon sehr gespannt auf dich. Sie wollen dich sehen.«

»Ah, haben die Buschtrommeln getrommelt?«, frage ich leichthin, aber innerlich spanne ich mich an.

»Ha, wohl eher die Einsen und Nullen«, gluckst er darauf und funkelt mich derart an, dass ich lachen muss. Ich entspanne mich etwas. »Faiths Großmutter hat ihnen gesagt, was du bist. Sie haben ein Anliegen an dich. Aber keine Sorge, das hat Zeit. Kommt erstmal an.«

»Ihr werdet wirklich viel Zeit haben«, sagt Meg da und setzt sich zu uns. Gleich darauf ist Tom auch wieder zurück, mit feuchtem Haar, aber ohne Eis darin. »Der Canyon ist geschlossen, alle Zufahrtstraßen in diese Gegend gesperrt. Das wird auch mindestens eine Woche so bleiben. Der Sturm hat das gesamte Hochland im Umkreis von Hunderten Meilen lahmgelegt. Keine Touristen, alles ist geschlossen.«

»Oh, wir können nicht rein?«, frage ich enttäuscht.

»Doch, doch, keine Sorge«, beruhigt mich Nathan. »Die Familie von Chief Hank betreibt eine Lodge im Park, dort bringen sie euch unter, und sie führen euch auch rein, sobald das Wetter besser wird, auch wenn's vielleicht schwierig ist. Erst die Flut, dann das Eis, jetzt der Schnee. Da ist einiges runtergekommen, vieles ist abgerutscht, aber an manchen Stellen kann man durch. Alle sind schon sehr gespannt darauf, was du dort ablichten wirst, Sanna. Die Bilder, die Faith uns geschickt hat, sind wirklich schön. Solche wollen wir auch.«

»Ich brauche auf jeden Fall jemanden, der mir die Wege erklärt. Und jemanden, der sich mit den Totengründen dort auskennt. Ihr habt Ruinen dort, richtig? Von den Anasazi? Pueblos? Ich will keinen heiligen Grund betreten.« Die beiden wechseln einen Blick, der mir merkwürdig vorkommt. Tom schaut mich fragend an, er spürt, dass etwas nicht in Ordnung ist. Ich hebe die Schultern. »Eine alte Grundregel von mir«, sage ich und weiche seinem Blick aus.

Bis unser Abholer da ist, hat Meg uns aufs Beste verköstigt, und ich merke, wie langsam die Erschöpfung bei mir durchschlägt. Sally ist längst vor dem warmen Ofen eingeschlafen, das tapfere Mädchen. Doch noch darf ich der Müdigkeit nicht nachgeben. Wir sind gerade in eine angeregte Unterhaltung über meine Heimat vertieft, bei der auch Tom interessiert zuhört, als mit einem Mal Scheinwerfer draußen aufleuchten, ein Motor sich nähert und dann kräftig eine Hupe gedrückt wird. Da bin ich sofort hellwach. Dieses Geräusch kenne ich doch!

»Ooohh«, ich springe auf und gucke aus dem Fenster, »ist das etwa ein Landi?« Tatsächlich, da steht einer, und ein junger schlaksiger Mann kommt im Licht der Scheinwerfer zur Tür.

»Das hast du am Motorengeräusch erkannt? Wow«, sagt Nathan beeindruckt.

»Eher an der Hupe. Ich fahre selber einen. Die ist unverwechselbar«, erkläre ich grinsend und versuche, etwas durch das Schneegestöber zu erkennen. Ein alter Serie-Landi, älter als meiner, so viel sehe ich schon.

Der junge Mann, kaum achtzehn, wird uns als Chip vorgestellt, der Sohn vom Chief. »Habt euch ja ein schönes Mistwetter ausgesucht«, sagt er und hievt unsere Rucksäcke auf die Ladefläche. Es ist ein kurzer 90er mit Softtop, kein langer 110er wie meiner. Ganz schön zugige Angelegenheit, das weiß ich, und entsprechend ist Chip eingepackt.

»Wird es denn gehen?«, frage ich Tom leise, solange Chip beschäftigt ist.

»Alles okay«, erwidert er. Der Landi hat nur eine durchgehende Sitzbank vorne, weshalb ich mich auf den Mittelsitz quetsche. Tom schickt Sally nach hinten und setzt sich neben mich auf den Beifahrersitz. Er muss seine langen Beine ganz schön falten, und es ist trotz der auf Vollgas laufenden Heizung eiskalt und zugig in dem Wagen, besonders von hinten. Obwohl meine lange Jacke ein eingenähtes Sitzpolster hat, klemme ich mir die Hände unter die Beine, denn der Sitz ist eiskalt. Keine Sitzheizung. Eines der wenigen Luxusdinge, die in meinen Landrover eingebaut sind.

Chip grinst mich fröhlich an. Es ist ein verwegenes Grinsen, er sieht ziemlich gut aus dabei mit seinen langen Haaren, den hohen Wangenknochen und der dunklen Haut. »Willst du nicht fahren?«, fragt er und startet den Motor.

»Morgen gerne, heute aber nicht mehr. Wir haben einen ganz schönen Marsch hinter uns.« Krachend wird der Rückwärtsgang eingelegt. »He, ein alter würdiger Herr wie dieser will sanft behandelt werden!«, rufe ich gegen den Sturm an.

»Jaja, das sagt Pa auch immer. Ich übe noch«, lacht er und fährt mit durchdrehenden Reifen los.

Es ist eine ganz schöne Strecke, vor allem bei diesem Wetter, doch der Landi meistert die schneebedeckte Straße mühelos, und als wir durch ein paar höhere Schneewehen hindurchmüssen, zeige ich Chip, wie er mit Untersetzung und Sperren auch noch das Letzte aus dem Oldie herausholen kann.

»Mann, das hat mir noch niemand gezeigt«, freut er sich, als er den Wagen problemlos hindurch bekommt. »Pa sagt, bei solchem Wetter ist der Landi der Beste.«

»Natürlich«, sage ich und schaue neben mich. Tom klammert sich an dem Haltegriff fest und hat mit der anderen Hand Sally umfasst, die interessiert nach vorne schaut, und sein Gesicht in ihrem Fell vergraben. Oh, oh, so okay ist er wohl doch nicht. »Alles in Ordnung bei euch? Ganz schön schaukelig, nicht wahr?«, rufe ich gegen den Lärm an. Mein Landi ist ja schon laut, aber in dem Softtop kann man sich nur anschreien. Tom winkt ab und sagt nichts.

»Wir sind bald da«, ruft Chip. »Ma hat euch etwas zu essen hingestellt. Wir haben zwar keinen Strom, aber sie sagt, dass die Warmwasserspeicher in der Lodge noch gut gefüllt sind. Für eine Dusche sollte es reichen. Wollt ihr ein Doppelzimmer oder lieber zwei Einzelzimmer?«, fragt er in seiner jugendlichen Unbekümmertheit. Ich sehe aus den Augenwinkeln, wie Toms Kopf hochkommt, wie er mich anschaut.

»Ah... habt ihr nicht zwei einzelne Zimmer mit einer Verbindungstür dazwischen?«, suche ich verlegen nach einer Alternative. »Wir müssen arbeiten und brauchen etwas Platz für die Ausrüstung und so.«

»Du meinst ein Familienzimmer? Klar, haben wir. Hat ein Wohnzimmer in der Mitte. Dann nehmt ihr so eins. Da wären wir.«

Er biegt auf eine andere Straße ein. Schemenhaft kann ich die Umrisse von Häusern erkennen, dann einen Schlagbaum mit einen

Schild *Closed for Public*. Chip steigt aus und zieht ihn beiseite, sodass wir durchpassen, fährt daran vorbei und biegt nach einigen hundert Metern auf einen Parkplatz ein. Ein einstöckiges, weitläufiges Gebäude mit Spitzgiebel kommt in Sicht. »Wir sind hier schon im Park selber«, erklärt er, als er den Motor abstellt. »Ich gebe euch ein Zimmer, wo ihr auf den Canyon schauen könnt. Breitet euch ruhig aus. Ihr wollt sicherlich eure Zelte trocknen und so. Ma sagt, solange der Strom noch nicht wieder da ist, könnt ihr nicht mit der Maschine waschen, aber später schon. Ihr sollt euch einfach nehmen, was ihr braucht. Auch aus der Bar. Alles alkoholfrei«, fügt er mit einem Grinsen hinzu.

Wir steigen aus und betreten wenig später mit Stirnlampen bewaffnet die Lodge. Es ist ein schönes Haus, viel Naturstein und Holz, mit handgewebten Teppichen und Stoffen der Navajo an den Wänden. Chip macht einen jugendlichen Satz über die Barriere am Empfangstresen, schnappt sich von dem Bord dahinter nach kurzem Überlegen zwei bestimmte Schlüssel und ein paar Kerzen und Streichhölzer. Er führt uns weiter ins Gebäude.

»Da hinten ist das Restaurant. Da hat Ma euch was zu essen hingestellt. Da ist euer Zimmer. Die Heizung ist aus«, redet Chip weiter, während er aufschließt. »Aber das stört euch sicherlich nicht, nachdem ihr so lange draußen gezeltet habt.«

»Nee, uns wird hier drin ganz schön warm werden«, sage ich. Tom ist zurückgeblieben, er gelangt an seine Grenzen, das spüre ich deutlich. »Danke, Chip. Grüße deine Eltern von mir. Wir melden uns morgen.«

»Brauchst du nicht. Pa kommt morgen Vormittag, wenn ihr etwas ausgeschlafen habt, vorbei. Gute Nacht«, winkt er uns zum Abschied zu und lässt uns allein.

Ich betrete den Raum. Es ist das Wohnzimmer. Ein großes Sofa, zwei gemütliche Sessel, ein großes Panoramafenster, durch das man jetzt aber nur Dunkelheit sieht. Der unvermeidliche Flachbildschirm. Rechts und links gehen zwei weitere Türen zu den

Schlafräumen ab. Als ich mich umdrehe, entdecke ich eine kleine Pantryküche. Sehr schön!

Tom kommt herein. Sein Rucksack kracht zu Boden, kaum dass er durch die Tür ist. Er geht mit langsamen Schritten zum Sofa und fällt dann darauf wie ein gefällter Baum. Sally tapst winselnd hinterher und leckt ihm über das Gesicht. Völlig fertig, die beiden. Und das dürfen sie auch sein, sie haben alle beide tapfer durchgehalten heute, besonders aber er.

Noch einmal schiebe ich meine Müdigkeit beiseite. Inspiziere die Schlafräume, zwei einzelne King Size Betten, die Bäder. Wanne und ebenerdige Dusche, alles hochmodern. Rasch stelle ich überall Kerzen auf, sodass wir Licht haben. Als ich ins Wohnzimmer zurückkomme, rührt Tom sich noch immer nicht, aber ich höre an seinen Atemzügen, dass er schläft, und bin beruhigt. Kurzerhand ziehe ich ihm die schweren Stiefel aus und decke ihn mit einer Decke zu, denn im Raum ist es kalt.

Ich beschließe, duschen zu gehen, bevor ich dafür zu müde werde und es gar nicht mehr genießen kann. Vor lauter Dankbarkeit hätte ich fast geweint, als das warme Wasser auf mich herabtrommelt, und es kostet mich wirklich Überwindung, mich einzuseifen mit der schön duftenden Seife, die sie hier haben, und die Dusche zügig zu beenden. Fest in ein flauschiges Handtuch gewickelt, schaue ich in den Spiegel. Das hatte ich vor der Dusche tunlichst vermieden.

»Du brauchst eine Brille, Tom Flynnt«, sage ich zu meinem Spiegelbild. Dunkle Ringe unter den Augen, Krähenfüße im gebräunten Gesicht und eine viel zu rote Nase von der Sonne. Ich sehe alt aus, genauso alt, wie ich mich fühle. Und völlig fertig. Ich schaffe es gerade noch so, mir ein wenig Wäsche heraus zu kramen und anzuziehen, dann krieche ich auch schon in mein breites Bett und bin weg.

Ein Schrei weckt mich mitten in der Nacht. Oh Gott, Tom! Noch im Halbschlaf will ich aufspringen, doch ich verheddere mich in den zusammengesteckten Laken, die ich noch nie hatte leiden können. Das macht mich dann richtig wach. Die Laute von drüben werden immer schlimmer. Ich nehme mir eine Kerze, blase rasch die anderen auf meiner Seite aus und gehe hinüber. Heute Nacht werde ich sie nicht mehr brauchen.

Ich folge der Spur seiner Kleider. Ins Bad hat er es offenbar noch geschafft und auch geduscht, wie ich an der feuchten Luft merke. Mehr aber auch nicht. Sein Bett ist zerwühlt, er ist schweißnass. Ich sehe nur den Oberkörper, aber der glänzt im Licht der Kerzen. Um Himmels Willen, denke ich erschrocken, hat er Fieber?

»Nein, zwing mich nicht.... nein! CiCi, zwing mich nicht!«, ruft er gerade und wirft sich keuchend herum. Da, da war es, ganz deutlich. Ein Name. Ich hole meinen Notizblock und schreibe ihn auf, bevor ich ihn vergesse. Er wird immer unruhiger. Wie soll ich ihn beruhigen? Auf keinen Fall will ich zu ihm unter die Laken kriechen. Er hat vielleicht gar nichts an, und ich will das auch nicht herausfinden. Da hole ich mir lieber meine eigenen Decken, schiebe seine rüber und lege mich auf die andere Seite des Bettes. Gott, wie er schwitzt, wie er kämpft! Ich schaue erschrocken zu, wie sich seine Miene verzerrt und er fast zu krampfen beginnt. Was ist das nur? Als ich seine Hand greife, zerbricht meine fast unter seinem Klammergriff. Doch es wirkt bald. Er wird ruhiger, entspannt sich und schläft schließlich wieder ein. So beruhigt, kann auch ich die Augen schließen und den Rest der Nacht durchschlafen.

Kapitel 5

Ein schleifendes Geräusch macht mich wieder wach. Ich muss tief und traumlos geschlafen haben, denn es ist bereits hell. Oder zumindest fast. Die Dämmerung ist hereingebrochen. Als ich mich umdrehe, schneit es draußen noch immer. Doch nur leicht, und die Felsen in dem Canyon, den man jetzt gut sehen kann, beginnen langsam in der aufgehenden Sonne zu glühen. Normalerweise würde ich mir jetzt sofort die Kamera schnappen, aber ich bin wie gebannt von der hoch gewachsenen Gestalt, die da am Ende der Terrasse steht und ins Tal schaut.

Er hat sich nicht die Mühe gemacht, sich etwas überzuziehen. Lange Glieder, schön definierte Muskeln, schon wieder ziemlich kräftig. Wie hat er das nur geschafft, bei den Anstrengungen und dem kargen Essen? Eine ganze Weile steht er einfach da und nimmt die Stille und den Anblick in sich auf. Wie gerne würde ich das jetzt auch tun, aber nicht so. Das muss doch kalt sein, denke ich, da wendet er sich um, und ich schließe hastig die Augen, als hätte man mich bei etwas Verbotenem ertappt. Ich höre, wie er wieder reinkommt, die Tür schließt. Neben mir am Bett bleibt er stehen. Ich wage kaum zu atmen. Hat er bemerkt...? Doch dann geht er ins Bad und zieht die Tür hinter sich zu.

Das nutze ich zur Flucht. Als er wieder rauskommt, bin ich angezogen und habe Stativ und Kamera auf meiner Terrasse aufgebaut und nehme diesen unglaublichen Sonnenaufgang auf, durchbrochen von Schneeflocken. Und ohne nackte Hintern, die einen ablenken.

Der Hunger treibt uns bald in den Speisesaal. Es ist ein Raum mit großen Fenstern, auch mit Blick auf den Canyon. Einfach wunderschön. Die Speisen sind natürlich kalt und eigentlich ein Abendessen, aber das stört uns nicht. Genüsslich lassen wir es uns schmecken, und auch Sally bekommt ihren Teil in Form von neuem Hundefutter, an das unsere Gastgeberin freundlicherweise gedacht hat. Den Tee kochen wir auf unserem Campingkocher vor, es ist immer noch kein Strom da.

»Was wohl ein Zimmer hier kosten mag?«, wundere ich mich. So schlicht die Einrichtung ist, der Stil ist doch elegant, und die Lodge ist krach neu, das sieht man.

»Zu viel für mich«, sagt er kauend und schluckt runter. »Ich habe die Preisliste am Tresen gesehen. Über einhundertfünfzig Doller pro Nacht das Einzelzimmer, die Doppelzimmer über zweihundert und eine solche Suite wie unsere... unbezahlbar.«

»Au Backe!« Damit habe ich schon fast gerechnet. »Die lassen sich uns ja ganz schön was kosten.«

»Dich, Sanna, nur dich«, widerspricht er. »Wegen mir hätten sie das bestimmt nicht gemacht.« Er schaut mich forschend an.

Oh nein. Er ahnt, dass da etwas im Busch ist. »Nein«, widerspreche ich leise und merke, wie ich rot werde. Verdammt. »Wegen uns. Du gehörst zu dem Paket dazu. Und Sally auch, nicht wahr, mein Mädchen? Ja, du bist auch dabei«, füge ich hinzu und will sie von mir ablenkend streicheln, da sehe ich überrascht auf, denn er ist abrupt aufgestanden und hinaus gegangen. Verdammt!

Hastig räume ich das Geschirr und die Reste zusammen und stelle sie auf ein Tablett, fege den Tisch sauber, dann gehe ich ihm hinterher. Im Zimmer hat er angefangen, seine Sachen zu sortieren. Die Schmutzwäsche liegt bereits auf einem Haufen. »Das Zelt ist feucht«, sagt er barsch und ohne mich anzusehen. »Wir sollten es trocknen.« Na gut, wenn du schmollen willst, dann mach doch.

»Bau es einfach in der Eingangshalle auf. Meins hat es auch mal wieder nötig. Und die Schlafsäcke und Isomatten auch.«

Bald sieht die Eingangshalle aus wie die Ausstellungsfläche eines Outdoorladens. Aber was soll's, sie haben es uns ja angeboten. Ich wasche sogar die Isomatten ab, damit sie mal wieder richtig sauber werden. Hauptsache beschäftigt sein. Mit Blick auf unseren Wäschevorrat beschließe ich, nicht auf den Strom zu warten, sondern das restliche warme Wasser zu opfern und alles mit der Hand durchzuwaschen. Wer weiß, wann es wieder Strom gibt. Handwäsche ist für die Wolle eh besser, und die hat es nötig, wie ich am Geruch erkenne. Wir können draußen sowieso nichts machen, bis sie uns in den Canyon reinführen, außerdem schneit es jetzt wieder heftiger.

»Du musst das nicht machen«, sagt er, als ich vor der Badewanne in seinem Zimmer hocke und die Jacken einweiche. Meine drüben ist voll.

Ich bedenke ihn mit einem finsteren Blick. »Will ich aber. Wenn du dein Anrecht, mit mir unterwegs zu sein, schon leugnest, dann finde dich wenigstens damit ab, dass ich mich um dich kümmere. Wenigstens das.« Und ich klatsche wütend die nächste Ladung ins warme Wasser. Ich weiß, das ist unfair, aber ich kann mir nicht helfen. Denn die Wahrheit, die mag ich nicht sagen. Zu niemandem.

Als Trockenraum wird das Kaminzimmer auserkoren. Ich mache Feuer und schüre es kräftig, er spannt die Wäscheleine zwischen zwei dicken Balken. Die Wäsche habe ich zuvor gründlich durch die Handtücher gedreht, sodass sie nicht mehr tropft. Als sie hängt, ziehe ich die beiden äußersten Fenster einen Spalt weit auf, an jedem Ende des Raumes eines. Durchzug. Diese Trockenmethode funktioniert immer, ob im Haus, ob im Auto. Waschküche im Luxusresort. Oh je, hoffentlich sieht das keiner!

Dann haben wir nichts mehr zu tun. Ich ziehe mich grübelnd auf mein Bett zurück und gucke nach den Energievorräten. Zwei volle Akkus noch und der angefangene in meiner Kamera. Das sollte zumindest für einen Tag im Canyon reichen. Das Ultrabook ist leer, das Handy tot. Totale Kommunikationssperre. Ich mache mir nun doch Sorgen um die Kinder. Wie haben sie es wohl überstanden? Und ich will unbedingt Jimmy sprechen, wegen des Namens. Doch das geht jetzt nicht.

Das Geräusch von zwei eintreffenden Fahrzeugen holt mich aus meinen Gedanken. Als ich in die Eingangshalle komme, parkt der Landi direkt unter dem Vordach. Chip kommt mit einem älteren Mann herein, der ihm so ähnlichsieht, dass es nur sein Vater sein kann.

»Chief Hank.« Wir begrüßen uns, und auch Tom und Sally tauchen aus irgendeiner Ecke auf.

Der Chief schaut sich belustigt um. »Na, ihr ward ja schon fleißig! Habt einen ganz schönen Ritt hinter euch.« Als er das Kaminzimmer sieht, zieht er die Augenbrauen hoch.

»Keine Sorge, die Wäsche tropft nicht«, sage ich rasch angesichts des schönen Holzbodens.

»Ach was!« Er winkt ab. »Hier sind schon so viele Schneeschuhe durchgestiefelt... du kennst dich aus, was?«

Wir mögen uns auf Anhieb und bleiben gleich beim Du. Tom hält sich im Hintergrund, während ich Tee koche und wir uns im Kaminzimmer häuslich niederlassen. Chip hat von irgendwoher eine zerfledderte Karte von dem Park und einen Marker organisiert, und sie beginnen mir zu zeigen, wo die besten Spots sind und wo die Wege noch intakt und wo nicht. Es gibt nur eine offizielle Zufahrt direkt in den Canyon, die führt vom Hauptort durch das Flussbett hinein, aber sie sagen mir, dass es weiter hinten in einem der flacheren Seitenarme auch eine Möglichkeit gibt. Ansonsten sind die Wände meistens zu steil für eine Befahrung, gar für Wanderwege hinein, zumal die bei dem Wetter kaum begehbar sein dürften. Am liebsten würde ich ja im Canyon übernachten, aber das halten sie für keine gute Idee.

»Das erlauben wir aus gutem Grund in diesem Teil des Canyons nicht. Es hat Unglücke gegeben.« Die beiden wechseln einen Blick. Da spanne ich mich an, und das merkt der Chief. Mit einem raschen Blick auf Tom hebt er die Hand. »Bei dem Wetter erst recht nicht. Lawinen und Schmelzwasserfluten, ihr versteht? Mehr dazu heute Abend. Ihr seid eingeladen, wir holen euch später ab. Heute wird es mit dem Canyon eh nichts mehr, das Wetter wird eher schlimmer. Null Sicht. Deshalb, ruht euch aus, richtet eure Sachen. Ab morgen haben sie Sonne angesagt, und das für mindestens zwei Tage, da kannst du aus dem Vollen schöpfen, Sanna. Chip hat mir gesagt, dass du dich mit dem Landi gut auskennst. Du würdest lieber selber fahren, stimmt's?«

»Oh, das würdet ihr mir erlauben? Dann natürlich gerne.« Meine trübe, angespannte Stimmung verfliegt etwas, ich freue mich und klatsche innerlich in die Hände. »Ich verspreche euch, ich werde gut auf euer Schätzchen aufpassen. Sehr gut.«

»Hmm... ist schon recht. Aber pass auf. Die Zufahrt durch das Flussbett sollte kein Problem sein, solange es friert und der Schnee nicht zu tief ist, aber sobald es taut... hier hinten«, er markiert es mir auf der Karte, »liegt die zweite, nicht offizielle Abfahrt, die geht über Stock und Stein, die Piste ist steil und vereist. Wir haben Spikes aufgezogen, aber dennoch...«

»Keine Sorge«, beruhige ich sie. »Ich bin schon so viele Pisten in aller Herren Länder gefahren, dass ich sie gar nicht mehr zählen kann, und weiß die Risiken gut einzuschätzen. Wir machen einfach langsam, und wenn es nicht mehr weitergeht, dann gehen wir zu Fuß. Bei Einbruch der Nacht sind wir zurück. Habt ihr Bergeequipment an Bord?«

»Das Nötigste sollte da sein. Also gut. Nun, ich muss gestehen, das ist mir ganz recht. Wenn der Sturm vorbei ist, werden wir alle Hände voll zu tun haben, auch du, junger Mann«, sagt er streng zu seinem Sohn, und Chip zieht eine Grimasse. Der wäre wohl lieber mit uns gefahren. »Wir holen euch so gegen sechs ab.«

»Wann auch immer das ist. Wir haben keine einzige funktionierende Uhr mehr«, sage ich, und wir lachen. Bald darauf verabschieden sie sich, und ich will mich etwas entspannter im Haus umschauen, da sehe ich Tom in der Halle mit verschränkten Armen an einem Pfeiler lehnen. Ich mag ihn gar nicht anblicken, aber das muss ich auch nicht. Seine Stimmung kann ich auch so spüren. Sie ist richtig schön finster.

»Was wollen sie von dir? Du verschweigst doch was«, grollt er.

»Ich weiß es nicht«, weiche ich aus. In der Halle steht ein Bücherschrank. Ich gehe hin und öffne ihn. Wahllos greife ich mir einen Bildband über den Canyon und drehe mich zu ihm um, das Buch wie einen Schutz an mich gedrückt haltend. »Sie wollen es mir heute Abend sagen. Aber du hast recht. Dieser Aufwand passt irgendwie nicht zu unserem Auftrag. Und es macht mich echt nervös.«

»Du hast Angst.« Das ist eine reine Feststellung. Ich presse die Lippen zusammen. Er kommt jetzt näher. »Hat es was mit den Frauen zu tun? Die ganze Zeit schon? Sind sie deshalb so aufmerksam zu dir? Es ist fast so, als wärest du eine von ihnen. Oder als wollten sie etwas mit dir machen.«

Das hat er mitbekommen? Es überfällt mich leichte Panik. »Bitte«, ich hebe die Hand, und er bleibt stehen, »ich kann nicht. Bitte lass es.« Um ihn nicht ansehen zu müssen, ergreife ich die Flucht. Doch wohin? In unser Zimmer? Da ist es eiskalt, und die Tür zuschließen, ihn aussperren, das will ich nicht. Draußen geht gerade die Welt unter, es schneit wie verrückt. Wahllos steuere ich daher das Kaminzimmer an. Ich greife mir ein paar große Sofakissen und baue mir an der ersten Säule vor dem Kamin ein Lager und lehne mich dagegen. So kann mich die Wärme gut erreichen. Die Kapuze gegen die Zugluft hochgezogen, sitze ich da und starre in die Flammen und merke gar nicht, wie mir die Tränen runterlaufen, bis er sich auf einem weiteren Kissen mir gegenüber niederlässt.

»So schlimm?«

Statt einer Antwort vergabe ich den Kopf in meinen Armen und muss mir auf die Zunge beißen, um nicht in lautes Schluchzen auszubrechen. Gleich darauf spüre ich, wie sich jemand neben mir niederlässt und mich fest in die Arme nimmt. Das gibt meiner Beherrschung den Rest. Ich rolle mich zusammen, hinein in seine Arme, und halte nichts mehr zurück.

Es dauert lange, bis ich mich wieder einigermaßen beruhigt habe. Hinterher schäme ich mich so, dass ich ihn nicht ansehen mag. Mit geschlossenen Augen liege ich da, den Kopf in seinem Schoß, lang ausgestreckt am Feuer. »Besser, hmm?«

Ich spüre, dass er immer noch auf eine Erklärung wartet. Warum auch nicht? Ich hätte ja auch gefragt, unter normalen Umständen. »Geht so.«

»Was ist denn los?« Er streicht mir über die Stirn. Das wird mir dann doch zu eng. Mit einem Ruck setze ich mich auf, lehne mich an den Pfeiler neben ihn. Er sieht mich nicht an, starrt in die Flammen. Ich kann nicht ausloten, was er denkt.

»Wir sind bei den Navajo der Gegenstand einiger Neugier«, sage ich leise. Das überrascht ihn. Er wendet den Kopf, mustert mich. Ich wische mir mit dem Handrücken die Tränen ab. »Sie nennen dich einen Suchenden, eine verlorene Seele. Normalerweise meiden sie solche Menschen, denn sie bedeuten jede Menge Ärger. Säufer, Drogensüchtige, all diese kaputten Gestalten, Esoteriker. Leute, die ihre Wurzeln verloren haben und meinen, sie müssten sie hier draußen finden. Dass sie dabei die Kultur, die heiligen Stätten dieses Volkes entweihen, merken diese Verrückten gar nicht. Deshalb übergeben die Stämme sie der Polizei oder schicken sie weg, in die Einsamkeit, wenn sie selber vom Stamm sind. Das ist auch das, was du instinktiv getan hast, als es nicht mehr ging. Nur, dass ich dich aufgelesen habe. Sie sorgen sich sehr um mich, denn sie sagen, dass ein Suchender von einer anderen Person zehren kann, dass es gefährlich ist. Und das«, ich schaue ihn an, und mein Blick verschwimmt, »merke ich Tag für Tag stärker. Du zehrst an mir, Tom.«

»Aber...«

Ich hebe die Hand und bringe ihn damit zum Verstummen. »Ich trage sehr vieles in mir, alte, längst verheilt geglaubte Wunden. Dinge, über die ich nicht sprechen will, zu niemandem. Aber je mehr du deine Wunden heilst, und sie sind offen, glaub es mir!, desto stärker brechen meine auf. Und ich weiß nicht, wie ich damit umgehen soll.« So, jetzt ist es heraus.

Daran hat er erst einmal zu kauen, er schweigt. Leise fahre ich fort: »Ein kleiner Teil von mir will das hier beenden, sofort, will davonlaufen, weil ich merke, es überfordert mich. Aber ich kann es nicht. Ich kann dich nicht alleine lassen. Dieser andere Teil ist viel, viel stärker als der kleine Feigling in mir.«

»Warum nicht? Warum lässt du mich nicht einfach zurück?«, flüstert er erstickt. Er kämpft mit den Tränen.

Die Antwort mag ich mir nicht mal selber geben. »Könntest du denn alleine weitergehen? Bis zum Ende? Wieder nach Hause?«

Er holt tief Luft, fast als geriete er in Panik. Kurz ballt er die Fäuste. Doch dann sackt er zusammen. »Nein.« Er schlägt die Hände vors Gesicht. »Oh Gott.« Offenbar war ihm das noch nie so klar wie jetzt. Wie sehr er auf der schmalen Klippe zwischen Leben und Tod steht, immer noch.

»Siehst du, und deshalb kann ich dich nicht allein lassen. Wir werden zusammen weitergehen, bis, tja, bis du dich entscheidest. Denn inzwischen stelle ich fest, ich habe mich an dich gewöhnt, es ist schön, dort draußen nicht alleine zu sein. Und ich brauche dich auch. Du hast mir das Leben gerettet, auch wenn du das nicht wahrhaben willst. Da draußen sind die Dinge mit dir viel leichter als ohne dich. So weit wäre ich sonst nie gekommen.«

Er schüttelt den Kopf, das Gesicht immer noch in den Händen vergraben. »Ohne mich wärest du längst schon wieder auf dem Weg nach Hause«, kommt es rau daraus hervor.

»Vielleicht. Kann sein.« Ich starre in die Flammen. Unsere Schultern berühren sich leicht, und ich lasse es zu. »Ich wäre auf jeden Fall schneller hier hindurch gereist als jetzt. Aber dann hätte ich niemals diese vielen, vielen wunderschönen Plätze gesehen, diese kleinen Dinge, die all die Touristen in ihren Vans und Campern links liegen lassen. Von denen sie nicht einmal wissen, dass sie existieren. Ich hätte nie diese wunderbaren interessanten Menschen getroffen. Und dich auch nicht.«

»Hör auf!«, keucht er. »Ich muss gleich richtig losheulen.«

Das klingt so komisch, dass ich auf einmal lächeln muss. »Ich hab vorgelegt«, sage ich und stoße ihn an. »Quid pro quo, Tom.« Und auf einmal kann ich nicht mehr, ich muss einfach lachen, pruste los, und er, er bekommt bald keine Luft mehr vor lauter Tränen, die sich durch sein ersticktes Gelächter bahnen wollen. Schließlich legt er den Arm um mich und drückt mich an sich, ganz kurz nur, aber das reicht. Ein Zeichen des Waffenstillstandes.

Ich bin wie ausgewrungen, völlig fertig. Nach dieser emotionalen Achterbahnfahrt rolle ich mich an Ort und Stelle zusammen und schlafe ein wie ein Stein. Als ich wieder aufwache, liegt eine Decke über mir und ein Kissen unter meinem Kopf. Die Wäsche ist verschwunden, die Fenster sind zu, im Raum ist es merklich wärmer. Tom sitzt neben mir an den Pfeiler gelehnt und blättert langsam in dem Bildband.

»Gut geschlafen?«, fragt er leise.

Das ist es. Geht es mir schlecht, ist er da, kümmert sich um mich. Und ich kann einfach loslassen. Umgekehrt genauso. Er macht es einfach von sich aus, egal, wie mies es ihm selber geht. Was hat

Jimmy gesagt? Der ewige Retter und Beschützer der Schwachen? So in der Art. »Ja. Das hatte ich wohl mal nötig. Was liest du da?«

»Geschichten und Legenden«, antwortet er und hält das Buch hoch. »Von den Felsen und den Ruinen. Ich habe die Bilder angeschaut. Ganz schön steil. Willst du da wirklich runterfahren?«

»Zeig mal.« Ich setze mich auf und lehne mich zu ihm an den Pfeiler. Langsam blättert er durch die Fotos. Siebziger, Achtzigerjahre. Standardfotos, völlig einfallslos, registriere ich. »Hier, an den steilen Wänden?« Ich muss lachen. »Nein, da kannst du dich nur abseilen. Aber die Piste, die mag gehen. Wenn der Schnee nicht zu hoch liegt. Dann müssen wir leider zu Fuß runter.«

»Du hast anscheinend viel Erfahrung. Bist du wirklich so viel gereist? Mit deinem Mann?«

»Ja, wir sind... hey! Jetzt tust du es schon wieder, Tom Flynnt!«, rufe ich empört aus und schubse ihn, sodass er das Gleichgewicht verliert und umfällt. »Du kannst es nicht lassen, nicht wahr?«

»Nein.« Grinsend kommt er wieder hoch. »Du bist interessant. Viel interessanter als alle anderen Frauen, die ich jemals kennengelernt habe. Ich will dich so vieles fragen«, fügt er hinzu und schaut auf einmal ganz ernst.

»Ich dich auch«, erwidere ich leise und sehe, wie er sich sofort zurückzieht. »Siehst du, und schon fahren deine Schutzschilde wieder hoch. Meinst du, ich habe keine? Die sind auch da, nur sieht man sie nicht so gut, weil ich sie viel besser verborgen habe. Das wird dir eines Tages auch wieder gelingen, du wirst sehen. Du magst nicht über dein Leben sprechen, über deine Familie, deine Freunde. Weil du dir die Schuld gibst am Tod deiner Tochter, weil du denkst, du hast deine Familie im Stich gelassen. Ich mag nicht über meine Ehe sprechen, weil... nun, weil... ich...«

»Weil?«, fragt er leise.

Ich hole tief Luft. »Nun, weil ich mir genauso die Schuld am Tod meines Mannes gebe.« So. Jetzt ist es raus. Und es macht mir seltsamerweise nichts mehr aus. Weil dies das harmloseste meiner

Geheimnisse ist. Ich wage ihn nicht anzusehen, aber ich spüre, dass er so überrascht ist, dass er seine Schilde sofort vergisst.

»Was ist passiert?« Er drückt meine Hand, ganz kurz nur, aber es genügt. Ich fühle, wie etwas in mir zerbricht. Er zerrt an mir, wie sehr, das ahnt er nicht mal ansatzweise. Genau an diesem Schutz, das ist mir klar. Seine Hand festhaltend, rolle ich mich wieder zusammen. Stumm ringe ich nach Worten, und er lässt mir die Zeit, drängt nicht.

»Ich weiß nicht, wo ich anfangen soll«, seufze ich schließlich.

»Fang doch einfach von vorne an. Wie habt ihr euch kennen gelernt?«

»Ah, das ist leicht. Auf einer Studentenparty. Sylvester 1996. Wir haben zwar nicht an derselben Uni studiert, aber man läuft sich zwangsläufig über den Weg. In Hamburg war das. Ich bin da in der Nähe aufgewachsen und er auch.«

»Hamburg... St. Pauli!«, sagt er sofort und grinst.

»Jahh, das merkt ihr Kerle euch, nicht wahr?« Ich muss auch grinsen, und jetzt kann ich ihn auch wieder loslassen. Ich strecke mich aus, stopfe mir das Kissen unter den Nacken. Von ihm sehe ich so nur das Profil gegen den Schein des Feuers. Was wohl auch besser ist. »Hamburg ist so viel mehr als nur diese paar Straßen, wo sie heute die Touristen abzocken. Viel Wasser, kleine Kanäle, Brücken, Parks, sehr grün, und Leute aus aller Herren Länder. Cafés, Clubs, Bars. Es hat Spaß gemacht, dort zu studieren.«

»Klingt fast ein wenig nach New York«, meint er lächelnd. »Hat er dasselbe studiert wie du?«

»Nein. Er war Ingenieur, Maschinenbauer. Und ein begnadeter Bastler und Schrauber obendrein. So einer, der nicht nur vor dem Rechner sitzt und entwirft, sondern den Werkern auch zeigt, wie sie es bauen müssen und selber mit Hand anlegt. Ein paar Jahre lang sind wir umhergezogen, Jobs hier und da. Wir haben beide viel gearbeitet und ganz gut verdient. Haben sehr viele Überstunden geschoben, um diese zusammenlegen und längere Reisen machen zu können. Da habe ich auch angefangen zu fotografieren. Auf einer dieser Reisen waren wir in einem Landi unterwegs, in Südafrika, und er sagte, so einen will ich haben. An dem Auto kann man alles selber reparieren.« Ich muss lächeln bei dem Gedanken daran. »Tatsache ist, man *muss* alles selber reparieren, sonst frisst der einem ein großes Loch ins Budget, das kann ich dir sagen.«

»Ha, das glaube ich gerne! So eine Klapperkiste, wie der ist! Südafrika... ganz schön exotisch. Ich bin nie über die Staaten hinausgekommen«, sagt er seufzend. »Und, dann seid ihr damit rumgefahren?«

»Oh ja. Wir haben den Landi in ein Expeditionsmobil umgerüstet und sind dann los. Du brauchst von Deutschland ungefähr zweieinhalb Tage, bis du in der Sahara bist. Doch, ist so«, als er ungläubig den Kopf schüttelt. »Da habe ich die Wüste lieben gelernt. Marokko, Tunesien, Libyen und Ägypten, alles haben wir bereist, teilweise alleine, teilweise mit anderen. Wenn man so ein Reisemobil ausrüstet, rutscht man sehr schnell in eine Szene von Offroad Enthusiasten hinein, alles Ausstattungsfreaks, alle genauso verrückt, wie wir es gewesen sind. Wir hatten – und ich habe noch - Kontakte auf der ganzen Welt, Globetrotter, die mit ihren Reisemobilen von Kontinent zu Kontinent reisen. Irgendwo ist immer jemand unterwegs, sehr praktisch, wenn man mal umsonst übernachten will oder Hilfe braucht. Irgendwer kennt immer irgendwen.«

»Das klingt... wow. Das ist eine völlig andere Welt.« Für ihn, den New Yorker, wohl schwer vorstellbar. Ich habe das schon oft erlebt. Für die meisten Amerikaner gibt es nur Amerika, eventuell ein paar Kreuzfahrtziele und dahinter nicht viel.

»Ja, das war es damals auch noch, nur wussten wir das noch nicht. Denn mit den Reisen in die Wüste war Schluss, als der arabische Frühling kam. Überall kamen Konflikte auf, und plötzlich war Nordafrika dicht, teilweise sogar zerstört, auf Jahrzehnte. Der IS machte sich breit, nirgends konnte man mehr hin. Eine Weile haben wir uns dann in Skandinavien rumgetrieben, auf Island, im Baltikum. Aber wir merkten beide, dass es Zeit für etwas Neues war. Entweder wir schmeißen unsere Jobs und gehen eine Weile auf ganz große

Tour, eine Weltreise, oder wir lassen uns nieder und gründen eine Familie. Wir haben uns für Letzteres entscheiden. Wir wohnten da schon wieder in der alten Heimat, wo unsere Familien waren. Also haben wir unser Erspartes zusammengeworfen und uns einen uralten Bauernhof gekauft. Genug Platz für den Landi und alle Teile und Schrauber Geräte, und es kam zwangsläufig immer mehr dazu, weil wir bauen mussten. Den Hof haben wir restauriert, nach original historischem Vorbild. Ein richtiges Schmuckstück ist das geworden, und wir waren verdammt stolz darauf, weil wir fast alles selber gemacht haben. Als das fertig war, dachten wir, jetzt wären Kinder genau das Richtige. Und das hat dann leider nicht geklappt.«

Ich versuche, meine Stimme möglichst locker zu halten, aber dennoch. Es schmerzt immer noch. »Die Behandlungen, die haben mich fertig gemacht. Irgendwann konnte ich nicht mehr, und dann haben wir es aufgegeben.«

Er streicht mir tröstend über die Schulter. »Das kenne ich gut. Meine beiden Großen sind auch nicht auf natürlichem Wege entstanden. Pam, sie konnte nicht...« Da geht ihm auf, dass er gerade ihren Namen gesagt hat, und er verstummt, presst sich die Faust auf die Lippen.

»Schscht, nicht. Meine Geschichte, ja?« Er nickt stumm. Weil er sich so quält, fällt es mir leichter, fortzufahren: »Unser Hof stand in einem alten Dorf, richtig idyllisch war es dort. Mitten im Zentrum, die Läden, alles in Gehweite. Wir hatten uns ein Waldstück dazugekauft, ziemlich heruntergekommen, weil du so ein altes Gemäuer viel mit Holz heizen musst, sonst fressen dich die Heizkosten auf. Mit der Zeit haben wir es in ein kleines Paradies verwandet. Alles haben wir selber gemacht, die Baumpflege, Försterei. Ich kannte das schon, kam ja aus der Landwirtschaft, und er hat's schnell gelernt. Richtige Landjunker sind wir geworden. Es war eine schöne Zeit, und da wir mittlerweile einen ganzen Haufen Nichten und Neffen hatten, war das Haus trotzdem voller Kinder.«

»Du warst sicherlich eine tolle Tante«, meint er leise.

»Das bin ich hoffentlich immer noch«, lächle ich. »Wir haben den Kindern gezeigt, wie sie sich in der Welt zurechtfinden können. Sind mit ihnen auf Reisen gegangen. Zelten, Radtouren, die ersten Flüge. Wenn du sechs Kinder hast, ist das Geld so knapp, dass für Urlaube meistens nichts übrig ist. Den Part haben wir stattdessen übernommen, und seitdem ist das Verhältnis mit meiner Schwester auch wieder besser. Das Ganze hätte bis an unser Lebensende so weitergehen können, ja, hätte nicht die Regierung beschlossen, eine Hauptverkehrsstraße zu verlegen. Das mag für dich merkwürdig klingen, so als Stadtmensch. Aber bei uns draußen war es sehr ruhig, und plötzlich war unser schönes Dorf eine Autobahn. Autos, aber vor allem Trucks ohne Ende. Es hat die Häuser richtig durchgerüttelt.«

»Das... das verstehe ich nicht.« Er schaut fragend auf mich herab. Wie kann er auch, so als Amerikaner. Die ziehen ihre Häuser hoch und reißen sie ab wie am Fließband.

»Nein, das ist auch nicht zu verstehen, wenn man das nicht selber mal durchgemacht hat. Die alten Häuser, sie sind historisch wertvoll, echte Kulturschätze. Sie stehen nicht auf einem Betonfundament. Sie sind auf Sand gebaut, mit Streifenfundamenten, wenn überhaupt. Alte Bauweise halt. Genauso wie die alten Straßen, die haben auch kein richtiges Fundament. Für solch alte Häuser sind diese Straßen verbunden mit zu vielen LKW eine Katastrophe. Unser schönes Haus, es bekam Risse, und zwar nicht nur kleine, sondern substanzielle, und nicht nur unser. Das halbe Dorf war betroffen. Anfangs haben wir noch protestiert. Haben die Straße gesperrt, geklagt. Auf der Straße geparkt, Staus verursacht. Die Polizei kam, es gab Strafen, all das. Es war zermürbend, und es hat alles nichts genützt. Der ständige Lärm und Gestank haben mich fertig gemacht. Ich musste feststellen, dass ich empfindlich auf Schwingungen reagiere. Hast du es nicht gemerkt, im Canyon, als die Flutwelle kam?«

Er hebt überrascht den Kopf. »Doch. Ich habe mich gewundert, warum du es so eilig hattest auf einmal. Du hast es gespürt?«

»Oh ja. Das ist eine instinktive Fluchtreaktion, das hat was mit Stress zu tun. Wenn der Boden anfängt zu wackeln oder ein Dröhnen in der Luft ist, schaltet dein Körper von selber auf Fluchtmodus. Das ist ganz normal. Nur, dass ich offenbar viel, viel sensibler veranlagt bin als andere. Ich spürte die Fahrzeuge schon, da waren sie noch nicht mal im Dorf. Das musste ich da schmerzhaft herausfinden. Du merkst, ich habe viel zu dem Thema gelesen, weil ich verstehen wollte, was mit mir nicht stimmte. Denn meinem Mann, dem hat das alles nichts ausgemacht. Ach, was du nur hast. Ignorier's doch einfach. Er hatte gut reden. Er ist ins Bett gegangen und war weg. Ich konnte das nicht, habe monatelang nicht mehr geschlafen.«

Ich schweige einen Moment, sammle meine Gedanken. Spüre seinen tröstenden Griff an meiner Schulter. »Irgendwann, da konnte ich einfach nicht mehr. Ich war völlig fertig. Und dann bin ich ausgerastet. Wir hatten einen kolossalen Streit wie noch nie. In jeder Ehe zankt man sich mal, das ist ganz normal, aber das... Alles haben wir uns an den Kopf geworfen. Ich mag das nicht wiedergeben.«

»Brauchst du auch nicht«, meint er leise. »Was ist passiert?«

»Ich habe ihm gesagt, jetzt sei Schluss. Dass ich es nicht mehr aushielte, dass ich mir eine neue Wohnung suchen würde. Und er solle sich überlegen, ob er mit mir gehen oder hierbleiben wolle. Da ist er wutentbrannt weggefahren. Ich kannte ihn gut genug, wenn er den Landi nimmt, fährt er in den Wald. Doch abends war er immer noch nicht zurück. Da bin ich ihn suchen gegangen. Und... und ich habe ihn gefunden.« Ich presse die Hände zusammen und muss schlucken, so weh tut es immer noch.

»Was ist passiert? Himmel, er hat doch nicht...?«

»Nein, das nicht. Er ist klettern gegangen und dabei abgestürzt. Er lag tot am Fuße eines Baumes.« Meine Stimme bricht. Ich muss die Augen zusammenkneifen.

»Aber...«

Ich wedele mit der Hand, bringe ihn zum Verstummen. »Wenn du Baumpflege betreibst, so wie wir das gemacht haben, dann fährst du nicht mit einer Maschine oder einem Kran in den Wald, sondern du kletterst. Am Seil. Das schont den Boden und die Bäume. Diese Technik kommt von hier, aus Amerika. Aus den Wäldern im Norden. Man muss einen Baum ganz genau vorher begutachten, bevor man das Seil dort hineinbringt. Sonst erwischst du einen Totast, und der bricht und du stürzt ab. Und genau das ist ihm passiert. Er hat nicht aufgepasst. Weil er so wütend auf mich war. Und das ist meine Schuld.« Ich breche in Tränen aus.

»Sanna, nicht. Sag das nicht... he, komm her.« Er zieht mich wieder zu sich und hält mich fest. »Es war ein Unfall. Er hätte selber achtgeben müssen.«

»Ja, das sagst du so einfach!« Ich stoße ihn zurück und richte mich auf. »Aber es fühlt sich nicht so an. Ich habe unseren Lebenstraum zerstört, und das hat sich furchtbar gerächt. Glaubst du nicht, ich höre das zum ersten Mal?«

»Die Regierung hat euren Lebenstraum zerstört. Ihr hättet da viel eher rausgemusst.«

»Hinterher ist man immer schlauer, nicht wahr?« Ich wische mir die Tränen von den Wangen. »Von außen sieht das so einfach aus. Aber unser Herz hing an dem Haus, und wir hatten Schulden gemacht. Wir hätten unter Wert verkaufen müssen. Das wollten wir nicht, beide nicht. All die Arbeit, und dann bleibt nichts davon übrig? Du denkst, es geht immer noch. Bis es dann nicht mehr geht. War doch bei dir genauso.«

Ich sehe, wie er zurückfährt, und nicke bitter. »Du kannst mir nicht erzählen, dass deine Ehe gut gelaufen ist. Hättest ihr sie nicht eher beenden müssen? Vielleicht wäre deine Tochter dann noch am Leben. Ah, ich sehe, das willst du nicht hören. Siehst du, für andere ist das ganz leicht zu sagen, aber wenn man selber da drinsteckt, dann ist es unheimlich schwer, so etwas zu tun. Wegen des Partners, wegen der Kinder, wegen all der Verpflichtungen. Ich steckte auch in dieser Falle. Und sein Tod hat mich daraus befreit. Das verzeihe ich mir bis heute nicht.«

Auf einmal merke ich, ich muss hier raus. Ich springe auf und renne fast hinaus, vor die Tür ins Schneegestöber. Draußen dämmert es bereits, aber es schneit unvermindert heftig. Das macht mir nichts. Die Kälte, die kommt mir gerade recht. Ich gehe einen kleinen Weg ums Haus herum und komme an eine Balustrade wie auch vor unseren Balkonen. Hier muss der Canyon sein, nur sieht man nichts davon. Der Weg ist auf der anderen Seite von Bäumen gesäumt. Schön muss es hier sein bei Sonne. Langsam gehe ich daran entlang und merke, wie meine aufgewühlten Gefühle sich wieder beruhigen. Schließlich bleibe ich stehen. Hier draußen ist es vollkommen still, der Schnee schluckt alle Geräusche. Friedlich. Genau die Art von Frieden, den angeschlagene Gemüter brauchen.

Eine ganze Weile stehe ich da und denke an nichts, dann höre ich Schritte. Tom kommt zu mir und legt mir eine Decke um die Schultern. Ich habe es gar nicht bemerkt, aber jetzt ist mir wirklich kalt. »He, du zitterst ja. Komm wieder rein.«

So fürsorglich eingepackt, schlägt auf einmal die Müdigkeit über mir zusammen. »Gott, ich wünschte, wir müssten da heute Abend nicht hin.«

»Tja, dein Wunsch ist gerade in Erfüllung gegangen«, gluckst er, als wir uns langsam in Bewegung setzen. »Chief Hank war gerade da und hat uns etwas zu Essen gebracht. Sie haben Probleme mit den Schneelasten. Keine Versammlung heute, die meisten kommen nicht mal von zuhause weg. Das heißt, wir haben den Abend für uns.«

Vor Erleichterung werden mir fast die Knie weich. Ich taumle, und er fasst mich um die Schultern und bringt mich wieder hinein. Am liebsten wäre ich ins Bett gegangen, doch er führt mich stattdessen ins Kaminzimmer, wo er uns die Mahlzeit auf dem Fußboden aufbaut. Und sie ist warm. »Himmel, riecht das gut.«

»Reden ist anstrengend, nicht wahr?« Er schaut auf und mustert mich. »Aber du bist noch nicht fertig.«

»Oh bitte, Gnade! Erst was zu essen«, bettele ich, lasse mich auf die Kissen fallen und sperre den Mund auf.

Grinsend hält er mir ein Stück Brot vor den Mund, und ich will es mir schnappen, aber er zieht es zurück. »Ah, ah, nicht so schnell. Erst einen Namen.«

»Einen Namen?«, frage ich verwirrt. »Och, komm schon...!«

»Einen Namen.« Er wackelt mit dem Brotstückchen.

»Na gut. Thore. Her damit.« Ich reiße es ihm aus der Hand und schiebe es mir genüsslich in den Mund. Hmm... gut!

»Thore? Was ist das für ein Name? Der klingt nicht sehr deutsch.« Er will sich seinerseits ein Stück Brot abreißen, aber ich klopfe ihm auf die Finger und tue es selber.

»Nix da. Jetzt bist du dran.« Ich nehme es und halte es ihm hin. »Ein Name. Egal welcher.« Mach schon. Jetzt kommt es auch nicht mehr darauf an. Deine Frau, die Hexe, hast du doch schon durch. Ich sehe, wie er zögert, wie er mit sich kämpft. Und dann kommt mit einem Atemstoß: »Lizzie. Elisabeth. Meine Älteste.«

»Na siehst du. Geht doch«, sage ich und schiebe es ihm in den Mund.

Die nächsten Minuten vergehen in gefräßigem Schweigen. Wir haben es nicht bemerkt, aber wir sind ausgehungert. Die Dinge, die der Chief uns gebracht hat, sind ausgesprochen lecker. Gute Hausmannskost auf Navajo Art. Gerichte mit viel Kürbis, Bohnen und Mais, Lammfleisch und dieses leckere selbstgebackene Brot. Ich habe das Essen zu schätzen gelernt und Tom augenscheinlich auch.

»Was ist das für ein Name? Thore, meine ich?«, fragt er nach einer Weile.

Ich liege satt und warm in den Kissen, und die Erschöpfung ist ein wenig gewichen. Sicherlich, ich bin müde, aber es ist noch früh. Na gut. »Es ist ein norwegischer Name. Seine Großmutter kam aus Norwegen. Eine Vertriebene, eine von den Frauen, die sich im zweiten Weltkrieg mit den deutschen Besatzern eingelassen hatten. Sie konnte das nie ganz verwinden, hat er mir erzählt, diesen Bruch mit ihrer Familie. Aber sie liebte ihren Soldaten, und so hat sich ihn gesucht, in den Wirren nach dem Krieg, und ihn gefunden. Eine schöne Geschichte.«

»Hmm... mein Vater war auch Soldat. In Deutschland, in Ramstein, bevor er nach Vietnam abkommandiert wurde. Er sagt, es war schön dort. Bergig. Viele Burgen und so. Bei euch auch?«

Ich muss lachen. »Ja, das ist das Bild der Amerikaner von Deutschland. Neuschwanstein, die Berge. Romantisch. Touristenkitsch. Aber Deutschland hat auch viele andere Seiten. Wir wohnen im Norden. Dort ist es größtenteils flach, windig. Viel Wasser, die See. Ein bisschen wilder. Nordisch. Ein Teil gehörte jahrhundertelang zum dänischen Königreich, auch ein Teil von deinem St.Pauli, stell dir vor. Deshalb sind wir auch zurückgegangen. Der Norden ist halt ganz anders als der Süden, er ist unsere Heimat. Vergleiche mal... hmm... New York mit Texas? Ungefähr so.«

»Echt?« Er muss lachen. »Oh je, ich mag gar nicht daran denken, was für ein Bild ihr von uns habt.«

Das willst du gar nicht wissen, denke ich so bei mir, denn meine Meinung vom US-amerikanischen Staat, seiner Regierung und seiner Armee, wie sie sich als Weltpolizisten aufspielen, ist nicht besonders hoch, und auch damit singe ich in einem weltweiten Chor. Aber dies ist keine Zeit für politische Diskussionen. »Na, ihr seid doch alle Cowboys, oder etwa nicht?« Ich muss grinsen, und er wirft mir ein Kissen an den Kopf. Lachend bringe ich meinen Teller in Sicherheit.

Schließlich liegen wir satt und angenehm müde vor dem Feuer. Er hat sich noch ein paar Kissen geholt und selber lang ausgestreckt. Das wahrt ein wenig Abstand, und das ist mir ganz recht.

»Wie ging es weiter?«, fragt er schließlich. »Du hast ihn gefunden. Und dann?«-

Ich schließe die Augen. »Es ist irre, wie man funktioniert, wenn man unter Schock steht. Ich habe bestimmt eine Stunde bei ihm im Wald gesessen und nur vor mich hingestarrt. Aber dann... dann habe ich in den Überlebensmodus geschaltet. Ich habe meine Kletterausrüstung angelegt. Die hatte er im Wagen dabei. Und dann habe ich den Rettungsdienst gerufen.«

»Was? Was hattest du vor? Wolltest du...« Er hat mich am Arm gepackt, doch ich hebe die Hand, und er lässt sofort wieder los.

»Nein, nein, nicht wie du denkst. Warte, ich erkläre es dir.« Ich überlege kurz, suche die amerikanischen Begriffe. »Wir haben die Baumpflege zwar privat betrieben, aber du brauchst trotzdem eine Ausbildung dafür. Einen Schein. Weil es so gefährlich ist. Da oben hast du jede Menge Zeug dabei, es ist schwer. Auch Sägen, Scheren und so. Alles scharfe Schneiden, die dein Seil beschädigen können, und deshalb ist es eine Grundregel, dass du niemals alleine klettern darfst. Falls etwas passiert, brauchst du immer einen zweiten Mann. Oder eine zweite Frau, wie in meinem Fall. Sonst bist du nicht versichert. Hätten die rausgefunden, dass er alleine da gewesen war, ich hätte kein Geld bekommen. Also habe ich mich ausgerüstet, meine Kleidung dreckig gemacht und dann auf die Polizei und den Krankenwagen gewartet. Ich war verstört, aber soweit habe ich noch funktioniert. So stand nachher im Unfallbericht, dass wir zu zweit gewesen sind. Und sie haben gezahlt. Das ist etwas, auf das ich bis heute nicht stolz bin. Ich habe Profit aus seinem Tod geschlagen.«

»Pah, das hast du gut gemacht«, brummt er anerkennend. Ich schüttle den Kopf, doch er nickt. »Versicherungen sind teuer, und sie zahlen so gut wie nie. Sollen sie ruhig mal bluten. Wie ging es weiter?«

»Bis zur Beerdigung funktionierte ich irgendwie, aber dann brach ich zusammen. Es ging mir so schlecht, dass sie schon geplant hatten, mich in eine Klinik einzuweisen. Ich wurde krankgeschrieben, konnte nicht mehr arbeiten. Ich saß da allein in unserem Haus und wusste weder ein noch aus. Dann kam der nächste Schlag. Meine Eltern sind auf der Autobahn verunglückt. Irgendein Raser ist beim Überholen ins Schleudern geraten, und sie sind frontal mit ihm zusammengestoßen. Sie waren sofort tot. Sie waren auf dem Weg zu mir. Das hat mich dann über die Grenze getrieben. Ich hielt es nicht mehr aus.«

Das kommt jetzt wieder mit Macht hoch. Ich merke, wie die Tränen aufsteigen wollen, doch ich unterdrücke sie mit aller Kraft. Er macht eine Bewegung, als wollte er mich näher heranziehen, doch das wehre ich ab. Wenn er das jetzt tut, dann war's das mit meiner Beherrschung. Ich lege mich demonstrativ auf den Rücken, starre an die Decke.

»Ich war wie im Nebel. Als ich halbwegs wieder zu mir kam, stand da mein Rucksack gepackt vor mir. Ich muss wohl instinktiv das Richtige getan haben. Ich hatte gerade noch Kraft, meiner besten Freundin eine Message zu schreiben, dass ich fortmüsste, und meine Schwester anzurufen. Sie hat mich angeschrien. *Wie kannst du uns mit der ganzen Scheiße allein lassen?!* Ich höre ihre Stimme noch heute. Und sie hatte recht. Aber ich konnte nicht anders. Entweder das oder ich bringe mich um, habe ich zurückgeschrien und aufgelegt. Zwei Tage später bin ich in Bristol in England aus dem Zug gestiegen und losgelaufen. South West Coast Path, Südengland. 1100 km, oder knapp... warte mal. 700 Meilen? So ungefähr.« Ich wische mir die Tränen ab, die nun doch gekommen sind.

»Warum ausgerechnet da?« Er hat sich auf die Seite gerollt, den Kopf aufgestützt, und schaut mich an.

»Weil ich da schon immer mal hinwollte. Die Küste in Englands Westen und Süden ist einfach wunderschön. Aber mein Mann wollte nicht so lange wandern. Ich hatte mir die Ausrüstung bereits zusammengekauft und geplant, allein dorthin loszuziehen. Das funktioniert in einer guten Beziehung. Wir haben einander solche Freiräume gelassen, er hat das auch ab und an mal gemacht, ist mit seinen Kumpels los und so. Aber nun war ich allein dort, und wirklich ganz allein. Es war mitten in der Corona Pandemie, und die Engländer, die hatten sich gerade mit ihrem Brexit so richtig schön ins Aus geschossen. Keine anderen Touristen dort.«

»Und du bist einfach losgelaufen.« Er sagt das anerkennend.

Das will ich so nicht aber gelten lassen. »Stell dir das bloß nicht so rosig vor! Ich war völlig fertig, bin am Anfang nur rumgestolpert. Das war gefährlich. Der Weg ist anstrengend, es geht ständig auf und ab durch die vielen Buchten und Meeresarme. Am Anfang habe ich fast ausschließlich gezeltet, später dann auch Zimmer genommen. Hab mich erkältet, hatte Fieber. Aber die Leute waren so nett, die Frauen vor allem, in ihren B&Bs. Sie haben teilweise extra für mich aufgeschlossen, sie müssen gemerkt haben, dass es mir nicht gut ging. Ich wurde richtig bemuttert. Als das dann mit dem Arschloch passiert ist, habe ich begriffen, dass ich leben wollte. Und nicht sterben. So schlimm der Vorfall war, er hat mir geholfen. Doch, das hat er wirklich«, füge ich rasch hinzu, denn er ist aufgefahren.

»Ich wünschte, das wäre dir erspart geblieben«, grollt er zornig.

»Nein, es war gut. Es hat mich aufgeweckt, aus meiner Depression geholt. He, es ist gut!«, füge ich hinzu, als er sich so gar nicht beruhigen will. »Mir konnte damals keiner helfen, nur ich selber. Irgendwann begann ich die Reise zu genießen und wieder zu mir zu finden. Dann habe ich Kris und Perri kennengelernt, sie haben mir von ihrem Projekt erzählt, dem alten Haus. Sie suchten Helfer, händeringend, denn es war total kaputt. Aber das kam später. Als ich nach Wochen wieder zuhause war, da fiel ich wieder in ein Loch. Meine Freunde hielten Abstand, sie wussten nicht, wie sie mit mir umgehen sollten, hatten Angst, ich wäre verrückt. Meine Familie redete nicht mehr mit mir. Die Leute im Dorf mieden mich. Mein Job war weg. Ich saß allein in diesem Haus. Jeder Stein, jede Fuge, erinnerte mich an das, was geschehen war, und da wusste ich, ich musste da raus.«

»Oh man.« Mehr sagt er nicht. Ich drehe mich auf die Seite und sehe, dass er auf dem Rücken liegt, die Hände verschränkt. Seine Miene kann ich nicht deuten. Denkt er daran, was mit ihm geschehen könnte, sollte er jemals wieder zurückkehren? Vielleicht.

»Ich habe Kris angerufen. Ich musste unser Land, unser Haus verkaufen, es ging nicht anders. Das hätte ich niemals alleine halten können, nicht finanziell, aber auch nicht kräftemäßig und mental. Ich wollte es nie wieder betreten. Die Umstände haben mir geholfen. Es wurde beschlossen, dass die Straße wieder verlegt wird.

Letztendlich ist das die bittere Ironie an der Sache. Wir hätten nur ein paar Monate länger durchhalten müssen. Aber das haben wir nicht geschafft. Ich. Ich habe es nicht geschafft. Naja«, ich muss mir die Augen reiben, »ich habe die Risse im Haus gekittet und einen guten Preis dafür erzielt. Bin ohne Schulden aus der Sache rausgekommen.« Und ein wenig mehr. Sehr viel mehr. Aber das braucht er nicht zu wissen.

Ich hole tief Luft. »Nur, den Riss in mir, den konnte ich nicht kitten. Das hat mich sehr vorsichtig gemacht. Ich wusste, ich war sehr verletzlich zu der Zeit, und deshalb bin ich nicht blind bei Kris und Perri eingestiegen. Ich kannte sie ja kaum, es hätte auch schief gehen können. Im Urlaub sind alle nett, aber im Alltag... da sieht es anders aus. Wir haben also verhandelt.«

»Was?« Er fährt herum. »Du musstest verhandeln, in deinem Zustand? Das darf doch nicht wahr sein!« Er ist fassungslos. »Wie konnten sie das tun?! Sie müssen doch gemerkt haben...«

»Nein, ich habe es von mir aus getan. Überlebensmodus, Tom. Das musste ich tun, es war reiner Selbstschutz. Ich musste unser Haus räumen. All das Werkzeug, die Maschinen, Baumaterial, was wir noch übrighatten, da kam einiges zusammen, Dinge, die Kris und Perri händeringend benötigten. Sicherlich, alles gebraucht, aber wenn du das hättest neu kaufen müssen, wärest du locker eine sechsstellige Summe losgeworden. In Euro und auch in Dollar. Ich bin hingefahren und hab mir die Sache angeschaut. Das Haus steht in einem Gebiet, wo früher die Kommunisten an der Macht waren. Die haben diese alten Herrenhäuser einfach verfallen lassen, und so sah es auch aus. Die Behörden dort wollten es eigentlich abreißen. Aber es gab da einen Hausretterverein, der hat das verhindert, und so sind Kris und Perri darangekommen. Wie das aussah! Ich kann dir mal Fotos zeigen, wenn wir wieder Strom haben. Das Dach war völlig kaputt, die Böden durchgegammelt. Sie haben da praktisch im Freien kampiert. Aber es gab dieses Nebenhaus, es war winzig, ein ehemaliges Backhaus, mit Wasseranschluss und Ofen. Es war schon fast fertig restauriert, offenbar hat jemand daran schon was gemacht. Perri hat sich geweigert, da einzuziehen, er ist noch einen Kopf größer als du, er hätte sich permanent den Schädel gestoßen. Es ist so klein, dass du dir zu zweit ständig auf den Füßen stehst. Aber für mich war es perfekt.« Ich lächele bei dem Gedanken daran. Mein kleines Häuschen. Er sagt nichts, hört mir weiter zu.

»Also habe ich das Häuschen übernommen als Gegenleistung für die Nutzung meiner Sachen. Lebenslanges Wohnrecht. Ich wohne da praktisch umsonst, und das ist auch nötig. Die Zahlungen von der Versicherung halfen am Anfang, aber bis ich die Fotografie soweit aufgebaut hatte, dass sie auch etwas abwarf, das hat gedauert. Aber mit Kris und Perri, da habe ich wirklich Glück gehabt. Wir sind Freunde geworden, sehr gute Freunde. Ich habe ihnen geholfen, die Baustelle zu organisieren, ich hatte ja jede Menge Erfahrung von unserem Bau und anderen Projekten. Er ist zwar Handwerker, Zimmermann, um genau zu sein, aber für ein solches Projekt, da braucht es mehr, viel mehr. Es ist wie ein Unternehmen. Und Kris, die ist als Künstlerin so chaotisch, das hätte sie niemals gestemmt. Blauäugig, das waren sie, alle beide.«

»Bis du kamst, nicht wahr? Sie haben genauso Glück, dass sie dich gefunden haben«, meint er und lächelt.

»Das wissen sie, glaube es mir. Es kamen Heerscharen von Helfern, das kommen sie immer noch, jeden Sommer in den Ferien. Ein richtiges Heerlager, und es macht irre Spaß mit den Leuten, aber, man muss das organisieren. Meine Nichten und Neffen sind auch dabei, inzwischen ist das Verhältnis mit meiner Familie wieder besser geworden. Oh ja.« Ich atme tief durch.

»Ihr redet wieder miteinander?«

Ich überlege. Lange. »Richtig reden... nein. Aber meine Schwester und ich, wir kommen klar. Ich habe auf das Erbe meiner Eltern verzichtet, habe es den Nichten und Neffen überschrieben, für ihre Ausbildung. Das war das Mindeste, was ich nach dieser Geschichte tun konnte.«

»Sie haben eine tolle Tante. Nicht jede würde das machen. Doch, das meine ich ernst«, bekräftigt er.

»Tja. Ich glaube, ich hatte nicht wirklich eine Wahl, um nicht vollends das Gesicht vor mir selber zu verlieren. Jedenfalls«, lenke ich von dem mir unangenehmen Thema ab, »der Sommer ist immer sehr arbeitsreich, aber der Winter ist ruhiger. Dann widmen Kris und ich uns den Kunstwerken. Sie fügt Fotos zu Kollagen zusammen, aber ihre Fotos... oh Gott!« Ich muss kichern. Er schaut fragend auf.

»Sie sind einfach grottenschlecht. Sie hat eine riesige Kamera, so ein Rohr«, ich halte meine Hände auseinander, »und höllenschwer, aber sie bekommt es einfach nicht hin. Seit sie mich kennt, bedient sie sich ausschließlich meiner Bilder. Sie erhält eine Lizenz darauf, und ich einen Anteil vom Erlös ihrer Kunstwerke. Als ich dort einstieg, hatte ich ja schon Tonnen von Fotos von den zahlreichen Reisen. Alles auf Festplatte. Damals hatte ich noch keine Basis in der Cloud, keine Stock Accounts, das kam erst später. Manches von meinen Bildern konnte sie gut gebrauchen. Inzwischen weiß ich, wie sie arbeitet. Du hast ja gesehen, wie ich die Serien für sie baue. Wir helfen uns gegenseitig und sind mittlerweile ziemlich erfolgreich. Sie bereitet gerade eine große Ausstellung in Berlin vor, und dafür sind zum Teil die Bilder von hier. Ich bin schon sehr gespannt darauf, was sie daraus macht. Sie hat bereits angefangen. Alles, was ich ihr schicke, wird verarbeitet.«

Er lässt das erstmal eine Weile sacken. Ich weiß, das ist viel für ihn, er hat immer noch Probleme mit zu vielen Dingen auf einmal. Deshalb schließe ich die Augen und gestatte es mir, etwas auszuruhen. Das hat auch mich angestrengt. Ich merke, wie ich langsam weg dämmere, da holt mich seine Stimme zurück.

»Bist du glücklich?«, weht leise eine Frage zu mir herüber.

Ich bette meinen Kopf auf die Arme. Die Augen geschlossen, suche ich nach einer Antwort. »Nein«, sage ich schließlich. »Zum Glücklichsein, richtig Glücklichsein, brauchst du eine zweite Hälfte, eine Seele, die alles mit dir teilt. Die habe ich nicht. Nicht mehr. Der Platz ist leer und verbrannt. Aber ich bin zufrieden. Immerhin das. Es ist so viel mehr, als ich jemals erhofft hatte. Es ist ein

Geschenk, das ich da erhalten habe. Und so etwas kannst du auch. Irgendwann, irgendwie. Es wird sich finden.«

Er sagt nichts mehr. Ich spüre, jetzt schlägt die Müdigkeit wirklich über mir zusammen, und schlafe ein wie ein Stein.

Stunden später werde ich wieder wach, als kalte Laken meine Haut treffen. Tom deckt mich fest zu, im Zimmer ist es eiskalt. »Es ist spät«, sagt er. »Schlaf weiter. Gute Nacht.« Er geht zu Tür, nur als ein Schatten zu erahnen.

»Tom?«

»Ja?« Er bleibt in der Tür stehen.

»Wenn ich heute Nacht wieder zu dir kommen soll, wenn du träumst, dann zieh dir was an, ja? Unten herum meine ich.«

Er wendet sich wieder um. »Woher... he! Du hast mich beobachtet!? Wusste ich's doch!«

Also hat er doch etwas gemerkt. Ich muss grinsen. »Wer nicht beobachtet werden will, sollte seinen nackten Knackarsch nicht in der Morgendämmerung zeigen.«

»Hey!« Seine Zähne leuchten in der Dunkelheit, auch er grinst. »Das ist ein amtlicher katholischer Iren-Arsch, bitteschön!«

»Katholischer Iren-Knack-Arsch«, murmele ich und bin schon wieder weg.

In dieser Nacht höre ich ihn nicht, oder er träumt nicht, wer weiß. Ganz friedlich kann ich durchschlafen, was wohl auch nötig war. Als der Morgen dämmert, fühle ich mich wie neu geboren. Die Sterne verblassen vor meinem Fenster. Keine Wolken mehr, kein Schnee. Klare Sicht. Da hält mich nichts mehr im Bett.

Was auch immer geschehen ist, der amtliche katholische Iren-Arsch ruht immer noch in den Kissen, als ich aufstehe. Keine zerwühlten Laken. Gut! Leise ziehe ich mich an, nehme Kamera und Stativ und schleiche mich hinaus. Sally muss drinnen bleiben, sehr zu ihrem Verdruss. Denn ich will unberührten Schnee.

Die Welt ist wie verwandelt. Der Schnee liegt kalt glitzernd vor mir, die Bäume biegen sich unter seiner Last. Die ersten Bilder schieße ich noch im Licht der Sterne, doch dann wandelt sich die Szenerie. Schön wie eine Schneekugel schälen sich die Felsen aus der Dunkelheit, fangen an zu glühen. Ich komme nur langsam voran, kann die Finger nicht vom Abzug nehmen. Es verschlägt mir fast den Atem. Erst sind es nur die Spitzen der Felsen, die in rotes Licht getaucht werden, zunächst dunkelrot, dann immer heller, je mehr die Sonne sich erhebt.

Der Weg vor mir wendet sich abwärts. Es ist ein Tunnel, links die Balustrade mit dem Canyon, rechts die überhängenden Bäume, die sich fast bis auf die Brüstung runterbiegen unter dem Gewicht des Schnees. Wie lange Finger schiebt sich das Sonnenlicht durch das Geäst, Schneegriesel tanzt im Licht. Ganz am Ende, da geht der Blick frei auf den Canyon, erhebt sich eine Felsnadel. Die Spitze glüht, sie wirft einen langen Schatten. Ich baue das Stativ auf. Das ist eines der seltenen Motive, wo einfach alles passt. Oder fast. Die ersten Bilder schieße ich noch frei Hand, doch dann schraube ich die Kamera fest. Mir fehlt noch etwas. Eine einsame Spur im Schnee, die den Weg hinab führt. Das ist Kunst, was ich hier mache, und genau das wollen unsere Gastgeber. Ich nehme den Fernauslöser und laufe los, sorgfältig einen Schritt nach dem anderen machend. Bis da hinten, denke ich, dann gehe ich hinter einem Baum in Deckung und schieße das Bild. Oder eher ein Dutzend, um ganz sicherzugehen.

Das werden die besten Bilder des Morgens, freue ich mich hinterher und will rasch zur Kamera laufen, da saust mit einem Mal eine Schneekugel heran. Doch sie trifft nicht mich, sondern die Zweige über mir. Ich habe gerade einmal den Kopf hochgerissen, da rauscht auch schon eine Schneelawine auf mich herab und lässt mich schnappatmend zurück. Ich habe nicht einmal Zeit zu schreien.

»Treffer!«, ruft Tom von weiter oben und kommt mit Sally auf mich zu.

Ich hole keuchend Luft und blinkere mir den Schnee aus den Augen. »Oh, du! Na warte, das wirst du mir büßen!« Ich sprinte los, mit einer Hand den Schnee aus dem Kragen holend, und verpasse ihm so richtig schön eine Ladung ins Gesicht. Wieder einmal entbrennt eine wüste Schneeballschlacht, doch diesmal ist es reiner Spaß, und bald können wir nicht mehr, liegen japsend im Schnee. »Frieden?«, keuche ich.

»Frieden«, grinst er und hält mir die Hand hin, um mir aufzuhelfen. Seine Augen leuchten in der Morgensonne, richtig fröhlich sehen sie aus.

»Du hast gut geschlafen«, stelle ich fest, während ich mir die Kleidung ausklopfe.

»Hmmpf. Keine Ahnung. Du warst jedenfalls heute Nacht nicht bei mir. Ist das jetzt ein gutes oder ein schlechtes Zeichen?« Er schaut mich an, durchdringend auf einmal.

»Das kann ich nicht sagen. Wenn etwas war, habe ich dich jedenfalls nicht gehört. Ich war zu fertig. Das war ganz schön heftig für mich gestern. Kein Vorwurf«, ich hebe die Hände, weil er sich sofort versteift. »Los, komm, lass uns den schönen Morgen nicht mit trüben Gedanken verbringen. Lass uns da runtergehen. Das musst du dir ansehen.« Denn ich habe auf meinem Weg hinunter eine Art Aussichtspunkt durch die Bäume erspäht.

Meine Augen haben mich nicht getäuscht. Das ist er, und zwar einer der allerersten Güte. Tom ist sichtlich sprachlos, als sich das Panorama vor uns auftut. Stumm steht er da und saugt den Anblick förmlich in sich auf. Ich bleibe zurück, störe ihn nicht. Dieser Augenblick gehört ihm allein. »Das ist toll«, sagt er schließlich.

Ich weiß, was er meint. Der erste richtige Canyon, nicht diese flachen Einschnitte, die wir bisher bereist haben, und dann noch die Felsnadel in der Mitte. Ich trete zu ihm an die Brüstung, die Kamera jetzt wieder in der Hand. »Er ist beeindruckend, obwohl er noch nicht so tief ist wie die im Norden. Je höher wir hinaufkommen, desto steiler wird es«, sage ich leise. Seite an Seite sehen wir zu, wie die Sonne immer höher steigt, wie sich die Landschaft mit jedem Moment verändert.

Doch dann meldet sich bei uns der Hunger. »Los, komm, lass uns frühstücken. Ich kann es kaum erwarten loszufahren.« Ich bitte ihn zurückzutreten und Sally festzuhalten, damit ich eine abschließende Panoramaserie aufnehmen kann, und schieße noch ein Foto von Sally im Schnee für die Kinder, da sagt mein Display plötzlich *Out of Memory*. Nanu?, wundere ich mich. So voll ist der Speicher doch noch gar nicht gewesen. Hoffentlich hat die Kamera kein Problem. Doch in dem gleißenden Sonnenlicht kann ich nicht viel mehr erkennen, daher kehren wir rasch in unsere Unterkunft zurück.

Wir essen im Speisesaal am Fenster mit einem phänomenalen Ausblick. Die Speisen von gestern Abend sind zwar kalt, aber sie schmecken dennoch. »Jetzt weiß ich, warum die Zimmer so teuer sind«, sage ich kauend mit Blick auf den Canyon und will mir die Kamera nehmen, um das Problem mit dem Speicher zu untersuchen, doch Tom ist schneller.

»Zeig mal. Lass mich die Bilder sehen.« Er schaltet sie ein, stellt auf Displaymodus. Inzwischen kann er schon ganz gut mit ihr umgehen.

Ich esse weiter. »Irgendwas ist mit dem Speicher, das muss ich mir mal anschauen. Hoffentlich hat die Speicherkarte keinen Knacks abbekommen. Kannst du die letzten Bilder aufrufen?«

»Hmm... ja. Da ist Sally. Und da sind diese Rundumaufnahmen.« Er beginnt zu scrollen.

»Die wirken einzeln nicht«, erkläre ich ihm. »Man setzt sie erst am Rechner zu einem großen Ganzen zusammen. Sind die davor auch noch drauf?«

»Von dem Weg? Ja.« Er lehnt sich zurück und ist erstmal beschäftigt. Da genieße ich doch lieber die Aussicht, begleitet von dem leisen Surren des Scrollrades. Mit einem Mal keucht er auf, und dann fängt er unterdrückt an zu lachen. »Na, das ist ja ein Anblick!«, prustet er und dreht das Display um.

Mir fällt vor Schreck fast das Essen aus der Hand. Das bin ich auf dem Bild. Die Augen geschlossen, den Kopf in den Nacken gelegt, sind meine Mütze, meine Haare voller Schnee. Ich stehe in dem Tunnel aus Lichtstreifen und Schatten. Schneeflocken tanzen um mich herum und glitzern im Morgenlicht. Eigentlich ein schönes Bild, aber mit mir darin... Ich schnappe nach Luft. »Was?! Habe ich etwa die ganze Zeit...«

»Oh ja, und zwar alles«, gluckst Tom und scrollt die Sequenz durch. Ich muss vor Schreck den Serienauslöser gedrückt haben oder Schnee hat ihn verklebt, denn es ist wirklich alles drauf, von der Lawine bis hin zu meinem Sprint, wo ich mich lachend auf ihn stürze. Kein Wunder, dass die Speicherkarte voll ist!

»Gib her! Das wird sofort gelöscht! Keine Fotos von mir, nirgendwo!«

Ich will mir die Kamera greifen, doch er hält sie grinsend außer Reichweite. »Nichts da, das bleibt drauf. Diese Bilder will ich haben. Schließlich habe ich daran mitgebaut.«

»Nein! Kommt überhaupt nicht in Frage, gib her!«

Er packt meine Hände und hält sie von der Kamera fort. »Warum denn nicht? Die sind toll geworden!«

»Ich sehe völlig bescheuert aus. Ich will keine Fotos von mir haben, nirgendwo. Gib her, Tom. Das ist einfach nur dämlich. Meine Bilder, meine Regeln!«

Irgendwas an meinem Ton lässt ihn innehalten. Langsam reicht er mir die Kamera zurück. »Da irrst du dich«, sagt er leise, und dann steht er auf und geht hinaus. Ich starre ihm hinterher, die Kamera in der Hand. *Diese Bilder will ich haben.* Das ist ihm rausgerutscht, nur unbewusst bestimmt, aber es sagt mir viel. Bilder will man betrachten. Als eine schöne Erinnerung. Später. Also beginnt er zu akzeptieren, dass es vielleicht eine Zukunft für ihn gibt? Es wäre schön, wenn es wirklich so ist. Mit einem Seufzen wechsele ich die Karte. Aber die Bilder lasse ich drauf. Ich kann sie nicht mehr löschen.

Was auch immer er mit seinem letzten Satz gemeint hat, seine Laune beeinträchtigt es jedenfalls nicht. Wir ziehen uns warm an und packen uns einige Essenreste und Getränke als Lunchpaket ein. Die Karte nehmen wir mit als Wegweiser, Wanderstöcke,

Schneeschuhe und die Sonnenbrillen ebenso, denn die Sonne strahlt jetzt richtig. Es kommt jedenfalls einiges zusammen, sodass ich die Kameratasche zu einem kleinen Rucksack umfunktioniere.

»Das Ding ist interessant«, sagt Tom, während wir zum Jeep gehen. »Eine solche Tasche habe ich noch nie gesehen.«

»Die gibt es auch nur einmal. Ich habe sie mir selbst genäht«, sage ich und öffne die Tür des Landi. »Ich brauchte einfach etwas, das ich irgendwie so an dem schweren Wanderrucksack befestigen kann, dass ich jederzeit darankomme, ohne ihn abzusetzen, aber was mich nicht beim Laufen behindert, und das sich zur Not auch als Tagesrucksack verwenden lässt. Alle anderen Kamerataschen, die es zu kaufen gibt, muss man immer vorne oder an der Seite festmachen. Das war die beste Lösung.« Ich mache das Softtop auf und kontrolliere, was wir an Bergematerial dabeihaben. Das kommt von ganz allein. Unbekanntes Auto, unklare Ausstattung. Ich sehe zwei Schaufeln, Sandbleche, Seile und den unvermeidlichen Highlift. Sehr schön.

»Du hast anscheinend viele Talente«, brummt er und will auf der Beifahrerseite einsteigen.

»Oh nein, Nähen gehört nun wahrlich nicht dazu. Es war ein echter Krampf. Was ist, willst du mal fahren? Du kannst doch Schaltgetriebe fahren?«

»Ah...« Tom schaut zweifelnd auf die Schalthebel. Der Landi hat drei, einen für die normalen Gänge und jeweils einen für das Einlegen der Untersetzung und der Sperren. »Hm, nicht so wirklich. Lange her.«

»Na, dann wird es höchste Zeit, dass du es wieder lernst. Warte, ich parke ihn dir aus. Dann kannst du auf der Auffahrt üben.«

Der Landi ist ein Benziner, nicht so gutmütig wie mein alter Diesel zuhause. Zunächst würgt er ihn ab und bekommt die Gänge nur ruckelnd rein, aber irgendwann hat er den Bogen raus. Langsam bewegen wir uns die Auffahrt herunter, umkurven die Barriere und biegen auf die Straße ein. »Fahr da lang. Da geht es auf die

Panoramastraße. Oder zumindest auf das, was davon übrig ist«, meine ich angesichts der Schneewehen.

Gestern hatte ich gedacht, wir wären innerhalb des Ortes, doch das stimmt nicht. Es sind nur ein paar vereinzelte Farmhäuser an der Straße, aber die zumindest ist geräumt. Wir sehen Leute auf den Dächern stehen und schaufeln. Eine Gestalt richtet sich auf und winkt uns zu. Ich greife zu Tom rüber und hupe kurz als Gruß.

Er ist sofort nervös. »Hoffentlich kontrolliert uns keiner. Ich habe keine Papiere mehr, gar nichts.«

»Was, heute? Ach was, die werden beschäftigt sein. Los, da vorne geht's lang. Fahr einfach, und wenn du dich nicht mehr traust, dann übernehme ich.«

Das kommt schneller als gedacht. Die Straße, kaum mehr als Band zu erkennen, ist so richtig schön zugeweht. Nicht sehr hoch, von der Bodenfreiheit sollte es reichen, aber es vergehen nur ein paar Meter, und Tom setzt den Landi fest.

»Mist!«, flucht er ärgerlich.

»Ach was. Den haben wir gleich wieder frei. Schnapp dir die Schaufel, Partner.«

Ab da übernehme ich. Ich lege die Untersetzung ein und die Sperren und kurve mit viel Gas, aber gefühlvoll durch die Wehen hindurch. Tom guckt sich das eine Weile an, dann will er auch noch einmal fahren, und diesmal schafft er es. Ich hatte erst befürchtet, dass er damit überfordert ist, aber ich merke bald, er hat einen Heidenspaß bei der Sache. So hangeln wir uns von Aussichtspunkt zu Aussichtspunkt, die Schilder, halb vergraben im Schnee, kaum zu erahnen. Meine Fotoausbeute ist gut, aber diese magische Stimmung vom Morgen fange ich nicht mehr ein.

»Wir müssen in den Canyon, es nützt alles nichts«, rufe ich über den Lärm hinweg. »Warte mal, da vorne, das sieht aus wie die Abfahrt. Ist sie das?« Wir halten an und konsultieren die Karte. »Ja, das ist sie. Sehen wir uns das mal zu Fuß an.« Auf keinen Fall werde ich eine unbekannte Piste bei den Bedingungen runterfahren, ohne sie vorher zu begutachten.

Doch schon nach wenigen Schritten ist klar, der Schnee ist einfach zu tief. Wir stecken bis über die Oberschenkel fest. »Tja, da kann man nichts machen. Schneeschuhe?« Unten habe ich bereits die ersten Ruinen erspäht.

»Schneeschuhe«, sagt Tom und lässt sich grinsend mit ausgebreiteten Armen nach hinten fallen.

Ohne die schweren Rucksäcke ist es viel leichter, und die Piste, bei weitem nicht so steil wie die Canyonwände, ist für uns eine vortreffliche Rampe hinunter in den Canyon. Unten angekommen, sehen wir überall in den Felsnischen die Ruinen ehemaliger Behausungen. Tom hat sich während meines Schlafes gestern einiges angelesen und beginnt, mir die Geschichten zu erzählen, die sich um diese alten Stätten ranken, während ich meine Fotos mache. Er kann das richtig gut, staune ich. Als wir beschließen, Mittagsrast zu machen, frage ich ihn rundheraus, wo er das gelernt hat.

»Gutenachtgeschichten«, sagt er mit einem Schulterzucken, guckt mich aber nicht an. »Lizzie wollte nie ohne eine ins Bett. Bis es dann irgendwann uncool wurde.« Er schweigt eine Weile, denkt daran zurück. »Ich weiß es noch wie heute. Wie sie sich verlegen wand, und dann sagte: *Dad! Das ist voll uncool.* Es hat mich fast umgehauen, es kam so plötzlich. Wo war nur mein kleines Mädchen hin? Aber ich wollte mich nicht so einfach wegschieben lassen. Ich habe zu ihr gesagt, okay, wenn das jetzt *uncool* ist und du so groß bist, dann erzähl *du* doch deinem Dad eine Geschichte. Was hast du heute gemacht? Und so haben wir es beibehalten, bis zum Schluss.«

Gott, was muss sie ihn vermissen! Er tut es ja auch, kämpft wieder mit den Tränen. »He, ist schon gut. Keine trüben Gedanken, nicht an diesem schönen Ort. Hier nur schöne Erinnerungen, ja?« Ich stoße ihn an.

Er seufzt und steht auf. »Los, komm, da hinten sind noch mehr.«

Es fällt ihm nicht leicht, das merke ich wohl, aber er gibt sich Mühe und schafft es, sich ein Stück weit aus dem Sumpf der Trauer herauszuziehen. Mir zuliebe, und das rechne ich ihm hoch an. Die Gegend, der Schnee und die Sonne sind natürlich wie dafür gemacht. Staunend streifen wir durch die Ruinen, und ich schieße schöne Bilder von den Außenansichten, aber auch von innen, so als stünde man als Bewohner in seiner Behausung. Dabei fange ich an, ihm ein wenig zu erklären, wie ich die Motive wähle, was wichtig ist für schöne Bilder. Er hört zu, stellt aber keine Fragen.

Wie leicht mir das auf einmal fällt!, wundere ich mich. Es ist ja fast so, als wären wir Freunde, gute Freunde. Die Erkenntnis schockt mich ein wenig, und sofort schleicht sich das kleine Teufelchen in meine Gedanken: Was, wenn er das nur vorschiebt, um es mir leichter zu machen? Um mich nicht zu belasten? Ich stehe da hinter meiner Kamera, den Finger auf dem Auslöser, aber ich schaue zu ihm, wie er an der Wand einer Ruine lehnt und hinaus in den Canyon blickt. Eigentlich eine finstere Gestalt, aber auf der anderen Seite... mehr denn je weiß ich nicht, was ich von ihm halten soll. Beinahe, aber nur beinahe bin ich versucht, ihn so abzulichten, um einfach einmal sein Konterfei betrachten zu können, ohne dass er beständig an meinem Gemüt rüttelt. Aber das wäre ihm nicht recht, das weiß ich, also lasse ich es.

Als sich die Sonne langsam gen Westen wendet, haben wir diesen Abschnitt des Tales fast vollständig erkundet. Bleibt nur noch ein kleiner Seitenarm, der durch ein breites Felsentor zu erreichen ist. »Machen wir den noch und dann zurück?«, frage ich und schaue auf die Karte.

»Warum nicht?« sagt er und will lostiefeln.

Da spüre ich mit einem Mal etwas. »Tom?« Etwas in meinem Ton lässt ihn sofort innehalten.

»Was ist?« Er wendet sich zu mir um.

Ich antworte nicht, starre auf den Durchgang. Etwas verändert sich dort, ein Flirren in der Luft. »Komm her, schnell!«, dränge ich und strecke die Hand aus. Verwundert tut er, was ich sage, und ich zerre ihn hinter mich und rufe auch Sally heran.

»Was...?«

»Schscht!«, mache ich und konzentriere mich, schließe kurz die Augen. Als ich sie wieder öffne, steht da eine Gestalt. Ein Schatten im Dunkel des Felsentores. Ich sehe nur zwei Glimmende Punkte, wo die Augen sein müssten, und eine gezackte Reihe Zähne. Vor Schreck weiche ich zurück und pralle gegen Tom.

»Sanna?« Er hält mich fest, als ich nach Luft schnappe.

Die Gestalt kommt näher, langsam schälen sich ein Totenschädelgrinsen heraus und Lumpen, welche die knochige Gestalt umhüllen. Wo ist die Grenze, wo ist die Grenze?, frage ich mich und schiebe Tom weiter zurück. Da, da ist sie. Wir stehen praktisch drauf. Energischer jetzt dränge ich Tom nach hinten und packe Sally, die angefangen hat zu knurren, am Halsband und zerre sie zurück.

»Sanna, was ist denn?«, zischt Tom. Unwillkürlich ist er leise geworden, er spürt, dass etwas ganz und gar nicht stimmt. Ich antworte nicht. Ich habe etwas erspäht in der Hand dieses Wesens, es sind Seile, und je näher es kommt, desto mehr straffen sie sich und zerren aus dem Halbdunkel, was dort eigentlich hätte verborgen bleiben sollen. Es sind andere Gestalten, sie kriechen hervor, kaum mehr Schatten. Verhungert, das sind sie. Es nährt sich von ihnen, hält sie gefangen. Ich sehe antike Kleidung, aber auch moderne. Es hat Unfälle gegeben, hat der Chief gesagt. Jetzt weiß ich auch, warum.

Es kommt langsam näher. Sally fletscht die Zähne. Das Wesen streift uns mit seinem Geist, und es merkt sofort, wer der Schwächere von uns beiden ist.

<*Nein, ihn wirst du nicht bekommen!*> Diesmal schiebe ich mich nicht nur körperlich, sondern auch mental vor Tom.

Das Wesen schreit. Es kracht, ein Schneebrett löst sich von dem Felsen und donnert vor uns auf den Boden. Hastig zerrt Tom mich zurück, als wir von einer Wolke aus Schnee getroffen werden und ein Wind, der vorher noch nicht da gewesen ist, uns fast von den Füßen fegt. Mich an Tom festhaltend, versuche ich, nicht das Gleichgewicht zu verlieren und obendrein das Bewusstsein, denn es hat tatsächlich versucht, ihn und damit mich zu fassen zu bekommen. Doch die Grenze hält, und kaum einen Augenblick später ist der Spuk schon wieder vorbei.

Keuchend breche ich auf die Knie. Mir ist schwindelig, alles dreht sich vor meinen Augen. Nur undeutlich höre ich, wie Tom mich packt und schüttelt und meinen Namen ruft. Ich schiebe ihn von mir. »Wir... wir müssen hier weg. Lass uns gehen!«

Er muss mich fast die Piste hochtragen. Ich habe so weiche Knie, dass ich kaum auf meinen Schneeschuhen vorankomme. Als wir endlich oben ankommen, parkt ein großer Polizeijeep neben unserem. *Navajo Tribal Police* steht auf der Seite. »Scheiße, auch das noch...«, flucht Tom unterdrückt.

Die Türen gehen auf, Hank schiebt sich hinaus, diesmal in Uniform. Chip, der aus der anderen Seite hervorkommt, reißt die Augen auf, dann rennt er zu uns, so schnell er es in dem tiefen Schnee kann. »Was ist passiert?«, ruft er und will Tom helfen, doch der knurrt ihn fast an, sodass der Junge lieber Abstand hält.

Langsam gehen wir auf Hank zu. Der Chief schaut mir mit grimmigem Blick entgegen. Ich nicke erschöpft. »Ihr habt ein Problem. Es hat uns angegriffen.«

»Verdammt! Ich hätte nicht gedacht, dass ihr beide es ausgerechnet heute bis dorthin schafft, nicht bei dem Schnee. Es tut mir leid. Wir hätten dich vorbereiten müssen.«

»Sanna?! Wovon redet ihr?!« Toms Stimme ist fast nur noch ein Grollen. Ich spüre, dass er kurz davor ist, die Beherrschung zu verlieren.

Ich halte ihn fest, und auf einmal ist mein Schwindel vergangen. Ich muss ihn schützen, das spüre ich. »Das werden wir nachher erfahren. Schscht, nicht. Beruhige dich. Wir fahren jetzt zurück in die Lodge, und dann hören wir uns an, was sie zu sagen haben. Tom!« Er atmet schwer. »Sieh mich an! Es wird alles gut. Mir ist nichts passiert.«

Den Kopf in Richtung Hank schüttelnd, führe ich ihn zum Auto. Nur mit Mühe schaffe ich es, ihn auf den Beifahrersitz zu bugsieren. Dort sinkt er sofort in sich zusammen, er klammert sich an mir fest.

Es ist ein echter Rückfall, erkenne ich erschrocken. Er kann mich nicht loslassen. *Fahr du,* forme ich die Worte in Chips Richtung und quetsche mich zu Tom auf den Mittelsitz. Ihn festhaltend, lege ich die holprige Fahrt in die Lodge zurück.

Dort angekommen, sehe ich einen weiteren Wagen auf dem Parkplatz. Hanks Frau Rosie ist da und zu meiner Überraschung auch Meg, die ihr hilft. Ihre besorgten Fragen wedele ich beiseite. Ich muss Tom so schnell wie möglich in Sicherheit bringen. Unter gutem Zureden bugsiere ich ihn in sein Zimmer und aufs Bett. Er zittert wieder so wie damals, als ich ihn fand. Rasch ziehe ich ihn aus und decke ihn fest zu. Meg, die besorgt von der Tür aus zuschaut, sagt nichts. Ich winke sie heran, weil ich ihn nicht loslassen kann. Leise flüstere ich auf sie ein, und sie nickt verstehend und geht.

Bald darauf ist sie wieder da. Sie reicht mir einen Becher Tee. Er ist schon abgekühlt, gut trinkbar. Ein kräftiger Kräutertee. Aber den stechenden Geruch bemerke ich trotzdem. Er hoffentlich nicht. Behutsam wecke ich ihn. »Tom? Tom! Wach auf!« Er fährt mit einem unterdrückten Keuchen hoch. Ich fasse ihn um die Schultern. »Hier, trink das, das wird dir guttun. Du hast dich sehr angestrengt und bist bestimmt durstig. Mach schon.«

Unter gutem Zureden flöße ich ihm das Gebräu ein. Erst schluckt er gierig, doch dann merkt er plötzlich, dass etwas nicht stimmt. Denn dieses Zeug wirkt in Windeseile. »Aaahh...!« Er versucht, mir den Becher aus der Hand zu schlagen. Es trifft mich ein Blick voll nackter Furcht, aber auch Zorn. »Nein... bitte nicht...« Er lallt bereits, sinkt zusammen. »Bitte nicht... tu mir das nicht an... Sanna... bitte nicht...« Dann ist er weg.

»Es tut mir leid«, flüstere ich erstickt und lasse ihn in die Kissen gleiten. Behutsam streiche ich ihm die Haare aus der Stirn. »Du kannst mir nicht helfen. Diesmal nicht. Sally, komm her.« Ich rufe sie zu mir. Winselnd springt sie aufs Bett. »Bleib bei ihm, pass auf ihn auf.«

Mir die Tränen aus dem Gesicht wischend, lasse ich ihn allein. Es tut mir in der Seele weh, ihn so zu sehen und zurücklassen zu müssen. Aber es nützt ja nichts. Mir ist klar, er darf auf keinen Fall mitbekommen, was ich glaube tun zu müssen. Denn er würde es verhindern wollen oder noch schlimmer, mit mir da reinkommen. Dann wäre er in Lebensgefahr. Das darf ich nicht zulassen.

Die anderen warten in der Halle auf mich. »Er schläft«, teile ich ihnen mit. »Jemand muss bei ihm wachen und ihm die nächste Dosis einflößen, sollte er wieder zu sich kommen. Aber nur so viel, dass er weiterschläft. Er darf nichts merken. Kommt, lasst uns gehen.« Doch bevor ich das Haus verlasse, winke ich Chip heran und rede flüsternd auf ihn ein. Erst will er nicht, doch dann nickt er schließlich und verschwindet noch einmal im Haus.

Den Weg zum Versammlungshaus legen wir schweigend zurück. Keiner stellt mir irgendwelche Fragen. Es ist ein großes rundes Haus mit einer Glaskuppel, in der Mitte ein großer Raum, überall brennen Kerzen, und es ist rauchig, duftendes Zeug wird verbrannt. Man will Essen reichen, doch das lehne ich ab. Ich faste, weiß genau, warum. Sie lassen sich um mich herum nieder, dunkle Gesichter und Augen im Schatten, alle auf mich gerichtet.

»Erzähl«, fordert der Chief mich auf.

Leise erkläre ich ihnen, was sich am Nachmittag zugetragen hat. »Sie sind zu elft«, schließe ich meinen Bericht ab. »Dieses Wesen hält die anderen dort fest. Ich habe Männer gesehen, Frauen und Kinder. Alte Kleidung, nicht von eurer Machart. Und auch neue, bei zweien, um genau zu sein.« Bei diesen Worten entsteht Unruhe in der Gruppe. Eine Frau hinter mir bricht in lautes Schluchzen aus und wird hastig hinausgeführt.

Die Männer schauen grimmig. Hank erklärt mir: »Das ist jetzt zehn Jahre her. Sie haben dort übernachtet, zwei Jungen von unserem Clan. Es sollte eine Mutprobe sein. Sie kamen nie zurück.«

»Sie sind noch dort.« Weshalb ich mir da plötzlich so sicher bin, kann ich nicht sagen. Dieses Wissen steigt einfach in mir hoch. »Wären sie einfach umgekommen und ihr hättet sie mit einer

Totenzeremonie – wie auch immer die bei euch abläuft - in die andere Welt geleitet, dann wären ihre Seelen befreit.«

»Das wissen wir«, sagt ein anderer. »Wir haben sie nie gefunden. Wir kamen nicht an sie heran. Wirst du uns helfen, sie zu befreien?« Jetzt brennen die vielen Augen sich regelrecht in mich. Ich werde fast getragen von ihnen.

»Das werde ich, und zwar heute Nacht.« Bei meinen Worten fahren alle überrascht zusammen, aber ich weiß, dass ich es muss. »Wenn *er* mitbekommt, was wir vorhaben, dann rastet er aus. Das hält er nicht aus. Ich habe Angst, dass ihn dies endgültig über die Grenze treibt und auch mir schadet. Dann kann ich euch nicht mehr helfen. Außerdem hat der Geist ihn angegriffen, er hat erkannt, wen er da vor sich hat. Einen Suchenden, eine verwundete Seele. Solange er so verwundbar ist, bin ich es auch. Deshalb heute Nacht. Aber ich brauche Unterstützung, denn ich habe so etwas noch nie gemacht. Allein bin ich zu schwach. Wie kann ich so etwas Böses zerstören?«

Schweigen. Einen Moment lang schauen sich alle an. Hinter mir beginnen die Frauen zu wispern. Dann fangen die Männer an zu reden, in ihrer Sprache. Hin und her geht es, wie ich es schon einmal erlebt habe. Schließlich schweigen sie, denken nach.

Dann räuspert sich einer. »Das kann sehr gefährlich für dich werden. Selbst von unseren erfahrensten Schamanen hat sich das noch keiner getraut, und du bist keine von ihnen. Für so etwas muss man normalerweise initiiert sein. Für gewöhnlich dauert es Jahre, manchmal ein halbes Leben, bis man soweit ist.« Er schaut nach hinten, zu den Frauen. Eine der ältesten sagt etwas. Es klingt wie ein Vorschlag. Die Männer brummen, wiegen die Köpfe. Doch dann geben sie, fast unmerklich zu sehen, ihr Einverständnis.

Es entsteht Bewegung unter den Frauen, sie verlassen den Raum. Aber nur kurz. Bald darauf sind sie wieder da, und ich staune. Alle sind in traditioneller Kleidung, und sie haben einen Stapel ebensolcher Kleidung auf dem Arm. Wow, denke ich und schaue Rosie fragend an, doch sie lächelt nur.

»Die Frauen werden dir helfen«, sagt der Chief und bedeutet den anderen Männern, sich zu erheben. Sie verlassen den Raum. Ganz hinten führen die Frauen eine winzig kleine, hutzelige Gestalt herein. Die Großmutter. So wird sie immer genannt gegenüber Fremden, der Einfachheit halber, aber ich weiß inzwischen, dass dies nicht korrekt ist und diese weisen Frauen ganz viele Namen haben, einige mehr als dreißig Stück. Die Clanälteste oder Weiseste von allen. Die Navajo sind wie viele amerikanische Stämme matrilinear organisiert. Dieser Frau kommt die zentrale Bedeutung zu.

Sie kommt auf mich zu und umfasst mein Gesicht. »Bist du bereit, dich mit uns zu verbinden? Ein Teil von uns zu werden?« Ihr Blick versenkt sich in meinen.

»Ja«, höre ich mich sagen.

Ich werde in einen anderen Raum geführt. Ein heißes Feuer brennt dort, Wasser wird verdampft. Jemand schlägt eine Trommel, Gesang wird angestimmt, immer wieder die gleiche Laut- und Tonfolge, auf und ab. Es ist hypnotisierend, und verbunden mit dem Dampf und dem Rauch merke ich, wie ich mich langsam entspanne und in einen fast schwebenden Zustand gerate. Sie entkleiden mich, ich werde einer rituellen Waschung unterzogen. Sie begutachten meine Tattoos auf den Oberarmen. »Sind es gute Symbole?«, fragen die Frauen. »Werden sie uns helfen?«

»Ja«, sage ich. »Sie dienen meinem Schutz.«

Jetzt wird ein Sandbild in die Mitte des Raumes gemalt, kunstvoll und mit viel Geduld und heiligen Gesängen. Jemand bemalt mir die Stirn, das Gesicht. Ich bekomme ein Tattoo auf den linken Handrücken gestochen, doch halb benommen merke ich die Stiche nicht einmal. Dann werde ich wieder angekleidet, erst in ein ärmelloses, kunstvoll gewebtes langes Hemd und Beinlinge, darüber ein Kleid und weiche, warme Sachen, Leder und Felle. Kostbar sind sie, denn sie sind echt und sehr alt, das merke ich, als meine Finger darüberstreichen. Anschließend legen sie mich in die Mitte des Bildes, berühren mich alle. Ich merke, wie sich etwas verändert, wie ich nicht nur von den Händen, sondern auch von ihren Gedanken berührt werde, dutzende Frauen, die sich mit mir verbinden.

Schließlich spricht die Großmutter zu mir. »Eine böser Geist nährt sich von Trauer, Furcht, Hass und Zorn. Er kann nur durch das Gute, Schöne zerstört werden. Du bist die Brücke für uns, du musst unsere Gedanken in ihn lenken. Halte unsere Gedanken fest. Hab keine Angst. Dann wird es dir gelingen.«

Immer noch halb benommen, sitze ich später in eine warme Decke gewickelt im Jeep des Chiefs und werde in den Canyon gefahren. Er ist Teil eines langen Konvois, der uns Frauen hinausbringt. Mittlerweile ist es tiefe Nacht, die Sterne glitzern am mondlosen Himmel. Ich bin zu erschöpft, um so etwas wie Angst zu empfinden, will es nur hinter mich bringen.

Die Fahrt ist kurz, sie haben vom Ort aus die Zufahrt durch das Flussbett geräumt, damit alle sicher dort hineingelangen, besonders die Großmutter. Fackeln säumen die Piste, es sind zahlreiche. Weiter hinten im Canyon haben sie ein großes Feuer entzündet. Ich höre Trommeln, Gesang. Sie halten dort ein Ritual ab. Man hat mir gesagt, es solle den Geist bannen. Doch dies findet weitab des Ortes statt, der mein Ziel ist. Den Weg hinein zum Felsentor werde ich allein gehen müssen, alle werden in sicherer Entfernung bleiben.

Stumm werden wir durch die Menge geführt, hinein in die Dunkelheit. Keine Fackeln existieren auf dem Weg zum Felsentor, sie haben sich nicht dorthin getraut. Nur unsere Spuren vom Nachmittag weisen mir den Weg. Die Frauen bleiben weit vor dem Felsentor, sie setzen sich auf warme Felle in den Schnee. Ich werde berührt, umarmt. Sie bestärken mich, halten mich fest, während ich langsam meinen einsamen Weg antrete. Doch so dunkel ist es gar nicht, die umliegenden Canyonwände werfen den Schein des Feuers zurück. Und genau das hatte ich gehofft. Ich will es sehen, auf die eine oder andere Weise.

Es wartet bereits auf mich. Die Anwesenheit so vieler Menschen hat es geweckt. Ich bleibe vor der Barriere stehen, ich weiß ja, dass es da nicht rüber kann. Doch ich muss diese Barriere überschreiten, darf aber nicht in den Bereich der Felsen kommen, denn dann könnte es mich verletzen, Eis oder Felsbrocken auf mich herabstürzen lassen.

Ich spüre es jetzt ganz deutlich und muss die Furcht, die unwillkürlich in mir aufsteigen will, mit aller Macht beiseiteschieben. Die Frauen helfen mir, sie bestärken mich. Leiser Gesang weht über das Geräusch der lauteren Trommeln zu mir hinüber. Er trägt mich, bis ich mich zu jenem einen entscheidenden Schritt aufraffen kann. Fest an ihn, den ich beschützen will, denkend und den restlichen Geist geleert, übertrete ich die Barriere. Mit geschlossenen Augen stehe ich da und warte.

Es umschleicht mich wie ein Raubtier, das es ja auch ist. Ich spüre, wie ein kalter Hauch über meine Haut streicht, dann, ein Nadelstich, als es nach meinem Innersten greift, nach Nahrung. Es tut weh, doch ich lasse mir das nicht anmerken. Ich biete ihm keine Nahrung, bin vollkommen leer.

<Wo ist er?>, zischt es in meinem Ohr. Oder in meinem Kopf?

<Er ist in Sicherheit. Du wirst ihn nicht bekommen.> Dieser Gedanke gibt mir tiefen Frieden. Ich habe ihn beschützt. Dieses Gefühl mitnehmend und die bestärkenden Gedanken der anderen Frauen, bündele ich meine Kräfte. Es fährt auf mich herab, wütend und sehr, sehr hungrig. Ich lasse es kommen, bis es tief in mich dringt und meine Nerven und alles, was ich denken und fühlen kann, sich in eisige Kälte verwandeln. So offen, so entblößt habe ich mich noch nie gefühlt, aber meinen innersten Kern, den erreicht es nicht, der ist gut geschützt. Dann lasse ich los. Ich falle und es fällt mit mir, gierig nach mir greifend, und merkt gar nicht, wie ich all das Gute, das mir die anderen geben, in es jage und diese dunkle Seele in tausend Stücke sprenge. Wind kommt auf, ein Kreischen erfüllt die Luft. Und dann ist es auf einmal still.

Ich werde getragen von den anderen Frauen. Wie und wann ich wieder zu mir gekommen bin, kann ich nicht sagen. Sie bringen

mich in mein Bett, entkleiden mich, decken mich fest zu. Die Großmutter ist da, sie spricht ein paar letzte rituelle Worte, streicht mir
über die Stirn.

Dann bin ich allein und liege mit hämmerndem Herzen da. Ist es
vorbei? Ich weiß nicht, was ich fühlen soll, bin weit über den Rand
der völligen Erschöpfung hinaus. Ich bin wund in der Seele und
völlig zerschlagen, und ich brauche... Trost. Geborgenheit. Und das
kann mir nur einer geben.

Barfuß und immer noch mit dem rituellen Hemd bekleidet, steige
ich aus dem Bett und laufe hinüber. Im Wohnzimmer, das von einer
Kerze schwach erhellt wird, sehe ich mein Spiegelbild in der großen
Scheibe nach draußen. Der Anblick macht mich sprachlos. Ich sehe
fremd aus. Wie jemand, der ich nicht bin. Meine Augen sind immer
noch geweitet, die Pupillen riesengroß. Die dunklen Male auf der
Stirn, auf den Wangen, am Kinn. Wären nicht die blonden Haare
und die helle Haut, man könnte mich für eine von ihnen halten. Ich
muss schlucken, und endlich kommen die Tränen, alles, was ich die
ganze Zeit unterdrückt habe. Es wird Zeit, die Müdigkeit legt sich
wie eine schwere Decke über mich.

Er ist immer noch betäubt, das merke ich daran, wie er atmet.
Auf dem Nachttisch steht ein Becher, noch fast voll. Also haben
sie ihm eine zweite Dosis verpasst. Sally kommt winselnd zu mir,
ich streichele sie. »Hast gut auf ihn aufgepasst, nicht wahr?«, flüstere
ich. Ich betrachte sein Gesicht, das ich immer noch nicht kenne,
nur erahnen kann unter dem Gestrüpp. Bis auf die Augen, die sprechen immer zu mir. Sachte hebe ich die Decke an und schlüpfe
darunter, lege meinen Kopf an seine Schulter und schmiege mich
an ihn. Ich muss einfach spüren, dass er lebt, atmet, seine Wärme,
und ich merke, jetzt kann ich loslassen und der Erschöpfung nachgeben. Wir sind in Sicherheit.

Kapitel 6

Er ist fort. Seine Sachen auch. Als ich aufwache, da steht die Sonne bereits hoch am Himmel, liege ich allein im Bett, und das Zimmer ist leer. Es ist so leer, wie ich mich fühle, ich habe nicht einmal mehr Kraft für Tränen. Was muss er sich verraten von mir vorkommen! Ich wäre es ja auch.

Irgendwie finde ich die Kraft, mich ins Bad zu schleppen, ich merke nicht einmal, dass es seins ist, bis ich versuche, in den Spiegel zu sehen. Er hat ihn mit einem Handtuch verhängt, ich hatte es noch gar nicht bemerkt. Seinen Anblick erträgt er anscheinend nicht. Jetzt kann es mir nur recht sein, denn ich selber tue es auch nicht. Stundenlang, so kommt es mir vor, stehe ich unter der Dusche, lasse das inzwischen nur noch kalte Wasser auf mich herabprasseln und schrubbe und schrubbe und schrubbe die Male aus meinem Gesicht.

Wieder in meinem Bad, sehe ich, dass die Aktion nur semi-erfolgreich gewesen ist. Man erkennt sie immer noch, dunkle Schatten in meinem müden Gesicht. Ich fühle mich, als hätte ich gestern ein mittleres Besäufnis gehabt, ein stechender Kopfschmerz, aber nicht schlimm. Kurz überlege ich, ob ich eine Schmerztablette nehmen soll, doch das verschiebe ich lieber. Als ich mich ankleide, fällt mein Blick auf meine linke Hand. Diese Symbole sehen ja fast aus wie... Ich halte die Hand vor den Spiegel. Tatsächlich. Es sind dieselben wie von Faith und ihrer Großmutter. Sie haben mich für immer gezeichnet.

Auf der Suche nach meinem Kocher treffe ich Rosie in der Halle. Sie sitzt hinter dem Tresen und geht irgendwelche Listen durch, abwesend Sally streichelnd, die es sich zu ihren Füßen gemütlich gemacht hat. Als sie mich hört, schaut sie auf. »Oh, du bist wach! Wie geht es dir?« Sie kommt hinter dem Tresen hervor und nimmt mich besorgt in Augenschein. Sally begrüßt mich mit einem Schwanzwedeln.

»Geht so«, wehre ich ab. »Was habt ihr da verbrannt? Das Zeug war echt stark.«

»Rituelles Kraut?« Sie lächelt leicht. »Ich gebe dir einen Tee, der vertreibt die Müdigkeit. Komm, setz dich da rein, ich hole dir etwas zu essen. Du musst völlig ausgehungert sein.«

»Nein... Rosie, wo ist er hin?« Ich muss es wissen.

Ihre Miene spannt sich an. »Er musste erst einmal fort, sich beruhigen. Er ist in den Canyon gegangen. Als er heute Morgen wach geworden ist, ist er fast ausgerastet, als er gemerkt hat, was wir getan haben, und ganz und gar, als Chip ihm die Bilder gezeigt hat. Er hat ihm eine verpasst...«

»Nein... oh nein. Das kann doch nicht...«

»Keine Sorge.« Sie tätschelt meinen Arm und führt mich ins Kaminzimmer, wo ein Tisch für mich gedeckt ist. »Mein Sohn kann auch ganz schön austeilen. Wir haben sie auseinandergebracht, und dann ist er weg. Die Männer haben ihn verfolgt und aufgepasst, dass er keine Dummheiten macht. Er ist jetzt im Canyon, da, wo du gestern Nacht gewesen bist. Du kannst ihn nachher suchen gehen. Aber jetzt iss erstmal, komm zu Kräften.«

Eigentlich will ich gar nicht, doch nach ein paar ersten, sehr lustlosen Bissen merke ich, dass sie recht hat. Ich bin ausgehungert, habe seit fast einem Tag nichts mehr gegessen. Rosie bemuttert mich regelrecht, und es tut mir gut, wie ich bald feststelle. Schon merke ich, wie ich wieder zu Kräften komme, und lasse es mir schmecken.

»Was ist das für ein Zeichen, das ihr mir da auf die Hand tätowiert habt? Faith trägt es, und ihre Großmutter auch. Was bedeutet das?«

Sie setzt sich zu mir, streicht darüber. »Du bist jetzt initiiert, naja, zumindest fast. Du bist eine, die mit den Geistern spricht, sie hört, was sie sagen wollen. Das ungefähr bedeutet es, aber natürlich auch noch viel mehr. Denn wir lauschen auch der Erde, den Winden, vielen Dingen.«

»Und diese Fähigkeiten… die haben nur die Frauen?«, wundere ich mich. Denn ich habe bereits mitbekommen, die Schamanen, die Sänger, das sind hauptsächlich Männer.

Rosie lächelt, auch ein ganz klein wenig spöttisch. »Meistens, ja. Wie es scheint, sind wir ein wenig offener, sensibler für so etwas. Das wird oft vererbt. Aber du, du hast diese besondere Gabe. Du bist eine Brücke zwischen Leben und Tod. Jeder, der unsere Welt kennt, wird nun wissen, was du bist. Deswegen ist dein Zeichen auch ein klein wenig anders als unseres. Siehst du, dieser Teil hier.« Sie zeigt ihn mir.

»Weißt du…« sie setzt sich etwas anders hin, »bei uns Navajo hat der Tod nicht dieselbe Bedeutung wie bei euch Weißen. Wenn die Seele den Körper verlässt, verliert der Körper für uns komplett an Bedeutung. Stirbt ein Mensch in einem Hogan, dann wird an der Stelle nie wieder ein neuer gebaut, da die Menschen Angst haben vor dem Geist des Toten, der da umgehen kann. Du jedoch, du kannst diese Orte befreien. Das würde vielen traditionell Ausgerichteten sehr viel bedeuten, denn sie haben wirklich Angst vor den Geistern. Du reinigst diese Orte.«

Ich muss schlucken bei dem Gedanken daran, was da auf mich zurollen könnte. »Oh nein. Dann verstecke ich das lieber. Ich zweifle ja immer noch selber daran, dass dies geschehen ist. Aber Rosie, du sagst, Tom hat die Bilder gesehen? Dann sind sie etwas geworden? Kann man etwas erkennen?«

Sie seufzt. »Das ist eigentlich nicht erlaubt. Als Chip gestern Nacht mit deiner Kamera in der Hand zurückkam, war Hank echt sauer. Aber du wolltest sie ja unbedingt haben, sagt Chip. Man sieht es. Wenn man weiß, was man vor sich hat, kann man es erkennen. Aber auch nur dann. Das ist wirklich gruselig.« Sie mag mir nicht in die Augen schauen dabei.

»Es tut mir leid, Rosie. Ich wollte nicht gegen eines eurer Tabus verstoßen. Ich musste einfach wissen, wie es von außen aussieht, und vor allem mir selber beweisen, dass ich nicht völlig verrückt bin.« Ich presse die Lippen zusammen.

»Sanna, nicht!«, ruft sie aus. »Denke das doch nicht! Wir alle *wissen*, dass es nicht so ist. Du trägst jetzt das Zeichen auf deiner Hand.«

»Das mag ja sein, aber ein kleiner Teil von mir kann es immer noch nicht glauben. Deshalb... wo ist denn meine Kamera? Habt ihr sie mitgenommen?« Denn im Zimmer war sie nicht, das hätte ich gesehen.

Sie schüttelt den Kopf. »Nein. *Er* hat sie mitgenommen.«

Jetzt springe ich erschrocken auf. »Oh nein, hoffentlich zerstört er sie in seiner Wut nicht!« Das würde er sich hinterher nie verzeihen, das weiß ich genau. Jetzt hält mich nichts mehr. Ich nehme mir kaum Zeit, warme Klamotten anzuziehen. Sally lasse ich bei Rosie, sie soll das nicht miterleben.

Der Landi steht vor der Tür, der Schlüssel steckt. Da sie die Piste geräumt haben, bin ich binnen kürzester Zeit auf dem Weg in den Canyon und kann inmitten der alten Ruinen parken. Rasch laufe ich an den heruntergebrannten, immer noch schwelenden Resten des Lagerfeuers vorbei nach hinten, in jenen Seitencanyon. Ich brauche nur seiner Spur zu folgen. Sie ist unverwechselbar.

Die Linie ist fort, es ist nichts mehr zu spüren, was mich beruhigt. Vor dem Felsentor ist eine kreisrunde Fläche aus verwehtem Schnee entstanden, verursacht durch wirbelnde Winde. In der Mitte prangt ein tiefer Abdruck, dort muss ich gefallen sein. Er ist außen herum gegangen, auf die Knie gebrochen, wie es aussieht.

Am Felsentor klebt Blut. Jetzt bin ich ernsthaft beunruhigt, und ich beschleunige meine Schritte. »Tom?« Meine Stimme hallt am Stein wider. Als ich durch das Tor hindurch bin, kommen weitere Ruinen in Sicht. Vor einer liegt sein Rucksack. Ich bin so erleichtert, dass ich aufschluchze und einfach losrenne. »Tom!«

Er hockt auf dem Boden in einem der Häuser und hat den Kopf auf die Knie gebettet. Vorsichtig nähere ich mich, seinen Ausbruch in der Höhle am Petrified Forest noch gut in Erinnerung. »Tom?«, frage ich vorsichtig, da werde ich von den Füßen gerissen, so schnell, dass ich kaum reagieren kann.

Er hält mich fest, hat mich am Nacken gepackt. Stirn an Stirn hocken wir voreinander, schwer atmend, und er bedenkt mich mit einem Blick, da wird mir ganz kalt. »Tu das nie wieder! Nie, nie wieder!« Seine Stimme ist ganz heiser vor Zorn. Oder etwas anderem? Wie er zittert, nein, das ist nicht Zorn, erkenne ich. Er hat Angst, um mich, erkenne ich auf einmal, und will es sich nicht eingestehen. Zorn ist die einzige Alternative, um mit so etwas klar zu kommen.

»Schscht, nicht. Es geht mir gut. Mir ist nichts passiert. Ich bin hier...« So auf ihn einredend, löse ich seine Hände und ziehe ihn an mich. Seine Fingerknöchel sind blutig, er muss getobt haben. Daher das Blut an den Felsen. Ich streichele sie, halte sie fest umfasst. Das lässt etwas in ihm zerbrechen. Der Zorn zerfällt zu Staub, er lässt sich fallen und umklammert mich, hält sich an mir fest. Stumm hocken wir da und versuchen zu verarbeiten, was eigentlich geschehen ist.

»Du musst mich für vollkommen irre halten«, flüstere ich schließlich. Sein Kopf liegt in meinem Schoß, ich habe mich an die Mauer gelehnt. »Ich wünschte, es wäre so. Ich wünschte, ich hätte wirklich einen Knacks weg und könnte zu einem Psychodoktor gehen, und der würde das«, ich schnipse mit den Fingern, »wegtherapieren. Aber das geht nicht. Meine Gabe ist echt.«

»Ich halte dich nicht für verrückt. Denke das niemals. Aber ich dachte, sie machen was mit dir. Setzen dich irgendwie unter Druck. Irgendein Voodoo Zeug. Ich wollte dich beschützen.« Jetzt sind seine Worte erstickt, er kämpft, seine Beherrschung nicht zu verlieren, und wie! Aber ich unterbreche ihn nicht, denn das muss er rauslassen. »Als ich heute Morgen aufgewacht bin und gemerkt habe, dass du bei mir bist, war ich erleichtert. Oh gut, sie haben dich nicht bekommen. Aber dann habe ich dein Gesicht gesehen. Mein Gott, Sanna, wie du ausgesehen hast!«

»Ich weiß. Du hättest mich mal gestern Nacht sehen sollen. Was auch immer sie da in ihr Räucherzeug getan haben, es macht total high. Das möchte ich nie wieder erleben.«

Er schaut zu mir auf, und ich muss wegblicken, denn das, was ich in seinen Augen sehe, ist mir seltsam unangenehm. Es berührt mich, ganz tief drinnen. »Du hast dich mit Chip geschlagen. Und er mit dir.« Denn Tom hat ein Veilchen, und kein kleines.

»Ja. Verdammt. Er hat versucht zu erklären... ich wollte es nicht glauben. Und dann hat er mir die Bilder gezeigt. Da bin ich ausgerastet.« Er richtet sich jetzt auf, greift hinter sich, hinter einen Felsen, und gleich darauf hat er meine Kamera in der Hand. »Sieh es dir an. Sieh es dir nur gut an«, sagt er und beginnt zu scrollen. »Sie haben dich in Gefahr gebracht. Das verzeihe ich ihnen nie.«

»Du irrst dich.« Bei meinem Ton hält er inne und blickt auf. Ich nicke. Das muss er wissen. »Nicht sie haben mich in Gefahr gebracht, sondern du warst es. Doch Tom«, setze ich nach, als er abwehrend den Kopf schüttelt. »Dieses Wesen, es ist ein Raubtier, und als solches, was macht es da? Es sucht sich immer den Schwächsten aus einer Herde aus. Und das warst nun mal du. Denn du bist noch sehr geschwächt, offen und verletzlich. Es hat dich angegriffen, ich musste mich dazwischen stellen. Heute Nacht, da brauchte ich all meine Kraft dafür, diesen Weg zu gehen. Wenn du da gewesen wärest, hätte ich das nicht geschafft. Denn du, so viel steht fest, hättest nicht einfach draußen gewartet und zugesehen wie die anderen Männer. Du wärest hinter mir hergekommen, hättest eingegriffen, und dann...« Ich muss schlucken, beiße mir auf die Lippen, und sehe fort, hinaus in die Felsen.

»Nicht...«, sagt er leise, aber ich schüttele den Kopf.

»Sie haben mich nicht in Gefahr gebracht. Denke das nicht. Es war meine Entscheidung, meine allein. Ich hätte auch ablehnen können. Das hätten sie verstanden, denn sie versuchen bereits seit Jahrzehnten, womöglich noch viel länger, diesen Geist loszuwerden, und haben es nicht geschafft. Aber er hat *dich* angegriffen, Tom, und er war hungrig, so hungrig. Ich musste ihn vernichten. Und es hat geklappt. Ich glaube nicht, dass ich wirklich in Gefahr war.«

»Ach nein?«, grollt er, und etwas an seinem Ton lässt mich zusammenfahren. Er hat das Display umgedreht. Ein Bild ist darauf zu sehen. Erst erkenne ich nicht viel, aber dann bekommen die Konturen eine Form. Ich schnappe nach Luft. Das bin ich, die da auf dem Bild zu sehen ist. Klein nur, denn Chip hat weit weg gestanden, am Rande des Canyons. Doch die Kleidung ist eindeutig. Ich schwebe vor dem Tor, es ist gut zu sehen, und über mir, da ist eine Wolke aus wirbelndem Schnee. Ein Gesicht formt sich aus ihr heraus, es ist riesig, bestimmt so hoch wie der Felsen. Es hat das Maul aufgerissen, will mich verschlingen. So hat es sich auch angefühlt, ganz genau so.

»Du schwebst da bestimmt zehn Meter über dem Boden! Wäre der Schnee nicht gewesen, du hättest den Absturz nicht überlebt oder wärest zumindest schwer verletzt worden. Nicht in Gefahr? Einen Scheiß warst du, Sanna!« Er hält es nicht mehr aus, springt auf und rennt hinaus, mir die Kamera in den Schoß werfend.

Stumm starre ich auf mein Bild herab. Ich weiß nicht, was ich denken soll. Dieses Bild, es ist einfach grauenvoll. Genauso wie die anderen, auch wenn man nicht viel sieht. Ohne einen wirklichen Entschluss gefasst zu haben, drücke ich die Löschtaste. Das soll niemand mehr sehen, niemals. Ich schalte die Kamera aus, stehe auf und gehe ihn suchen.

Weit gelaufen ist er nicht. Er lehnt in einem Durchgang, starrt ins Leere. Als ich ihn umrunden will, hält er mich auf. »Nicht. Sie liegen da drin.«

»Oh nein. Die Jungen?« Ich versuche, etwas zu erspähen, aber er verhindert es.

»Nicht. Kein schöner Anblick. Sie sind mumifiziert. War wohl ziemlich trocken hier die ganze Zeit.« Er will mich wegziehen, aber ich wehre ihn ab.

»Meinst du nicht, wir sollten sie ihren Familien wiederbringen? Keine Sorge, das sind nicht die ersten Toten, die ich sehe. Du doch auch nicht, oder?« So als Soldat hat er das bestimmt. War vielleicht sogar im Kampfeinsatz gewesen. Seine Träume passen dazu, geht mir auf einmal auf. Warum bin ich nicht eher darauf gekommen?

Und richtig. Einen Moment versinkt er in düstere Erinnerungen. Es ist gut zu sehen.

»Nein. Ich habe schon viele Tote gesehen, viel zu viele. Also gut. Aber wie wollen wir...?«

»Ich bin mit dem Landi hier. Da liegen hinten zwei Decken drin. Magst du sie holen? Er steht unten am Lagerfeuerplatz.«

Als ich allein bin, betrete ich den Raum. Sie liegen hinten in der Ecke, auf Isomatten und immer noch eingehüllt in ihre Schlafsäcke. Große Felsbrocken sind auf sie heruntergekracht und haben ihre Schädel zerschmettert. Hoffentlich haben sie geschlafen und nichts gemerkt. Behutsam räume ich sie von den Trümmern frei und spreche anschließend ein Gebet für sie. Doch ihre Seelen sind bereits fort, sie sind mit ihrem Peiniger gegangen. So bleibt mir nur, stumm bei ihnen zu sitzen und auf Tom zu warten, der gleich darauf wieder da ist.

Wir packen die beiden Jungen samt Schlafsäcken in die Decken ein und nehmen sie mit hinaus zum Wagen, räumen ein paar Dinge auf der Ladefläche um, damit wir sie an einem Stück hineinbekommen. Sie wiegen fast nichts. Ein Mensch besteht zu neunzig Prozent aus Wasser, sagt Tom, als ich eine Bemerkung in die Richtung mache. Ist es fort, bleibt nicht mehr viel. Wasser, die Substanz allen Lebens, denke ich, als ich den Landi behutsam ob unserer kostbaren Fracht aus dem Canyon bugsiere.

Wir fahren zurück in den Ort. Dort suchen wir die Polizeistation. Als Hank unseren Wagen sieht, kommt er sofort hinaus. Grimmig schaut er auf die Ladefläche, dann seufzt er. »Das wollten die Männer eigentlich heute Abend im Rahmen eines Rituals machen und den Platz gleich reinigen. Nun ja, da ist nichts zu machen. Immerhin habt ihr es ihnen erspart, sie zu suchen und zu finden. Fahren wir ins Hospital, da haben wir eine Leichenhalle.«

Den Doktor dort erkenne ich als einen der Männer aus der Versammlungshalle wieder. Ich schildere, wie wir die beiden gefunden haben, Tom gibt zu meiner Überraschung auch ein paar medizinische Details dazu. Ja, wo hat er denn das gelernt?, wundere ich mich.

Es wird ein Protokoll angefertigt. Meine Bitte, unsere Namen dort rauszulassen, verwundert die Männer nicht, und sie erfüllen mir den Wunsch.

Als der Doktor fertig ist, sieht Hank mich streng über den Tisch mit den beiden Toten darauf an. »Sanna, ich werde deinen Speicherchip beschlagnahmen müssen. Das ist ein Beweismittel.«

Hinter mir zieht Tom scharf die Luft ein, doch ich hebe die Hand. »Da gibt es nichts mehr zu beschlagnahmen. Ich habe die Bilder gelöscht.«

Der Doktor fährt von seinen Verrichtungen herum, und auch Hank reißt überrascht die Augen auf. Ich fühle mich genötigt, das zu erklären: »Wenn euch jemand im Internet ein solches Foto zeigt, was würdet ihr dann denken? Ich für meinen Teil würde denken, ja klar, schön in die Trickkiste gegriffen. Aber dieses Foto ist echt, und man kann es anhand der Rohdaten beweisen. Es ist nicht bearbeitet worden. Was glaubt ihr wohl, was passiert, wenn das bekannt wird? Ein echtes Astralbild mit einem Geist? Da draußen treiben sich eine Menge Spinner herum, die würden ein Vermögen für so etwas ausgeben. Ich hätte keine ruhige Minute mehr, denn irgendwer redet immer, so verschwiegen könnt ihr gar nicht sein. Sie würden versuchen, meine Rechner zu hacken, bei mir einbrechen, mich selber würden sie angehen. Nein. Es ist besser, das Bild bekommt nie wieder jemand zu sehen.«

Auf einmal halte ich es nicht mehr aus. Tom an der Hand greifend, laufe ich hinaus, hin zu dem Wagen. Hank kommt nicht hinterher, er hält uns nicht auf, immerhin. Einen Moment sitze ich mit geschlossenen Augen hinter dem Steuer. Tom sagt nichts. Schließlich seufze ich. »Komm, lass uns irgendwohin fahren, wo niemand ist. Spazieren gehen.« Denn in die Lodge, da mag ich jetzt nicht zurück, und das versteht er auch.

Wir fahren auf der anderen Seite des Canyons entlang und lassen den Wagen einfach irgendwo stehen. Die Kamera bleibt dort. Keine Fotos heute Nachmittag. Eine ganze Weile laufen wir schweigend durch den Schnee, der hier nicht mehr so tief ist. Es ist merklich wärmer geworden, stelle ich fest, es taut.

Doch irgendwann, da kommen wir an einen Aussichtspunkt, bleibt er plötzlich stehen, zieht mich zu sich heran und umarmt mich. Eng umschlungen stehen wir im Sonnenlicht und halten uns aneinander fest, suchen Trost. Es dauert bestimmt zehn Minuten, bis wir uns wieder voneinander lösen, ohne ein Wort gesagt zu haben. Das haben wir wohl beide gebraucht.

Etwas verlegen stehen wir voreinander. »Es tut mir leid«, kommt es schließlich von ihm. »Das muss sehr schwer für dich sein. Erzähl mir davon. Wie kommt es, dass du... nun...« Er mag es nicht aussprechen.

»...dass ich Gespenster sehe?« Er nickt vorsichtig. »Ich kann verstehen, dass dies für dich unglaublich klingt, so als amtlicher katholischer Iren-Arsch.« Ich sage das ganz bewusst, will ihn ein wenig aufmuntern, und es klappt. Bei diesem Wort verfliegt seine Verlegenheit ein wenig, er muss grinsen. »Ihr seid irischer Abstammung? Die Flynnts, meine ich?«

»Aber so was von«, sagt er in einem Brustton der Überzeugung. Er nimmt mich beim Arm, und wir laufen wieder los, immer an der Abbruchkante des Canyons entlang.

»Und, sind deine Freunde das auch?«

Da lacht er auf. »Oh nein, ich bin der einzige. Sean, der ist unser Schotten-Hammer, obschon er die Abstammung eines bunten Hundes hat. Sein Vater ist aus Schottland, aber seine Mutter, die ist gemischter Herkunft. Schwarz, weiß und chinesisch, eine echt tolle Frau. Danny – Daniel – ist unsere jüdische Jungfrau, und Vince ist der Gigolo – er heißt eigentlich Vincenzo, seine Familie stammt aus Italien. Und Jimmy – James - ... nein. *Das* mag ich dir nicht sagen.«

Ich kann es mir vorstellen. Irgendetwas mit Frauen und wie er sie ins Bett bekommt, vermutlich. »Ein richtiges amerikanisches Potpourri also. Mein Gott, solche Namen gibt ihr euch?« Ich kann es kaum glauben.

»Hmm.... nach dem zehnten Bier oder so, ja«, gluckst er, doch er wird schnell wieder ernst. »Wie sähe denn ein deutsches Potpourri aus? Ihr habt doch Einwanderer, oder?«

Ich überlege. »Hmm, ja. Sehr viele. Auf jeden Fall italienisch und türkisch oder kurdisch. Viele Jugoslawen, Osteuropäer und in den letzten zehn Jahren eine ganze Menge Syrer und Afghanen. Ukrainer, natürlich, und Nordafrikaner auch. Viele Moslems, aber auch Christen. Viele Großclans. Das führt immer wieder zu Spannungen.«

Er seufzt. »Das kann ich mir vorstellen. Und du selbst? Bist du katholisch?«

»Nein. Meine Familie sind stramme Lutheraner, wie fast alle in Norddeutschland. Jeden Sonntag Kirche, das volle Programm. Nur ich bin da aus dem Raster gefallen.«

»Wegen der Geister.« Er drückt meinen Arm.

»Nein, oh nein, das kam erst viel später. Ich habe eher ein Problem damit, wie sich die Kirche, diese Institution, über die Jahrhunderte aufgeführt hat und immer noch führt. Aber das hat mit den Geistern nichts zu tun. Nein, es war Kris, die meine Gabe erweckt hat. Sie und ihre verrückten Wicca Freundinnen.«

»Wicca? Was ist das?«

»Das sind in der Regel Frauen, weiße Hexen. Oder zumindest halten sie sich dafür. Ich will mit so etwas nichts zu tun haben, denn die sind alle total durchgeknallt und spielen da mit Mächten, die sie nicht kennen. Die Navajo würden sie Suchende nennen. Ich finde, der Begriff passt sehr gut dazu. Menschen, die ihre Wurzeln verloren haben. Es wundert mich nicht, dass die Navajo sie nicht hier haben wollen, denn es gibt eine ganze Menge davon. Überall auf der Welt.«

»Und sie haben dich da eingeführt?«

»Nein. Oh nein, ganz im Gegenteil.« Ich denke eine Weile zurück, und er lässt mich, fragt nicht. Schweigend laufen wir weiter, bis ich sage: »Es war Mittsommer in meinem ersten Jahr auf Haulensteen, so heißt ihr Haus. Das hat einen Hintergrund. Haulensteen bedeutet so viel wie hohler oder heulender Stein. Den haben wir gefunden, bei der Sanierung des Kellers. Ein großer Felsblock, voller Tierknochen und anderer, uralter Dinge. Die Archäologen haben das Alter des Steins, oder vielmehr seine Nutzung auf mindestens 3500 Jahre geschätzt.«

»Was?! Wie lange?!« Das muss für einen Amerikaner kaum vorstellbar sein, zumindest nicht für einen eingewanderten. Die Ureinwohner, das ist etwas anderes.

»Du hast dich nicht verhört. Das Haus steht auf einem uralten Opferplatz. Es selber ist aber wesentlich jünger. Die Überreste der ältesten Fundamente gehen ins dreizehnte Jahrhundert zurück. Ich weiß«, füge ich hinzu und klopfe seinen Arm, »das ist für euch Amerikaner uralt, aber in Europa, da gibt es viele solche Häuser.

Naja, Kris' Freundinnen fanden das total cool und haben sie bekniet, da unten im Keller ein Ritual abhalten zu dürfen. Also hat sie zugestimmt und mich gefragt, ob ich mitmachen will. Aber ich wollte nicht.«

Etwas in meiner Stimme lässt ihn herumfahren. »Was ist passiert?«

Ich seufze leise. »Ich war immer noch sehr angeschlagen, denn ich war ja gerade erst dorthin gezogen. Ich habe Kris gesagt, dass ich damit nichts zu tun haben will. Och komm, sagte sie, sei doch keine Spielverderberin. Wenn du nicht mitmachen willst, dann guck wenigstens zu. Also habe ich mich breitschlagen lassen, ich wollte es mir mit ihr nicht verderben. Doch in dem Keller war es eng. Zugucken ging nur, wenn man relativ dicht dran war. Sie haben da irgendein Zeug verbrannt. Nicht so gut verträglich wie das von den Leuten hier.« Jetzt drückt seine Hand schmerzhaft zu. »Nicht.« Ich löse seinen Griff und befreie sachte meinen Arm. Er zieht sich sofort zurück, hält Abstand.

Stattdessen laufen wir so weiter. »Diese Weiber, die waren vollkommen verrückt und drehten immer mehr durch. Ich habe gemerkt, ich musste da raus, etwas stimmte ganz und gar nicht mit mir. Als ich mich umdrehte, standen da plötzlich zwei Kinder vor mir, ein Junge und ein Mädchen, und schauten mich mit großen Augen an. Mein Gott, was habe ich mich erschreckt! Ich habe geschrien und bin rausgerannt. Das hat das Ritual zerstört, die Weiber waren völlig außer sich.« Bei dem Gedanken muss ich grinsen, und Tom schaut mich fragend an.

»Das hat Perri mitbekommen. Er ist ausgerastet, hat sie in hohem Bogen vom Hof geschmissen, und du kannst mir glauben, wenn Perri richtig wütend ist, dann ist er wie ein Berserker. Er ist Däne, ein echter Wikinger. Ich habe dir ja schon gesagt, dass er einen Kopf größer ist als du, aber er ist auch entsprechend bepackt. Dann hat er sich Kris vorgenommen und hat gesagt, jetzt wäre ein für alle Mal Schluss mit dem Hokuspokus. Nur dass es für mich nicht so war. Denn am nächsten Morgen standen die beiden Kinder vor meinem Fenster und schauten rein. Ich habe sie immer wieder gesehen, und so langsam ging mir auf, was ich da vor mir hatte. Sie sind nicht böse, sie sind sogar wirklich süß, aber sie können da nicht fort, sie sind Opfer von damals. Naja, irgendwann habe ich mich Kris anvertraut. Sie war völlig aus dem Häuschen und sehr, sehr neidisch. Aber«, jetzt bleibe ich stehen und wende mich zu ihm um, »sie hat erkannt, dass die anderen dies auf keinen Fall erfahren dürfen. Ich hätte keine ruhige Minute mehr vor ihnen. Seitdem hält sich Kris in der Szene sehr zurück. Sie schützt mich, und Perri auch.«

Tom schaut mich ganz merkwürdig an. Irgendwie wird mir unwohl unter diesem Blick, und ich wende mich hastig ab und laufe weiter. Mit ein paar langen Schritten hat er mich eingeholt und hält mich fest. »Ich wünschte, ich hätte dich davor schützen können. Sanna, ich...«

»Nein«, sage ich leise und schaue auf seine Hand, wie sie meinen Arm umklammert. Die andere hat er zur Faust geballt. Er wirkt so zornig, und das macht mir irgendwie Angst. »Niemand kann das, nicht Kris, nicht Perri, du auch nicht. Immer, wenn ich in die Nähe von Stätten komme, wo Menschen gewaltsame Tode gestorben sind, keinen Frieden gefunden haben, geht es wieder von vorne los.« Ganz langsam befreie ich meinen Arm, und er tritt sofort zurück. Ich wende mich ab und gehe weiter. »Solange ich unter vielen bin und mich ganz still verhalte, mich regelrecht verstecke, ist alles gut. Aber wehe, ich bin allein und richte meine Aufmerksamkeit auf sie. Es hat mein Leben verändert.«

Eine ganze Weile schweigt er, und nur der knirschende Schnee unter unseren Schuhen ist zu hören. Dann fragt er: »Deshalb meidest du die Totengründe? Ist es wegen ihnen?«

»Oh ja. Alle Totengründe auf dieser Welt. Die deutschen Städte, wo die Bomben gefallen sind. Gedenkstätten, Schlachtfelder. Es gibt so viel Leid, so viele ruhelose Seelen. Die Navajo Frauen haben mir gezeigt, was ich tun muss, um sie zu befreien. Immerhin. Aber allein, ohne ihre Unterstützung... nein, das kann ich nicht. Mir ist nicht zu helfen. Niemand kann mir helfen.« Das war mir noch nie so bewusst wie jetzt. Auf einmal fühle ich mich einsam, so allein, trotz oder vor allem wegen seiner Gegenwart. Abrupt drehe ich mich um. »Los, komm, lass uns zurückgehen.« Ich warte nicht ab, ob er mir folgt.

Schließlich kehren wir bei Sonnenuntergang in die Lodge zurück, ohne ein weiteres Wort miteinander gesprochen zu haben. Dort ist niemand mehr. Wir finden eine Nachricht von Rosie: *Wir haben euch Essen dagelassen, lasst es euch schmecken. Morgen im Laufe des Tages rechnen wir damit, dass der Strom wieder da ist, sie kommen gut voran. Dann müssen wir anfangen, die Zimmer vorzubereiten, wir haben Buchungen. Aber sorgt euch nicht, vor dem nächsten Wochenende seid ihr die einzigen Gäste.* Es ist ein dezenter Hinweis darauf, wann unsere Zeit hier enden wird, und dass wir tagsüber nicht allein sein werden.

Ich zeige Tom die Nachricht. Er zuckt mit den Schultern. »War ja zu erwarten. Jetzt, da das Problem gelöst ist...« Er wendet sich ab und stiefelt mit seinem Rucksack in unser Quartier hinüber. Er ist immer noch sauer, nur nicht mehr auf mich, so viel steht fest. Das erleichtert mich.

Dieses ganze Hin- und Her am Nachmittag hat mich müde gemacht, und ich bin verschwitzt. Daher beschließe ich, die zweite Dusche des Tages einzulegen. Wasser haben wir ja genug, auch wenn es jetzt eiskalt ist. Anhand der Geräusche von nebenan merke ich, dass auch er duschen gegangen ist. Das kalte Wasser erfrischt mich etwas, und als ich mich abgerubbelt und fest in das Handtuch gewickelt habe, fühle ich mich wie neugeboren.

Irgendjemand hat meine Sachen von gestern Abend gewaschen und ins Wohnzimmer gelegt. Rosie vermutlich. Die von heute werde ich auch noch waschen müssen, denke ich und laufe hinüber, um mir rasch frische Unterwäsche aus dem Stapel zu ziehen.

»Sanna, hast du vielleicht...« Tom kommt herein und verstummt überrascht. Mit einem langen Blick mustert er mich.

»Was?« Mit der Wäsche in der Hand richte ich mich auf.

»Was ist das?« Er zeigt auf meine unbedeckten Schultern. »Ich dachte, das haben sie dir aufgemalt. Aber die sind ja echt, wie das Zeichen auf deiner Hand. Was haben sie dir da gestochen?«

Im ersten Moment bin ich verwirrt. Was meint er denn? Doch dann fahre ich innerlich zusammen. Aus gutem Grund trage ich nie ärmelfreie Shirts. Weil ich verbergen will, was knapp unterhalb meiner Achseln rings um die Oberarme eintätowiert ist. Er muss das schon heute Morgen entdeckt und gedacht haben, das gehöre zum Ritual dazu, doch diese Tattoos lassen sich nicht abwaschen. Sie sind eingebrannt. Für immer.

All meine Beherrschung zusammennehmend, schaffe ich es, beiläufig darauf zu schauen. »Was, die hier? Ach nein, das hat nichts mit gestern zu tun. Die sind schon alt. Jugendsünden. Ich kann's dir gerne irgendwann mal erzählen, wenn du willst. Aber nicht jetzt. Was ist? Hast du keinen Hunger? Ich schon!« Rasch laufe ich nach nebenan und ziehe mich an.

»Ich wollte nur fragen, ob du eine Schere hast«, ruft er mir hinterher.

»Nein, so etwas habe ich nicht. Guck doch mal an der Rezeption, da liegt bestimmt eine.« So. Das lenkt ihn hoffentlich ab. Mühsam versuche ich, mein klopfendes Herz zu beruhigen. Er denkt vielleicht, er weiß so ziemlich alles aus meinem Leben. Doch das stimmt nicht. Hiervon darf er niemals erfahren.

Wieder bauen wir uns ein Lager vor dem Kamin, ignorieren den von Rosie gedeckten Tisch. Es ist fast schon ein lieb gewordenes Ritual. Mit einem Augenbrauenzucken nehme ich ein Stück Brot und halte es hoch. »Diesmal bist du zuerst dran. Gib mir einen Namen.«

Er guckt erst das Brot, dann mich an. Einen langen Moment treffen sich unsere Blicke, und dann kommt er langsam näher. Irgendwas ist auf einmal anders, merke ich und weiche unwillkürlich eine wenig zurück, das Essen außer seiner Reichweite haltend.

»Na gut.« Abrupt zieht er sich zurück. »Colin. Col. Mein Ältester.«

»Sehr schön. Hier hast du deine Belohnung.« Ich halte ihm das Brot hin, doch er nimmt es nicht.

»Jetzt du«, sagt er leise, mich nicht anschauend.

Ich bin verwundert. Irgendetwas stimmt nicht, etwas scheint ihm gerade zu schaffen zu machen. Was hat er den nun? »Tamara. Meine mittlere Nichte. Das Sandwichkind, in zweifacher Hinsicht. Sie ist mir die Liebste von allen.«

»Das Sandwichkind, das war Lizzie auch«, sagt er und nimmt sich selber etwas zu essen. Das Brot, das ich in der Hand halte, verschmäht er. Na gut, dann halt nicht. Ich stecke es mir selber in den Mund.

»Diese Kinder haben es besonders schwer«, sage ich darauf. »Deshalb ist sie mir besonders ans Herz gewachsen. War bei dir und deiner Tochter doch auch so, oder?«

Er kaut, nickt. »Oh ja.« Nachdem er runtergeschluckt hat, schaut er traurig ins Feuer. Schließlich seufzt er. Er ist mir noch eine Geschichte schuldig, und das weiß er. Nicht nur eine. »Ich weiß nicht, wo anfangen.«

»Mach's doch wie ich. Am Anfang. Wie habt ihr euch kennenge-lernt?«

Doch er schüttelt den Kopf. »Ich muss weiter ausholen, sonst verstehst du das nicht. Also gut.« Er streckt sich lang aus, obschon er noch nicht wirklich etwas gegessen hat, und schaut an die Decke. »Ich habe dir ja erzählt, dass Jimmy, Danny, Sean, Vince und ich beste Freunde sind. Das ist leicht untertrieben. Wir haben alles zu-sammen gemacht, wirklich alles. Beruflich und privat. Nichts kam dazwischen, obschon wir jede Menge Freundinnen hatten, Jimmy und Sean vor allem. Aber es gab immer Probleme mit ihnen. Sobald es etwas fester wurde, wollten sie mehr Zeit mit demjenigen alleine verbringen, und es kam zu Streit, weil wir es halt nicht wollten. Ent-weder das Fünferpack, oder gar nicht.«

Fast können einem die Mädchen leidtun, denke ich bei diesen Worten, aber ich sage nichts. Nach einer Weile fährt er fort: »Naja, jedenfalls haben wir irgendwann das Thema feste Freundinnen o-der gar Ehefrauen abgehakt. Das ist nichts für uns, sagten wir uns. Und sind weiter durch die Clubs und Kneipen gezogen. Es war eine gute Zeit. Gott, was waren wir jung! Doch das änderte sich schlag-artig, als ich diesen Unfall hatte. Auf einmal fährt dein sorgenfreies Leben gegen die Wand.«

»Oh ja, das kenne ich«, sage ich leise und stelle mein Essen weg. Ich lehne mich gemütlich an den Stützbalken und schaue auf ihn herab. Er hat die Augen geschlossen und denkt nach. »Und da hast du sie kennengelernt?«, frage ich, obschon ich es ja längst weiß.

»In der Rehaklinik, ja. Aber das kam später. Erstmal lag ich im Krankenhaus, war gelähmt. Für mich, für die Jungs, aber besonders für meinen Vater war das ein Schock. Er hatte ja nur noch mich. Meine Mutter war gestorben, da war ich gerade mal drei Jahre alt. Jimmys Ma hat mich praktisch mit großgezogen, weil unsere Väter ja arbeiten mussten. Jetzt begann Dad mir in den Ohren zu liegen. Warum suchst du dir nicht endlich ein nettes Mädchen und schenkst mir einen ganzen Stall Enkelkinder, Junge? So oder so ähnlich ging das. Nicht so offensichtlich, sondern subtiler. Mein Dad versteht sich auf so etwas.«

Und wie! Dies hat er schließlich auch bei mir geschafft, wie er mich dazu gebracht hat, Jimmy zu kontaktieren. »Und letzten Endes hatte er Erfolg?« Gott, Rob, was hast du angerichtet?

»Hmm... noch nicht gleich. In der Reha traf ich dann Pam. Sie hat mir das Laufen wieder beigebracht. Dabei kommt man sich zwangsläufig sehr nahe. Ich fand sie ganz nett. Aber da wir ja bereits das Thema Freundinnen abgehakt hatten, habe ich ihre Flirtversuche ignoriert. Bis sie eines Tages in Tränen aufgelöst in mein Zimmer kam.«

Natürlich, was sonst. Vielleicht tue ich ihr ja auch unrecht. Vielleicht war es wirklich so gewesen. »Was hatte sie?«

»Einer ihrer Kollegen war ihr zu nahegetreten. Ihre Familie versuchte ständig, sie mit irgendwelchen Ärzten aus der Klinik zusammenzubringen, und er dachte wohl, er könne eine Abkürzung nehmen. Ihre Familie hat sie unter Druck gesetzt, endlich zu heiraten. Sie war schon über dreißig. Das ist für eine Frau aus konservativen Kreisen sehr spät.«

Ticktack, die biologische Uhr. Ach herrje, kann ich mir nicht verkneifen zu denken. Konservativ hin oder her, und Amerika kann sehr, sehr konservativ sein, die hat auf jeden Fall getickt. »Und so hast du sie getröstet?«

Er seufzt. »Sie hat mir ihr Herz ausgeschüttet. Sie hatte Probleme mit Männern, konnte nicht mit ihnen zusammen sein. Nicht in dem Sinne, wie das Mann und Frau für gewöhnlich tun.«

»Und da hast du gedacht, hey, das ist die Lösung? Ich heirate sie, wir machen ein paar Kinder und alle sind glücklich. Sie hat was zum Vorzeigen, ihre Familie gibt endlich Ruhe, du kannst weiter mit deinen Kumpels um die Häuser ziehen und dein Dad, der kann seine Enkelkinder herzen? Oh Mann, Tom!« So ganz schaffe ich es nicht, den Sarkasmus aus meiner Stimme herauszulassen. Das darf doch nicht wahr sein!

Er schnaubt. »Du hörst dich an wie Jimmy. Genau das hat er gesagt. Er sagte, Tommy – so redet er mich nur an, wenn es ihm ernst ist - da stimmt was nicht. Pass bloß auf. Aber ich habe nicht auf ihn gehört.«

»Also habt ihr geheiratet.« Ich sage das als reine Feststellung.

»Oh ja, und das sehr schnell. Ohne großartige Feier, ohne Kirche. Ihre Familie war dagegen. Für sie war ich ein Mann weit unter ihrem Stand. Alles Ärzte, alles Akademiker. Und dann kommt sie mit einem wie mir daher, einer, der gerade mal die High-School beendet hat und nur kurz auf dem College gewesen ist. Sie haben mich nie akzeptiert, aber das war uns egal. Wir hatten eine Vereinbarung getroffen, auch auf dem Papier. Jeder würde sein eigenes Leben weiterführen, eigene Konten, all das. Sobald Kinder da wären, ein gemeinsames Heim. Nach der Reha wurde dann klar, ich konnte nicht mehr in meinem ursprünglichen Job arbeiten. Ihr Bruder hat mir diesen Job bei der Armee besorgt. Nichts Großartiges, aber gut genug für einen wie mich. Mir war's zu dem Zeitpunkt egal. Hauptsache, ich hatte überhaupt einen Job.«

»Irgendwie kann ich mir dich als Soldat gar nicht vorstellen«, sage ich leise. Er wendet überrascht den Kopf. Ich zucke mit den Schultern. »Mit einer Waffe in der Hand, im Krieg. Es will mir irgendwie nicht gelingen. Sicherlich, wenn du zornig bist, dann bist du echt zum Fürchten, aber du bist eher … ich weiß nicht. Du rettest eher Leben als dass du sie nimmst.«

Bei diesen Worten dreht er den Kopf weg, presst die unwillkürlich geballte Faust auf die Lippen. Eine ganze Zeit lang liegt er da, schwer atmend. Ich bin ehrlich erschrocken. Was habe ich gerade gesagt, dass es ihn so trifft? Mehr denn je gibt er mir Rätsel auf. Doch dann fällt mir plötzlich ein, wie er sich im Leichenschauhaus verhalten hat.

»Moment mal. Du *bist* ein Retter? Hast du eine medizinische Ausbildung?«

Er keucht erstickt auf. »Hast du gut geraten. Oh ja. Ich habe eine Zeit lang als Rettungssanitäter gearbeitet. Als ich Teenie war, da habe ich mit der Ausbildung begonnen, und bin auf den Kranken-wagen mitgefahren, sobald ich alt genug war. Man verdient nicht die Welt, aber als Schüler, da war es gut verdientes Geld. Bis ich dann mit den Jungs angefangen habe zu arbeiten.«

»Und das ging nach deinem Unfall nicht mehr?«

Er seufzt. »Nein, zumindest nicht am Anfang. Ich durfte keine Lasten heben. Daher diese Stelle beim Militär. Ich gehöre nicht zu den kämpfenden Einheiten, ich unterweise Kadetten, Stützpunkt-personal, so etwas. Aber Pam, sie wollte, dass ich Karriere mache, später, als die Kinder da waren. Und das hätte unweigerlich den Dienst an der Waffe bedeutet oder ein Studium. Ersteres hätte ich nicht gekonnt, nicht mit der Verletzung, und studieren, das wollte ich nicht. Das hat sie mir immer vorgeworfen. Dass ich so gar nicht ehrgeizig bin. Aber die Armee ist nicht meine Welt. Die Jungs, mein alter Job, das war es. Ich wollte da raus. Und konnte es irgendwie nicht, obwohl es mir körperlich inzwischen wieder so gut geht, dass ich es mir zutraue. Ich wollte zurück, ich habe viel trainiert. Doch das hat Pam nicht gereicht und gepasst schon gar nicht.«

»Oh man.« Ich kann mir das irgendwie nicht vorstellen. Wenn ich gearbeitet habe, dann immer das, was mir gefallen hat. Aber Ame-rika ist anders, da gibt es keine soziale Absicherung wie bei uns. Das setzt die Leute natürlich ganz anderen Zwängen aus.

»Wie ging es nach eurer Heirat weiter? Du hast gesagt, eure Kin-der sind nicht auf natürlichem Wege entstanden«, sage ich behut-sam.

Er holt tief Luft und reibt sich mit den Daumen über die Augen. »Wir gingen in eine Klinik, und kaum zwei Monate später war sie schwanger. Sie war völlig außer sich vor Freude darüber, und ich, ich dachte, jetzt wird alles gut. Aber gar nichts wurde gut.« Er ver-stummt, in düstere Erinnerungen versunken.

Ich strecke den Fuß aus und stupse ihn leicht an. »He, es tut mir leid. Wenn das zu schwierig für dich ist, dann brauchst du nicht weiterzusprechen. Ich verstehe das.«

»Und das sagst du, nachdem ich dich praktisch gezwungen habe, alles über dich preiszugeben? Mensch, Sanna! Was denkst du denn von mir?«, ruft er entrüstet aus und dreht sich zu mir um. Seine Augen glimmen zornig.

»Dann erzähl weiter«, erwidere ich knapp und lasse mich auf den Rücken fallen. Was hat er denn plötzlich?

Er dagegen setzt sich auf. »Als Col geboren wurde, hat Pam ihn nicht einmal angesehen, nicht auf den Arm genommen, nichts. Es war eine schwere Geburt, keine Frage, aber als ich dieses winzig kleine Wesen das erste Mal in den Armen hielt«, er zeigt es mir, imitiert die Bewegung, »da wusste ich nicht... ich wusste nicht, dass man jemanden so lieben kann. Es war anders als alles, was ich bisher gefühlt habe. Er lag in meinen Armen und hat mich angelächelt. Da war es um mich geschehen. Mit Pam wurde es jedoch nicht besser. Sie haben bei ihr eine Schwangerschaftsdepression diagnostiziert, sie wurde behandelt. Jemand musste sich um Col kümmern, und das war dann mein Dad. Er war bereits in Rente, hatte also Zeit, und so ging sein Wunsch dann in Erfüllung. Pam fing danach wieder sehr schnell an zu arbeiten, was uns beiden ganz recht war. Als dann Lizzie kam, fiel es ihr schon leichter, und sie konnte sich über unsere Tochter freuen. Aber Lizzie war ein schwieriges Kind, sie hat immer geschrien, wenn wir sie irgendwo mit hingenommen haben. Das hat Pam ihr irgendwie zum Vorwurf gemacht, ich weiß auch nicht. Nicht wirklich gesagt, aber die beiden wurden nie so warm miteinander, wie ich das später bei unserer Kleinen gesehen habe. Auch bei Lizzie hat sie wieder sehr schnell angefangen zu arbeiten.«

»Und was haben deine Jungs zu dem Ganzen gesagt? Du hattest doch sicherlich kaum noch Zeit für sie, bei dem, was da geschehen ist.« Ich frage das nicht umsonst, denn Jimmys Bemerkung fällt mir ein, dass sie sich das nicht haben gefallen lassen. Jetzt will ich seine Sichtweise der Dinge hören.

»Sagen wir mal so, sie waren nicht begeistert.« Er schweigt eine Weile. Dann: »Aber sie haben gemerkt, dass mir mein Sohn sehr am Herzen liegt. Ich konnte sie kaum noch sehen, das hat ihnen nicht gepasst, und mir fehlten sie schrecklich. Aber mit einem kleinen Kind um die Häuser ziehen, das wäre nicht gegangen. Also haben sie sich etwas ausgedacht.«

»Wie, ausgedacht?« Jetzt ist meine Neugier geweckt.

Er legt sich wieder hin, aber diesmal stützt er den Kopf auf, damit er mich weiter ansehen kann. Er nimmt sich etwas zu essen, steckt es sich beiläufig in den Mund. »Da gab es dieses alte Lagerhaus, es gehörte Dannys Großvater. Er hat es von ihm geerbt. Es stand in einem ziemlich heruntergekommenen Viertel, wo man sich nachts nicht auf die Straße traut, besonders nicht als Frau.«

»Ah, Pam-freie Zone«, rutscht es mir heraus.

Er reißt die Brauen hoch. »W..was?« Er ist schockiert, doch ich zucke nur mit den Schultern. Oh Mann, Tom, bist du naiv!

»Ist doch offensichtlich. Und? Was haben sie damit gemacht? Eine Junggesellenhöhle gebaut?«

Jetzt keucht er los. Es ist ein halb ersticktes Lachen. »Kannst du obendrein auch noch hellsehen?« Ich muss grinsen, und er entspannt sich endlich etwas. »Ja, so in der Art. Sie haben angefangen, es in ein Loft umzuwandeln. Danny, Sean und Jimmy sind dann dort eingezogen, jeder auf einer Etage, und unten, da haben sie eine Bar eingerichtet, mit Billardtisch und allem Drum und Dran.«

»Aber Vince nicht?«

Tom gluckst in sich hinein. »Nee, den hat seine Mama nicht fortgelassen, er wohnt immer noch bei ihr. Als sie sich den Plan ausgeheckt hatten, sind sie zu mir nach Hause gekommen, sind einfach durch die Haustür marschiert. Haben Pam quasi ausgesperrt. Und dann haben sie mir eine verpasst, das kann ich dir sagen. Wie ich unsere Freundschaft einfach so vergessen könne und so... naja, von da an habe ich ihnen beim Umbau geholfen, soweit ich das konnte, genauso wie Dad, und Col kam immer mit. Später auch Lizzie. Die Jungs haben sie praktisch mit großgezogen, und die Kinder, sie lieben ihre Onkel und sind gerne in dem Haus.«

»Und deine Frau? Was hat sie dazu gesagt?«

Er brummt. »Sagen wir mal so: Sie war nicht begeistert. Aber es verschaffte ihr mehr Freiraum für ihre Karriere, wenn die Kinder weg waren, also hat sie es geschluckt.«

»Aber? Es kommt doch ein Aber, nicht?«

»Oh ja.« Er holt tief Luft. »Eines Tages, da war Lizzie sechs und Col zehn Jahre alt, da kam Pam nach Hause und teilte mir mit, dass sie schwanger sei. Ich muss sie angestarrt haben, als hätte sie den Verstand verloren. Was hat sie triumphiert! Wir hatten zwischendrin immer mal wieder versucht, auf natürlichem Wege Kinder zu bekommen, aber es ging nicht.«

»Und jetzt reibt sie dir quasi unter die Nase, dass ein anderer es hinbekommen hat. Oh Tom, wie kann sie so etwas tun?« Mitleid kommt in mir auf. Meine Ehe war glücklich gewesen, doch er, er hat sich von Erwartungen anderer in diese Hölle manövrieren lassen.

»Ich habe die Kinder eingepackt und bin erstmal eine Woche zu Jimmy gefahren«, fährt er fort. »Ich war so wütend und kurz davor, die Scheidung einzureichen. Aber ich hab's nicht getan.«

»Warum nicht?« Denn ich hätte es getan, so viel steht fest.

»Wegen Lizzie. Sie hat ständig nach ihrer Ma gefragt. Sie war ja noch sehr klein damals. Aber das hat sich gründlich geändert. Als die Kleine geboren wurde, da war Pam überglücklich. Dass etwas nicht stimmte, das merkte ich an dem Abend, als sie aus dem Krankenhaus wiederkam. Lizzie lief zu ihr, war ganz aufgeregt, sie wollte ihre kleine Schwester begutachten. Doch Pam hat sie weggeschubst und angefaucht, die Kleine ja nicht anzufassen. Es war fast, als wäre Lizzie nie ihre Tochter gewesen. Col auch nicht ihr Sohn, aber der war schon immer sehr selbstständig und hat sich mehr an Dad orientiert. Aber für Lizzie war das schlimm. Ich habe versucht, das auszugleichen, aber ich musste ja arbeiten und war tagsüber nicht zuhause. Mir fiel nur auf, dass sie so blass und in sich gekehrt war. Bis sie dann eines Tages fragte, ob sie nicht bei Granddad bleiben könnte. Da wurde mir bewusst, ich muss was tun.«

Er holt tief Luft. »Ich habe mir Pam vorgenommen, ihr ein Ultimatum gestellt: Entweder sie kümmerte sich um alle unsere Kinder gleichermaßen, oder ich würde die Scheidung einreichen und einen Vaterschaftstest bei der Kleinen machen lassen. Dann wäre sie mit leeren Händen aus der Scheidung rausgegangen, denn Ehebruch kommt bei den Richtern nie gut an, und sie hätte das Gesicht vor ihrer Familie verloren. Sie hat es geschluckt. Aber ich merkte, sie grollte mir. Sie blieb diesmal zuhause, gab ihre Karriere auf. Stattdessen drängte sie mich, die Offizierslaufbahn einzuschlagen. Ich musste ja jetzt für sie mitverdienen. Also bin ich Lieutenant geworden. Aber ich habe es gehasst, ich wollte da weg. Und auch zuhause lief es nicht gut. Pam hat uns eine kleine Tyrannin herangezogen. Alles durfte die Kleine, und Lizzie, die zog immer den Kürzeren. Ich habe sie so oft von da weggebracht, wie ich konnte. Aber je älter sie wurde, desto schwieriger wurde es.«

Oh ja. Die Fotos sprechen eine deutliche Sprache, denke ich so bei mir. »Verrätst du mir ihren Namen?«

Doch ich merke, da stoße ich wirklich an eine Grenze. Er schüttelt den Kopf. »Nein. Ich habe mir geschworen, ihren Namen nie wieder auszusprechen. Tut mir leid.« Er wirft sich herum, starrt wieder an die Decke.

Ich weiß nicht, was ich sagen soll, daher schaue ich in die Flammen. Lasse mir die ganze Geschichte durch den Kopf gehen, von vorne bis hinten, füge Jimmys Informationen hinzu. Irgendwie habe ich es im Gefühl, da stimmt etwas nicht. »Weißt du, eines verstehe ich nicht. Die Jungs, die haben quasi ein Refugium gebaut. Für dich. Als es zu dem Bruch kam, warum hast du dich nicht dorthin in Sicherheit gebracht, sondern nur Lizzie? Warum bist du nicht ebenfalls dorthin gegangen?« Er zieht scharf die Luft ein. Er richtet sich auf, starrt mich an. »Warum nicht, Tom?« Ich beobachte ihn ganz genau.

Ich sehe, wie er keuchend zusammensackt, als ihn die Erkenntnis überrollt. Hat er sich das noch nicht bewusst gemacht? »Oh Gott«, entfährt es ihm.

»Wer ist der Vater der Kleinen?« Jetzt weiß ich, ich bin auf der richtigen Spur.

Er schlägt die Hände vor das Gesicht. »Ich weiß es nicht!« Es klingt wie ein unterdrückter Schrei, und dann, noch einmal leiser: »Ich weiß es nicht.«

»Aber es muss einer von ihnen sein, nicht wahr?« Oh Jimmy, was habt ihr getan?!

»Oh Gott! Die Jungs, die haben so komisch geguckt, als ich ihnen gesagt habe, dass Pam schwanger ist. Es war einen Moment totenstill. Damals hat mich das nicht verwundert, denn für mich war es ja auch ein Schock gewesen, aber in unserem letzten Streit, da hat sie mir einen Satz an den Kopf geworfen. Dass wir alle Schlappschwänze wären, aber einer ganz gewiss nicht. Ich dachte, dass sie das gemacht hat, um es mir heimzuzahlen, um mich zu treffen. Ich stand völlig neben mir, hab's nicht begriffen. Aber jetzt ... sie haben mich verraten!«

»Dein Innerstes hat das offenbar viel eher erkannt als dein Verstand«, sage ich leise. »Deshalb musstest du fort.«

Und damit hattest du deine letzte Stütze verloren. Ich weiß nicht, was ich sagen soll oder empfinden. Mitleid? Wut auf diese Frau? Ist sie ein berechnendes Miststück oder genauso ein Opfer der Umstände? Warum ist er so naiv gewesen? Nein, nicht naiv. Gutmütig. Ein Helfer, ein Beschützer. Zielsicher hat sie seine schwache Seite gefunden und ausgenutzt.

Ich empfinde Trauer, um ihn, um diese großartige Freundschaft, die durch all dies zerstört wurde, und um seine Kinder, die so unsäglich darunter zu leiden hatten und immer noch haben. Weil zwei Menschen nicht stark genug gewesen waren, ihren eigenen Weg zu gehen, und stattdessen sich von anderen haben in eine Falle zwingen lassen.

Ich weiß nicht, was ich sagen soll, aber vielleicht tun. Er liegt stocksteif da, das Gesicht immer noch in den Händen vergraben. Ich rutsche zu ihm herüber, ziehe sie herunter und umfasse ihn tröstend. Es erleichtert mich, als endlich die Tränen kommen und er alles herauslassen kann. Jetzt mag es heilen.

Doch ich täusche mich. In dieser Nacht träumt er wieder. Er schreit nicht laut, denn ich liege bei ihm und halte ihn fest, es sind unterdrückte Laute. Aber er ruft wieder Namen, und diesmal ist meiner mit dabei.

Kapitel 7

Am Morgen bin ich erneut allein. Aber ich bin beruhigt, seine Sachen sind noch da. Doch im Haus ist er nicht, wie ich nach kurzem Suchen feststelle, und Sally auch nicht. Da der Landi verschwunden ist, vermute ich, dass er damit losgefahren ist. Vielleicht braucht er einfach Abstand, muss nachdenken. Kein Wunder nach dem Abend. Mir hängt der Tag ja auch noch schwer im Gemüt, aber ganz besonders die Nacht davor.

Deshalb gehe ich ihn nicht suchen. Draußen taut es, der Schnee schmilzt in der immer wärmer scheinenden Sonne. Schönes Vorfrühlingswetter und Zeit für mich allein... das ist genau das, was ich jetzt brauche. Nach einer hastigen Mahlzeit – er hat anscheinend nichts gegessen, wie ich feststelle – schnappe ich mir die Kamera und mache mich auf den Weg in den Canyon. Zu Fuß diesmal.

Am Aussichtspunkt führt ein steiler Pfad hinab in die Tiefe. Das hat man unter all dem Schnee nicht gesehen, doch jetzt sind die Felsen frei getaut. Es ist rutschig, aber ich schaffe es und komme heil unten an, wo es aber durch das viele Schmelzwasser ziemlich matschig ist. Das stört mich jedoch nicht. Den ganzen Vormittag stromere ich durch die Felsenlandschaft, verschieße insbesondere von der Nadel ganze Serien. Überall strömen kleinere und größere Wasserfälle die Felsen hinab, es ist einfach wunderschön. Ich mache Bilder, bis auch noch der letzte Akku von der Kamera leer ist. Da bleibt mir nichts anderes übrig, als umzukehren. Das Wetter macht diese Entscheidung leicht – es schiebt sich eine Wolkendecke über die Sonne, das schöne Licht ist weg.

Als ich zur Lodge zurückkomme, ist der Landi immer noch nicht wieder da, und auch von Tom und Sally fehlt jede Spur. Doch beim Betreten des Hauses merke ich sofort, etwas ist anders. Ich höre ein Surren. Und blinkt da nicht ein grünes Licht an der Rezeption? Der Strom ist wieder da! »Na endlich!«, rufe ich erleichtert aus.

Da ich nur ein Ladekabel habe, stecke ich das Ultrabook zuerst ein, bis die Anzeige so viel hergibt, dass ich es wieder hochfahren kann. Kein Mobiles Netz, immer noch nicht. Das grüne Licht an der Rezeption fällt mir ein. Vielleicht haben sie ja Festnetzverbindung? Und tatsächlich, ich finde in dem Büro hinter der Rezeption einen Rechner mit einem LAN Kabel, das grün blinkt. Es ist mit einer Box an der Wand verbunden. Da ich ihn nicht vom Netz trennen will – wer weiß, ob das nicht ihr zentraler Server ist – mache ich mich auf die Suche nach einem Ersatzkabel und werde gleich darauf in einer der Schreibtischschubladen fündig und entdecke zudem noch ein ganzes Sammelsurium von USB Ladegeräten, Hinterlassenschaften der Gäste. Da kann ich aus dem Vollen schöpfen. Rasch ziehe ich mit dem Technikkram in das Büro der Lodge um und warte ungeduldig darauf, dass sich der Akkustand des Ultrabooks soweit erholt hat, dass ich online gehen kann. Das Handy jedoch macht keinen Mucks, scheint, als wäre der Akku wirklich hin. Schöner Mist!

Während ich so auf den immer breiter werdenden Ladebalken des Ultrabooks starre, überlege ich, was ich als Allererstes tun soll, und mir wird klar, ich muss einfach mal jemandem mein Herz ausschütten. Ich habe mich in den letzten Tagen und Wochen so dermaßen auf Tom und seine Familie und Freunde konzentriert, dass ich mich selber dabei völlig vernachlässigt habe. Also schreibe ich mit meinem normalen E-Mail Konto eine ausführliche Mail an Kris und berichte ihr bis ins kleinste Detail, was sich zugetragen hat. Lange sitze ich da und schreibe mir den Schmerz und die Furcht von der Seele. Faith schicke ich eine kürzere Version davon, ausschließlich über die Erlebnisse mit dem Stamm. Danach wird auch meine Familie mit einer kurzen Mail und ein paar Fotos bedacht und einige meiner Freunde. Als ich damit fertig bin, hat sich der Akkustand soweit erholt, dass ich es wagen kann, online zu gehen.

Meine Konten synchronisiere ich einzeln und arbeite die Posteingänge nacheinander durch. Nichts wirklich Dramatisches hat sich ereignet. Kris bittet um ein paar bestimmte Details. Tamara fragt, wann ich wieder nach Hause komme. Sie will die Osterferien in Haulensteen verbringen. Ich schicke ihr eine Zusage, obschon ich noch nicht weiß, wann ich wieder da sein werde, und liebe Grüße mit ein paar schönen Fotos. Notfalls kommt sie auch allein mit Kris und Perri klar.

Dann verharrt mein Finger eine geschlagene Minute über dem Touchpad, als der Mauszeiger über *Sallyontour* schwebt. Oh Gott. Was soll ich ihnen nur sagen? Was? So viel hat sich ereignet, und ich merke mit einem Mal, ich bin wütend auf die Männer, auf Rob, auf Jimmy, auf seine Kumpel. Egal, was Pam getan hat, sie tragen genauso Schuld an dieser Lage wie sie. Sie haben Tom fast zerstört.

Als ich mich endlich dazu durchgerungen habe, das Konto anzuklicken, bekomme ich eine Videochatanfrage von dem deutschen Provider, den Kris und ich stets nutzen. Erleichtert verschiebe ich *Sallyontour* auf später.

<*Moment*>, schreibe ich zurück und laufe rasch ins Zimmer, Kopfhörer holen. Ich schalte die Videofunktion an und rufe sie dann an.

Sie kommt sofort auf den Schirm. »Oh man, Sanna, oh man! Was machen die da drüben mit dir? Bist du sicher, dass es dir gut geht?« Ihre grünen Augen schauen mich besorgt an.

»Nein. Aber es ist nun mal so, wie es ist. Ich habe viel gelernt, Kris, und wie! Ich glaube, ich weiß jetzt, was ich mit unseren beiden Kindern tun muss. Guck mal«, ich halte meine Hand mit dem Tattoo hin, und ihr Mund formt ein Wow, »sie haben mich in ihrer Mitte akzeptiert. Diese weisen Frauen sind unglaublich, Kris. Das, was deine Freundinnen da machen, ist nur ein müder Abklatsch.

Das hier ist richtiger, echter alter Glaube. Sie sind mit diesem Land verbunden.«

»Ach? Das musst du mir mal genauer erklären.«

Wir reden bestimmt zwei Stunden lang. Wie mir das gefehlt hat! Dieser Eiertanz mit Tom, der ist so anstrengend, weil ich ständig darauf achten muss, wie er auf meine Worte reagiert. Bei Kris brauche ich das nicht. Ich fühle mich wie neugeboren, als Kris endlich auflegt. Was sie wohl auch beabsichtigt hat. Sie versteht halt genau, was in mir vorgeht. Jetzt endlich kann ich mich der anderen Sache widmen.

Der Posteingang ist gut gefüllt. Rob, die Kinder, Jimmy, wieder Rob, und dann drei Mal Jimmy. Ich sehe nur die Voranzeige der letzten Mail von ihm. *<Melde dich endlich! Verdammt, wo steckt ihr?!>* Scheint, als hätte da jemand ernsthaft Panik bekommen. Vor dem Hintergrund, den ich jetzt habe, ist das kein Wunder. Nein, den schiebe ich lieber vor mir her.

Stattdessen öffne ich als erstes Cols Mail. Doch er schreibt nichts, sondern schickt mir einen Link. Er bittet mich um einen Chat? Womöglich mit Video in einem dieser offenen amerikanischen Programme? Nix da! Mit *Sallyontour* eröffne ich einen neuen Account bei unserem deutschen Provider und schicke Col darüber eine Antwort mit einem gesicherten Link. Wenn der seine E-Mail mit dem Handy verbunden hat, wird er das sofort sehen. Die Kids sind doch ständig online.

Lange zu warten brauche ich nicht, da pingt ein Chatfenster auf. Er ist es! Video oder nicht? Ich entscheide mich dafür. Das haben die Kinder verdient. Gleich darauf schaut mich die ältere Version des Jungen von dem Foto mit einem breiten Grinsen an. »Hi, Sanna!« Er spricht meinen Namen richtig aus, dafür wird Rob gesorgt haben.

Sieh ihn dir an! Wenn der nicht die Herzen der Mädchen im Sturm erobert, dann weiß ich auch nicht. »Hallo Col. Du meine Güte, wo hockst du denn?« Hinter ihm sehe ich schemenhaft ein Regal, Farbtöpfe, Werkzeug.

»Wir sind in den Keller geflüchtet. Guck mal, wer hier bei mir ist.« Er dreht den Schirm ein wenig, und gleich darauf kommt Lizzie ins Bild. Doch wie sieht sie nur aus? Die Schminke ist fort. Jung und verletzlich, dunkle Ringe unter den geröteten Augen und sehr, sehr blass. Ihre Wange schmiegt sich an Col Schulter. »Hallo Sanna«, sagt sie leise.

»Lizzie, geht es dir gut? Was ist denn?«, frage ich besorgt.

»Wir haben einen Brief vom Jugendamt erhalten«, sagt Col und schaut auf einmal sehr viel älter aus seine siebzehn Jahre.

»Oh nein, sagt nicht...« Mir wird ganz kalt. »Col, rede schon! Was stand da drin?«

Er drückt seine Schwester fest an sich, die sichtlich mit den Tränen kämpft. »Dein Plan hat funktioniert. Er war echt genial. Sie haben es geschluckt, wir dürfen bei Grandpa bleiben. Liz hat vor lauter Aufregung seit Tagen nicht geschlafen. Und heute hat Grandpa uns gesagt, dass er bei Onkel Jimmy und den anderen einziehen wird und wir mit ihm. Sie haben uns ein neues Zuhause gebaut, an die alte Halle dran, auch für Dad. Sie sitzen oben und feiern ein wenig, deswegen sind wir geflüchtet.«

Rob zieht also ins PFZ, wie ich es schon im Stillen nenne, in die Pam-freie Zone. Die Abkürzung geht sogar in beiden Sprachen. *Pam-Free Zone*. Sieh an, denke ich, sage es aber nicht laut. Die Truppen schließen ihre Reihen. Vermutlich ist das nicht einmal eine so dumme Idee, doch ob das Jugendamt das auch so sieht? Vier alleinstehende Männer und die Kinder? Ich weiß nicht, ob das wirklich so schlau ist. »Ihr bekommt also ein neues Zuhause. Und, gefällt es euch?«

Die beiden nicken unisono. »Es ist echt cool«, sagt Lizzie. »Und weißt du, was noch cool ist?« Jetzt lächelt sie verweint und hält eine kleine Digitalkamera hoch. »Vielen, vielen Dank, Sanna. Die ist toll.«

»Oh Lizzie, heute ist dein Geburtstag? Ach herrje, wir hatten tagelang keinen Strom und nicht eine funktionierende Uhr. Es tut mir wirklich leid, dass ich mich so lange nicht melden konnte. Herzlichen Glückwunsch! Und, hast du schon Bilder gemacht?«

»Hmm... ein paar. Col sagt, sie sehen doof aus. Er sagt, ich soll die Bedienungsanleitung lesen.« Als großer Bruder nickt er da fachmännisch, doch den Zahn ziehe ich ihm gleich.

»Auf keinen Fall lies die Bedienungsanleitung. Probiere einfach herum, denn die schönsten Fotos, die entstehen aus dem Gefühl heraus, glaube mir.«

»Siehst du?« Jetzt wandelt sie sich wieder in den zickigen Teenager, indem sie ihren Bruder kneift, der das gutmütig über sich ergehen lässt, sie dann aber zurückschubst.

»He! Nicht streiten, ihr beiden! Du kannst ja anfangen zu üben, indem du mir mal ein Bild von euch allen schickst, was meinst du? Mich würde wirklich interessieren, wie ihr alle aussieht. Ich habe bei den Sachen eures Vaters ein paar Bilder gefunden, aber die sind ziemlich kaputt. Wollt ihr das mal machen?«

»Klar!« Da ist Lizzie sofort dabei. »Schickst du uns auch eins von dir? Die anderen wollen alle wissen, wie du aussiehst.«

»Ah, Lizzie, so was mache ich eigentlich nicht.« Die beiden gucken fragend. »Ich habe schlechte Erfahrungen im Netz gemacht, deshalb gibt es von mir keine Bilder dort. Dieser Link hier, über den wir sprechen, ist ein sogenannter Saferoom. Er speichert keine Daten ab, es wird nach Ende nichts von unserem Chat übrigbleiben. Es kann auch keiner von außen reingucken. Glaubt mir, das ist besser so. Und du wirst auch keinen Screenshot von mir machen, Col«, füge ich mahnend hinzu und halte meinen Daumen über die Kamera, denn er hat eine mir nur allzu bekannte Bewegung gemacht.

»Schon gut. Du bist echt anders.« Leise Anerkennung schwingt in seiner Stimme mit. »Onkel Jimmy meint das auch. Er will dich unbedingt sprechen und ist schon fast verrückt vor Sorge.«

Jaah, *das* kann ich mir vorstellen, denke ich säuerlich. »Sagt ihm, ich melde mich bei ihm.« Die beiden reißen die Augen auf, schütteln unisono den Kopf. »Doch, sagt es ihm. Ich finde, ihr müsst mehr miteinander reden. Die Erwachsenen, sie hätten euch viel, viel mehr in den Prozess mit dem Jungendamt mit einbinden müssen. Fordert das von ihnen ein, aber dann seid auch so ehrlich und sagt ihnen, was wir getan haben. Ihr müsst zusammenhalten, wenn ihr das durchstehen wollt. Ich will euch jetzt nicht fragen, wie es beim Jugendamt gewesen ist. Das kannst du mir in aller Ruhe mal schreiben, Col. Aber geht hoch und redet mit ihnen, vor allem mit eurem Grandpa, ich bitte euch.«

Sie kämpfen sichtlich, doch schließlich nicken sie. »Sanna?«

»Ja, Lizzie?«

»Wann kommt Dad wieder nach Hause?« Ihre Augen füllen sich mit Tränen, und Col presst die Lippen zusammen.

»Ich weiß es nicht. Es geht ihm besser. Er spricht von euch, er sagt eure Namen. Er hat immer noch sehr zu kämpfen, aber er hat mir alles erzählt, was bei euch zuhause vorgefallen ist. Ich glaube, dass ihr nicht mehr allzu lange auf ihn warten müsst.«

Jetzt schaut Col mich an. Dieser Blick! Den kenne ich. Er geht mir durch und durch. »Aber was ist mit dir? Hältst du das auch durch? Onkel Jimmy, er hat gesagt... zu Onkel Danny... dass er dir wehgetan hat. Stimmt das?«

Mir wird eiskalt. Mist, können die nicht besser aufpassen? »Nicht absichtlich, Col. Denk das nicht, so etwas tut er nicht, niemals. Er hat schlimme Träume, und dabei wirft er sich herum, manchmal schlägt er auch um sich. Er hat mich ganz schön erwischt, das stimmt. Aber mein Schädel, der ist härter als seiner.«

Er kommt ein Stück näher an die Kamera. »Stimmt das auch wirklich? Du hast dunkle Flecken im Gesicht.«

Ach verdammt, denke ich und weiche ein wenig zurück. Sieht man die etwa immer noch? »Das ist nichts. Macht euch keine Sorgen. Es wird besser werden, ihr werdet sehen. Und... Moment.« Ein Wagen hält vor der Tür. Ich beuge mich aus dem Büro und sehe den Landi. »Ich muss Schluss machen, da kommt jemand. Denkt an das, was ich gesagt habe. Bye.« Hastig beende ich die Verbindung.

Rasch stehe ich auf, doch zu meinem Erstaunen kommt nicht Tom herein, sondern Chip. Von Tom sehe ich nur den Schatten im Wagen.

»Sanna! Wir wollen in die Stadt fahren. Brauchst du etwas? Sollen wir dir etwas mitbringen?«

Na, der hat ja eine dicke Lippe! »Habt ihr euch wieder vertragen, was?« Ich schaue unsicher an ihm vorbei zu Tom, doch der rührt sich nicht.

»Jaah...« Chip reibt sich verlegen das Kinn. »Er ist okay. Wirklich, das ist er. Also, brauchst du was?«

Rasch denke ich unsere Vorräte durch. »Ja, warte, ich mache dir eine Liste. Und, oh, kannst du mal schauen, ob du mir einen Ersatz Akku für das Handy besorgen kannst? Ich gebe ihn dir mit. Hier.« Ich schiebe die Schale herunter und reiche ihm den Akku über den Tresen. Während ich die Liste zusammenstelle und nach meinem Geld krame, spähe ich immer wieder zum Wagen. Warum kommt er nicht herein? Ich schaue Chip fragend an, und er schüttelt leicht den Kopf. Na gut. Was auch immer jetzt schon wieder ist.

Als sie fort sind, mache ich mich daran, die Fotos zu entladen und zu sichten. Den Posteingang von *Sallyontour* ignoriere ich. Ich schließe dazu einen großen 22" Monitor an das Ultrabook an, sodass ich die Bilder in voller Pracht aufrufen kann. Und wie schön sie geworden sind! Ich bin selber überrascht. Anscheinend waren meine Gedanken und Gefühle dermaßen von Toms Problemen und meinem Höllentrip eingenommen, dass ich das völlig vergessen habe. Jetzt sitze ich da und schaue zufrieden die Sequenzen durch. Mittlerweile weiß ich genau, was der Stamm will und was nicht, und so lade ich an Kris bereits die ersten Serien hoch und sortiere diejenigen für den Stamm in einen Extra-Ordner.

Ich fange gerade an, die RAWs umzuwandeln, da signalisiert mein Mailprogramm eine reinkommende E-Mail. Sie kommt von Col mit einer großen Datei im Anhang. Ich fange an zu lächeln, als ich sie aufrufe. Das hat Lizzie ja schon ganz gut hinbekommen, sogar mit Zeitauslöser. Da wird ihr großer Bruder wohl doch die

Bedienungsanleitung konsultiert haben! Die Belichtung ist nicht perfekt, das Bild ein wenig schief. Sie muss die Kamera irgendwo abgelegt haben. Und dennoch. Breit grinsend sitzen sie alle auf einem großen Sofa vor mir und schauen in die Kamera.

Lizzie sitzt ganz links, halb zwischen Sofalehne und Jimmy gequetscht. Sie hat sich bestimmt beeilt, um noch mit aufs Bild zu kommen. Jimmy erkenne ich sofort, er sieht seinem Vater sehr ähnlich, aber noch ein wenig... anders. Fast zu gutaussehend, immer noch so verwegen grinsend wie der Junge von einst. Aber er hat Schatten um die Augen, das ist deutlich zu sehen, und er kommt mir hager vor. Man sieht es bereits, oh ja.

Neben ihm sitzt Rob, alt und grau im Gesicht, aber er lächelt, er sieht froh aus. Als nächstes kommt Col, dann ein Mann, dunkle kurze Haare mit grauen Strähnchen, schmales Gesicht. Leicht olivfarbene Haut. Hmm... Danny oder Sean? Und der nächste... mein Blick überspringt ihn und wandert nach ganz rechts. Buntes Hawaiihemd über einem stattlichen Bäuchlein, Goldkettchen, lockige, halblange dunkle Haare. Hundertprozentig gefärbt. Gigolo, wahrhaftig. Das wird ganz bestimmt Vince sein. Der Mann links daneben trägt ein Ziegenbärtchen, dichte graue Haare, dazu eine karamellfarbene Haut und leicht schräge, asiatisch anmutende, aber blaue Augen. Hmm... gut bepackt, sehr attraktiv. Also ist das Sean. Somit bleibt für den anderen nur Danny übrig. Mein Blick auf Cols Beschreibung sagt mir, ich habe richtig geraten. »Hallo Jungs, schön, euch endlich kennenzulernen«, sage ich und speichere das Bild weg.

Kaum habe ich das getan, pingt wieder das Chatfenster rechts unten auf dem Bildschirm auf. Nanu? Ich will es schon aufrufen, aber ich sehe noch gerade rechtzeitig das rote Ausrufezeichen, eine Warnung, dass der Link nicht mehr sicher ist. »Was zum...« Jemand anderes greift auf den Link zu. Ich schaue auf die Uhr. Nein, abgelaufen ist er noch nicht. Aber wer...? Ich rufe den Chatroom auf. Jimmy! Also hat Col ihn weitergeleitet. Junge, Junge, du musst noch einiges lernen, bevor du dich sicher im Netz bewegen kannst!

Diesmal kein Video, zu unsicher, entscheide ich und klappe das Ultrabook zu. Der Rechner bleibt dennoch an, wegen des großen Monitors. Das muss reichen. Ich rufe den Link auf.

»Ich weiß nicht, ob ich dich schütteln oder umarmen soll«, kommt gleich darauf Jimmys Stimme zu mir durch. Sein Gesicht erscheint links unten auf dem Bildschirm. Er hat die Stirn gerunzelt und schaut irritiert auf den Monitor, sucht offenbar nach meinem Bild. »Was du da getan hast, das...«

»Spar' dir die Spucke«, fahre ich ihn rüde an. Er reißt überrascht die Augen auf. »Ich für meinen Teil möchte euch eine verpassen, euch allen Vieren, und zwar so, dass ihr eine Woche nicht mehr gerade stehen könnt! Wie konntet ihr so etwas tun? Wie konntet ihr ihm das nur antun?«

Er fährt zurück. Damit hat er nicht gerechnet, aber ich lasse ihm keine Zeit für eine Gegenwehr. »Ihr wart seine einzige Stütze, seine einzige Zuflucht in der ganzen Sache, und die habt ihr ihm genommen, und zwar gründlich. Was ist nur in euch gefahren?!«

Er beißt sich auf die Lippen, schaut kurz weg. »Es... es ist nicht, wie du denkst.«

»Ach, was! Komm mir jetzt nicht damit, ihr wart besoffen oder so und wolltet das gar nicht! Wer ist es? Sag es mir!«

Jetzt wird er wütend, das ist gut zu sehen. Die Augen ganz schmal nähert er sich der Kamera. »*Das* geht dich nichts an.« Seine Stimme ist heiser vor Zorn.

»Ach nein?! Ich halte ihn für euch hier draußen am Leben, aber es geht mich nichts an, was diesen ganzen Schlamassel verursacht hat?« Ich werde immer lauter. »Du kannst mich mal, Jimmy! Ich will es gar nicht mehr wissen, aber eins sage ich euch: Ihr werdet es ihm sagen, oder ich schleife euch an euren Ärschen nach Europa und zurück, dass euch Hören und Sehen vergeht! Denn er weiß es, er hat's endlich kapiert, und das tut ihm furchtbar weh. Das hat er nicht verdient!« Meine Stimme bricht.

Sein Zorn verpufft so schnell und macht der Sorge Platz, dass ich am liebsten aufgelegt hätte. »Sanna, warum machst du nicht das Video an? Verschweigst du etwas? Komm schon.«

»Nein.« Ich hasse die Tränen in meiner Stimme. »Ich kann nicht.«

»Col sagt, du hast dunkle Male im Gesicht. Nun mach schon, zeig es mir!« Verdammt, verdammt!, entfährt es mir innerlich. Er kommt jetzt ganz nahe, und die Sorge, die ihm ins Gesicht geschrieben steht, bringt meine Abwehr zum Bröckeln. Aber ich will nicht.

»Ich kann nicht. Ich sitze an einem anderen Rechner, der hat keine Kamera«, suche ich hastig nach einer Ausrede.

»Dann nimm das Handy. Nun mach schon!«

»Das ist im Schneesturm kaputt gegangen«, wehre ich müde ab. »Lass es, Jimmy. Es geht mir gut.«

»Ja, wie gut es dir geht, das höre ich! Was hat er nur getan?!«

»Wohl eher ihr«, schnappe ich und sehe, das hat gesessen. Jimmy fährt zurück und verschränkt die Arme. »Er hat nichts getan außer zu sein, wie er ist. Aber lassen wir das. Jimmy, ich... kannst du mir eine Frage beantworten?«

Er spannt sich gut sichtbar an. »Welche?«

»Wie hieß die Kleine? Ich will das nicht wegen euch wissen, denke das nicht. Aber Tom, er träumt so furchtbar, es wird immer schlimmer. Ich verstehe mittlerweile einen Namen und will wissen, ob das ihrer ist. Also?«

Damit hat er nicht gerechnet. Er kommt wieder ein wenig näher. »Nun, Maddy, Madeleine. Ist das der Name? Träumt er von ihr?«

»Nein.« Ich weiß mehr denn je nicht, was ich von der Sache halten soll.

Er kommt jetzt noch näher, bis sein Gesicht den Bildschirm fast komplett ausfüllt. »Von wem träumt er da?«

»Von einer CiCi. Das ist...«

Seine Gesichtszüge entgleisen ihm. Einen solchen Ausdruck habe ich bei einem Menschen noch nie gesehen. Es ist das nackte Grauen, Furcht und Zorn und Schmerz, alles auf einmal. Es dauert nur einen winzigen Moment. Dann ist der Bildschirm aus.

»Scheiße! Was war das denn?!« Ich starre auf den leeren Bildschirm. Der Chat ist noch nicht zu, aber er hat die visuelle Verbindung gekappt.

Die Minuten dehnen sich endlos. Dann läuft die Zeit im Chatfenster ab. Die Verbindung ist erloschen. »Um Himmels willen, Jimmy! Was verschweigt ihr mir nur?« Denn dass es so ist, das war offensichtlich.

Mir bleibt keine andere Wahl: Ich muss ihm ein neues Fenster einrichten, sonst kann er mich nicht erreichen. Es dauert lange, sehr lange, bis er sich wieder meldet. Die Zeit verbringe ich zwischen ängstlicher Erwartung und resigniertem Zorn. Was erwarten sie eigentlich, das ich für sie tue? Soll ich ihr aller Leben aufräumen? Nein, das kann ich nicht! Jetzt ist endgültig Schluss damit.

Als er sich wieder einwählt, hat sich sein Gesichtsausdruck vollkommen verändert. Er ist bleich, seine Züge wie versteinert. Er hat den Laptop anders hingestellt, ich sehe jetzt ein Sofa, er sitzt im Halbdunkel und hat einen rundlichen Gegenstand auf dem Schoß, den er mit beiden Armen umklammert hält. Blicklos starrt er an die Wand neben ihm. »Jimmy, was ist los? Rede mit mir! Wer ist diese CiCi?«

»Das ist keine Frau«, kommt es seltsam tonlos durch meine Kopfhörer. Seine Stimme ist kaum mehr als ein heiseres Flüstern. »Es heißt nicht CiCi. Es heißt CC, Captain Colin. Das ist... war... mein Vater.«

»Dein Vater? Aber...«

Er unterbricht mich, redet einfach weiter, als hätte er mich gar nicht gehört. »Wir waren alle zusammen an jenem Tag, seinem letzten Einsatz.«

»Einsatz?« Ich verstehe immer weniger. »Ja, habt ihr denn alle zusammengearbeitet? Jimmy, um Himmels Willen...«

Jetzt wendet er sich zu mir um. Der Gegenstand in seinen Armen rutscht ein wenig nach vorne. Es ist ein Helm, sehe ich, schwarz, zerschrammt und zerbeult, kaum mehr als solcher zu erkennen.

»Hat Rob dir nicht erzählt, wer wir sind, was wir tun? Wir sind Fidnies, Sanna.«

Ich verstehe kein Wort. »Fidnies? Was ist das?«

Er schüttelt den Kopf. »Du weißt das nicht? FDNY, Fire Department New York. Wir sind Feuerwehrmänner, Sanna, und das seit Generationen in unseren Familien. Mein Vater, der ist bei dem Anschlag auf die Türme ums Leben gekommen, und Tom, er... er war der letzte, der ihn lebend gesehen hat. Nur konnte er sich nicht mehr daran erinnern, als es vorbei war. Bis zuletzt. Bis du kamst...«

Ich bekomme keine Luft mehr. Nur noch undeutlich sehe ich, wie er spricht, aber ich höre kein Wort. Ich muss wohl die Verbindung gekappt haben, denn als ich schwer atmend auf dem Boden wieder zu mir komme, ist der Bildschirm schwarz, und ich halte das Ultrabook umklammert wie einen Schutzschild. Mein Innerstes ist zu Eis erstarrt vor lauter Furcht. Das kann, das *darf* nicht wahr sein!

Die Panik hämmert in meinem Herzen wie verrückt. Habe ich mich nicht die ganze Zeit gefragt, warum ausgerechnet ich, warum habe ich ihn dort oben in den Bergen aufgelesen, auf der wohl einsamsten Wanderung dieses Winters? Warum habe ich mich seiner angenommen und fühle mich so verpflichtet, ihm zu helfen? Jetzt macht das alles auf eine verdrehte, völlig irre Art Sinn. Das Schicksal kann eine hundsgemeine Fotze sein, und gerade hat es mit voller Breitseite zugeschlagen. Kris würde sagen, das ist Karma. Ich sage, das ist Schwachsinn. Aber es ist nun mal passiert.

Ich muss hier raus! Instinktiv will ich die Flucht ergreifen, doch meine Knie sind so weich, dass ich mich an den Türrahmen des Büros setzen muss. Mir wird schwindelig, das Ultrabook droht mir aus den Händen zu rutschen, ich schiebe es auf den Rezeptionstisch. All meine Kraft bündelnd, ziehe ich mich an dem Tresen hoch, mit Mühe die aufkommende Übelkeit unterdrückend. In der Eingangshalle ist es dämmrig. Der Blick verschwimmt vor meinen Augen, ich muss sie schließen. Komm schon, Sanna, reiß dich zusammen!

Ein leises Geräusch lässt mich auffahren. Als ich die Augen öffne, steht da eine große Gestalt im Dämmerlicht, kaum mehr zu erahnen als Schatten. Zwei glimmende Punkte scheinen dort, wo die Augen sein müssten. Der Geist! Er ist wieder da! Die Furcht schießt wie Eis durch mich hindurch. Ich schreie auf, verliere wieder das Gleichgewicht und merke nur noch undeutlich, wie ich hart auf dem Boden aufschlage.

»Na endlich. Komm, Sanna, wach auf!« Toms Stimme holt mich zurück. »Mach die Augen auf. Guck mal ins Licht, versuche es festzuhalten.« Ein heller Punkt schwebt vor mir, bewegt sich leicht hin und her. Er tut mir in den Augen weh, sodass ich sie wieder schließen will. »Nein, nicht. Sei ein braves Mädchen. So ist es gut.«

»Was... was ist passiert?« Noch völlig benommen versuche ich, mich aufzurichten, doch seine Hand drückt mich zurück. Weich. Ich liege auf einem Bett, meine Beine auf einem Stapel Kissen. Jetzt nimmt er das Licht wieder fort, und ich schließe dankbar die Augen.

»Die Frage müsste ich eigentlich dir stellen. Du bist zusammengeklappt, einfach umgefallen. Wüsste ich es nicht besser, würde ich sagen, du hast einen Schock.«

Ich muss trocken schlucken. Wie eine Flutwelle überrollen mich die Ereignisse, mir wird schlecht. Ich fange an zu keuchen, muss würgen. Tom zieht mich hastig hoch und dreht meinen Kopf über die Bettkante, mir ein Tuch unter den Mund haltend. Doch es kommt nur bittere Galle, ich habe den ganzen Tag nichts gegessen und nur wenig getrunken.

»Himmel, was ist denn nur mit dir?«, flüstert er besorgt und wischt mir den Mund ab.

Ich drücke seine Hand fort, die Berührung ist mir unangenehm. »Geht schon wieder. Mir ist nur schlecht geworden.«

Doch irgendetwas an meiner Stimme überzeugt ihn nicht, das merke ich wohl. »Bleib erstmal liegen und versuche, wieder zu dir zu kommen. Ich mache dir einen Tee.« Nur schemenhaft sehe ich, wie er aufsteht und das Zimmer verlässt.

Oh Gott! Was soll ich tun? Wie kann ich ihm jemals wieder in die Augen schauen? Ich merke, die Panik kommt zurück, meine

Atmung wird schneller, flacher. Gleich wird er das nebenan hören, und das darf er nicht. Er *darf* nicht merken, dass etwas nicht stimmt. Reiß dich zusammen, Sanna!

Es gelingt mir nur unter Aufbietung aller Kraft. Ich rolle mich auf die Seite, setze mich auf. Das schickt wieder flirrende Kreise vor meine Augen, aber nach einiger Zeit geht es weg. Auf dem Nachtschrank steht ein Glas Wasser. Vorsichtig nehme ich einen Schluck und lasse ihn meine Kehle hinabrinnen, genau darauf achtend, ob mich wieder das Würgen überkommt. Aber es geht gut, und nach drei weiteren Schlucken weiß ich, es bleibt drin. Vor lauter Erschöpfung würde ich am liebsten nur schlafen und vergessen. Schon wollen mir die Augen zufallen, doch eine Berührung an meinem Knie lässt mich wieder hochfahren.

»He, habe ich dir nicht gesagt, du sollst liegen bleiben?«

Mir entfährt ein leiser Aufschrei. Im Licht der nun eingeschalteten Nachttischlampe hockt ein Fremder vor mir. »Was...« Kurze Haare, kein Bart, ein schmales, kantiges Gesicht. Nur die Augen, die sind mir vertraut, und die Stimme, natürlich. Ich muss ihn völlig entgeistert anstarren, denn der besorgte Ausdruck in seinen Augen wandelt sich in etwas anderes. Sie beginnen schelmisch zu funkeln, und die Mundwinkel zucken leicht, wie bei einem kleinen Jungen, der mit aller Macht seine Freude über einen gelungenen Streich verbergen will. Da sind sie ja, die senkrechten Linien von Rob und Col! »Mensch, Tom! Hast du mich erschreckt! Wie...«

»Tja...« Er reibt sich verlegen über das Kinn, und in dem winzigen Moment, wo er zur Seite schaut und seine Aufmerksamkeit nicht vollkommen auf mich gerichtet hat, gewinne ich meine Fassung zurück. Jetzt weiß ich, wie ich mir einen Schutz bauen kann, damit er nichts merkt.

»Das warst du da vorhin in der Halle? Du hast mir den Schreck meines Lebens verpasst, du Idiot!« Ich stoße ihn an die Schulter. »Ich habe dich nicht erkannt, hatte gerade eine E-Mail an Kris geschrieben über das, was im Canyon passiert ist, über das Foto. Und dann komme ich da raus und sehen einen Schatten in der Halle. Du sahst ein wenig aus wie *er*. Es hat mich zu Tode erschreckt! Das war wirklich ein Schock, und was für einer!«

»Oh nein, tut mir leid.« Er setzt sich zu mir aufs Bett, legt mir den Arm um die Schultern und drückt mich an sich. Da ich so seinem besorgten Blick entrinne, lasse ich das geschehen, obschon ich ihn am liebsten zurückgestoßen hätte. »Hier, trink einen Schluck Tee. Vorsichtig, er ist heiß.«

»Danke.« Ich nehme einen kleinen Schluck. Er tut gut, tatsächlich. »Na, da habt ihr zwei euch ja einen schönen Streich ausgedacht, Chip und du! Und er hat nichts gesagt, gar nichts. Wie kommt's...?«

Jetzt lässt er mich los und setzt sich zurück, im Schneidersitz aufs Bett. Ich ergreife die Gelegenheit zur Flucht, lehne mich an die Betteinfassung, und er reicht mir eines der Kissen, damit ich es in den Rücken stopfen kann. Dann schaut er düster ins Leere. »Ich brauchte Zeit für mich. Das musste ich erst einmal verdauen.«

»Habe ich mir schon gedacht«, sage ich leise.

»Irgendwann hat Chip mich dann aufgelesen. Wir haben uns wieder vertragen, und er hat mich mitgenommen, er wollte die Wege kontrollieren. Dabei hat er mir eine ganze Menge über den Canyon und den Stamm hier erzählt, und irgendwann hat er eine Bemerkung fallen lassen, seine Mutter hätte gesagt, ich solle mir langsam mal das Gestrüpp aus dem Gesicht nehmen und wieder zu einem richtigen Menschen werden, denn ich wäre auch so schon Last genug für dich.« Bei diesen Worten verschränkt er die Hände umeinander.

»Ach, und das gibt er einfach so von sich? Na super, da wird Rosie sich ja freuen.«

Er schnaubt. »Jaah, Chip ist schon ein echtes Plappermaul. Aber er hat ja recht. Ich *bin* eine Last für dich, leugne es nicht.« Jetzt sieht er auf, forscht in meinem Gesicht, das ist mir klar. Ich muss mich doch sehr, sehr zusammennehmen, ihm nichts zu zeigen. Wie groß diese Last ist, das ahnt er nicht einmal ansatzweise.

»Das hatten wir doch schon, Tom«, wehre ich müde ab und muss das nicht einmal verbergen. Ich bin wirklich müde, und auf einmal merke ich, auch hungrig. Angeregt durch den Tee fängt mein Magen an zu knurren wie verrückt. »Ich glaube, ich könnte jetzt etwas zu essen vertragen. Du nicht?«

»Was? Oh ja.« Er schwingt sich vom Bett. »Rosie hat uns reichlich gebracht. Warte, ich richte uns etwas her.«

Beim Essen beobachte ich ihn, wie er von Chips Erzählungen berichtet. Den Rest, was ich heute erfahren habe, sperre ich weit, weit fort. Wenn ich nur einen winzigen Gedanken daran zulassen würde, er würde sofort etwas merken. Da beobachte ich ihn doch lieber.

Die Mimik, die Gesten, irgendwie versuche ich, dies in Einklang zu bringen mit den Augen, die ja bisher fast ausschließlich zu mir gesprochen haben. So ganz will mir das nicht gelingen. Es sieht ein wenig merkwürdig aus, dieser tief gebräunte Streifen um die Augen und der bleiche Rest, der bisher unter dem wilden Gestrüpp verborgen gewesen ist. Jede Regung, jedes Wort, wie er den Mund bewegt, hat ein neues Mienenspiel zur Folge, die vielen, vielen Linien in seinem Gesicht sprechen eine ganz eigene Sprache. Man kann in diesem Gesicht lesen, wenn man es erst einmal versteht, es maskiert einfach nichts. Die Anstrengungen der letzten Monate haben eine Fülle kleinerer Fältchen hinzugefügt, die mit Sicherheit vorher noch nicht da gewesen sind. Doch das ist nicht schlimm, es passt dazu. Ein echtes Charaktergesicht. Ob andere das auch konnten? In dem Gesicht lesen? Pam? Das macht ihn verwundbar, geht mir auf. Wie sehr, das ist ihm womöglich gar nicht klar. Wer ein solches Gesicht hat, kann seine Gefühle kaum verstecken. Außer hinter einem wirren, dichten Bart.

»Was schaust du denn so?«, fragt er mit einem Mal und hält mit dem Essen inne. Mich trifft ein forschender Blick. Wie bei seinem Sohn.

»Ich versuche gerade, den alten Tom, den ich kenne, mit diesem hier vor mir in Einklang zu bringen«, sage ich geradeheraus.

Er stutzt, reibt sich verlegen mit den Händen über das Gesicht. Er hat schöne Hände, geht mir mit einem Mal auf, lang und schmal, ohne dabei zerbrechlich zu wirken. Man sieht ihnen die Kraft, die in ihnen wohnt, an. Das war mir bisher noch nie so aufgefallen. Vielleicht auch, weil sie jetzt wirklich sauber sind, die vorher ziemlich langen Nägel sorgfältig gestutzt. Hastig schaue ich auf meine eigenen Hände herab, die kurzen, kräftigen Finger, die Teller und Besteck halten. Rau, rissig und nicht sehr gepflegt. Wobei mit gepflegt meistens lackiert oder poliert gemeint ist. Unelegant. So hat das mal jemand genannt.

»Und? Gelingt es dir, mich zusammenzusetzen?« Jetzt schmunzelt er, das sehe ich genau. Nur ein leichtes Zucken, da, in der Ecke des linken Mundwinkels. Oh ja, ich kann es bereits.

»Nicht so wirklich. Ich glaube, ich muss mich erst einmal wieder neu an dich gewöhnen. Lass mir etwas Zeit, ja?«

Es ist, als hätte sich etwas dazwischengeschoben. Natürlich, die Neuigkeiten von Jimmy waren ein richtiger Schlag, über den ich noch gar nicht nachdenken mag, aber es ist nicht nur das. Irgendetwas ist anders. Schlaflos liege ich später im Bett und versuche herauszufinden, was das ist. Es macht mich unruhig, ich kann es mir nicht erklären. An dem Hin- und Hergewälze nebenan erkenne ich, auch er hat etwas gemerkt, vielleicht, weil ich so unruhig bin. Das ist kein Traum, er kann einfach nicht schlafen. Genauso wenig wie ich, obwohl mein Körper förmlich vor Erschöpfung ächzt und sich nach Schlaf sehnt. Ohne einen wirklichen Entschluss gefasst zu haben, raffe ich meine Decken zusammen und tapse barfuß zu ihm rüber.

»Das wird so nichts«, sage ich nur und klettere zu ihm aufs Bett. Er rutscht ein wenig zur Seite, damit ich mehr Platz habe.

»Dann müssen wir es halt zusammen versuchen. Komm her.« Er streckt den Arm aus und zieht mich an sich. Mit geschlossenen Augen liege ich da und gehe in mich. Wärme, Geruch, der tiefe Atem neben mir. Alles so, wie es sein soll. Also kann ich jetzt loslassen und ruhen. Und in der Nacht, wenn die Träume kommen, für ihn da sein.

Rosie eröffnet uns am nächsten Morgen, dass die Straßen wieder frei wären und sie am nächsten Tag die ersten Gäste erwarten. Ein dezenter Hinweis auf eine mögliche Weiterreise. Mir passt das ganz gut, denn ich brauche noch einen Tag, um die Bilder zu bearbeiten. Dazu erbitte ich mir den Arbeitsplatz in ihrem Büro mit dem großen Bildschirm, was sie gerne gewährt. Sie zieht dafür mit einem Laptop an die Rezeption um. So habe ich ein wenig Abstand und Ruhe, während sie das Telefon bedient und ihre Reservierungen durchgeht. Tom ist unterdessen mit Chip unterwegs und hilft bei den Aufräumarbeiten. Mit nichts hat er am Morgen durchblicken lassen, dass er meinen Besuch in der Nacht merkwürdig fand. Er ist einfach aufgestanden, hat sich angezogen, mit mir gefrühstückt, und weg war er. Sally hat es unterdessen vorgezogen, bei mir zu bleiben, und hält mir die Füße unter dem Schreibtisch warm.

Irgendwann kommt Hank herein und wirft mir ein kleines Päckchen zu. »Hier, dein Ersatz Akku. Haben wir bestellt, hier hatten sie so etwas nicht.«

»Oh, sehr schön! Vielen Dank«, freue ich mich und lege ihn sofort ein. Er muss natürlich erst einmal geladen werden, aber der Strom reicht, dass das Handy wieder Empfang hat. Es brummt natürlich sofort los, hört gar nicht mehr auf.

»Meine Güte, was für eine Flut«, ruft Rosie herein.

»Da wird sich ein ganz schöner Rückstau gebildet haben. Lassen wir es erst einmal arbeiten.« Ich weiß ja, von wem die meisten Nachrichten sind. Das ignoriere ich lieber. Doch irgendwann ist es still, und dann kann ich meine Neugier nicht mehr zügeln.

Hinter Jimmys Namen prangt in WhatsApp eine fette zweistellige Zahl, aber von gestern Abend ist keine dabei. Er weiß ja, dass das Handy kaputt war.

<Sanna, rede mit mir, ich bitte dich!>, lautete die Letzte. Nun gut, das haben wir ja bereits erledigt.

Ich schicke ihm eine Nachricht: *<Mein Handy funktioniert jetzt wieder. Sorry für das abrupte Ende gestern. Tom kam plötzlich herein, es hätte nicht viel gefehlt, er hätte dich gesehen. Jetzt kann*

ich auch nicht reden, bin nicht allein.> Damit unterbinde ich hoffentlich jedwede Kontaktversuche.

Dann überlege ich. Das von gestern mag ich nicht so einfach unkommentiert lassen. *<Das mit deinem Vater tut mir sehr leid. Die meisten Menschen auf der Welt haben diesen Tag in schlimmer Erinnerung, aber für euch, die ihr vor Ort wart und so viele Leute verloren habt, muss er wirklich grauenvoll gewesen sein.>*

Ich halte inne. Hunderte von Rettungskräften sind damals beim Zusammenbruch der Türme ums Leben gekommen, Feuerwehrleute, Polizisten, Sanitäter. Lange überlege ich, was und wie ich weiterschreiben soll. Gestern war meine erste instinktive Reaktion Flucht gewesen. Alles sofort stehen und liegen lassen und abhauen. Doch das kann ich nicht, erkenne ich nun mit absoluter Klarheit. Es gibt für mich nur einen Weg da raus: mitten hindurch. Ich kann Tom nicht im Stich lassen, nicht jetzt, erst recht nicht mit dieser furchtbaren Geschichte im Hintergrund.

<Ich kann mir vorstellen, dass es dir sehr viel bedeuten würde zu erfahren, was in diesen letzten Augenblicken geschehen ist. Und Rob auch, denn CC war ja sein bester Freund, richtig? Wenn ich also irgendwie dazu beitragen kann, dass Tom sich erinnert, werde ich das tun, auch wenn das bestimmt schlimm für ihn wird. Nur, Jimmy, erwartet nicht zu viel von mir. Solche Dinge kann man nicht erzwingen, und ich habe keine Erfahrung mit traumatisierten Menschen. Denn das ist er, und das bist auch du, so viel habe ich gestern gesehen. Es mag gelingen, mit der Zeit. Sanna>

Kurze Zeit später summt das Handy wieder. Jimmy hat zurückgeschrieben. *<Wir können gar nicht ermessen, was du da für uns tust. Es fällt uns ja schon schwer, daran zu denken, geschweige denn darüber zu reden. Wir tun es so gut wie nie.*

Wenn dir das gelingt… wir wissen, wie schwer das für dich sein muss. Du hast dein eigenes Leben, eigene Probleme, und wir halsen dir unsere auf. Das ist nicht fair, das wissen wir. Aber ohne dich, da wäre er nie so weit gekommen, da wäre er nicht mehr bei uns. Schau du nur, dass du nicht dabei zu Schaden kommst. Ich weiß, dass du uns nicht alles erzählst, selbst mir nicht. Das macht mich ganz unruhig.>

Der Schaden ist längst angerichtet, denke ich mit einem harten Schlucken. Dann brummt es wieder.

<Ich möchte wirklich wissen, wie du aussiehst. Mehr denn je. Col sagt, dass du echt cool bist, und das von einem Teenie, das will schon was heißen. Also komm schon, zier dich nicht so!>

Oh je! Ich schreibe: *<Sorry, das ist meine eiserne Regel: Keine Bilder von mir im Netz. Ich wurde mal digital gestalkt, auf übelste Weise. Dieser Typ ist immer noch da draußen und lauert nur darauf, dass ich Fehler mache. Deshalb bin ich nur mit Pseudonym unterwegs. Und stell dir bloß nichts Großartiges vor! Ich bin ganz normal, eher klein, blond und ganz gewöhnlich. Also vergiss es, Fidnie!>*

Jimmy schreibt: *>Hey, das ist ein Schimpfwort! Naja, zumindest manchmal. So nennen uns die New Yorker, wenn wir ihrer Meinung nach nicht schnell genug da sind.>*

>Na, du hast doch davon angefangen. Wie soll ich dich denn sonst nennen? Der amtliche katholische Iren-Arsch wollte mir nicht verraten, wie dein Spitzname ist. Von allen anderen weiß ich sie mittlerweile.>

Es kommt der Smiley mit dem zugeklebten Gesicht zurück. Dann: *>DAS will ich ihm auch geraten haben! Von mir erfährst du nichts. Ein Mann muss auch seine Geheimnisse haben!>*

Darauf schicke ich ihm den Smiley mit der rausgestreckten Zunge zurück. Als kleine Erinnerung daran, was da noch in Toms Gepäck schlummert, was er durchaus versteht. Es kommt keine Antwort mehr. Mit einem Lächeln lege ich das Handy wieder weg und arbeite weiter.

Merkwürdig, irgendwie ist mir nach den Chats und Telefonaten mit Jimmy immer leichter um Herz. Einfühlsam, ein

Frauenversteher, das ist er. Gestern war die große Ausnahme, aber das war nicht seine Schuld. Da hat die sonst so fröhliche Fassade tiefe Risse bekommen.

Ich mag mir gar nicht vorstellen, was die Jungs erlebt haben, dabei weiß ich es ganz genau. Diese vielen, vielen Dokumentationen... Traumatisiert. Dieses Wort fällt mir wieder ein. Ich weiß, dass die Behörden damals für die vielen Ersthelfer und die Leute, die danach das Trümmerfeld aufgeräumt haben, Beratungsstellen eingerichtet haben. Warum sind sie da nicht hingegangen? Das hätte Tom bestimmt geholfen. Doch ich ahne, das haben sie nicht getan, denn das kratzt an ihrem Nimbus der Stärke, an ihrem Stolz als unverbrüchliche, unbesiegbare Einheit. Bestimmt haben sie das Thema auch totgeschwiegen, Jimmy hat es ja schon angedeutet.

Wie ich so vor mich hinarbeite, wandern meine Gedanken immer wieder zu Tom. Es passt, stelle ich fest. Retter, Ersthelfer, Feuerwehrmann. Diese Rolle ist ihm wie auf den Leib geschneidert. Was muss das für ein Schlag gewesen sein, plötzlich nicht mehr seinen Traumjob ausüben zu können! Die Stelle bei der Armee, die kann doch nur ein müder Abklatsch sein. Trainer für Brandbekämpfung, Erste Hilfe oder Ähnliches, vermute ich. Kein Wunder, dass er sich zurücksehnt und hart dafür trainiert! Er muss sich richtig entwurzelt vorkommen, so getrennt von den anderen. Wenn man dann noch bedenkt, was Pam getan hat, und mit der Geschichte, die da immer noch im Untergrund lauert... kein Wunder, dass es ihn über die Grenze getrieben hat. Obwohl... den letzten Schritt hat er nie gemacht. Denn er nimmt kein Leben, er schützt es. Es war wohl ein passives Sterben, weil er sich nicht mehr ertragen hat. Bis ich ihn aufgesammelt habe.

Und meine Rolle? Bin ich wirklich bereit, das bis zum Ende zu begleiten? Ich bin mir da auf einmal gar nicht mehr sicher. Das kann nur übel für dich ausgehen, Sanna. Lass die Finger davon! Wenn die erfahren... »Nein!«, flüstere ich und zucke zusammen, denn das hat Rosie gehört und schaut fragend herein. Ich winke ab und deute auf den Bildschirm. »Guck mal.«

Sie kommt zu mir. »Oh Sanna, wie schön! Das müssen die anderen sehen!«

»Ich bin fast fertig. Was meinst du, wollen wir heute Abend eine kleine Vorführung machen? Das wäre doch ein toller Abschluss. Ich weiß, dass wir ab morgen stören, wir werden weiterziehen. Am besten rauf auf einen Aussichtsberg über dem Monument Valley, das will ich unbedingt noch mit Schnee haben.« Zu unserer Route passt es ganz gut, habe ich schon festgestellt.

»Was für eine hervorragende Idee! Lass uns doch alle hier treffen, da haben wir genügend Platz. Die Männer haben bestimmt einige gute Tipps für euch auf Lager. Ihr werdet euch beeilen müssen, denn es wird wärmer, aber Chip kann euch ein Stück fahren, dann braucht ihr nicht den ganzen Weg durch die Ebene zu laufen.«

Also beenden wir beide rasch unsere Arbeiten und beginnen den Abend zu planen. Wir räumen das Kaminzimmer um, damit dort mehr Leute Platz finden, und bauen einen großen Monitor auf, an den das Ultrabook angeschlossen werden kann.

Rosie nimmt mich auch mit in die Küche, wo schon ein paar andere Frauen dabei sind, wahre Berge von Essen vorzubereiten. Nicht alles für heute Abend, beruhigt sie mich, denn mir wird ganz anders, als ich diese Mengen sehe, sondern schon als Vorbereitung für die nächsten Tage. Da helfe ich doch gerne mit. Es ist so ganz anders, als immer nur Toms und meine Probleme zu wälzen. Wir quatschen einfach locker und leicht dahin, über meine Heimat, über ihre, über unsere Reise. Es tut mir gut, mich einmal nicht mit dem anderen Kram beschäftigen zu müssen.

Als die Vorbereitungen fertig sind und Rosie nach Hause fährt, um sich umzuziehen, habe ich noch viel Zeit. Ich setze mich mit dem Ultrabook in unser Wohnzimmer, jetzt dank laufender Klimaanlage gemütlich warm. Von der Rezeption habe ich eine Karte mitgenommen und versuche, diese mit den restlichen Kontakten und den heiligen Stätten zu versehen. Rosie hat gesagt, ich kann sie haben, sie ist gebraucht. Mit Textmarker und Post-Its klebe ich die Punkte auf, und so langsam nimmt der nächste Routenabschnitt

Gestalt an. Es gibt Hunderte von Navigationsprogrammen mit allem erdenklichen Schnickschnack. Aber um einen Überblick zu bekommen, da ist die gute alte Papierkarte immer noch das Beste. Weshalb es sie wohl immer noch gibt.

Der Landi fährt draußen vor, ich höre Türenklappen. Sally springt schwanzwedelnd auf und läuft in die Halle. Tom ist zurück, doch wie sieht er nur aus? Schlammbespritzt von oben bis unten stiefelt er ins Wohnzimmer und läuft grußlos an mir vorbei. Ich schaue ihm nur mit großen Augen hinterher. Oh je, was ist denn nun? Ich höre, wie er seine Sachen auszieht, wie er unter die Dusche geht. Dann geht die Tür zum Bad wieder auf, ich höre leises barfüßiges Tapsen auf dem Parkett und dann einen dumpfen Aufprall. Als ich um die Ecke gucke, liegt er bäuchlings auf dem Bett, nur mit einem Handtuch um die Hüften bekleidet, und hat die Augen geschlossen.

»Was ist passiert?«

»Frag mich das nächste Woche nochmal«, murmelt er und ist weg.

Ach herrje, denke ich und muss mir ein Lachen verkneifen. Da ist aber jemand fertig! Sorgen mache ich mir indes nicht, denn wenn wirklich etwas Ernsthaftes gewesen wäre, dann hätte sein Gesicht anders ausgesehen. Nein, er ist einfach geschafft. Ein gutes Zeichen. Leise hole ich eine Wolldecke von nebenan und will ihn damit zudecken. Dabei fällt mir eine kleine Narbe auf seinem Rücken auf. Von der Rückenfraktur? Gut möglich. Fast, aber nur fast will ich sie berühren und schrecke vor meiner eigenen Regung zurück. Was tust du denn da, Sanna? Lass ihn schlafen!

Rasch decke ich ihn zu, dann sammle ich seine Kleidung ein und stopfe sie in die Waschmaschine. Eine lange Dreckspur zieht sich durch die Eingangshalle. Oh je, die mache ich lieber auch noch weg, bevor die anderen kommen. Auch Toms Stiefel nehme ich mir vor. Er hat sie so richtig schön voller Schlamm gesetzt, bis oben hin, und das will etwas heißen, denn diese Armee-Stiefel sind etwa doppelt so hoch wie meine. So langsam kommt mir ein Verdacht, was die beiden da getrieben haben. Da hilft nur Vollwäsche, und ich lege sie anschließend vor den Kamin zum Trocknen.

Als das erledigt ist und ich sicher sein kann, dass ich allein bin, setze ich mich mit dem Ultrabook auf das Sofa im Wohnzimmer und rufe E-Mails ab. Meine Schwester bedankt sich für die Fotos und schickt Grüße. Tamara freut sich, in den Ferien nach Haulensteen kommen zu können. Dann sehe ich bei *Sallyontour* eine neue Mail von Col. Er schickt mir eine Zusammenfassung von der Anhörung. In etwa ist es so abgelaufen, wie ich es schon vermutet habe. Er schreibt, wie schwer es ihm gefallen ist, die Ruhe zu bewahren, denn die Leute vom Jugendamt waren sehr geschickt, und wie nervös er war, als Lizzie zur Befragung weggeführt wurde. Du meine Güte, wie bei einem Verhör auf einer Polizeistation!

<Du hättest sie sehen sollen, als sie wieder rauskam. Wie ein Häuflein Elend. Das Gesicht völlig verschmiert. Grandpa und Onkel Jimmy waren so erschrocken! Wir wollten da so schnell wie möglich weg, doch wir sind nicht mal bis zur Tür gekommen. Auf einmal stürmt Mum durch die Tür und stürzt sich auf Lizzie, ach mein armes Kind!, und will sie von Grandpa und Onkel Jimmy wegzerren... da ist Lizzie ausgerastet. Sie hat Mum angeschrien, und das war nicht mehr gespielt. Die ganze Zeit gab es nur Maddy für dich, hat sie geschrien, und jetzt machst du einen auf besorgte Mutter? Ich bin dir doch völlig egal! Geh weg, diese Nummer hier kauft dir doch keiner ab! Lass mich in Ruhe! Du hast Dad vertrieben! Das verzeihe ich dir nie! Sie war so laut, dass alle Leute vom Jugendamt aus ihren Büros gekommen sind, sie haben es alle mitbekommen. Sie haben Mum dann weggezerrt. Ich glaube, sie haben uns schon vorher geglaubt, aber es war vor allem dieser Zusammenstoß, der sie wirklich überzeugt hat. Da hat Mum sich so richtig selber geschadet. Als wir weggefahren sind, habe ich nochmal nach hinten geschaut und sie entdeckt, wie sie da an einem Fenster stand und uns hinterher gesehen hat. Ich mag das gar nicht schreiben, Sanna, denn sie ist doch unsere Mum. Aber sie

hat mich gegruselt. Sie sah aus, als würde sie uns am liebsten um-
bringen, und ich fürchte, sie ist noch nicht fertig mit uns.>

Himmel! Und das von einem Siebzehnjährigen! Soll ich Jimmy eine Warnung schicken? Nein. Col wird so schlau sein, seine Beobachtungen mit den Erwachsenen zu teilen. Sie reden jetzt hoffentlich richtig miteinander.

Ich schreibe ihm eine kurze Antwort, bestärke sie in ihrem Weg. Das ist das Mindeste, was ich tun kann. Als ich sie abschicke, steht mit einem Mal Tom in der Tür, diesmal in seiner Ersatzkleidung und ein Gähnen unterdrückend.

»Und? Wer hat ihn versenkt? Du oder Chip?«

Er muss lachen. »Chip, und zwar so richtig. Das war eine ziemlich fiese Stelle. Sah ganz fest aus, aber darunter war alles voller Schlamm und dann das blanke Eis.«

Ich klappe mit einem Grinsen das Ultrabook zu. »Vor dem Befahren muss man sich eine Strecke genau anschauen, vor allem bei diesem Tauwetter. Und? Wie lange habt ihr gebraucht?«

»Keine Ahnung, Stunden. Erst haben wir geschaufelt, und als das nicht klappte, haben wir es mit dem Wagenheber versucht. Aber Chip hat das noch nie gemacht, sodass wir eine ganze Weile rumprobieren mussten. Er hat echt Panik geschoben, dass wir den Wagen nie wieder da rausbekommen. Sein Vater wird ihm so oder so die Ohren langziehen.«

»Ach was!« Ich winke ab. »Das kann der Landi ab. Er wird ihn nur gehörig sauber machen müssen und eventuell neu versiegeln. Sonst rostet der ihnen unter dem Hintern weg.«

»Hmm..., wenn du das sagst. Was machst du da?« Tom kommt näher und beugt sich interessiert über die Karte.

»Ich habe mir unseren nächsten Routenabschnitt ausgedacht, zumindest grob. Siehst du, hier fangen die Berge an, und dahinter... Monument Valley.«

»Wie? *Das* Monument Valley etwa?« Er hört sich fassungslos an.

»Ja, was denkst denn du? Hast du noch gar nicht begriffen, wo wir eigentlich sind?«

»Wohl nicht so wirklich«, murmelt er, lässt sich neben mir aufs Sofa fallen und fährt mit dem Finger über die Karte. »Ich bin wohl mehr oder weniger immer hinter dir her gestolpert«, meint er schließlich.

»Tut mir leid. Ich hätte dich da mehr mit einbinden sollen. Aber ich hatte Angst, dass ich dich damit überfordere«, sage ich leise.

Er wirft mir einen raschen Seitenblick zu. »War vermutlich auch besser so.« Er schaut wieder auf die Karte, schüttelt ungläubig den Kopf und staunt. »Das Monument Valley. Wer hätte gedacht, dass ich das eines Tages wirklich sehen werde!«

»Ich wollte es auf jeden Fall sehen, bevor ich wieder nach Hause fahre«, sage ich und denke mir nichts dabei, doch er zuckt wie gestochen zusammen und sitzt einen Moment ganz starr.

Dann kommt: »Nach Hause?« Es klingt erstickt.

Verdammt, Sanna, pass doch auf! »Mein Visum läuft irgendwann ab, Tom. Aber keine Sorge, bis dahin dauert es noch eine ganze Weile. He!« Ich stoße ihn an, doch er ist so bleich, dass sein Atem in hektischen, panischen Stößen kommt. »Tom? Ganz ruhig. Ich lass dich nicht allein. Nicht jetzt! Sieh mich an!« Als er es nicht tut, nehme ich sein Gesicht zwischen beide Hände und drehe es zu mir um. Seine Augen sind ganz trübe vor Furcht. Oh nein, bitte keinen Rückfall, nicht jetzt! »Komm schon, Tom! Hab keine Angst.«

Er keucht leise auf, greift nun seinerseits mit beiden Händen zu, umfasst mein Gesicht und lehnt seine Stirn an meine, die Augen geschlossen. Ich sehe, wie er kämpft, wie er sich mit Macht gegen das stemmt, was ihn wieder zu überrollen droht. Und dann, mit einem Mal, als hätte ihn etwas in eine Richtung gezerrt, schafft er es, findet seine Balance wieder. Vor Erleichterung sackt er zusammen, sein Kopf sinkt an meine Schulter, und er schlingt die Arme um mich.

»Siehst du, es geht doch«, flüstere ich leise und halte ihn fest, genauso erleichtert wie er. Jetzt hat er wirklich einen Riesenschritt in die richtige Richtung gemacht.

Wie groß dieser Schritt ist, das merke ich, als die anderen eintreffen. Es wird richtig voll, viele bekannte Gesichter für mich, aber für ihn müssen die meisten fremd sein. Ich bin angespannt, kann mich kaum auf die Vorbereitung meines Vortrages konzentrieren, und beobachte ihn genau. Doch er hält tapfer durch, macht nicht richtig Smalltalk, aber er antwortet auf Fragen, wenn ihn jemand anspricht. Eine ganze Zeit lang redet er mit Chip und Hank über ihre Aktion am Nachmittag, und ich höre mit Freude sein leises Lachen. Da weiß ich, er wird den Abend überstehen, und kann mich ganz meiner Aufgabe widmen.

Es wird meine bisher beste Vorführung. Die Aufregung der letzten Tage hat mich die Schönheit der Natur ringsherum beinahe vergessen lassen. Jetzt hole ich das alles nach. Ich tue das nicht nur für unsere Gastgeber, sondern auch oder vor allem für ihn. Denn er hat eine Reise in diesen paar Tagen durchgestanden, die kann ich gar nicht ermessen. Genauso wie ich auch, so ehrlich bin ich zu mir. Das wird Belohnung und Hoffnungsschimmer zugleich.

Den Vortrag beende ich mit dem Tunnelbild am Aussichtspunkt, wo sich die einsame Spur im Schnee verläuft. »Ich finde, das hat einen Platz in eurer Eingangshalle verdient, damit eure Besucher gleich wissen, was sie erwartet.«

Einen Moment lang ist es vollkommen still. Dann lacht Rosie los, sie umarmt mich. »Wie wunderschön! Wirklich, Sanna, das hast du gut gemacht!« Applaus brandet rings um uns auf, Hank klopft mir auf die Schulter und Chip pfeift unfein durch die Zähne. Als ich mich zu Tom umdrehe, lehnt er mit verschränkten Armen an der Wand und lächelt in sich hinein. Das ist mir gelungen, und wie!

Rosie beugt sich zu mir: »Wie groß kann man das reproduzieren, was glaubst du?«

»Bevor es pixelig wird?« Ich denke an die Auflösung, an Kris' Bilder. »Zwei Meter bestimmt. Das sind, ah... keine Ahnung. Sechs bis sieben Fuß? Guck's einfach nach. Ich habe es nicht so mit euren Maßen.«

Das Licht geht wieder an, und ich fahre das Ultrabook herunter. Die Speicherkarte überreiche ich feierlich Rosie, damit sie die Bilder auf ihren Rechner übertragen kann. Nach und nach verabschieden sich die übrigen, bis nur noch Rosies Familie übrigbleibt.

Ich hole die Landkarte hervor. Alle beugen sich interessiert darüber. »Ich würde das Valley gerne von oben fotografieren«, erkläre ich den anderen. »Dazu brauche ich so etwas wie einen Aussichtsberg oder eine Abbruchkante, und ich könnte mir denken, dass hier«, ich zeige auf einen Punkt in der Karte, »ein guter Spot dafür ist.«

»Hmm..«, macht Hank. »Ich kann mir vorstellen, du möchtest gerne eine richtige Draufsicht. Hier vorne, bei diesen Mesas direkt am Valley, wird dir das aber nicht gelingen. Zu niedrig, und bei diesem Wetter zu nebelig. Da siehst du gar nichts. Für eine weite Rundumsicht nehmt lieber die Mesa hier hinten, die ist wesentlich höher. Chip kann euch hinfahren, aber ohne den Landi einzugraben, hast du verstanden, Sohn!«

»Jaja«, macht Chip und fängt sich einen spielerischen Nackenschlag von seinem Vater ein. »Ist gut, ich fahre euch morgen raus.«

Später, als sie alle endlich gegangen sind, sitzt Tom im Wohnraum und schaut abwesend auf den Canyon hinaus, der jetzt, da der Strom wieder da ist, teilweise von Scheinwerfern beleuchtet ist. Mondlicht ist mir lieber, aber wenn's die Touristen mögen...

»He, alles okay?«, frage ich und setze mich ihm gegenüber in einen bequemen Sessel.

Er kommt wieder zu sich. »Deine Bilder habe ich noch nie so gesehen, so fertig bearbeitet. Sie sind einfach wunderschön. Doch, ehrlich Sanna, das sind sie. Wo hast du das nur gelernt?«

Ich wehre verlegen ab. »Nirgends. Das meiste habe ich mir selber beigebracht. Diese Bilder entstehen aus einem Gefühl heraus, etwas, das man anderen zeigen will. Atmosphäre einfangen, die Dimensionen. Kris sagt, ein Bild muss man betreten können, und da hat sie recht. So habe ich schon immer fotografiert, von Anfang an.«

»Du hast nie irgendwelche Kurse gemacht?«

»Nein.« Ich denke an meine Reisen zurück, die vielen, vielen Bilder. »Darüber bin ich ehrlich froh. Ich habe gemerkt, dass diese ganzen technischen Details, mit denen andere Fotografen um sich werfen, mir das Gefühl für das Bild zerstört haben. Ich habe zu viel nachgedacht, und dann kam nichts dabei heraus. Man kann Bilder auch totdiskutieren oder in Technik ertränken. Guck dir diese Hintergrundbilder an, die immer kommen, wenn du den Browser aufmachst. So völlig überzeichnet, die kitschigen Farben. Das ist nicht die Realität. Das ist Disney. Dafür bin ich mir zu schade, und das haben diese wunderschönen Landschaften nicht verdient.«

»Aber, wie schaffst du das nur? Wirst du denn nie... müde?« Er sucht vergeblich nach einem anderen Wort, findet aber keins. »Deine Bilder drehen sich gerade in meinem Kopf, und du hast so viele mehr gemacht. Wie schaffst du das?«

Ich merke, worauf er hinauswill. »Es stimmt, wenn zu viel auf einmal kommt, dann habe ich Probleme, oh ja, ich auch. Das passiert vor allem, wenn man zu schnell von einem Spot zum anderen springt. Dann ist man irgendwann überfrachtet und verliert das Gefühl für die Umgebung und die Freude, etwas Neues in sich aufzunehmen. Erinnerst du dich an den Tag am Petrified Forest?«

»Wie könnte ich den vergessen«, flüstert er düster. »Ich habe dich verletzt. Das verzeihe ich mir nie. Ich war so wütend. Du hast mich allein gelassen hast. Ich brauchte dich, und du warst so lange fort. Es hat mich wütend gemacht, dass ich dich brauchte.« Er sieht mich nur ganz kurz an, doch das genügt. Der Schmerz ist überdeutlich zu sehen.

»Oh Tom, nicht. Mach dir keine Vorwürfe, ich bitte dich! Ich habe mir wirklich viel Zeit gelassen, und das hat genau mit dieser Art Überlastung zu tun. Dort oben im Park bin ich unheimlich schnell von Spot zu Spot gesprungen, ich habe mich mit dem Auto mitnehmen lassen. Irgendwann merkte ich, es ist genug. Diese vielen Menschen, die zahlreichen Eindrücke... ich habe mich vor dem Tal auf einen Felsen gesetzt und das alles ganz bewusst von mir geschoben. Kris nennt das Meditation. Ich nenne das überflüssigen

Schrott von der Hirn-Festplatte werfen.« Meine Absicht gelingt. Er beginnt zu schmunzeln bei diesen Worten. »Das kann man lernen«, fahre ich fort. »Es braucht nur ein wenig Konzentration und Übung und vor allem Stille. Das ist wichtig. Ich kann es dir gerne zeigen, wenn wir wieder da draußen sind. Keine Sorge, es hat nichts mit diesem OOOHMMM Kram der vielen Spinner zu tun.« Nun lacht er leise, und genau das habe ich beabsichtigt. »Besser jetzt, hmm?«

»Jaah... wie schaffst du das bloß immer?« Sein Blick umfängt mich, und es steht etwas in seinem Gesicht geschrieben, das ich nicht ganz deuten kann. Es wird mir seltsam unwohl dabei.

»Keine Ahnung. Ich weiß es nicht.« Auf einmal spüre ich, dass ich hier raus muss. Diese Regung überrascht mich. Ich springe auf. »Es ist spät, ich gehe zu Bett. Morgen wird ein langer Tag. Du solltest es auch tun.«

Das war eine ziemliche Abfuhr, das merke ich wohl. Entsprechend forschend sieht er mir hinterher. Deshalb fühle ich mich noch genötigt, etwas zu sagen: »Ich bin dieser Überfrachtung entkommen gerade wegen dir, wegen unserer langsamen Art zu Reisen. Das ist ein unerwartetes Geschenk für mich. Ich glaube, wenn ich noch einmal eine solche Reise mache, werde ich es genauso halten.« Ich will noch etwas hinzufügen, doch dann lasse ich es. »Gute Nacht, Tom.«

Es wird wieder eine unruhige Nacht, für uns beide. Aber diesmal will ich nicht zu ihm gehen, es ist mir nicht wohl dabei. Also zwinge ich mich, ganz still zu liegen und kein Geräusch zu machen außer meinen langsamen Atem. Es wirkt. Bald merke ich, dass auch er ruhiger wird, und dann, wie er loslässt. Soweit ist es schon gekommen, dass ich es bis hier herüber spüre. Nein, das muss sich ändern, Sanna! Sonst lernt er nie wieder, selbstständig zu sein.

Als ich sicher sein kann, dass er schläft, schließe ich leise die Tür und nehme mein Handy zur Hand.

<*Ich kann nicht schlafen*>, schreibe ich grußlos an Jimmy. <*Irgendetwas passiert hier gerade, was ich nicht verstehe. Ich kann*

damit nicht umgehen. Dabei geht es Tom besser als je zuvor, er macht Riesenfortschritte.>

Er schreibt sofort zurück. *<Willkommen im Club. Ich schlafe seit Wochen nicht mehr richtig vor lauter Sorge um euch. Was geht da vor sich bei euch?>*

<Ich weiß es nicht wirklich. Eigentlich müsste ich froh sein, dass es ihm so viel besser geht. Aber...>

<Aber?>

<Ja, aber. Statt wie sich bisher auf sich selbst zu konzentrieren, fokussiert er sich plötzlich auf mich. Das macht mir ein wenig Angst. Als ich heute unbedarft einen Satz habe fallen lassen, dass mein Visum irgendwann abläuft, hat er eine echte Panikattacke bekommen. Immerhin, er hat sich selber wieder in Griff bekommen. Daran sieht man, es geht voran. Nur, was passiert, wenn ich wirklich das Land verlassen muss? Verkraftet er das? Ich muss es irgendwie schaffen, dass er sich von mir löst und selber klarkommt, ohne ihm allzu weh zu tun.>

Es entsteht eine lange Pause. Jimmy denkt nach, so lese ich das. Dann: *<Wie lange gilt dein Visum noch?>*

Ich rechne nach. *>Noch sechs bis sieben Wochen, je nachdem, wie ich die Rückreise organisiert bekomme. Das ist nicht mehr viel, die Zeit rennt. Morgen geht es weiter, in die Berge. Dann bin ich wieder allein mit ihm, keine Ablenkung.>*

Er schreibt. Macht eine Pause. Schreibt wieder. *<Vielleicht solltest du mal damit anfangen, wieder dein eigenes Zelt aufzubauen. Guck doch einfach, was dann passiert.>*

Ich schaue verblüfft auf den Satz. *<Oh Mann, du bist echt genial!>*, schreibe ich mit einem Smiley, der die Augen verdeckt.

<Frag einfach den guten alten Onkel Jimmy>, kommt zurück.

>Pah, woher willst du wissen, ob ich nicht älter bin als du?> Das schicke ich mit einem Zwinkern. *<Da kannst du mal sehen, wie ich mich von Toms Problemen einwickeln lasse! Darauf hätte*

ich selber kommen können. Apropos Onkel Jimmy, hat Col dir von seiner Beobachtung erzählt? Als ihr vom Jugendamt weggefahren seid?>

Es kommt der Smiley mit den erschrocken hochgezogenen Augenbrauen. *<Das hat er dir geschrieben? Rob hat sich einen Anwalt genommen, eine verdammt guten, ein alter Kumpel von ihm. Sonst könnte sich Rob das gar nicht leisten. Er hat erwirkt, dass wir die Sachen der Kinder und Toms auch aus ihrem Haus räumen konnten. Viel war nicht mehr übrig. Pam hat ganz schön gewütet. Bei Toms Sachen vor allem. Kleidung, Fotos, Dokumente, fast alles ist zerstört. Wir haben die Polizei gerufen, damit sie das dokumentiert, und gerettet, was zu retten war. Die Kinder wissen nichts davon, bitte sag es ihnen nicht! Die Fotos können wir ersetzen, wir haben ja alles in fünffacher Ausfertigung. Aber die Dokumente... Rob sitzt seit Tagen und versucht, die Schnipsel wieder zusammenzubringen. Über das Haus, die Konten, einfach alles.>*

<Dann hat sie also seine Konten gesperrt? Aus Rache?> Miststück!

<Oh nein, das waren wir>, kommt mit einem grimmigen Smiley zurück. *<Damit sie nicht an sein Geld kommt. Wir haben seine Karten als gestohlen gemeldet. Immerhin war er so schlau und hat ihr nie eine Vollmacht über seine Konten erteilt, aber Rob hat eine. Er hat sofort alle Zahlungen an sie gestoppt. Wir hatten auch die leise Hoffnung, dass er sich dann bei uns meldet, wenn ihm das Geld ausgeht...>*

Wie bitte?! Ich glaube, mich verlesen zu haben. Da bin ich versucht zu schreiben: Um Himmels Willen, Jimmy, er ist fast verhungert da draußen! Weil er pleite war! Ihr hättet ihn beinahe umgebracht! Doch das lasse ich dann lieber. Es ist schon schwer genug für ihn. Stattdessen schreibe ich: *<Gut, dass ihr seine Sachen habt. Das wird im helfen, irgendwann.>*

<Hoffen wir, dass das Irgendwann nicht mehr allzu weit entfernt ist. Er wird hier gebraucht.>

<Ich weiß. Jimmy... darf ich dir eine persönliche Frage stellen?>

<Jederzeit, Sanna. Was gibt's?>

<Wie schlimm ist es? Er hat es mir gesagt. Bitte sei ehrlich.>

Es entsteht eine lange Pause, eine sehr, sehr lange. Ich schaue mit angehaltenem Atem aufs Display. Dann beginnt er wieder zu schreiben. *<Es sieht nicht gut aus. Die Ärzte geben mir noch maximal ein Jahr>* Oh Gott, denke ich, als ich das lese. Er schreibt weiter: *<Deshalb will ich unbedingt, dass er wieder hier ist. Ich will ihn zurückhaben, verstehst du? Ich sitze hier allein herum und habe zwischen den Behandlungen nichts zu tun, außer die Decke anzustarren und darauf zu warten, dass du dich meldest. Während des Schneesturms war ich fast am Durchdrehen, ich wusste nicht, ob es euch gut geht, wo ihr wart. Als du sagtest, dass dein Handy kaputt gegangen ist, dachte ich, ja klar, das muss dir jetzt auch noch passieren. Wenn, dann die volle Breitseite.>*

Als ich das lese, laufen mir die Tränen herunter. Ich kann es nicht verhindern. Jetzt tut es mir entsetzlich leid, dass ich ihn teilweise bewusst ignoriert habe. Das muss furchtbar für ihn gewesen sein. Nur, schreiben mag ich ihm das nicht.

<Ich versuche, mich so oft zu melden, wie ich nur kann. Ist deine Krankheit die Folge davon, dass ihr am Ground Zero geholfen habt? Kommt es daher?>

Denn die Helfer von damals sterben an Krebs, je mehr Zeit vergeht, desto zahlreicher, das habe ich gelesen. Folge der vielen Schadstoffe im Staub, dem sie über Tage, Wochen und Monate ausgesetzt waren. Daher auch das Zeug, das Tom am Anfang ausgehustet hat, geht mir auf. Er trägt es ebenfalls in sich. Mir wird ganz anders bei dem Gedanken.

Jimmy schreibt: *<Davon ist auszugehen, ja. Immerhin, die Regierung übernimmt die Behandlungskosten. Das haben sie damals unter Trump durchgedrückt. Vorher waren wir bei*

Krebserkrankungen nicht abgesichert. Aber man sollte meinen, sie hätten endlich einmal etwas gegen Krebs gefunden nach all den neuen Covid Impfstoffen. Nur, nichts hilft. Ich probiere eins nach dem anderen, und sie machen mich nur fertig.>

>Oh Jimmy. Ich würde dich jetzt gerne anrufen, mit Video. Nur kann ich das nicht, sonst merkt er etwas.>

>Ist schon gut. Meinst du, du kannst jetzt schlafen? Ich bekomme langsam einen Krampf im Finger.>

Er ist müde, erkenne ich, will es aber nicht sagen. Kein Wunder. *<Ja, wird schon gehen. Danke Jimmy. Gute Nacht.>*

Diesmal bin ich nach dem Chat mit ihm nicht froh, ganz im Gegenteil. Mir ist elend zumute, und ich weiß, ich kann bestimmt nicht schlafen. Es gibt Nächte, da kann man trotz aller Ruhetechniken einfach nicht einschlafen, und diese gehört dazu.

Ich mag mir gar nicht vorstellen, was sie damals erlebt haben. Nicht nur an dem Tag selber, sondern in den Wochen und Monaten danach, als das riesige Trümmerfeld aufgeräumt wurde. *Ich habe schon viel zu viele Tote gesehen,* hat Tom gesagt. Wie sehr das der Wahrheit entspricht, konnte ich da nicht ahnen. So schlimm das ist, nur zu gerne hätte ich mehr erfahren, was damals geschehen ist. Wegen Tom, aber auch wegen Jimmy. Nur, fragen mag ich sie nicht. Ihnen fällt es so schon schwer genug, darüber zu reden. Aber vielleicht...

Nun zögere ich wirklich. Ganz tief in den Eingeweiden des Ultrabooks habe ich einen eigenen Zugang zum Netz vergraben, mit anonymem Browser, verdeckter IP und allem Drum und Dran. Um da heranzukommen, muss man ihn entkrypten, ansonsten bleibt er verschlossen, wird sogar gelöscht, wenn man so zugreift. Den hatte ich nur für absolute Notfälle vorgesehen, falls mich dieses Arschloch wieder belästigt. Doch ich beschließe, dass es das wert ist.

Als das erledigt ist, rufe ich einen neuen Chatroom auf und pinge einen ganz bestimmten User an. *<Hey, PicX, schon wach?>*

Es dauert eine Weile, dann erhalte ich Antwort. *<SIR, altes Haus! Was geht ab? Hab deine Bilder gesehen. Echt cool. Frierst*

du dir da draußen nicht den Hintern ab? Haste dir nen Cowboy geangelt, der dich wärmt, he?>

<Haha. Ab und an wäre das sicherlich nett. Aber die Amis fahren nur Auto und bewegen sich kein Stück zu Fuß. Dabei lohnt es sich, im Zelt zu frieren für diese Aussichten. Hör mal, ich brauche deine Hilfe.>

<Ist unser Staatsfeind Nr. 1 wieder aufgetaucht?>

PicX hat mir damals geholfen, meine Konten gegen den Stalker abzusichern. Ich bin wohl einer der wenigen Menschen auf der Welt, der weiß, dass PicX – die Mischung zwischen Picture und Pixel – eine Frau ist und zudem noch in Hamburg wohnt. Mehr weiß ich aber auch nicht über sie. Eine Bekannte eines Bekannten einer ehemaligen Kollegin von mir. Ich selber war nie eine Hackerin, in diesen Kreisen habe ich mich nie bewegt, bin bestimmt auch nicht gut genug dafür, aber sie gehört gewiss dazu. Ein zweischneidiges Schwert. Was ich hier tue, bewegt sich am Rande der Legalität. Aber ich will es unbedingt wissen.

PicX ist eine Hoarderin, sie sammelt Bilder von allen möglichen Events auf der Welt, aber ganz besonders von Katastrophen. Egal, wer die Lizenz darauf hält. Dafür ist sie im Netz bekannt und bei den kranken Sammlern da draußen regelrecht eine Legende. Ich überlege. Richtig anlügen möchte ich sie nicht, aber die Wahrheit, das geht sie nichts an.

<Ich bin hier an einer sehr merkwürdigen Sache dran. Geht um den Tag X, jemand hat mir eine Story erzählt, Unknowns in Aussicht gestellt. Angeblich echt heißer Scheiß. Ich durfte mal einen kurzen Blick drauf werfen, aber ich werde mich hüten, irgendwelche Kontakte rauszurücken, bevor ich nicht geprüft habe, ob die Ware auch echt ist.> Unknowns sind in ihrem Jargon Bilder, die bisher noch nicht im Netz zugänglich gewesen sind. Tag X ist der 11. September 2001, das Mekka aller Katastrophenjunkies und Verschwörungstheoretiker im Darknet.

<Das will ich dir auch geraten haben. Klingt interessant. Also gut, was brauchst du?>

<NYC, nach dem Zusammenbruch des ersten Turms bis... vielleicht mittags? Das dürfte reichen. Read-only, kein buy-in. Max 30 Minuten. Dann bin ich wieder weg.>

<Alles klar, kommt gleich durch. PicX schließt die Schatztruhe für dich auf, Mädel. Melde dich, wenn du was weißt.>

Jetzt brauche ich nur zu warten. Binnen kürzester Zeit kommt ein Link. Sie hat sämtliche Bilder mit der ihr eigenen Akribie sortiert. Jedes sorgfältig mit Zeitstempel, oft mit Geo-Koordinaten und allem. Ob nun der 11. September 2001, der Tsunami 2004, die vielen, vielen kleineren und größeren Katastrophen und Kriege seitdem. Alles, was unsere Welt im Zeitalter der Digitalfotografie an Schlechtem zu bieten hat. Je grausamer, desto besser. Ich klicke den Link an und wappne mich.

Vieles von dem, was sie hat, kenne ich bereits. Ich habe mich intensiv mit jenem Tag beschäftigt, aus gutem Grund. Aber es gibt auch zahlreiche Bilder, die nicht in den öffentlichen Portalen zugänglich sind. Grausame Bilder, Verletzte, Tote. Die überspringe ich so rasch wie möglich, das will ich gar nicht bewusst sehen. Stattdessen konzentriere ich mich auf die schwarzgelb gestreiften Schutzanzüge der Feuerwehr. So komme ich schnell voran.

Den ersten Fund mache ich so gegen zwanzig nach 10 Uhr Ortszeit, als der erste Turm bereits eingestürzt ist, und der Zusammenbruch des zweiten steht kurz bevor. Da sind Jimmy und Sean, sie halten einen älteren, korpulenten Mann zwischen sich, und führen ihn von dem verbliebenen Turm weg. Im Hintergrund sind die markanten Stahlstreben gut zu sehen. Die beiden sehen seltsam sauber aus angesichts der verstaubten Umgebung. Also kamen sie aus diesem Turm und waren beim Zusammenbruch des anderen noch drinnen? Kann sein. Meine Finger machen schnell einen Screenshot, und ich klicke weiter, denn ich ahne, PicX beobachtet meine

Bewegungen in ihrem Bestand genau. Um sie abzulenken, zoome ich wahllos in einige Bilder raus und rein.

Den nächsten Fund mache ich um circa 11 Uhr, also eine halbe Stunde, nachdem der zweite Turm zusammengebrochen ist. Da sitzt ein über und über mit Staub bedeckter Feuerwehrmann mit anderen auf einer Brüstung und starrt vor sich hin. Das ist Danny, ich erkenne ihn sofort. Dann finde ich erstmal nichts. Habe ich das Fenster zu schmal gesetzt? Ich scrolle immer schneller. Doch dann, bei einem der letzten Bilder, lande ich einen Volltreffer. So schnell habe ich noch nie einen Screenshot gemacht, dann klicke ich das Bild auch schon weg. Damit beschäftige ich mich, wenn ich wieder offline bin. Gleich darauf ist das Ende erreicht.

<Alles klar>, schicke ich PicX, *<wusste ich's doch, der Typ ist nicht echt. Hast du bereits. Was für ein Arsch.>*

<Okay, netter Versuch, aber uns Mädelz linkt der nicht.>

<Danke, PicX>

<Immer wieder gerne, SIR. Schick mir mal was Spektakuläres.>

Das werde ich bestimmt tun als Dankeschön. Das Geisterbild hätte sie mit Sicherheit aus ihrem Schreibtischstuhl gehauen. Aber das will ich auf keinen Fall im Netz sehen. Deswegen ruht es jetzt in Ablage P.

Erst einmal schließe ich den Browser, codiere den Bereich wieder und verlasse ihn. Mich innerlich wappnend, rufe ich die Galerie auf.

Alle fünf sind drauf. Was für ein furchtbares Bild! Sie sitzen an derselben Brüstung auf dem Boden, wo ich zuvor auch schon Danny gesehen habe. Der Hintergrund ist annähernd gleich. Alle sind sie staubbedeckt, mehr Geistern ähnlich als Menschen. Wie jung sie aussehen und gleichzeitig uralt! Das Grauen hat sich regelrecht in ihre Gesichter gegraben.

Tom sitzt ganz links außen, das Gesicht blutüberströmt, braune Schlieren in all dem Staub. Er hat die Schutzjacke halb ausgezogen, sein Unterarm ist entblößt, eine schwarzrote, übel aussehende Brandwunde prangt darauf. Danny hockt schräg vor ihm, von ihm sehe ich nur das Profil. Er hält eine Wasserflasche in der Hand und versucht, die Wunde zu reinigen. Es bereitet Tom heftige Schmerzen, das kann ich sehen, er hat die Augen geschlossen und das Gesicht verzerrt. Seinen anderen Arm hat er um Jimmy gelegt, der den Kopf an seiner Schulter vergraben hat. Lange Tränenspüren haben sich durch den Schmutz in Jimmys Gesicht gezogen, er weint, das ist gut zu sehen. Um seinen Vater, da bin ich sicher. Neben ihm starrt ein sehr viel schlankerer Vince zornig in die Kamera, und Sean, ganz rechts, ist schon halb aufgesprungen, die Hand abwehrend in Richtung des Fotografen ausgestreckt. Wie kann man so etwas nur ablichten! Alles in mir sträubt sich dagegen. Aber damals haben sich viele Fotografen um solch ethische Dinge nicht gekümmert. Das kam erst später, mit der Zugangskontrolle zum Ground Zero.

Will ich dieses Bild behalten? Eine lange Zeit schwebt mein Finger über der Löschtaste, doch dann entscheide ich, es darf bleiben. Weil es mir vielleicht eines Tages helfen kann mit Tom. Also sortiere ich es weg und fahre das Book herunter. Kaum habe ich es zusammengeklappt, höre ich von nebenan einen unterdrückten Schrei. Verdammt!

Jimmy hat gut reden, hadere ich, als ich mit meinen Decken wieder einmal zwei Zimmer weiterziehe. Bau doch einfach dein Zelt auf! Er erlebt das hier auch nicht mit. Diesmal scheint es besonders schlimm zu sein, Tom wirft sich regelrecht hin und her. Wenn ich mich jetzt dazu lege, erwischt er mich richtig. Nein, das geht nicht. Was soll ich tun? Schließlich finde ich keine andere Möglichkeit, als mir einen Sessel an sein Bett heran zu rutschen und von dort aus seine Hand zu halten. Das tut schon weh genug, doch es scheint zu helfen. Er wird langsam ruhiger. Erst, als er wieder richtig eingeschlafen ist, wage ich es, seine Hand loszulassen und mich auf dem Sessel in eine Decke zu rollen. Nicht bequem, aber immerhin, ich bin jetzt so müde, dass ich beinahe sofort einschlafe.

Kapitel 8

<Lieber Rob, wir sind jetzt wieder in den Bergen unterwegs. Der Abschied von hier ist mir schwergefallen, die Leute waren so nett und sind mir regelrecht ans Herz gewachsen, und auch Tom scheint mit einigen Freundschaft geschlossen zu haben. Er hat sogar an der Abschiedsfeier teilgenommen und sich mit den Leuten unterhalten. Der Sohn des örtlichen Clan Chiefs hat uns heute Morgen in dem alten klapprigen Landrover in Richtung Berge gefahren. Er fährt wirklich wie der Henker, der arme alte Landi! Ich habe blaue Flecken, so sehr hat es mich hin und her geworfen.

Die Jungs saßen am Steuer und in der Mitte, aus dem Radio dröhnten Johnny Cash Songs, vom Tape, stellt euch das vor! War bestimmt eine Playlist vom Großvater! Die beiden johlten im Takt dazu. Sally und ich wussten nicht, ob wir uns lieber die Ohren zuhalten oder mitheulen sollten. Dein Sohn ist so musikalisch wie ein Felsbrocken!

Ich bin froh, dass wir die Strecke bis in die Berge mit dem Jeep überbrückt haben, denn sie ist größtenteils wirklich öde und steht durch die Schneeschmelze völlig unter Wasser. Wir wurden gewarnt, dass es in den Bergen zu Lawinenabgängen kommen kann. Bleibt zu hoffen, dass sie uns verschonen. Zwischendrin sind wir an einem sehr schönen Natursteinbogen vorbeigekommen, da sind wir natürlich angehalten und haben Bilder gemacht. Es ist ein Heiligtum, deswegen kann ich sie euch leider nicht schicken.

Der Weg in die Berge hinauf ist beschwerlich. Von Wasser überflutete Wege, darunter das blanke Eis und Schneefelder. Wir müssen sehr aufpassen, wo wir hintreten. Je höher wir kommen, desto bewaldeter wird es, das macht das Vorankommen nicht leichter. Aber am Ende des Weges wird unsere Mühe hoffentlich belohnt, und wir sehen die Gegend noch mit etwas Schnee.> Hier hüte ich mich tunlichst, unseren Standort zu verraten. Nicht, dass sie noch herkommen!

Und an Jimmy grußlos, denn er war in der ersten Mail in cc.: <*Die letzte Nacht war einfach furchtbar, so heftig hat er noch nie geträumt. Ich habe mich nicht getraut, zu dicht bei ihm zu bleiben, sonst hätte er mich erwischt, habe im Sessel vor seinem Bett geschlafen. Aber: Das verschafft mir eine gute Ausrede, mein eigenes Zelt aufzubauen. Heute Abend haben wir das erste Mal gemeinsam Entspannungsübungen gemacht. Warum wir das tun? Er muss lernen, mit der Überfrachtung seiner Sinne umzugehen, sonst wirft ihn das immer wieder zurück. Tom hat sich ziemlich dämlich dabei angestellt, er musste die ganze Zeit lachen. Aber ich habe ihm hoffentlich deutlich machen können, worum es geht. Morgen früh dann die nächste Runde.*

Was er davon hält, dass ich wieder im eigenen Zelt schlafe, hat er nicht gezeigt. Er hat es einfach kommentarlos hingenommen und nichts gesagt. Wie auch schon am Morgen in der Lodge und auch tagsüber nicht. Er muss mich in dem Sessel gefunden haben, denn als ich aufwachte, lag ich wieder in meinem Bett. Scheint, als hätte er die Tatsache akzeptiert, aber ich traue dem Frieden noch nicht so ganz. In den nächsten Tagen haben wir vermutlich kein Netz, bis wir wieder in etwas belebtere Gegenden kommen. Mach dir trotzdem keine Sorgen um uns und schlaf gut. Sanna>

Ich schicke die Mail mit den letzten Resten eines fast nicht mehr existierenden Mobilfunknetzes ab. Die Mail braucht ewig, bis sie raus gegangen ist, dann ist das Netz weg. Nun, da kann man nichts machen. Ich packe das Ultrabook wieder ein. Als ich aus dem Zelt schaue, sind Tom und Sally fort.

Da es noch nicht allzu spät ist, beschließe ich, ebenfalls eine Nachtrunde einzulegen. Das Wetter ist am Nachmittag völlig aufgeklart, und nun zeigt sich über mir ein wirklich schöner Sternenhimmel. Ich nehme Kamera und Stativ und mache mich auf die Suche nach einem Aussichtspunkt. Da die Nacht mondlos ist, taste ich mehr durch die Dunkelheit als dass ich laufe, denn ich möchte meine Augen nicht von einem Lichtpunkt abgelenkt haben. Doch irgendwann komme ich oben an.

Eine Gestalt hockt weiter vorne auf einem Felsen. Nein, eigentlich sind es zwei, der Hund hat sich dicht an ihn gekuschelt. Ein wirklich schönes Bild. Leise suche ich mir einen etwas höheren Standort, baue Stativ und Kamera auf. Seine Silhouette ist jetzt besser zu erkennen. Im Hintergrund, ziemlich weit entfernt, sieht man noch die schwachen Lichter eines Ortes. Sehr schön! Mit der entsprechenden Belichtung werden sie stärker werden, genauso wie das Licht der Sterne und damit auch sein Umriss. Da muss ich ein wenig probieren, doch irgendwann bin ich zufrieden und will die Kamera wieder einpacken, da kommt mir eine Idee.

Ich lasse sie dort und nehme nur den Fernauslöser mit. Das wäre ein Bild, das könnte ich Jimmy und den anderen bedenkenlos schicken. Auf Zehenspitzen laufe ich zu Tom, denn ich ahne, was er dort treibt. Da will ich nicht stören. Sally klappt die Augen auf, als sie mich kommen hört, rührt sich aber nicht. Lautlos lasse ich mich neben ihm auf Sallys Decke nieder. Er hat mich nicht bemerkt, das ist gut zu hören an seinen tiefen Atemzügen. Vielleicht sollte ich auch mal wieder eine Einheit einlegen, überlege ich und lasse den Gedanken gleich Taten folgen. Als ich spüre, wie ich langsam vollkommen ruhig werde, drücke ich ganz vorsichtig den Zeitauslöser, damit dieser auch ja kein Geräusch macht.

Wie gut meine Methode funktioniert, das erkenne ich daran, dass Tom förmlich zusammenfährt, als er mich endlich bemerkt.

»Mann, hast du mich erschreckt!«, keucht er.

»Scheint zu funktionieren, was?« So ganz kann ich meine Belustigung nicht verbergen, und er verpasst mir einen Schubser.

»Hmm... vielleicht. Ich weiß nicht, ob ich das wirklich will.« Er verstummt. Hat er Angst davor, was er entdecken könnte, wenn der überflüssige Ballast weg ist? So etwas in der Art muss es sein.

»Immer mit der Ruhe, mach einfach langsam. Es hilft, du wirst sehen.«

»Mmpf! Und was machst du hier?« Er wendet den Kopf und schaut mich an.

Ich muss grinsen. »Dasselbe wie du? Nein, nein, ich habe Nachtaufnahmen gemacht. Mal sehen, ob die was geworden sind. Warte, ich hole die Kamera.«

Er ist sprachlos, als er die Bilder sieht. Eine ganze Zeit lang sagt er nichts. »Du hast uns fotografiert«, flüstert er schließlich.

»Naja, mehr unsere Schatten. Ist sehr schön geworden.«

»Darf ich... darf ich das Bild haben?«

»Ich kann dir gerne einen Abzug machen, aber das Bild werde ich behalten. Als Erinnerung.« Bei diesem Wort zuckt er zusammen, und dann springt er abrupt auf und geht weg. Sally schaut ihm ganz irritiert hinterher, genauso wie ich. Hoffentlich bekommt er jetzt keine Panikattacke, denke ich und beeile mich, die Decke zusammenzupacken und hinter ihm her zu kommen.

Bei unserem Lagerplatz angekommen, höre ich ihn in seinem Zelt rumoren. »Tom?«

»Was ist?« Es klingt unwirsch. Auf jeden Fall nicht nach Panikattacke. Gut!

Ich schaue ins Zelt, sehe aber nur seinen Schatten. »Wenn du heute Nacht schläfst, leg dich doch bitte mit dem Kopf zur Zeltöffnung. Dann kann ich dich besser erreichen. Da drin ist es mir zu eng. Wenn du wieder träumst und um dich schlägst, habe ich kaum eine Chance, dir auszuweichen.«

Er knurrt nur und wirft seinen Schlafsack anders herum hin und zieht mit einem Ruck das Innenzelt zu. Ausgesperrt. Vielleicht ist es besser so. »Komm, Sally, lassen wir ihn«, flüstere ich ihr zu. »Du kannst heute Nacht bei mir schlafen.«

Die Träume kommen heute Nacht spät, es dämmert schon fast, dafür umso heftiger. Er lässt sich von mir kaum beruhigen, und am Ende, da ruft er immer wieder meinen Namen. Es klingt, als wäre ich nicht *in* seinem Albtraum, sondern der Albtraum selber. Ich weiß nicht mehr, was ich noch tun soll, er steigert sich da immer mehr hinein, und dann beginnt er zu zittern, es ist ein richtiger

Krampf. Am Ende bin ich selber vollkommen zittrig, und an Schlaf ist nicht mehr zu denken. Die Sterne sind verblasst, die Sonne geht bald auf. Ich beschließe, ihn schlafen zu lassen und eine weitere, morgendliche Fotorunde einzulegen. Ich brauche mir nicht einmal etwas überzuziehen, da es nicht wirklich kalt ist.

Ich gehe ein Stück unsere Route weiter und suche mir einen guten Spot. Doch dort angekommen, bleibt die Kamera aus. Ich stehe einfach nur da und schaue stumm dem Sonnenaufgang zu. Wie von selber schließen sich meine Augen, und ich mache eine meiner Übungen, um die Erschöpfung der Nacht loszuwerden. Es funktioniert, als ich die Augen aufmache, bin ich wieder vollkommen klar.

Tom ist bereits längere Zeit wach, als ich ins Lager zurückkehre. Das Teewasser kocht, er hat bereits angefangen, seine Sachen zu packen. »Gut geschlafen?«, fragt er leise, sieht mich aber nicht an.

»Nein.« Meine einsilbige Antwort bringt ihn sofort auf die richtige Spur.

»Schlimm?«

»Ziemlich.« Da ich noch die Ersatzwäsche aus der Nacht trage, gehe ich zur Wäscheleine und hole meine Sachen von gestern. Noch ganz schön klamm, Tauwetter sei Dank, doch das wird wieder trocknen, sobald ich mich bewege. Das ist das Gute an Wolle, sie wärmt selbst im feuchten Zustand noch.

Sally hat sich in meinem kleinen Zelt breit gemacht, denn die Sonne scheint so schön warm herein. »Nun komm schon, schieb ab, Sally. Ich muss mich umziehen.« Doch sie denkt gar nicht daran und lässt sich auch nicht wegschieben. Auf einmal kommt es mir lächerlich vor, mich mit ihr zu streiten. Was könnte er denn sehen, was er nicht schon lange zu sehen bekommen hat? Schließlich habe ich die Unterwäsche noch an. Es ist ja nur das Langarmshirt und die lange Wollhose, die ich tauschen muss. Wenn ich mir die Temperaturen so anschaue, könnte ich letztere heute sogar ganz weglassen. Sally einen bösen Blick zuwerfend, den sie mit einem Gähnen kommentiert, hocke ich im Zelteingang mit dem Rücken zum Lager, ziehe mir das Nachtshirt aus und das klamme Shirt über den Kopf.

Ein unterdrückter Fluch lässt mich innehalten. »Komm raus da!«, knurrt Tom plötzlich dicht hinter mir.

»Was?« Ich will mir das Shirt runterziehen.

»Nein, lass es oben. Du hast eine Prellung an der Schulter, und was für eine!«

Das weiß ich, du Idiot, denn gestern habe ich sie gut gespürt, Rucksack sei Dank! Doch das sage ich nicht, sondern richte mich auf, ihm immer noch den Rücken zugewandt. »Was...«

Er fasst mich am Arm und zieht mich hoch. »Lass mich mal sehen.« Ich spüre seine Finger, wie sie zu tasten beginnen, und ziehe scharf die Luft ein. »Tut ganz schön weh, wette ich. War ich das?« Der letzte Satz kommt sehr leise.

»Nein.« Mit einem Mal drückt er zu. »Au!«, keuche ich erschrocken.

»Wirklich nur geprellt, zum Glück. Warte, ich habe eine Salbe für so etwas.« Gleich darauf ist er wieder da, und etwas Kühles trifft meine Haut. Im ersten Moment brennt es, ich ziehe zischend die Luft ein, dann aber lässt der Schmerz nach. »Wie ist das passiert?«

Ich habe die Augen geschlossen, während er die Salbe verteilt und einreibt. »Ich bin gegen den Türholmen vom Landi geknallt, als Chip durch das große Schlagloch gefahren ist. Ehrlich, der fährt wie der Henker. Hank sollte ihm den Landi nicht mehr geben.« Ich muss mir auf die Lippen beißen. Die Berührungen, obschon sehr sanft, mag ich kaum ertragen.

»Das denke ich auch, wenn ich das hier sehe. So, fertig.« Einen Moment verharrt seine Hand auf meiner Schulter. Ich muss schlucken. Nimm sie weg, nimm sie weg!, will ich rufen, will mich befreien, doch ich bekomme keinen Ton heraus. Das trifft mich völlig unvorbereitet, und damit drehe ich meine Schulter weg und streife mir mit einem Ruck das Shirt nach unten.

»Danke«, schaffe ich es zu sagen und scheuche Sally rüde aus dem Zelt, um den Rest der Umzieherei frei von seinen Blicken hinter mich zu bringen. Ich entkomme ihm dennoch nicht. Er beobachtet mich, die ganze Zeit. Es macht mich nervös, so nervös, dass ich ihn am liebsten angefaucht hätte, er solle mich in Ruhe lassen. Doch wie etwas zeigen, was ich selber nicht verstehe? Nur mit Mühe wahre ich die Fassung.

Einen langen Marsch und die anstrengende Querung eines Schneefeldes später habe ich meine Gedanken soweit beruhigt, dass ich wieder zu Verstand gekommen bin. So langsam dämmert mir eine Erkenntnis. Bisher habe ich ihn nur als Patienten wahrgenommen, als Kranken, der Hilfe brauchte. Aber nicht als Freund, als Mann. Das hat sich soeben gründlich geändert, es ändert sich bereits seit Tagen, erkenne ich nun mit nicht geringem Erschrecken, je selbstständiger er wird und wieder in sein altes Ich zurückfindet. An Charakter gewinnt. Und ich ahne, ihm ergeht es genauso.

Oh, oh, Sanna, pass bloß auf! Wir haben viel miteinander geteilt, unsere Bindung ist eng, sehr eng, entstanden aus seiner Not. Du hättest da viel eher eine Grenze ziehen müssen. Du hast wochenlang quasi im selben Bett mit ihm geschlafen. Kein Wunder, dass das passiert ist! Das ist deine eigene Schuld, Sanna!

Einen schönen Schlamassel habe ich da angerichtet. Ob Jimmy das ahnt?, geht mir durch den Kopf. Bestimmt denkt er sich bereits etwas in die Richtung. Hat er mir deshalb diesen Rat gegeben? Es wird mir eines klar: Tom darf ich auf gar keinen Fall mehr so dicht an mich heranlassen. Das kann uns nur schaden, wie sehr, darüber mag ich gar nicht nachdenken, mit den neuen Erkenntnissen im Hintergrund erst recht nicht.

Zu meinem Glück ist der Weg das Tal hinauf so beschwerlich, dass wir all unsere Kraft brauchen, um überhaupt oben anzukommen. Da bleiben wenig Zeit und Luft für anstrengende Gespräche, denn ich merke, er hat etwas, er guckt so merkwürdig, wenn wir mal eine Pause machen.

Gegen Mittag kommen wir in einer Art Hochtal an, das offen in eine Hochebene ausläuft. Mein Blick läuft über die steilen Flanken der Berge und die Schneelasten, die dort immer noch hängen, kaum gestützt durch die verkrüppelten Bäume. Nein, zu gefährlich, entscheide ich. Aber vielleicht diese Felszunge in der Mitte? Schon fast frei getaut, läuft sie wie eine Rampe auf die Hochebene hinaus.

»Lass uns da entlang gehen«, sage ich zu Tom. Die ersten Worte, die ich heute auf der Wanderung mit ihm wechsele.

»Ah, sie kann sprechen«, kommt es prompt zurück, als ich weiterlaufen will.

»He!«, fauche ich über die Schulter.

Er holt mich ein und hält mich am Arm fest, reißt mich fast zu sich herum. »Du hast doch die ganze Zeit etwas. Was ist es?«

Meinen Arm befreie ich mit einem Ruck. »Ich weiß nicht, was du meinst.« Anschauen mag ich ihn nicht, als ich weiterlaufe, hinaus auf ein weiteres Schneefeld, das auf die Felsenzunge führt.

Tom holt mich mit zwei langen Schritten ein. »Ach komm, verkauf mich nicht für dumm! Du rennst die ganze Zeit schweigend vor mir her, als würde dich jemand antreiben. Du hast den ganzen Morgen nicht ein einziges Foto gemacht, obwohl es hier wirklich schön ist. Was hast du? Wo ist dein Problem? Rede mit mir!«

Du bist mein Problem, will ich sagen und verbeiße es mir. »Da, jetzt machst du es schon wieder! Du weichst mir aus! Du verschweigst mir etwas. Sag mir, was ist los?«

»Nein!« Ich hasse das Zittern in meiner Stimme. Hastig drehe ich mich von ihm weg. »Ich kann nicht«, füge ich leiser hinzu und will mich abwenden, doch das lässt er nicht zu. Jetzt fasst er richtig zu, will mich zwingen, ihn anzusehen. Doch das wehre ich ab. Ich lasse mich fallen in den Schnee und ziehe ihn mit meinem Schwung mit mir. Gleich darauf klatsche ich ihm eine Ladung nassen Schnees ins Gesicht. »Ich kann nicht!«, fauche ich. »Lass mich in Ruhe!«

»Das war gemein!« Er wischt sich den Schnee ab. Ich will aufspringen und mich in Sicherheit bringen, denn das, was ich jetzt in seiner Miene lese, macht mir wirklich Angst. Doch er packt zu und bringt mich nun seinerseits zu Fall, der schwere Rucksack macht es ihm leicht. Gleich darauf liege ich festgenagelt zwischen ihm und meinem Rucksack eingeklemmt und habe keine Chance mehr, mich zu rühren. Sein Gesicht ist ganz starr vor Zorn, die Augen wie zwei stechende Steine. Er kommt immer näher. »Sag mir, was du hast, oder...«

Oder was?, will ich erwidern, doch dazu komme ich nicht mehr. Sally jault plötzlich los, es klingt, als würde jemand ihr wehtun. Toms Kopf fährt hoch. Ein Knacken hallt durch die Schlucht, und dann spüre ich, wie der Schnee unter uns nachgibt, nur wenig, aber das genügt. Ich habe nicht einmal Zeit, *oh Scheiße!* zu denken, da packt er mich schon und hievt mich zurück auf den Felsen. Mit einem langen Satz springt er hinterher, keinen Moment zu früh. Das Schneebrett rauscht mit einem lauten Krachen in die Tiefe und lässt einen gähnenden Abgrund dort zurück, wo wir eben noch gelegen haben. Und nicht nur das. Bedingt durch das laute Geräusch lösen sich jetzt überall an den Hängen Lawinen, es kracht und donnert in einem fort und hüllt uns in eine dichte Wolke aus Eis und Schnee. Doch auf dem Felsen liegen wir hoch genug, sodass die Masse uns nicht erreichen kann. Es ist wie ein Erdbeben, der Felsen zittert unter uns. Hoffentlich hält er stand!

Doch irgendwann ist es vorbei. Ein leichter Wind vertreibt die Schneestaubwolke und lässt das Sonnenlicht wieder durch. »Verdammt, das war knapp!« Ich richte mich auf. Von ihm kommt kein Ton. »Tom?« Er liegt ganz starr da, die Augen blicklos auf den Himmel gerichtet. »Tom, was hast du?«

Plötzlich fängt er an zu zittern. Er verdreht die Augen, bis nur noch das Weiße in ihnen zu sehen ist, und dann fängt er an zu verkrampfen, drückt sich von den Fersen bis zum Kopf durch, ein einziger angespannter Muskel. »Tom!!« Ich handle geistesgegenwärtig, denn so etwas habe ich schon einmal gesehen. Das sieht aus wie ein epileptischer Anfall. Ich reiße einen Wanderstock heran und ramme ihn zwischen seine Zähne, bevor er sich die Zunge abbeißen kann. Eigentlich müsste ich jetzt die Zeit nehmen, schauen, ob der Anfall länger als ein paar Minuten dauert, denn Epileptiker atmen während eines solchen Anfalls meistens nicht. Wenn er zu lange dauert, die Rettungskräfte rufen. Doch hier sind wir allein, ich habe kein Netz. Ich kann nichts tun, außer zu schauen, dass er sich nicht verletzt.

Doch er ist auf seinen Wanderrucksack gefallen, also relativ weich. Nein, ich kann nur abwarten, so schwer mir das fällt.

Der Anfall dauert nicht lange, obwohl es mir wie eine halbe Ewigkeit vorkommt. Dann liegt er wieder ruhig und atmet, flach zwar, aber er tut es. »Tom? Komm schon, wach auf!«

Aber ich bekomme ihn nicht wach, er stöhnt nur ab und an auf. Was ist das nur? So langsam überfällt mich die Panik. Was, wenn er nicht mehr aufwacht? Mir wird klar, hier kann er auf keinen Fall so liegen bleiben. Hastig wühle ich in meinem Gepäck nach dem Erste Hilfe Set, finde die Rettungsdecke. Ich schnalle seinen Rucksack ab, rolle ihn in die Decke ein, in die stabile Seitenlage. »Sally, komm her, halte ihn schön warm!«

Das ist ein Déja Vu, überfällt mich die Erkenntnis. Als wären wir erneut an dem Punkt angekommen, wo ich ihn aufgelesen habe. Wieder baue ich sein Zelt auf, wieder richte ich ihm das Lager, wieder schäle ich ihn aus seinen verschwitzten Sachen und ziehe ihm trockene an. Nur, diesmal lasse ich ihn nicht allein. Das hat sich verändert. Wie kann ich ihm nur zum Vorwurf machen, was in mir selber geschieht? Das hat er nicht verdient! Er braucht mich, jetzt mehr denn je!

»Es tut mir leid, es tut mir leid. Bitte wach doch auf!«, flüstere ich auf ihn ein, während ich ihn festhalte.

Doch er tut es nicht. Hilflos muss ich zusehen, wie er immer stärker zu kämpfen beginnt, wie die Träume anfangen. Aber diesmal erreiche ich ihn nicht. Er lässt sich nicht beruhigen, er schreit und kämpft, es dauert Stunden. Ich bin mittlerweile so verzweifelt, dass mir die Tränen herunterlaufen. Draußen fängt es an, dunkel zu werden. Eigentlich müsste ich jetzt Feuer machen, etwas Heißes zu Trinken, etwas zu Essen. Aber ich wage nicht, ihn loszulassen. Längst habe ich mein Lager neben ihm aufgeschlagen, liege dicht an ihn gedrängt. Er umklammert mich mit brutalem Griff, es tut weh. Wahrscheinlich könnte ich mich nicht einmal befreien, wenn ich es wollte.

Die Sonne ist längst untergegangen, als er endlich zusammensackt und seinen harten Griff um mich löst. »Tom?« Er antwortet nicht, doch ich merke, er atmet jetzt tief und ruhig. Er schläft. »Dem Himmel sei Dank!« Vor Erleichterung kommen mir die Tränen, und ich lasse die ganze Angst der letzten Stunden einfach heraus. Er hört es ja nicht. Hinterher bin ich völlig fertig und nicht mehr in der Lage, etwas zu tun. Also schließe ich die Augen, immer noch dicht an ihn geschmiegt, und lasse mich vom Schlaf einhüllen. Das ist wohl besser so, für uns beide.

Mitten in der Nacht werde ich brutal geweckt. Jemand schüttelt mich, so stark, dass meine Zähne aufeinanderschlagen wie bei einem klapprigen Skelett. »Nein, nein, neeeiiin! Tu mir das nicht an! Bitte nicht!«

Noch halb benommen, versuche ich ihn wegzudrücken. »Tom, hör auf! Nicht, du tust mir weh! TOM!!!!« Das letzte Wort schreie ich mit aller Kraft heraus.

Er fährt mit einem Aufschrei zurück. Ich kann nur seine Silhouette sehen. Draußen scheint ein fahler Mond, er lenkt seine Strahlen nur kümmerlich ins Zelt. »Himmel!«, entfährt es ihm. »Du bist hier? Du bist am Leben?«

Warum sollte ich nicht, doch das sage ich nicht laut. Es ist mir klar, er hat schlimm geträumt. »Ich bin hier, keine Angst. Es geht mir gut.« Ich wage nicht, ihn zu berühren wie sonst. Vielleicht träumt er noch und würde irgendetwas Unbeherrschtes tun. Bitte sei wirklich wach, flehe ich innerlich.

Mein Flehen wird erhört. »Oh Gott!« Er schlägt keuchend die Hände vors Gesicht. »Oh Gott, Sanna! Ich habe geträumt, dass du umgekommen bist. Dass ich dich nicht retten konnte. Himmel!« Er wird von leisen Schluchzern geschüttelt, und immer noch kann ich mich nicht überwinden, ihn anzufassen, ihn festzuhalten. Das brauche ich auch nicht, denn bereits nach kurzer Zeit sackt er wieder in sich zusammen und rührt sich nicht mehr.

Es war wohl der Schlaf der totalen Erschöpfung, der ihn übermannt hat. Er schläft traumlos bis zum anderen Morgen durch und ist auch noch nicht wach, als ich aufstehe. Meine Nacht war eher bescheiden, viel zu aufgewühlt. Da dies bereits die zweite Nacht ist, in der ich kaum geschlafen habe, bin ich am Morgen wie erschlagen. Da hilft es auch nicht, dass ein wunderschöner Sonnenaufgang die Berge erhellt und die zahlreichen Schneetrümmer im Hochtal. Normalerweise hätte ich mir sofort die Kamera geschnappt, aber jetzt habe ich dafür keine Kraft mehr. Stattdessen koche ich Tee und bereite das Frühstück vor.

Ein Stöhnen lässt mich besorgt ins Zelt schauen. Er sitzt aufrecht, den Kopf in den Händen vergraben. Als er mich hört, schaut er vorsichtig durch seine Finger hindurch. »Du bist tatsächlich hier. Das war kein Traum.«

»Nein. Hier, trink etwas. Du hast den ganzen gestrigen Tag nichts mehr gegessen und getrunken.« Ich reiche ihm einen Becher Tee mit extra viel Zucker. Das braucht er jetzt.

Ich werde ihn nicht drängen zu erzählen, was geschehen ist, und er tut es nicht. Er ist totenblass, er schweigt während des Frühstücks, packt schweigend seine Sachen zusammen, meine besorgte Frage, ob er sich nicht noch ausruhen will, mit einer knappen Handbewegung abwehrend. Er schweigt, als wir weiter auf die Hochebene hinausmarschieren. Ich lasse ihm die Zeit. Was auch immer geschehen ist, es wiegt schwer. So langsam beginne ich zu ahnen, was es ist, doch sicher bin ich mir nicht. Hoffentlich fängt er von sich aus an zu reden.

Dass etwas nicht stimmt, das bemerke ich zum ersten Mal gegen Mittag. Plötzlich fängt er an zu taumeln, bricht auf die Knie und fasst sich stöhnend an den Kopf. Er sitzt bestimmt zehn Minuten schwer atmend da, bevor er sich auf die Füße stemmt und weiterläuft. Ich gehe langsam hinter ihm her, wage nicht, ihn anzusprechen. Jedwede Versuche meinerseits hat er vorher stur ignoriert. Der nächste Zusammenbruch erfolgt eine Stunde später, da kommt er kaum noch hoch. Aber er läuft weiter, oder vielmehr, er taumelt.

Wir werden immer langsamer. Ängstlich warte ich darauf, dass er wirklich zusammenbricht, und dann, tatsächlich, haut es ihn einfach um, da sind wir gerade am Ende der Hochebene angekommen. Stöhnend liegt er da, den Kopf umschlungen, und kann einfach nicht mehr. Aber er atmet, und er bleibt bei Bewusstsein, daher bin ich halbwegs beruhigt.

Ich beschließe, das Lager an dieser Stelle aufzuschlagen, lasse mein Zelt eingepackt im Rucksack. Mir ist klar, dies wird keine ruhige Nacht. Ihn muss ich beinahe wie am Tag zuvor ins Zelt schleifen. Er hat einfach keine Kraft mehr. Doch als ich ihn zudecken will, packt er meine Hand mit einem Klammergriff, der mir bedenklich erscheint. »Geh nicht«, flüstert er. »Bleib bei mir. Lass mich nicht allein! Bitte, Sanna! Lauf mir nicht mehr davon.«

»Ist gut«, höre ich mich sagen. Ich streiche ihm sanft über die Stirn. »Ich bleibe hier. Keine Angst.«

Es dauert die ganze Nacht. Wie er kämpft! Nur noch halb bei Bewusstsein, wälzt er sich herum, stöhnt und murmelt unverständliche Worte. Schreien tut er nicht, diesmal nicht, und er lässt mich ebenfalls in Ruhe, umklammert nur meine Hand. Immerhin, ein kleiner Segen.

Zum Schlafen komme ich dennoch nicht, und ich merke, so langsam treibt es auch mich über den totalen Rand der Erschöpfung hinaus. Am Morgen dann ist er endlich ruhig, und ich selber falle um wie ein Stein.

Wach werde ich erst, als die tief stehende Sonne warm ins Zelt scheint. Das Lager neben mir ist leer bis auf Sally, die jetzt den Kopf hebt und sich gähnend streckt. »Ist er aufgestanden, ja?« Sie wedelt mit dem Schwanz und leckt mir über die Hand, während ich sie streichele. Am liebsten wäre ich eine Ewigkeit so liegen geblieben, doch irgendwann treibt mich ein menschliches Bedürfnis nach draußen. Mir ist ganz schwummrig vor Hunger, doch das ignoriere ich. Stattdessen gehe ich ihn suchen.

Weit zu laufen brauche ich nicht. Er hockt auf einem Felsen und starrt in die Ferne. Ist da die Abbruchkante ins Valley? Noch kann ich nichts sehen, doch das ändert sich, als ich zu ihm hochgeklettert bin. Ich bin sprachlos, starre einfach nur auf die Szenerie vor mir.

Die Tiefebene breitet sich unter uns aus, ist da, aber wiederum auch nicht. Dichter Nebel hängt über der Landschaft, aber da wir so hoch sind, scheint bei uns die Sonne und beleuchtet die wabernde Masse wie einen See aus Zuckerwatte. Vermutlich entsteht der Nebel durch das viele Schmelzwasser, was jetzt in der warmen Sonne verdunstet. Weiter hinten, am Horizont, ragen einige der berühmten Spitzen aus der Masse heraus, gekrönt von kleinen weißen Hütchen. Das ist es, was ich sehen wollte und weswegen ich mich so beeilt habe. Denn morgen wird es vermutlich nicht mehr da sein.

Tom hat sich halb zu mir umgedreht, als er mich hat kommen hören. Erstaunt sehe ich, dass er meine Kamera in der Hand hält. »Ich wollte dich nicht wecken, aber das hier wollte ich einfach für dich festhalten«, sagt er leise. Ich antworte nicht, laufe nur stumm an ihm vorbei und nehme ihm dabei die Kamera ab. Wie von selbst finden meine Finger die richtigen Einstellungen, und dann schieße ich Bilder wie schon lange nicht mehr. Je mehr die Sonne gen Horizont sinkt, desto intensiver wird das Farbenspiel. Es ist wie ein Rausch. Selbst als die Sonne untergegangen ist, mache ich weiter Bilder, doch da sitze ich bereits bei Tom auf Sallys Decke, da ich langsam weiche Knie bekomme, weil ich so lange nichts gegessen und getrunken habe. Irgendwann steht er auf und kommt nach einiger Zeit mit zwei dampfenden Schalen zurück.

»Hier. Medizin.« Er reicht mir eine und setzt sich dicht neben mich.

Mir steigt ein vertrauter Duft in die Nase. »Oh, YumYums. Genau richtig.« Dankbar nehme ich einen Schluck und lasse die würzige Brühe in meinen ausgehungerten Magen hinunterrinnen. »Gott, tut das gut!«

»Hmm... wie lange war ich weg?«, fragt er leise. Die Schale ruht unberührt in seiner Hand.

»Alles in allem?« Ich rechne nach. »So um und bei zwei Tage. Von unserem Streit bis heute früh, als du endlich eingeschlafen bist. Du bist total zusammengebrochen.«

»Und, habe ich dich...?« Er wagt es kaum auszusprechen.

Anlügen will ich ihn nicht, denn die blauen Flecken spüre ich bei jeder Bewegung. »Geht so. Du hast dich an mir festgeklammert. Das war brutal. Aber keine Sorge... he!« Ich stelle meine Schale weg, denn seine Miene hat sich schmerzhaft verzogen. »Du wirst dir jetzt keine Vorwürfe machen! Du warst krank und hattest Hilfe nötig, und die habe ich dir gegeben. Ich halte das aus! Hast du verstanden?« Es erschreckt ihn ein wenig, das kann ich sehen. »Jetzt fragst du dich, woher ich das weiß. Meine Güte, Tom Flynnt, man kann in deinem Gesicht lesen wie in einem Buch. Weißt du das denn nicht?«

Er gibt einen Laut von sich, halb Schnauben, halb ersticktes Lachen. »Doch. Jimmy hat mir mal gesagt – nach dem zehnten Bier oder so – Tommy, alter Junge, du musst dir endlich mal ein Pokerface zulegen, sonst wird das nie was mit dir und den Frauen.«

Ha, recht hat er!, denke ich so bei mir. »Das hast du anscheinend nicht geschafft.«

»Keine Ahnung.« Er nimmt einen vorsichtigen Schluck von seiner Brühe. »Vermutlich nicht. Sonst hätte Pam nicht so leichtes Spiel mit mir gehabt. Oh man!«

»Hat es mit ihr zu tun, was du die letzten beiden Tage durchgemacht hast?«, frage ich leise, sehe ihn dabei aber nicht an. Innerlich wappne ich mich.

Er stellt die fast noch volle Schale weg und reibt sich mit beiden Händen über das Gesicht. Ich halte die Luft an. »Nein. Oh nein.« Er verstummt. Ich will ihn nicht drängen, aber er merkt, dass ich Fragen habe, viele Fragen. Er hebt abwehrend die Hand. »Es gibt Dinge aus meinem Leben, die weißt du nicht. Ich spreche nicht darüber, vieles davon war vergraben, bis vor einigen Tagen. Dann kamen die Erinnerungen zurück. Das will ich dir nicht auch noch aufbürden, es ist zu grausam.«

Also hat er sich erinnert. Ich bin mir nicht sicher, ob ich erleichtert sein oder mir Sorgen machen soll. »Du hast gesagt, ich sei gestorben. Ist es jemand anderes? Du hast mir mal gesagt, du hättest viel zu viele Tote gesehen.«

Er zögert. Lange. »Es stimmt. Plötzlich warst du in meinen Träumen, du bist gestorben. Ich konnte dich nicht retten. Es ist alles durcheinander, ist es immer noch. Ich muss das erstmal auseinander sortieren. Das ist schwer und wird dauern.« Er ballt die Fäuste, und schließlich kann er sich nicht mehr zurückhalten, legt mir den Arm um die Schultern und zieht mich an sich und hält sich an mir fest. Das lasse ich geschehen, ich will ihn nicht schon wieder zurückstoßen. Er braucht das jetzt, und von daher ist es in Ordnung für mich.

»Schscht, nicht. Lass dir Zeit. Ich werde dich nicht weiter danach fragen. Wenn du darüber nicht reden willst, dann respektiere ich das. Aber Tom«, jetzt richte ich mich doch auf und streife seinen Arm damit ab, »es gibt auch Dinge in meinem Leben, über die ich nicht sprechen möchte. Ich will, dass du das genauso respektierst und mich nicht dafür angehst. Hast du verstanden?

Jetzt wird seine Miene wieder finster. »Du bist mir ausgewichen. Also hat das mitnichten mit etwas aus deinem bisherigen Leben zu tun. Sondern mit mir. Es macht dir Angst. Bin ich das? Was ist?« Ich starre ihn offenen Mundes an. Er schnaubt. »Glaubst du, ich kann dich nicht genauso lesen? Mensch, Sanna! Wir leben seit Wochen in einem Zelt. Enger geht's wohl kaum. Hältst du mich für dumm?« Er ist kurz davor, mich zu packen und zu schütteln, das sehe ich wohl.

»Nein.« Rasch lenke ich meinen Blick auf meine Hände, die sich in meinem Schoß ineinander verkrampft haben. Nur unter Aufbietung allen Willens zwinge ich sie auseinander. »Genau das ist das Problem«, höre ich mich sagen. Meine Fassung bröckelt, ich kann es nicht verhindern.

»Wie... wie meinst du das?« Jetzt ist er ernsthaft dabei zu drängen. »Sanna! Sprich mit mir, ich bitte dich!«

Ich wende mich hastig ab, will ihn nicht mehr ansehen. »Ich...«
Ich beiße mir auf die Lippen. Mit einem tiefen Luftholen stoße ich
hervor: »Bisher, da warst du es, der Hilfe brauchte. Ich habe dich
als meinen Patienten gesehen, als Schützling. Aber das... das hat
sich seit einigen Tagen verändert, je gesünder du wirst. Ich stelle
fest, ich mag dich, Tom, sehr sogar. Du machst mich nervös und
beunruhigst mich. Das ist nicht gut. Ich weiß nicht, wie ich damit
umgehen soll.« Ich spüre, wie mir eine Träne die Wange herunter
rinnt, und wische sie mir mit dem Handrücken herunter. Hinter mir
ist es totenstill geworden.

Dann ein tonloses: »Was?!«

Ich nicke bitter. »Siehst du, das ist nicht gut. Wir beide sind –
jeder auf seine Weise – sehr verletzt worden und immer noch verwundbar. Wenn jetzt so etwas dazwischenkommt, kann es uns nur
schaden. Dir vor allem. Das darf ich nicht zulassen. Es liegt an mir,
mir allein. So etwas ist mir schon öfter passiert, ausgelöst durch zu
viel Nähe zu jemandem. In der Regel schaffe ich es, so etwas zu
ignorieren, und es geht wieder vorbei. Das wird es hoffentlich auch
bei dir. So, nun weißt du es!«

Auf einmal halte ich es in seiner Gegenwart nicht mehr aus. Ich
springe auf, bringe so schnell wie möglich Abstand zwischen uns.
Ohne einen bewussten Entschluss gefasst zu haben, reiße ich
Schlafsack und Isomatte aus seinem Zelt und suche das Weite. Weit
abseits finde ich eine einigermaßen ebene Stelle, wo ich das Nachtlager aufschlage. Dort liege ich mit hämmerndem Herzen und ver-
wirrten Gedanken und starre hinauf in den klaren Sternenhimmel.
Was muss er jetzt von mir denken?

Was auch immer er davon hält, bei Sonnenaufgang werde ich davon wach, dass mich jemand beobachtet. Er hockt dicht vor mir an
einen Felsen gelehnt, Sallys Kopf auf seinem Schoß und zwei
dampfende Tassen Tee neben sich. Seinen Blick vermag ich nicht
auszuloten. Sein Gesicht ist völlig ausdruckslos, wie erstarrt. Der
Versuch eines Pokerfaces? Ich weiß es nicht.

»Ich will nicht, dass du vor mir davonläufst. Du sagst, du bleibst bei mir, und machst es dann nicht.« Es kommt ganz tonlos heraus. Oh je, schlechte Nacht, und wie!

»Stell dir vor, meine Kapazitäten, gewisse Dinge auszuhalten, sind auch begrenzt«, knurre ich erbost. Was fällt ihm eigentlich ein, mir Vorwürfe zu machen!

»Es gibt Raubtiere hier draußen, das hat Chip gesagt. Schlangen und Skorpione. Du solltest nicht alleine schlafen, schon gar nicht ohne Zelt.«

Warum das denn auf einmal? Ich verstehe ihn immer weniger. Doch dann sehe ich wieder diese versteinerte Miene. Er hat sich Sorgen um mich gemacht? Kopfschüttelnd setze ich mich auf. »Das schreckt mich nicht. Die haben meistens mehr Angst vor Menschen als wir vor ihnen. Ich habe schon im afrikanischen Busch übernachtet, ohne dass was passiert ist, und für Schlangen und Skorpione ist es viel zu kalt. Wie hast du mich gefunden?« Denn ich bin ziemlich weit draußen, er hätte ewig suchen müssen.

Er tätschelt Sallys Kopf. »Ich habe einen ausgebildeten Spürhund bei mir, wusstest du das nicht? Also versuch es gar nicht erst, du entkommst uns nicht.«

»Gut, da das jetzt geklärt ist, darf ich vielleicht…« Ich mache eine kreisende Handbewegung mit dem Finger, dass er sich wegdrehen soll, denn ich will mich anziehen. Heute Nacht war mir so warm im Schlafsack gewesen, dass ich fast alles ausgezogen habe.

»Nein. Dreh dich mal um.« Er zeigt hinter mich.

»Was…?« Doch der Anblick, der sich mir dort bietet, lässt mich alles andere vergessen. Der Vorhang wurde fast komplett gelüftet. Die markanten Felsendome des Monument Valley werfen lange Schatten in den dämmrigen Morgen, noch durchzogen von einzelnen Nebelschwaden. »Mist! Wo ist meine Kamera?« Plötzlich ist es mir egal, ob er zuschaut. In Windeseile habe ich Shirt und Hose übergestreift. Ein leises Prusten lässt mich herumfahren. Da sitzt er, mit einem breiten Grinsen im Gesicht, und hält die Kamera in der

Hand. »He! Her damit!« Ich will sie mir greifen, aber er hält sie aus meiner Reichweite.

»Ah, ah, nicht so schnell. Du hast mir etwas zu sagen.«

Grummel. Ich schaue ihn finster an. Er zieht auffordernd die Brauen hoch. »Na gut! Tut mir leid, dass ich dich allein gelassen habe! Und jetzt her damit, sonst ist das Licht weg!«

»Nicht ganz stilvoll, aber immerhin.« Er reicht mir die Kamera und nimmt sich selber einen Schluck Tee, was ich aber nur noch aus den Augenwinkeln sehe, denn ich stürze mich gleich auf diesen Anblick.

Mein Instinkt hat mich nicht getäuscht. Bereits zehn Minuten später ist das Spektakel vorbei, sodass ich die Kamera wieder abschalte. Gleich darauf spüre ich ihn neben mir und bekomme die andere Tasse Tee in die Hand gedrückt.

Er hält seine daneben. »Freunde?«

Ich muss schlucken. Vor Erleichterung bringe ich zunächst keinen Ton heraus. Ich räuspere mich, hole tief Luft. »Okay. Freunde«, erwidere ich und stoße mit ihm an.

Wie sehr dieses eine Wort unseren gemeinsamen Weg verändert, das merke ich gleich, nachdem wir ins Lager zurückgekehrt sind. Er fordert ein. Wie sieht unser nächster Weg aus, die Kontakte? Werden wir irgendwo Schwierigkeiten bekommen? Das habe ich bisher alles allein gemacht und bin wunderbar klargekommen, doch nun will er mit eingebunden werden. Mir soll's recht sein, solange er nicht versucht, mir die Entscheidungen abzunehmen. Da ziehe ich eine klare Grenze, denn die Vereinbarungen mit den Navajo, die stehen nach wie vor und sind von mir geschlossen worden. Er ist nur geduldeter Begleiter, und das versteht er auch.

Während wir frühstücken, zeige ich ihm wieder die Karte, die uns Rosie mitgegeben hat. »Wir müssen von diesem Plateau runter. Hank meint, hier hinten müsste es gehen, auch wenn es steil wird. Dort unten gibt es einen Ort, die Lichter konnte man gestern Nacht schon sehen. Da sollen wir uns in einem Museum melden, da arbeitet unser nächster Kontakt. Er ist Ranger im Park und hat uns die nötigen Genehmigungen verschafft. Es gibt fest definierte Wander- und auch Fahrwege im Valley, auch Campingplätze, aber die will ich möglichst meiden, genauso wie allzu viele Menschen und das Besucherzentrum, obwohl sie da eine schöne Aussichtsterrasse über das Valley haben sollen, habe ich gelesen. Es ist Nebensaison, voll wird es nicht sein, aber wir können trotzdem auf Fremde treffen. Wird das für dich zum Problem?« Ich frage es nicht ohne Grund. Er wird Ruhe brauchen, um seine Erinnerungen zu sortieren.

Er nimmt einen Moment den Blick von der Karte und schaut mich an. »Nein. Nicht mehr.« Er will noch etwas hinzufügen, lässt es dann aber. »Und weiter?«

»Wir bewegen uns von Süden ins eigentliche Valley rein. Ich will auf jeden Fall auf das nächste Plateau hinauf, von da kann man die Felsendome sehr schön sehen. Siehst du, hier nordöstlich des Ortes. Und dann bewegen wir uns im Zickzack durch die Felsen und dann nach Nordwesten hin zum Navajo Mountain, der steht auf der Liste der Heiligtümer. Und dann nach Westen zu den großen Canyons. Zwischendrin werden wir die Grenze nach Utah überqueren, die läuft quer durchs Valley. Wenn wir können und es dir recht ist, werden wir einige Strecken im Auto überbrücken. Wir werden sehen.«

Er schnaubt. »Wir überqueren die Grenzen, als würden wir im Flieger sitzen. Erst Arizona, dann beinahe New Mexico und dann noch Utah. Und das alles zu Fuß«, fügt er kopfschüttelnd hinzu und schaufelt weiter sein Müsli in sich hinein.

Der Abstieg von der Hochebene verlangt uns alles ab. Es ist steil und rutschig, teilweise so sehr, dass ich die Hacken in den Schotter stemmen muss und herunterrutschen, um so einige Meter nach unten zu überbrücken. Wir haben keine Kletterausrüstung, ein verdammt gefährlicher Weg. Sally verpasse ich einmal mehr die Überschuhe, damit sie sich nicht verletzt. Eine Stelle ist so steil, dass ich kaum herunterkomme und mir von Tom helfen lassen muss. Er ist halt ein ganzes Ende länger als ich. Die meiste Zeit des Weges schweigt er, er denkt nach, das ahne ich und störe ihn nicht. Wir schaffen den Abstieg bis mittags, machen kurz Pause und laufen dann die relativ flache Strecke bis zum Ort durch.

Irgendwann habe ich dann wieder Netz. Mein Handy brummt sofort los, aber das ignoriere ich. Dafür ist im Ort noch Zeit. Unten in der Ebene ist es jetzt bereits so warm, dass wir die Jacken ausziehen können. Ich merke, bald muss ich mir einen Sonnenhut und - brille aufsetzen, so grell scheint die Sonne auf uns herab.

Am späten Nachmittag kommen wir dann an. Der Ranger ist nicht da, aber die ältere Dame an der Besucherinformation des Museums stellt sich als seine Schwester vor. »Wir haben euch schon vor zwei Tagen erwartet«, begrüßt sie mich aufrichtig erleichtert und wirft einen unsicheren Blick auf meine tätowierte Hand.

Oh verdammt, das habe ich ganz vergessen. Das muss ihr ja merkwürdig vorkommen. Daher versuche ich, ihr die Scheu zu nehmen. »Und? Wolltet ihr schon einen Suchtrupp losschicken?«, zwinkere ich, und ich spüre, wie Tom hinter mir in sich hineinlacht. »Wir mussten einige Lawinenabgänge in den Bergen abwarten, das hat uns aufgehalten. Aber guck mal, welche Bilder wir gemacht haben.« Wie schon so oft öffnen die Bilder sämtliche Türen.

Wir beschließen, im Ort zu essen. Gemütlich auf der Außenterrasse eines winzig kleinen Restaurants in der warmen Nachmittagssonne sitzend, lassen wir uns Cheeseburger, Pommes und Salat schmecken. Sie haben zwar einige Navajo Gerichte auf der Karte, aber an die wunderbare Hausmannskost von den Tagen und Wochen zuvor kommt das bestimmt nicht heran, deshalb lassen wir die Finger davon.

So sitzen wir denn das erste Mal zusammen in einem öffentlichen Bereich, zwar draußen, aber es sind auch ein paar andere Gäste da. Wir suchen uns eine ruhige Ecke, damit Tom das in aller Ruhe ausprobieren kann. Erst sieht er sich ein wenig unwohl um, doch dann entspannt er sich.

»Hmm, ich mache im Alltag einen Bogen um solches Essen, aber auf Reisen kann ich mir das einfach nicht verkneifen«, sage ich zu Tom, der vergnüglich an seinem Burger mampft.

»Hab ich schon gemerkt«, sagt er, kaut und schluckt. »Du meidest Zucker, wo es nur geht. Dabei kannst du es gerade jetzt brauchen. Du bist dünn geworden.« Er mustert mich besorgt, doch ich winke ab.

»Das ist auf solchen Wanderungen so. Du frisst mir halt alle Haare vom Kopf. Nein, das war ein Scherz«, wehre ich auf seinen Protest hin ab. »Warte es ab, hinterher habe ich das schnell wieder drauf, schneller, als mir lieb ist. Es gab eine Zeit, nach den ganzen Behandlungen, da habe ich locker zwanzig Kilo mehr gewogen als jetzt. Oder eher dreißig.« Ich hake den Daumen in meinen ziemlich locker sitzenden Hosenbund.

Er verschluckt sich. »Was?!« Hustend klopft er sich auf die Brust. »Glaube ich im Leben nicht.«

»Doch, ist so. War verdammt schwer, das wieder herunter zu trainieren. Da will ich nie wieder hin. Deshalb, Zucker nur in Ausnahmefällen, als Medizin.« Ich stoße mit meinem Wasser an seine Flasche Cola. »Du dagegen kannst die Kalorien gut verwerten, scheint's mir. Was ist, willst du noch meine Pommes? Ich bin langsam pappsatt.«

»Her damit!« Er zieht den Teller zu sich heran und isst weiter. Kostverächter ist er wahrhaftig nicht, und er isst schnell, viel schneller als ich. »Aber mal ehrlich«, sagt er plötzlich und hält inne, sich die Pommes in den Mund zu schieben, »du zahlst alles auf dieser Reise. Wie viel koste ich dich denn wirklich?«

Das willst du gar nicht wissen, denke ich so bei mir, verberge den Gedanken aber gut. »Mach dir keine Sorgen um mein Budget. Durch den Deal mit den Navajo habe ich jede Menge Reisekosten gespart, da fällt das Essen für dich kaum ins Gewicht.«

»Und die Klamotten?« Er sieht an sich herunter. »Das ist gutes, hochwertiges Zeug. Das hätte ich mir niemals geleistet.«

Ich winke ab. »Das war nötig, sonst hättest du die Reise nicht überstanden. Bei Klamotten mache ich keine Kompromisse. Ich habe sehr wenig, aber immer beste Qualität, und dann trage ich sie, bis sie auseinanderfallen. Das ist langfristig viel günstiger als dieses billige Plastikzeug. Also nochmal, mach dir keine Gedanken. Das buche ich unter den Reisekosten weg. Den deutschen Staat wird's freuen. Je mehr Kosten, desto weniger Gewinnsteuer zahle ich auf die Erlöse aus meinen Bildern. Und außerdem, es hat sich doch gelohnt. Oder stinkst du etwa?« Ich muss grinsen.

Er schnuppert an seiner Kleidung. »Nee. Das ist mir schon aufgefallen. Du stinkst jedenfalls auch nicht.« Jetzt grinst er ebenfalls, und ich verpasse ihm einen Fußtritt unter dem Tisch.

»Pass bloß auf! Sonst kassiere ich das Zeug wieder ein, und du, du darfst in deiner Boxershorts rumlaufen, dieses unsägliche Ding!«

Jetzt lacht er los, und auch der letzte Rest der Anspannung verfliegt. Ich frage ihn, ob es okay ist, wenn ich meine E-Mails bearbeite, während er weiter isst, und er winkt gutmütig ab. Das kennt er ja schon.

Ich brauche nur die letzte WhatsApp von Jimmy zu lesen, um zu merken, er ist kurz vorm Durchdrehen. *<Wenn ich nur wüsste, wo ihr steckt>*, schreibt er irgendwann nachts gegen zwei Uhr mit einem weinenden Smiley. Dabei ist gar nichts passiert, jedenfalls nichts in Sachen Pam und der Kinder, wie ich nach einem kurzen Scan feststelle. Ich hatte ihm doch geschrieben, dass wir einige Tage kein Netz haben. Er macht sich nur verrückt und gräbt zudem an mir rum, und wie! Jimmy, Jimmy, du steigerst dich da ganz schön rein. Du brauchst eine Aufgabe, denke ich so bei mir.

An ihn schreibe ich per WhatsApp: *<Hab jetzt wieder Netz. Schreib dir gleich ne E-Mail. Ist viel passiert>*

Aber erstmal schreibe ich an Rob eine Nachricht aufs Handy. Die liest Col nicht mit. *<Lieber Rob, es ist viel passiert, mehr dazu später in einer ausführlichen Mail. Ich brauche deine Hilfe. Ich habe den Eindruck, dass Jimmy sich viel zu sehr auf uns beide*

fokussiert, er bombardiert mich geradezu mit Nachrichten, obwohl eigentlich nichts los ist. Hat wohl nichts zu tun, der Arme! Kannst du ihn nicht irgendwie beschäftigen? Fahrdienst für die Kinder, dir helfen beim Dokumenten Puzzeln, irgendetwas? Ich glaube, das würde ihm guttun. Krankheit hin oder her (Tom hat es mir gesagt und Jimmy auch). Liebe Grüße Sanna>

Dann schreibe ich erst einmal eine unverfängliche Zusammenfassung von unseren Erlebnissen in den Bergen, von den Lawinen, den schönen Ausblicken. Ich schreibe auch, dass ich vermute, was der Hintergrund für diese Träume ist. Jimmy muss Rob erzählt haben, dass ich über ihre Geschichte Bescheid weiß. Diese Mail bekommt Rob mit cc. an Jimmy.

An Jimmy sende ich weiter: *<Ich dachte, er stirbt mir da oben. Diese Lawinen müssen sich irgendwie so angehört haben wie jener Tag damals. Das hat es dann ausgelöst, einen richtigen Anfall, einen Flashback, vermischt mit Albträumen. Er spricht nicht zu mir darüber, sagt, es sei noch alles durcheinander in seinem Kopf, er müsste es erstmal verarbeiten. Aber immerhin, ein wichtiger Schritt ist gemacht*

Was das Projekt Zelt angeht, sind wir in einer Pattsituation gelandet, ausgelöst durch seinen Anfall. Wir werden sehen, wie es weitergeht.

Ich werde in den nächsten Tagen vermutlich durchgehend Netz haben, aber bitte, hör auf, dir solche Sorgen zu machen und mir so viele Nachrichten zu schicken, denn das bekommt er mit. Wir sind jetzt in etwas belebteren Gebieten unterwegs, daher ist Hilfe nah, falls was passieren sollte. Ich schreibe dir ganz bewusst nicht, wo wir sind, denn ich ahne, dass du dann postwendend im nächsten Flieger sitzt und herkommst. Dafür ist es noch zu früh. Er braucht noch Zeit. Einstweilen kann ich dir aber einen anderen Wunsch erfüllen. Im Anhang sende ich dir ein Foto. Von uns beiden. Sanna.>

So, jetzt hast du was zu gucken, Jimmy. Zufrieden widme ich mich den anderen Konten, lade ein paar Serien an Kris hoch und will gerade die ersten Bilder bearbeiten, da kommt die Dame vom Museum zu uns hinaus. »Mein Bruder will wissen, ob ihr heute hier im Motel übernachten wollt oder lieber draußen.«

Ich überlege. Eigentlich haben wir einen Waschtag mal wieder nötig, aber Toms leichtes Kopfschütteln lässt mich dagegen entscheiden. »Wir schlafen lieber draußen, ich will den Sonnenaufgang einfangen. Zeig mir doch mal auf der Karte, was wir heute Nachmittag noch erreichen können.«

Sie gibt mir einige gute Plätze an. »Passt aber auf, dass die anderen Camper euch nicht sehen, und vergrabt vor allem die Asche hinterher, sonst haben wir da irgendwann ein Dauercamp«, mahnt sie.

»Keine Sorge, wir kennen die Spielregeln. Man wird gar nicht merken, dass wir da gewesen sind. Nun, dann brechen wir mal lieber auf, sonst schaffen wir es bis heute Abend nicht«, wiegele ich jedwede weiteren Konversationsversuche ihrerseits ab und stehe auf, denn mir ist Toms bleiches Gesicht aufgefallen. Eine Ortschaft, Autos, Restaurant, fremde Menschen, Lärm. Genug für ihn heute.

»Danke«, sagt er denn auch, kaum dass wir auf einen unscheinbaren Trampelpfad eingebogen sind.

»Immer schön langsam, Cowboy. Sortiere du in Ruhe deine Gedanken, dazu wirst du hier draußen genügend Zeit haben. Das Valley ist groß, die Distanzen lang. Du bestimmst den Rhythmus. Alles klar?« Er nickt erleichtert und verfällt in Schweigen, bis wir am Abend an unserem Lagerplatz angekommen sind.

In der Ferne sehen wir einzelne Lichter, wohl andere Camper, die auf den ihnen zugewiesenen Plätzen nächtigen. Wir suchen uns einen geschützten Platz zwischen einigen Felsen und prüfen, ob man unser Feuer von außen sieht, es scheint jedoch nicht so. Tom zieht sich nach dem Essen sofort in sein Zelt zurück, völlig erschöpft. Er hat mich gleich gefragt, ob ich in der Nacht bei ihm bleibe. So ganz traut er dem Frieden wohl noch nicht. Also habe ich mein Lager wieder in seinem Zelt aufgebaut.

Die nun freie Zeit nutze ich für die Aufarbeitung der letzten Tage. Fototechnisch ist nicht viel Material zusammengekommen, der Zusammenbruch und unser Streit haben es verhindert.

Von Rob erhalte ich eine kurze Nachricht: *<Auftrag angenommen. Wir haben ihn wohl zu sehr in Watte gepackt. Das wird sich jetzt ändern.>*

Jimmy hat mir die ganze Zeit nicht mehr geantwortet. Scheint, als hätte der alte Herr den Auftrag wirklich ernst genommen oder Jimmy sich meine Worte zu Herzen. Erst am späten Abend kommt nur ein Wort: *<SPIELVERDERBERIN>*

<Wieso, gefällt dir das Bild nicht? Ich finde es sehr schön.>, schreibe ich zurück, aber er antwortet nicht mehr darauf. Na, dann schmoll doch, denke ich und schalte das Handy aus. Nicht, dass er uns doch mit nächtlichen Messages bombardiert.

Tom ist noch wach, als ich ins Zelt krieche. »Alles in Ordnung?«, frage ich.

»Geht so. In meinem Kopf herrscht Chaos. Ich kann die Realität nicht von den Träumen trennen, ich schaffe es einfach nicht. Es fühlt sich an, als platzt er gleich.«

»Mach langsam. Du hast plötzlich eine übervolle Festplatte, Kumpel. Kein Wunder, dass dein Prozessor nicht mehr kann. Du solltest einige Systeme abschalten, also die Last runternehmen, und dann den überflüssigen Schrott löschen. Wie das geht, habe ich dir gezeigt. Mach es einfach, und kümmere dich nicht um mich. Ich komme klar und erledige den Rest.«

»Jetzt gleich?« Er stöhnt leise.

»Versuchs einfach, fang an damit, bevor dein Schädel wirklich platzt. Ich helfe dir, ich mache mit. Und dann können wir beide hoffentlich gut schlafen.«

Wie es scheint, hat es gewirkt, denn ich wache diese Nacht nicht einmal auf. Erholt verbringe ich den Sonnenaufgang mit einer ausgedehnten Fotorunde zwischen den rotglühenden Felsen.

Auf Tom trifft das offensichtlich nicht zu. Er ist bleich, als er aus dem Zelt kriecht, und er spricht kein Wort. Wie ernst er meinen Rat nimmt, das merke ich daran, dass er alle anderen Tätigkeiten einstellt. Er fährt sein System runter, wahrhaftig! Ich packe sein Gepäck, erledige alle anderen Dinge wie Feuer machen oder eine Mahlzeit zuzubereiten. Er isst, wenn ich es ihm sage, er trinkt, wenn ich es ihm anreiche. Ansonsten starrt er vor sich hin, schließt in den Pausen oft die Augen, schläft beinahe ein. Sally und ich wachen abwechselnd bei ihm, sie spürt genau, dass sie auf ihn aufpassen muss.

Das Ganze geht über Tage. Es wird ein langer, aber geruhsamer Marsch. Ein wenig fühle ich mich in unsere Anfangszeit zurückversetzt. Kommen wir in die Nähe einer Raststätte für Touristen, lasse ich ihn weit draußen zurück. Strecken mit dem Fahrzeug überbrücken wir nicht, ich spüre, das würde ihm nicht guttun. Und auch die Kontakte zu den anderen beschränke ich auf ein absolutes Minimum, damit er nicht durch meine ewige Tipperei gestört wird.

<Er fängt an, sich zu erinnern. Bitte stört uns nicht. Es ist jetzt eine sehr schwierige Zeit für ihn>, schreibe ich an Jimmy und Rob gleichermaßen, damit sie uns in Ruhe lassen.

So bleibt mir abseits der Sorge um ihn genügend Zeit, diese großartige Landschaft von allen Seiten abzulichten, und vor allem, zu genießen. Diese Stille tut auch mir gut, nach all den Auseinandersetzungen der vergangenen Tage. Seltsamerweise hat er in dieser Zeit keine Albträume mehr, sodass ich die Nächte – so ich denn keine Nachtaufnahmen mache – wirklich durchschlafen kann. Wie sehr diese unterbrochenen Nächte an mir gezehrt haben, das merke ich erst jetzt. Ich fühle mich wie neu geboren.

Anfangs noch liegt auf den zahlreichen Felsen Schnee. Größere und kleinere Wasserfälle rauschen hinab, sie verschaffen uns genügend Trinkwasser und Wasser zum Waschen, sodass wir die Zivilisation fast komplett meiden können. Die Temperaturen ziehen wieder etwas an, es friert nachts, weshalb uns die Schneereste noch über Tage begleiten.

Eines Abends, da hat sich der Himmel bereits den ganzen Nachmittag lang bezogen und das schöne Licht ist weg, schickt plötzlich die tief stehende Sonne ihre Strahlen unter der Wolkendecke hindurch und beleuchtet eine Szenerie, die macht mich so sprachlos, dass ich fast vergesse, den Auslöser der Kamera zu drücken. Rot leuchten die Felsendome vor einem pechschwarzen Himmel. Die Sprühnebel der Wasserfälle erzeugen Regenbogen in der Weite des Tals, es sind zahllose. Es ist ein Bild, so kitschig, dass es fast von der guten alten Tante Google stammen könnte, und ich weiß, ich habe nur wenige Minuten, das abzulichten.

Als ich die Kamera abschalte, steht plötzlich Tom neben mir. »Hab ich... hab ich das gerade geträumt?« Er reibt sich im sprichwörtlichen Sinne die Augen.

Ich unterdrücke einen erleichterten Seufzer. Endlich spricht er wieder! »Nein, hast du nicht. Es war wirklich da. Ich konnte es selbst kaum glauben.« Ich fasse nach seinem Arm und drücke ihn leicht. »Wie geht es dir, hmm?«

Er versteift sich spürbar unter meinem Griff. »Mmpf! Es geht so.« Dann macht er sich los und stapft davon.

Etwas hat sich verändert. Er kommuniziert wieder mit mir, wenn auch nur mit Blicken und Gesten. Ich merke, er will sprechen, tut es dann aber doch nicht. Ich sehe, wie er mit sich ringt. Schließlich krieche ich zu ihm ins Zelt und lege mich auf mein Lager. Es ist noch nicht wirklich kalt, daher lasse ich den Schlafsack offen.

»Ich weiß, dass du noch nicht schläfst. Spuck's aus, was bedrückt dich?«

Er holt tief Luft, atmet stoßweise wieder aus. »Du.«

»Was, ich?« Ich bin völlig überrascht. »Aber...«

»Ich muss mit jemandem reden«, unterbricht er mich einfach. »Aber das darfst nicht du sein. Das will ich dir nicht antun, nicht dir, Sanna.«

Himmel, denke ich und muss schlucken. »Es ist aber niemand anderer hier. Außer Sally natürlich.« Sie stupst mich mit ihrer Schnauze an, als ich ihren Namen sage. »Tu es einfach. Betrachte mich als... ja, als externe Festplatte, wenn's nicht anders geht. Als Ding, als Sprachrohr. Ich halte das aus, keine Sorge. Oder geh raus und such dir einen Felsen und mal ein Gesicht drauf. Das geht auch.«

Mein Versuch eines Scherzes misslingt gründlich. »Du hast keine Ahnung, wovon du redest«, kommt es tonlos von ihm.

Oh doch, das weiß ich sogar ganz genau, und ich wappne mich. Das wird meine Buße werden, ich spüre es. Fehler, die man in der Vergangenheit gemacht hat, holen einen immer wieder ein, und jetzt ist es soweit. Doch davon ahnt er nicht einmal ansatzweise etwas, und ich bin dankbar, so dankbar, dass es dunkel ist im Zelt und er mein Gesicht nicht sehen kann. Stocksteif liege ich da und höre zu, wie er nach Worten ringt und es doch nicht schafft.

»Schscht, ganz ruhig«, sage ich schließlich. »Fang einfach von vorne an. Vielleicht hilft das.« Ich weiß ja, wie der Anfang aussieht, doch er holt weiter aus, viel weiter.

Er erzählt mir, woher er stammt, aus einer langen Reihe New Yorker Feuerwehrleute, genauso wie Jimmy. Familienerbe über Generationen, weit zurückreichend in die Anfänge der Stadt. Er erzählt, wie glücklich und stolz sie darauf waren, die Aufnahmeprüfung an der Feuerwehrakademie auf Anhieb bestanden zu haben und gleich genommen wurden, alle fünf, denn die Wartelisten sind für gewöhnlich lang, und es kann Jahre dauern, bis es soweit ist. Wie sie es geschafft haben, in dieselbe Kompanie versetzt zu werden, obwohl das nicht üblich ist.

»Normalerweise erhält eine Wache nur ein oder zwei Rekruten, aber uns, uns gab es nur im Fünferpack. Sie haben uns daher zu einem Haus zugeordnet, wo mehrere Einheiten untergebracht waren.«

Ich kann hören, wie die Sehnsucht nach seinem alten Job sich in seiner Stimme Bahn bricht, man hört es mit jedem Wort. Er erzählt mir ein wenig von ihren ersten Jahren, und dann, sehr schnell, kommt er zum Tag X. Wie jung sie damals gewesen sein müssen, gerade mal Mitte zwanzig mit nur ein paar Jahren Berufserfahrung.

Ich kneife die Augen zusammen und will mir die Ohren zuhalten, aber ich tue es nicht.

Als er schon anfangen will zu erzählen, stockt er mit einem Mal und richtet sich auf. »Du sagst ja gar nichts«, geht ihm auf. »Überrascht dich das alles gar nicht?«

»Doch.« Mit aller Macht nehme ich mich zusammen. »Doch, das tut es.« Das hat es, wie sehr, das ahnst du nicht einmal. »Ich vermute, was jetzt kommt, das tue ich schon, seit ich gehört habe, was du früher gemacht hast. Deine Träume passen dazu.« Vor Wochen habe ich es gehört, nicht erst hier im Zelt. Ich habe ihn permanent hintergangen und mache es gerade wieder, und das halte ich kaum mehr aus. »Ein Teil von mir will weg von hier, raus. Du hast recht, ich will es nicht hören. Aber das will ich dir nicht antun, um deinetwillen nicht. Ich habe gesagt, ich bleibe bei dir, und das werde ich auch. Also sprich weiter.«

Etwas in meiner Stimme muss ihn wohl überzeugt haben, denn er legt sich wieder hin. Wer weiß, vielleicht denkt er sich auch seinen Teil dabei. Wie es in Wahrheit in mir aussieht, das kann er nicht einmal ansatzweise erahnen.

»Der Anschlag passierte, da hatten wir gerade einen Einsatz beendet und waren auf dem Weg zurück zur Wache, zum Schichtwechsel. Wir sind sofort in Richtung Manhattan gefahren, die alte Schicht auf dem Truck und die neue von der Wache aus, noch bevor der Einsatzbefehl kam, denn wir konnten die Türme von unserem Standort aus sehen und hatten die erste Explosion gehört. Das war kein normales Feuer, das war uns allen sofort klar. Aber wir dachten immer noch, dass es ein Unfall gewesen war. Du weißt vielleicht, was für ein Höllenverkehr normalerweise in der Stadt herrscht, doch an dem Tag mussten wir nur über den Fluss und waren binnen kürzester Zeit dort.« Er verstummt, sortiert vermutlich seine Gedanken.

Er wechselt in die Gegenwart, denn das ist es ja auch für ihn, in jedem Traum. Jetzt erzählt er ganz merkwürdig. Teilweise als Wir, teilweise als neutrale Person, als würde das gar nicht zu ihm gehören.

»Wir müssen ein wenig suchen, bis wir einen Platz für unsere Fahrzeuge finden, das Trade Center ist normalerweise nicht unser Einsatzgebiet, und vor Ort ist alles sehr chaotisch. Unsere Fahrzeuge werden getrennt, wir haben einfach irgendwo geparkt. Als wir aussteigen, da… da muss ich erstmal einen Moment stehen bleiben und schauen. Und nicht nur ich. Alle starren mit offenem Mund nach oben. Man kapiert es nicht. Es will nicht in deinen Kopf hinein. Der Rauch, die Geräusche, die Trümmer, Menschen, die von oben herabfallen. Doch dann greifen wir uns unsere Sachen und marschieren los, die Straße hoch. In dem Moment schlägt das zweite Flugzeug in den Südturm ein.«

Er hält einen Moment inne, sucht nach Worten. Dann grollt er nur. »Wumm! Man spürt die Hitze. Trümmer regnen auf uns herab, wir müssen in Deckung gehen. Unseren Captain hat's trotzdem erwischt, er wird gleich von den Sanitätern abtransportiert, aber er hat überlebt, immerhin. Du hockst da und begreifst auf einmal, das ist ein Anschlag. Ein kleiner Teil von dir will sofort abhauen, ein anderer will es einfach nicht glauben, doch die sperrst du weg. Wir haben einen Job zu erledigen, da sind Leute, die brauchen Hilfe.

Also machen wir uns auf die Suche, um die anderen zu finden oder um uns jemanden zu greifen, der weiß, wo die Einsatzleitung ist. Man schaut nach oben, behält die fallenden Trümmer im Auge, dann spürt man, wie der Fuß auf etwas Weiches tritt. Man schaut nach unten, sieht etwas, das man nicht zuordnen kann, dann baut man das Bild zusammen und erkennt, es sind Teile von Menschen, die da auf der Straße liegen. Alles war voll davon. Es will einem einfach nicht in den Verstand.«

Seine Stimme ist ganz heiser geworden, kaum noch zu verstehen. Es genügt auch so. Meine Hände sind ineinander verkrampft, und ich beiße mir so sehr auf die Lippen, dass ich Blut schmecke, um ja keinen Laut von mir zu geben.

»Wir haben also keinen Plan, wo wir uns melden sollen, und sehen uns etwas ratlos um, da marschiert plötzlich CC mit seinen Männern heran. *Was steht ihr hier rum, habt ihr nichts zu tun?!*, blafft er uns an. So habe ich ihn noch nie gesehen. Er ist wie versteinert. Ob er es geahnt hat? Dass der Tag nicht gut ausgehen wird?«

Er schweigt einen Moment, dann spricht er weiter: »Uns ist allen klar, dass dies ein schlimmer Einsatz wird, aber mit dem Ende, damit hat niemand im Entferntesten gerechnet. Naja«, er reibt sich stöhnend über das Gesicht, »CC nimmt uns dann mit in den Nordturm und meldet uns bei der Einsatzleitung an. Die Lobby sieht aus, als wäre dort eine Bombe hochgegangen, alles voller Scherben und Trümmer. Wir werden sofort hochgeschickt, sollen bei der Evakuierung helfen. Wir sind die Treppen hoch marschiert, Stockwerk für Stockwerk. Es ist eng dort, es passen gerade mal zwei Menschen nebeneinander, und voll, denn Massen an Leuten kommen uns aus ihren Büros entgegen. Uns wird warm, wir haben ja unser ganzes Zeug dabei, und wir sind binnen kürzester Zeit völlig verschwitzt und fertig. Aber CC ist nicht angehalten.«

Er hält schwer atmend inne, als würde er gerade jetzt dort hochsteigen. Es sind die Erinnerungen, die ihm die Luft abschnüren. »Du hättest CC kennen lernen sollen. Er war wie eine Naturgewalt. Er hat uns allesamt in die Tasche gesteckt, selbst in seinem Alter noch. Den Jungs geht irgendwann die Puste aus. Also hat er sie verteilt, auf die verschiedenen Stockwerke. Der Turm muss sich beim Einschlag verzogen haben, denn es gibt eine Menge Leute, die sind in ihren Büros gefangen, sie stecken in den Fahrstühlen fest. Verletzte, Brandopfer. Die Jungs sind dann mit den Verletzten nach unten. Schließlich sind nur noch ich und seine Männer bei ihm. Er ist einfach immer weitermarschiert und tauscht die ganze Zeit Funksprüche mit einem anderen Captain aus, der bereits weiter oben ist und zusätzliche Kräfte angefordert hat. Deswegen hat er mich auch mitgezerrt. Sie brauchen Sanitäter, und das bin ich nun mal auch.« Tom verstummt einen Moment, gefangen in den Erinnerungen.

Ich muss an Jimmys Worte zurückdenken: *Tom war schon immer der Schnellste und Stärkste von uns.* Wie sehr, das hat er gerade erzählt.

Nach einer langen Pause spricht er weiter: »Wir kommen schließlich bei dem anderen Captain an. Da haben sie eine Menge Brandopfer gesammelt. Die Türen der Fahrstühle sind gesprengt, überall liegen verkohlte Trümmer herum. Später haben sie herausgefunden, dass Flugzeugbenzin die Fahrstuhlschächte hinuntergelaufen und explodiert ist. Wir haben eine Triage gemacht, denn die Leute, die dort noch sind, hat es wirklich schlimm erwischt. Wer kann nach unten transportiert werden und wer nicht? Alle, die von selber laufen können, sind bereits weg. Wir teilen uns gerade auf, da fängt auf einmal das Gebäude an zu wackeln. Es wirft uns richtig um.« Jetzt packt seine Hand meine und zerquetscht sie fast. Ich gebe keinen Laut von mir, liege ganz starr.

»Es dauert vielleicht zehn Sekunden, dann ist es wieder ruhig. Was war das?, fragen wir uns. Irgendjemand geht in eines der Büros und schaut nach draußen. Als er zurückkommt, ist er bleich wie ein Gespenst. Der Südturm ist weg, sagt er. Wir konnten es nicht glauben. Im selben Moment kommt über Funk der Befehl zur Evakuierung. Wir sollen das Gebäude räumen. Ich sehe, wie CC mit dem anderen Captain einen Blick wechselt und der den Kopf schüttelt. Da weiß ich, es ist etwas im Gange. CC schnappt sich seine Leute, verteilt sie auf die Verletzten, und scheucht sie runter. Währenddessen blafft der andere Captain in sein Funkgerät, dass er den Befehl verweigert, er hat zu viele Verletzte, um die er sich kümmern muss. CC sieht mich, er zerrt mich zu einer Frau. *Nimm die hier, Tommy, und dann sieh zu, dass du hier rauskommst!*, sagt er zu mir. Ich nehme die Frau hoch. Von da an wird es wirr, denn du bist es, die ich da plötzlich im Arm habe, blutend und verbrannt.«

»Oh Gott«, entfährt es mir erstickt. Er zieht mich an sich. Ich habe keine Chance, mich dagegen zu wehren.

»Ich weiß jetzt, dass das nicht real ist. Aber irgendwie hat mein Hirn das vermischt. Ich werfe mir die Frau über die Schulter. Sie ist klein und ziemlich leicht und bewusstlos, was in ihrem Zustand ein Segen ist. Ich will CC überreden mitzukommen, doch er lässt mir keine Wahl. *Geh, Tommy!*, schreit er mich an und lässt mich dann einfach stehen. Das ist das Letzte, was ich von ihm sehe.«

Er stöhnt leise, als er die Erinnerung noch einmal erlebt, und dann, als würde er die Eile immer noch spüren, spricht er hastig weiter: »Mit meiner Last laufe ich die Stufen herunter, werde schneller, immer schneller. Irgendwie merke ich, dass die Uhr tickt, wie mir die Angst im Nacken sitzt. Es ist klar, wenn das mit dem Südturm passiert ist, kann es diesen hier auch treffen. Ich komme an vielen Feuerwehrleuten vorbei, die haben das noch gar nicht wirklich mitbekommen oder sie nehmen den Evakuierungsbefehl nicht so ernst, ich weiß es nicht. Sie machen Platz für mich, damit ich mit meiner Last schneller nach unten komme. Ich will ihnen zurufen abzuhauen, bei den ersten schaffe ich das auch noch, aber bald habe ich keine Luft mehr dafür. Wie viele haben es wohl nicht geschafft?« Ich spüre, wie hinter den Worten die Tränen lauern, höre es an den Vibrationen, wie er spricht.

»Sie... du... sie wird immer schwerer, es reißt mir fast die Lungen raus, so sehr beeile mich. Ich denke an CC, an die Jungs, die jetzt hoffentlich draußen sind. Irgendwann stolpere ich dann durch eine Tür hinaus in die Lobby. Vor mir und hinter mir sind andere Männer, wir laufen zu den Türen, doch draußen fallen immer noch Trümmer und Leute von oben. Einer ist dann vorgesprintet und hat für uns geschaut. Jetzt!, schreit er, und wir rennen los. Wir sind kaum ein paar Schritte weit gekommen, da wird die Frau mit einem Mal munter und fängt an zu zappeln. Ich muss mich hinknien, sie anders aufnehmen, und dann... dann fängt es plötzlich über mir an zu rumpeln. Es hat sich angehört wie da oben im Tal, als die Lawinen abgegangen sind. Ich sehe die anderen, ihre entsetzten Blicke über die Schultern, einen großen Schatten, der plötzlich die Sonne verdeckt. Ich komme noch auf die Füße und ein paar Schritte weit, dann schlagen die ersten Trümmer um mich herum ein. Eine Druckwelle erfasst mich, und ich... ich werde geschleudert und... etwas trifft mich am Kopf, und dann... dann falle ich, tief, sehr tief... und dann weiß ich erstmal nichts mehr.«

Jetzt hält er mich mit beiden Armen fest umschlungen. Ich kann es nicht verhindern, Tränen laufen mir die Wangen herunter, doch das merkt er nicht. Er hat das Gesicht in meinen Haaren vergraben, ich spüre die Atemzüge auf meiner Stirn.

»Als ich wieder zu mir komme, da… da schwebt über mir ein Mercedesstern«, fährt er fort.

»Ein Mercedesstern?« Ich hebe verwundert den Kopf.

Er gibt einen Laut von sich, halb Glucksen, halb ein Schluchzen, und drückt mich wieder zu sich heran. »Jaah, irre, an was man sich erinnert, nicht? Bin ich jetzt im Rapper-Himmel, oder wo bin ich? So ein Mist schießt dir in einem solchen Moment durch den Kopf. Ich bekomme keine Luft mehr, muss husten, habe jede Menge Staub und Dreck im Mund. Überall um mich herum sind flackernde Feuer, etwas explodiert, und durch das Ding über mir geht ein Ruck. Jetzt klebt es mir quasi auf der Nasenspitze. Mir geht auf, ich bin in ernsten Schwierigkeiten. Hinter mir ist ein Berg aus Trümmern, und ich bin eingeklemmt. Irgendwie gelingt es mir, mich herauszuwinden. Dann… dann gibt es noch eine Explosion, und der Wagen, eine von diesen riesigen Limousinen, die sich nur die Top Manager leisten können, kracht herunter und fliegt in die Luft. Die Explosion erfasst mich, ich werde durch die Luft geschleudert und pralle mit voller Wucht gegen einen anderen Wagen, und dann ist Feuer in meinem Ärmel, ich wälze es aus… und… und dann sehe ich dich… sie. Oh Gott, Sanna.«

Er flüstert jetzt nur noch, seine Stimme ist ganz nah. Ich liege wie erstarrt, will es nicht hören, will nicht, dass er mich noch fester an sich drückt. Aber ich habe keine Chance zu entkommen. Seine Lippen berühren kurz meine Stirn, bevor er weiterspricht:

»Sie… du.. nein, sie! Sie liegt zerschmettert unter einem Stahlträger, sie ist kaum noch zu erkennen. Ich krieche von ihr weg, es ist klar, jede Hilfe kommt zu spät. Um mich herum ist jetzt überall Feuer, kleine und größere Brände. Die Luft ist so voller Rauch und Staub, dass ich fast nicht atmen kann. Ich habe alles verloren, mein Atemgerät, meinen Helm, und ich weiß, ich muss da raus, sonst war's das.

Im Licht der Feuer erkenne ich eine Tiefgarage, die befindet sich anscheinend unterhalb des Platzes vor den Türmen. Die Decke muss eingestürzt und ich irgendwie da runtergerutscht sein. Die vorderen Fahrzeuge sind noch zertrümmert, aber dahinter stehen sie fast unversehrt, nur völlig eingestaubt. Ich schaffe es bis zu einem Notausgang, doch der ist verschüttet, aber durch einen weiter hinten kann ich nach oben klettern, in eines der Nebengebäude. Auch dort brennt es, alles liegt voller Trümmer, aber irgendwie gelange ich nach draußen. Dann muss ich zusammengebrochen sein, denn meine vollen Erinnerungen setzen ein, als mich irgendwelche Kameraden aus den Trümmern tragen. Die Jungs finden mich, und Jimmy schreit mich an: *Wo ist er, wo ist er!?* Ich kann es ihm nicht sagen. Es ist alles weg von dem Zeitpunkt an, als ich die Schicht am Morgen beendet hatte. Bis vor wenigen Tagen, bis du kamst.«

Bis du kamst. Das hat Jimmy auch gesagt. Tom streicht mir mit dem Finger über die Wange, bemerkt jetzt, dass sie nass ist. »Himmel, Sanna, du weinst ja! Genau das wollte ich nicht, du sollst dich nicht mit meinen Erinnerungen quälen. Nein, nicht, schscht!« Aber es nützt nichts, je mehr er spricht, desto schlimmer wird es. Diese Nähe, die macht mich fertig. Schließlich weiß ich mir nicht anders zu helfen und schiebe ihn mit aller Macht zurück.

»Nicht! Bitte lass mir einen Moment.« Hastig bringe ich mich auf meine Seite des Zeltes in Sicherheit. Er muss gemerkt haben, wie unangenehm mir das ist, denn er lässt mich fast erschrocken los.

»Tut mir leid«, kommt es tonlos von ihm.

»Das muss es nicht.« Ich lege mich auf die Seite und stütze den Kopf auf die Arme, schaue seinen Schatten an. Nur zwei glimmende Punkte zeigen, wo seine Augen sein müssten. »Glaube nicht, du tust mir weh damit. Ich habe viele Dokumentationen zu dem Tag gesehen und darüber gelesen, wie viele Menschen auf dieser Welt. Deine Erzählungen unterscheiden sich nicht sehr von anderen, auch wenn es etwas ganz anderes ist, dies aus erster Hand berichtet zu bekommen. Nein, ich weine um euch, die ihr das erleben musstet. Darum, wie du heute immer noch darunter leidest. Das macht mich wütend und traurig zugleich.« Auf mich, doch das sage ich nicht laut. »Wie vielen es wohl noch so geht?«

»Vielen«, antwortet er leise. »Wir sprechen so gut wie nie darüber, und ich weiß, dass es mit anderen genauso ist. Sie reden nicht mit ihren Frauen, mit ihren Partnern. Andere dagegen erzählen in aller Öffentlichkeit, sie haben ihre Stories regelrecht vermarktet. Wir haben das immer abgelehnt. Es gab mal ein Foto... sie wollten auch mit uns sprechen. Aber wir wollten nicht. Unser Haus hat an dem Tag sieben Mann verloren. Nur wir sind zusammen zurückgekehrt. Die anderen haben uns das irgendwie übelgenommen, auch wenn sie das nie laut gesagt haben. Jaah, ausgerechnet ihr kommt heil aus der Sache heraus, müssen sie gedacht haben, ihr, die ihr immer Sonderrechte bekommen habt. Das ist bitter, das ist ungerecht. Schließlich hat Jimmy seinen Vater verloren. Aber es ist so. Es war nur so ein Gefühl, als wären wir irgendwie feige gewesen oder so.«

»Tom, nicht! Sag das nicht. Ihr habt die Leute gerettet, genauso wie jeder andere. Ihr habt euren Job gemacht.«

»Das sagst du so leicht. So fühlt es sich aber nicht an«, flüstert er, und die beiden Punkte in der Dunkelheit verschwinden. Er hat die Augen geschlossen.

»Wie ging es danach weiter? Ihr habt doch sicherlich nach CC gesucht, oder?«, frage ich behutsam. Die Punkte glimmen wieder auf. Er hat Tränen in den Augen, geht mir auf.

»Oh ja, auch wenn es noch Monate gedauert hat, bis er gefunden wurde. Immerhin. So viele wurden nie gefunden.« Er schweigt einen Moment, sammelt seine Gedanken.

»Die ersten Tage waren noch sehr chaotisch. Mich wollten sie gleich in den Krankenstand schicken wegen meiner Verletzungen, aber ich habe mich geweigert, hab mich nur verbinden lassen, und dann bin ich mit den Jungs losgezogen in die Trümmer. Wir sind tagelang dortgeblieben, haben in irgendwelchen Büros oder Stores rings herum geschlafen, wenn wir konnten, und dann geschuftet bis zum Umfallen. Dann haben sie es anders organisiert. Wir mussten alle dreißig Tage auf dem Trümmerberg arbeiten, dann wieder dreißig Tage normalen Dienst schieben. Jimmy ist in der Zeit fast durchgedreht, er hat es nicht ertragen, nicht dort unten zu sein. Wir konnten ihn nur mit Mühe davon abhalten, irgendwelche Dummheiten zu begehen. In der freien Zeit sind wir zu Beerdigungen gegangen, es waren zahllose. Es fehlten so viele Leute.«

»Wann genau wurde er gefunden?« Ich mag die Frage kaum stellen. »Ihr habt ihn doch hoffentlich nicht selber gefunden?«

Er holt tief Luft, will sprechen. Schafft es aber nicht im ersten Anlauf. »Oh doch«, kommt es schließlich hervor, und ich ziehe scharf die Luft. »Ja, wir haben ihn gefunden. Oder vielmehr, mein Vater hat es. Es war im Januar, vier Monate später.«

Oh Gott, Rob hat ihn gefunden? Wie furchtbar für ihn! »Wie... was ist passiert?«

»Das war schlimm für ihn. Er hat ja genauso Dienst geschoben wie wir. Tausende haben auf dem Trümmerberg gearbeitet, aber ausgerechnet er musste seinen besten Freund ausgraben. Sie haben uns zuhause angerufen, dass wir runter zu dem Haufen kommen sollten. So haben wir den Trümmerberg damals genannt. Der Haufen. Zum Ground Zero wurde das erst später.

Als wir ankamen, da hatten sie ihn schon in einen Leichensack gepackt, die Flagge drüber und alles. Aber Jimmy wollte ihn trotzdem sehen. Er ist ausgerastet, weil Dad ihn nicht gelassen hat, wir mussten ihn zu viert festhalten. Eine scheußliche Sache. Schließlich wusste ich mir nicht mehr anders zu helfen und hab ihn weggezerrt, hinein in die Trümmer, hab ihm eine verpasst und ihn angebrüllt. Denn meinen Vater habe ich noch nie so gesehen, er kam mir um Jahrzehnte gealtert vor, und ich wollte Jimmy das ersparen. Ich stelle also Jimmy in den Senkel, er solle sich zusammenreißen und seinem Vater ein würdevolles Geleit ermöglichen. Das hat ihn zur Vernunft gebracht, aber er hat danach wochenlang kein Wort mehr mit mir gewechselt. Bis Danny ihn sich dann auch noch vorgenommen hat. Dann haben wir uns wieder vertragen.«

»Und dein Vater?«

»Für ihn war es schlimm. Wir waren quasi eine Familie, Jimmys Ma hat mich mit großgezogen, nachdem meine Mutter gestorben war, das habe ich dir ja erzählt. Nachdem die Aufräumarbeiten beendet waren, das war ein paar Monate später, ist er gleich in Rente gegangen. Manchmal denke ich, das war ein Fehler. Denn ab da saß er zuhause und hatte nichts mehr, womit er sich ablenken konnte.«

So langsam fange ich an zu begreifen. »Und hat begonnen, dir mit möglichen Enkelkindern in den Ohren zu liegen?«

Er schweigt einen Moment, und ich kann seine Verblüffung spüren. »So habe ich das noch nie gesehen, aber jetzt, wo du es sagst... so richtig fing er aber erst nach meinem Unfall an, das war Jahre später. Oh man!«

Schon seltsam, diese Geschichte, geht mir auf. Das Fünferpack, so eng verbunden, alle nicht verheiratet, keine Kinder, bis auf Tom, der irgendwann zwangsweise aus ihrer Mitte gezerrt wurde, dann aber mit katastrophalen Folgen. Wegen Tag X? Hat es etwas damit zu tun? Gut möglich. »Wie ging es dann weiter?«

»Du meinst, als Ground Zero geräumt war?« Ich nicke, obschon er das nur schemenhaft sehen kann. »Wir haben nie wieder über den Tag gesprochen. In der folgenden Zeit wurden wir auseinandergerissen. Es fehlten so viele Leute in unseren Reihen, da haben sie alle umverteilt. Es war schwer für uns, nicht mehr mit den anderen zusammenarbeiten zu können. Aber das hat uns in der freien Zeit umso stärker zusammengeschweißt, und irgendwann haben wir uns daran gewöhnt. Als ich meinen Unfall hatte, stand ich kurz vor der Prüfung zum Lieutenant. Danny ist es jetzt und bereitet sich auf die Prüfung zum Captain vor, Sean ist es bereits und will bald Chief werden, während Vince sich lieber um seinen Truck kümmert und immer noch Touren fährt. Und Jimmy, der ist im Krankenstand. Die Idee, zusammen zu ziehen, die hatten wir schon sehr früh, nur hatten wir noch nichts Passendes gefunden. Als Feuerwehrmann verdienst du nicht die Welt, wie du dir sicherlich denken kannst. Aber Dannys Großvater hat es dann ermöglicht. Nur, dass es für mich zu spät war. Das ist es jetzt immer noch.« Den letzten Satz flüstert er nur noch.

»Schscht, nicht. Warum sagst du das?«

»Gott, ich vermisse sie. Aber wie soll ich ihnen nach dieser Geschichte jemals wieder unter die Augen treten? Das kann ich nicht, da gibt es keinen Weg für mich raus.« Das sagt er so endgültig und voller Trauer, dass ich am liebsten gerufen hätte: Doch, gibt es! Es liegt in meiner Tasche und hat ein Display! Aber ich tue es nicht. »Schscht, nicht. Lass dir Zeit. Alles wird sich finden, du wirst sehen. Wie fühlst du dich jetzt?«

Einen langen Augenblick überlegt er. »Ausgeleert. Ich weiß nicht. Ich glaube, ich würde jetzt gerne ein wenig schlafen.«

»Dann tu das. Wir bleiben hier und wachen über dich, Sally und ich. Lass einfach los.«

Das tut er, denn er ist binnen kürzester Zeit weg. Auch ich merke meine Erschöpfung nach diesem Ausbruch und schlafe tief und fest ein, ohne Unterbrechungen durch schlimme Träume.

Kapitel 9

Als ich in der Morgendämmerung erwache, ist der Platz neben mir leer. Draußen vor dem Zelt brennt ein munteres Feuer. Tom sitzt mit Sally davor und hat das Display der Kamera aufgeklappt.

»Ah, die Festplatte hat wieder Platz«, grüße ich gähnend hinaus.

Er schaut auf und lächelt leicht. »Scheint so, ja. Auf einmal fällt es mir wieder leicht. Ich wollte mal gucken, was ich die letzten Tage verpasst habe. War ne Menge.« Ein wenig verdüstert sich sein Gesicht bei dem Gedanken, aber er hat das gleich wieder im Griff. »Willst du eine Tasse Tee? Ich habe welchen gekocht.«

»Oh ja, bitte.« Ich mache das Zelt ein wenig zu und suche mir meine Wandersachen wieder heraus. Die hatte ich gestern Abend getrocknet, aber puh, taufrisch sind sie nicht mehr. Auch die Wollsachen kommen irgendwann an ihre Grenzen. »Ich könnte langsam mal wieder eine anständige Dusche gebrauchen und die Sachen eine richtige Wäsche. Was meinst du, fühlst du dich gut genug für ein Motel oder eine andere Unterkunft heute Abend?« Den Wollhoodie anziehend, schaue ich wieder aus dem Zelt.

Bei dem Vorschlag ist sein Lächeln schlagartig verblasst. Die Hände hat er um die Kamera verkrampft, die Knöchel stehen weiß hervor, daran sehe ich es. »He, ganz ruhig«, sage ich, komme zu ihm und nehme ihm vorsichtig die Kamera aus den Händen. »Probiere es einfach aus. Wenn du es nicht aushältst, dann schnapp dir dein Zelt und verzieh dich ins Hinterland.«

Einen Moment sitzt er wie erstarrt da. »Also gut.« Er atmet tief durch und löst die verkrampften Hände. »Irgendwann muss ich ja mal wieder damit anfangen. Warum nicht heute? Die Lodge war ja ganz okay. Komm aber nicht auf die Idee, dir ein eigenes Zimmer zu nehmen. Ich glaube, das halte ich noch nicht durch.«

Quid pro Quo. Er kommt mir ein Stück entgegen und ich ihm. »Immer mit der Ruhe, Cowboy. Ich gucke, dass ich uns ein Doppelzimmer buche. Mit zwei Einzelbetten«, füge ich grinsend hinzu und proste ihm mit meiner Tasse zu. Er zieht eine Grimasse, stößt aber mit mir an.

»Warum nennst du mich eigentlich immer Cowboy?«, fragt er ein wenig unwirsch.

Ich hebe die Schultern. »Na, weil ihr Amis für uns alle Cowboys seid. Das ist eine Verallgemeinerung, ich weiß.«

»Nicht wirklich.« Er schnaubt. »Das ist bei uns ein Schimpfwort.«

»Was, echt? Oh man, das wusste ich nicht. Tut mir leid. Schimpfwort wofür?«

»Hmm... für einen Hinterwäldler, einen ungebildeten Menschen vom Land, zu nichts taugend, außer die Kühe zu treiben. Zumindest ist das bei uns im Osten so. Ich denke, die Leute hier sehen das etwas anders.« Er nimmt einen Schluck aus seiner Tasse und schaut düster ins Feuer.

»He, ich sagte schon, es tut mir leid. Mach nicht so ein finsteres Gesicht. Ich wette, ihr habt für uns ebensolche Wörter, bei denen würden sich mir die Haare sträuben.«

»Hmm... ein paar. Aber mal im Ernst, im Vergleich zu dir bin ich ein ungebildeter Hinterwäldler. Du hast so viele Länder bereist, hast studiert, all das. Da kann ich nicht mithalten.« Das ist ihm ernst, das sehe ich ihm an.

»Sagt derjenige, der mir dort draußen das Leben gerettet hat. Stell dein Licht bloß nicht unter den Scheffel, Tom! Irgendjemand hat mal gesagt, nicht unsere Herkunft und unsere Bildung definiert, was wir sind, sondern was wir tun. Wie wir uns verhalten. Ja, mag sein, dass ich vieles weiß. Manchmal kann ich es nicht lassen, die eine oder andere Spitze auf dich abzufeuern, stimmt's? Das hat aber nichts mit dir selber zu tun, sondern eher damit, was ich von Amerikanern im Allgemeinen halte. Wie sie in der Welt auftreten. Ich habe viele amerikanische Touristen und Soldaten erlebt, die halten sich für den Nabel der Welt, sind dabei aber entsetzlich ungebildet. Für sie gibt es nur Amerika, und damit Schluss. Der Rest zählt nicht. Dabei ist unsere Welt so groß und so vielfältig. Sie besteht nicht nur aus McDonalds, Burger King, Microsoft und Hollywood. Und Schießgewehren. Versteh mich nicht falsch. Auch in anderen Ländern gibt es viele dumme Menschen. Aber sie halten sich nicht für den Nabel der Welt. Meistens jedenfalls nicht. Zusammen mit der Macht eurer Armee ist das keine gute Kombination.«

Er schüttelt den Kopf. »Hmpf! Ein Teil von mir will protestieren, aber ich denke, so ganz Unrecht hast du nicht. Aber ich selber sehe mich in erster Linie als New Yorker und dann erst als Amerikaner. New York ist anders, ganz anders als der Rest.«

»Das glaube ich gerne. Bunt, vielfältig, Leute aus aller Herren Länder. Oh, ich würde es gerne mal sehen. Aber das geht nicht.« Dieser letzte Satz holt ihn ein wenig aus seiner Düsternis. Auf seinen fragenden Blick winke ich ab und sage nichts mehr. Mag er sich seinen Teil dabei denken.

Doch er lässt nicht locker. Beim Frühstück fragt er schließlich: »Wie hast du das gemeint, es geht nicht?«

Das kommt so überraschend, dass ich mich an meinem Müsli verschlucke. Hustend klopfe ich mir aufs Brustbein, bis ich wieder Luft bekomme. Er schaut mich forschend an.

Anlügen mag ich ihn nicht. Also die Wahrheit. »Es ist wegen der Toten, Tom«, sage ich und weiche seinem Blick aus. »Wie viele wurden bis heute nicht gefunden? Es müssen Hunderte sein. Ihre Seelen sind noch dort, da bin ich sicher. Ich konnte sie spüren, selbst aus dem Flieger heraus, und das war ein ganzes Stück weit weg. Nein, ich werde mich der Stadt nicht nähern können. Das ist zu groß, zu mächtig für mich. Wenn die mich entdecken, zerreißen sie mich in Stücke. Es war schon riskant, dass ich überhaupt über New York geflogen bin, und dann dreht der Pilot auch noch ne schöne Schleife über dem Hudson River...« Ich hasse es, dass meine Stimme bricht. Hastig wende ich den Kopf ab, doch er sagt nichts. »Verdammt, es tut mir leid. Ich wollte dir nicht schwierige Erinnerungen zurückbringen«, flüstere ich.

»He, das war ja wohl ich«, brummt er, drückt mir kurz die Schulter und lässt mich dann sofort wieder los. »Besser jetzt?«

Ich schaue ihn wieder an. Die Sonne scheint in seine blaugrünen Augen, sie leuchten so intensiv, dass ich gar nicht hineinsehen mag. Hastig blicke ich zur Seite. »Das macht mir wirklich Angst. Ich werde da nicht hinkönnen, niemals.«

»Schade«, meint er leichthin, wohl auch, um es mir einfacher zu machen. »Dann wird es für dich immer Terr... Terr... ach, Mist, wie heißt das noch?«

»Terra Incognita«, erwidere ich prompt. »Sieh an, so aus der Welt bist du ja doch nicht!«

»Halt bloß den Mund«, grinst er und kippt den letzten Rest Tee herunter.

Es ist das erste Mal seit Tagen, dass er eine Wanderung wirklich bewusst miterlebt. Noch sind wir nicht ganz aus dem Valley heraus, sodass er nun noch einige schöne Felsen zu sehen bekommt. Längst sind wir in Utah unterwegs, etwas, das er auch nicht mitbekommen hat und nun staunend auf der Wanderkarte nachverfolgt.

Am späten Nachmittag lassen wir uns dann von einem Pickup mitnehmen bis hin zu einem in einem kleinen Tal gelegenen B&B, das über einzelne Hütten verfügt, ein guter Kompromiss, wie ich finde. Der Ranger, den ich zwischendrin angerufen habe und der sich mir als Josh vorstellt, hat es mir empfohlen und meinte, dort könne man uns auch bei dem nächsten Abschnitt hin zum Navajo Mountain helfen. Er selber würde aber auch vorbeikommen und sich unsere Ausbeute an Fotos ansehen und die vereinbarten Bilder mitnehmen und mit uns die weitere Route besprechen. Ich höre da heraus, dass sie uns ein wenig mehr kontrollieren wollen. Schließlich geht es um einen der wichtigsten heiligen Berge der Navajo, was ich durchaus verstehen kann. Damit habe ich kein Problem.

Da Tom immer noch Schwierigkeiten mit zu viel menschlichen Kontakten hat, fährt er mit Sally auf der Ladefläche mit, während ich mich vorne mit dem Fahrer unterhalte. So kann er sich den Wind um die Nase wehen lassen und in die Landschaft oder den Himmel schauen. Als der Fahrer uns vor dem Eingang des Tales abgesetzt hat und davontuckert, warte ich einen Moment. Es ist relativ ruhig, kein Verkehr auf der Landstraße. »Geht es?«, frage ich vorsichtig.

Er steht da und lauscht, in sich hinein oder in die Umgebung, das vermag ich nicht auszuloten. Vielleicht muss er auch nur den Fahrtwind aus seinen klingelnden Ohren bekommen. »Ja. Es ist okay.«

»Gut, dann auf geht's. Da hinten ist das B&B. Wir haben eine Hütte für uns, aber es gibt auch andere Gäste, hat man mir gesagt. Unsere Wirtin heißt Sarah.«

Wir werden aufs herzlichste begrüßt. Sarah, eine ältere, sehr mütterlich wirkende Frau, nimmt uns sofort unter ihre Fittiche. »Ich hab schon viel von dir gehört, Sanna«, lächelt sie und zieht einen Anhänger unter ihrem Kleid hervor. Der zeigt ein ähnliches Muster wie das auf meiner Hand. Nicht initiiert, aber vielleicht kurz davor.

Da weiß ich, sie ist eine Geistesschwester, und bin erleichtert. Die Blicke der anderen Frau im Museum vor ein paar Tagen kamen mir schon bedenklich vor.

»Tja, wie auch immer das gekommen ist«, sage ich, und wir lachen. Tom bleibt draußen, während sie mich mit reinnimmt und die Schlüssel aushändigt.

»Wie geht es denn mit ihm?«, fragt sie mich leise. »Kommst du klar?«

»Oh ja.« Ihre Besorgnis tut mir irgendwie gut, beunruhigt aber auch. Immer noch begegnen sie Tom mit Misstrauen. Das hat er nicht verdient. »Wir kommen langsam dahinter, was der Grund für seinen Zustand ist. Glaubt mir, er ist kein Suchender, wie ihr sie für gewöhnlich kennt. Nein, ich denke, aus dem Status könnt ihr ihn getrost entlassen. Er wird wieder gesund, davon bin ich mittlerweile vollkommen überzeugt. Deswegen, bitte begegnet ihm nicht mit Misstrauen. Eigentlich ist er ein Retter, er rettet Menschenleben, und hat einfach Schreckliches erlebt. Langsam kommt er damit zurecht und findet wieder zu sich zurück.«

»Ein Retter...« Sie wiegt den Kopf hin und her. »Solche Menschen sind von uns sehr geachtet. Er muss Schlimmes mitgemacht haben, dass es ihn so aus dem Leben getrieben hat. Bleibt zu hoffen, dass er es schafft. Und dass du nicht dabei zu Schaden kommst.«

Das ist schon geschehen, denke ich so bei mir, lasse es mir aber nicht anmerken. Sie händigt mir die Schlüssel aus und lädt uns für den Abend zum Essen ein, wenn der Ranger kommt. Sie bietet mir außerdem an, unsere Wäsche zu übernehmen, was ich gerne annehme. So habe ich genügend Zeit für die Bearbeitung der Fotos, zumindest für einen Teil. Bei der Menge, die ich in den letzten Tagen geschossen habe, werde ich bestimmt einen ganzen Tag brauchen, um die entsprechende Auswahl zu treffen. Also bleiben wir womöglich zwei Tage. Ich mache eine Bemerkung in die Richtung, doch sie lacht nur. Nebensaison, kein Problem. Wir bekommen die Hütte zu einem günstigen Preis, sodass mein Budget nicht allzu sehr belastet wird. Zufrieden ziehe ich mit den Schlüsseln von dannen.

»Komm mit, die Hütten sind da drüben«, winke ich Tom mit mir und laufe auf ein kleines Wäldchen zu. Die Hütten sind versteckt auf kleine Lichtungen verteilt, eine sehr hübsche Anlage. Man sieht von den anderen nicht wirklich etwas, ist eher für sich. Von weiter hinten sind Geräusche zu hören, plätscherndes Wasser, die Laute anderer Gäste, leise Stimmen, Türenschlagen, ein Handy, das klingelt. Ich behalte Tom genau im Auge, während ich die Tür zu unserer Unterkunft aufschließe. Er steht da und lauscht, einen kurzen Moment nur, dann strafft er sich und folgt mir in die Hütte.

»Oh, sehr schön!«, freue ich mich. Ein kleiner Wohnraum mit Kamin und Küchenzeile, ein angrenzendes Schlafzimmer mit einem Doppel- und einem Einzelbett und ein kleines, einfach eingerichtetes Bad. Kein Luxus, aber gemütlich. Tom kommt herein und lässt sich mitsamt Rucksack auf das Sofa sinken. »Pause, hmm?« Ich klopfe ihm auf die Schulter, und er drückt meine Hand. Das ist Antwort genug.

Da ich ihm die Zeit lassen will, nehme ich Kamera und Handy und laufe auf das Geräusch des plätschernden Wassers zu. Gleich darauf stehe ich vor einem wunderhübschen kleinen Wasserfall, der sich über die roten Felsen ergießt und in einen Tümpel mündet. Ein schönes Motiv. Ich werde Sarah fragen müssen, ob ich das verwenden darf. Nach einer ersten Fotorunde setze ich mich abseits auf einen Felsen in die untergehende Sonne und schalte das Handy ein. Diesmal brummt es nur einmal, als es wieder Netz hat.

<Wie geht es ihm? Wird er es schaffen? Ich halte es kaum noch aus>, schreibt Jimmy. Heute Nacht um drei. Oh je! Scheint, als wäre Rob nur teilweise erfolgreich gewesen.

<Es geht ihm besser. Er hat sich an CC erinnert, aber Jimmy, das soll er dir selber erzählen, wenn es soweit ist. Jetzt wirfst du bestimmt das Handy an die Wand vor Frust. Ich weiß mittlerweile, Geduld ist nicht deine starke Seite (rate, von wem!). Aber

die wirst du haben müssen, um seinetwillen. Vieles ist noch im-
mer durcheinander in seinem Kopf, da ist jeder zusätzliche Reiz
ein echtes Problem. Ich muss ganz langsam anfangen, ihn wieder
an ein normales Leben zu gewöhnen, darf es aber nicht übertreiben.
Das sieht für heute so aus: Wir übernachten in einer Hütte. Es
sind andere Gäste da, aber entfernt. Er kann sie hören, aber auch
die Tür schließen, wenn er will. Heute Abend wurden wir zum
Essen eingeladen. Ich weiß nicht, ob ich ihm das sagen oder lieber
alleine gehen soll. Es gibt so vieles zu bedenken, jeder einzelne
Schritt will wohl überlegt sein. Das ist so anstrengend! Draußen,
alleine in der Wüste, da ist es sehr viel leichter. Doch dort können
wir uns nicht ewig verstecken. Einstweilen, gib die Hoffnung
nicht auf. Sanna>

Auf die Antwort muss ich nicht lange warten. <*Ich wünschte, ich*
könnte dir helfen. Irgendetwas TUN> Die Verzweiflung hinter
den Worten ist deutlich zu hören.

<*Das tust du doch, indem du mir zuhörst, wenn ich es brauche,*
und mir Rat gibst, wenn ich nicht mehr weiterweiß. Ich muss jetzt
Schluss machen, hab noch ein paar Dinge vorzubereiten für heute
Abend.>

Sofort kommt: <*Sanna, warte! Wie viele Betten?>*

Oh oh, denke ich und schreibe: <*Zwei. Und ein Sofa>* Das schicke ich mit einem zwinkernden Smiley und schalte das Handy dann
aus.

Zurück in der Hütte muss ich mir das Lachen verkneifen. Er hat
es wohl gerade noch so unter die Dusche geschafft und dann aufs
Doppelbett. In ein großes Handtuch gewickelt liegt er da und
schläft. Gut so! Auf Zehenspitzen bewege ich mich durch den
Raum ins Bad.

Lange lasse ich das heiße Wasser auf mich herunterrinnen. Endlich mal wieder eine heiße Dusche ohne Zeitlimit. Meine Haut
kann's gebrauchen, ich sehe es an den Dreckspuren, die ich von mir
herunter wasche. Richtiges Shampoo kann mein Haar auch mal

wieder vertragen, und das, was sie hier anbieten, riecht wirklich gut. Die Trekkingseife, die ich sonst verwende, ist nicht unbedingt für Haare geeignet, aber das ist mir für gewöhnlich egal, Zopf sei Dank. Auch meine Nägel sind mal wieder überfällig und haben eine Generalüberholung nötig. Ganz schön verkommen bist du, Sanna.

So verbringe ich entgegen meiner üblichen Gewohnheiten locker eine halbe Stunde im Bad und beseitige die gröbsten Schäden. Als ich wieder herauskomme, schläft Tom noch immer. Ich sammle seine Sachen zusammen, dann schließe ich leise die Tür zum Wohnzimmer und ziehe mich dort um. Dann beschließe ich, ein Feuer zu machen, denn draußen wird es kühl, und mir einen Tee zu kochen. Der und die Kekse, die Sarah uns hingestellt hat, vertreiben meine Müdigkeit, und ich kann anfangen zu arbeiten.

Die Valley Bilder sind wirklich schön geworden, stelle ich nach einer raschen Durchsicht fest, aber ganz besonders das mit den Regenbogen. Das möchte ich behalten und entgegen meiner bisherigen Neigung auch niemand anderem zeigen außer Tom. Das Bild gehört uns, uns allein. Die Leute vom Stamm sollen es nicht zu sehen bekommen.

Es ist natürlich etwas ganz anderes, wenn man Bilder vom einem Touristenhighlight macht. So muss ich denn später am Abend mit Josh ein wenig um die Modalitäten feilschen, bis wir uns einig werden, denn diesen speziellen Fall deckt die Vereinbarung mit den Navajo nicht ab. Doch das haben wir sehr schnell erledigt, und er gibt mir mit einem Scan durch die Bilder grünes Licht für die Verwendung etlicher von ihnen.

Tom sitzt die ganze Zeit stumm dabei und hört uns zu. Er hat sich nach kurzem Zögern bereit erklärt, mit zum Essen zu kommen. Auch das übersteht er, einsilbig und nicht zur Konversation aufgelegt, aber unsere Gastgeber dringen auch nicht in ihn. Offenbar hat Sarah Josh zu verstehen gegeben, wie es um Tom bestellt ist.

Doch Tom's Interesse wird geweckt, als Josh eine detaillierte topografische Karte von dem Gebiet rings um den Navajo Mountain hervorholt. Er zeigt uns, wie wir uns dort bewegen können. »Wir erlauben keine Besteigung des Berges, aus gutem Grunde«, warnt er uns gleich.

»Dafür sind wir auch gar nicht ausgestattet. Wir brauchen einen Weg um ihn herum, möglichst mit schönen Felsformationen. Danach würde ich dann gerne Richtung der Felsschluchten bei Page weiterwandern.« Ich zeige auf das Gebiet westlich davon.

Josh schüttelt den Kopf. »Das wird dir so aber nicht gelingen. Es sind zwar nur knapp dreißig Meilen Luftlinie, aber die kann man nicht zu Fuß gehen. Siehst du, diese Linien, das sind alles tiefe, wasserführende Canyons, im Moment erst recht. Die kannst du ohne Boot nicht überqueren, und du würdest dort auch gar nicht herunterkommen.«

»Also müssen wir hier unten im Süden um die Zuflüsse herum und dann wieder nach Norden bis Page?«, fragt Tom da. Ich bin bass erstaunt.

Josh nickt. »Entweder das oder ihr lasst euch hier oben am Stausee von einem der Ausflugsboote mitnehmen, welche die Besucher zur Rainbow Bridge fahren. Ich würde euch aber eher die Umrundung des Berges auf dem offiziellen Trail empfehlen. Das Gelände ist schwierig und in höheren Lagen immer noch verschneit. Keine Sorge«, fügt er grinsend hinzu, als er meine nicht sehr begeisterte Miene sieht, »im Moment sind dort keine anderen Wanderer unterwegs außer von dem Bootsanleger zur Bridge selber. Wir haben derzeit keine weiteren Permits ausgestellt. Ihr seid also ganz allein. Wir setzen euch hier oben am Nordende des Trails ab und hier«, er zeigt auf einen Punkt südlich des Berges, »ist das Südende. Entweder ihr lauft von da bis in den nächsten Ort oder wir sammeln euch da ein. Ganz wie ihr wollt. Meldet euch einfach bei uns, wenn ihr wieder Netz habt. Meine Familie wohnt dort, sie wird euch beherbergen. Alles in allem – kommt darauf an, wie viel du fotografierst, Sanna – werdet ihr für die Runde ungefähr fünf bis sechs Tage benötigen. Aber die lohnen sich«, setzt er hörbar stolz nach.

»Was denkst du?«, frage ich ganz bewusst Tom. Ich finde, er sollte mitentscheiden, wenn er schon so interessiert ist.

»Klingt doch gut. Warum nicht?«, meint er und verbirgt seine Erleichterung nur unzureichend. Denn fünf bis sechs Tage allein, das ist für ihn nach dieser Geschichte genau richtig. Besser auf jeden Fall als ein Touristenausflugsboot.

»Und müssen wir uns an die offiziellen Übernachtungsplätze halten?«, frage ich nach.

»Nein, das braucht ihr nicht, solange ihr keine Spuren hinterlasst, was ihr nicht tut. Ich hab's nachkontrolliert«, gibt Josh gutmütig zu. »Wir hatten hier in den letzten Jahren einigen Ärger mit illegalen Campern. Aber ihr seid okay. Ihr könnt auch an der Rainbow Bridge übernachten, wenn ihr mögt. Das ist normalerweise nicht erlaubt. Schlagt euer Lager aber erst auf, wenn die übrigen Besucher weg sind. Dann habt ihr den Platz ganz für euch.«

Wir verbringen noch einige Stunden in angeregter Unterhaltung, aber Tom verabschiedet sich bald mit der Ausrede, mit Sally noch mal raus zu müssen. Das verstehen die beiden und nehmen es ihm nicht krumm, und ich kann mir von Sarah etliche Geschichten und Legenden über die Gegend erzählen lassen, ohne befürchten zu müssen, dass es ihm zu viel wird.

Die Träume verschonen Tom auch weiterhin. Es wird ein geruhsamer Morgen und Tag, den ich fast ausschließlich in der Hütte verbringe, denn die Sonne ist mir zum Bearbeiten der Fotos zu grell. Dafür lasse ich die Türen weit offenstehen und die milde Luft hereinwehen. Der Frühling ist im Anmarsch, das ist deutlich zu spüren. Tom steht irgendwann auf, isst etwas und geht dann mit Sally hinaus, um eine gemächliche Runde in der Anlage und der Umgebung zu drehen. Er spricht nicht viel, aber das stört mich nicht.

Am Nachmittag bin ich schon gut vorangekommen und überlege gerade, ob ich meinen verkrampften Schultern einmal eine Pause gönnen soll, da höre ich mit einem Mal Stimmen sehr viel näher an unserer Hütte als üblich. Das Lachen eines Kindes, die Stimme eines anderen Mannes und Toms Gebrumm.

»Wenn er stört, schicke ihn einfach wieder rüber zu uns«, sagt der andere Mann.

»Ach was«, meint Tom. »Ich habe selber zwei Kids, aber denen ist es mittlerweile zu *uncool*, so etwas mit ihrem alten Dad zu unternehmen.«

Sie lachen, und der andere meint: »Schönen Dank für den Tipp, dann weiß ich ja, was mich in ein paar Jahren erwartet. Und du, Timmi, bist lieb, verstanden? Tu, was Tom dir sagt, klar?«

»Iss klar, Dad«, meint der Kleine und krault Sally, die sich wieder einmal im siebten Hundehimmel befindet, wie ich feststelle, als ich an die Tür trete und zu ihnen hinausschaue.

Tom hockt sich zu dem Kleinen. »Pass mal auf, Timmi, wir spielen ein Spiel mit Sally. Sie ist ein Suchhund, musst du wissen, und sie liebt es, Dinge zu finden. Nimm den Ball hier, und zeig ihn ihr. Dann sagst du *'bleib, Sally'* und läufst da hinten hinter die Büsche und versteckst ihn. Dann kommst du zurück und sagst ihr...«, er beugt sich zu dem Jungen herab und flüstert ihm etwas ins Ohr. »Verstanden?«

»Okay. Guck, Sally, hier ist der Ball. Bleib, Sally.« Eifrig läuft der Kleine los und kommt nach kurzer Zeit wieder. »Such, Sally, such den Ball!«, ruft er, und Sally läuft schwanzwedelnd los, die Spur verfolgend.

Stundenlang, so kommt es mir vor, begleitet mich ihr Lachen bei der Arbeit. Sie spielen und toben, bis alle drei, der Hund, der Junge und Tom, gleichermaßen erledigt sind und Tom den Kleinen auf den Arm nimmt und zurück zu seinen Eltern bringt. Als ich das sehe, merke ich, wie mir eine Träne die Wange herunter rinnt. Er kann gut mit Kindern umgehen, ist liebevoll und geduldig. Er ist bestimmt ein toller Vater. Was für eine Frau ist Pam, dass sie so einen Mann dermaßen in den Abgrund treibt? Es gehören immer zwei zu einer Beziehung, Sanna, mahne ich mich. Aber weniger denn je kann ich mir vorstellen, dass er der Haupttreiber an der Katastrophe gewesen ist.

Rasch wende ich mich wieder meiner Arbeit zu, sorgfältig alle Tränenspuren verwischend. Nicht, dass er etwas merkt. Doch er kommt erst einmal nicht zurück. Vielleicht hat er sich irgendwo in die Sonne gesetzt, ruht sich aus.

Als er endlich zurückkommt, hat er unsere Wäsche dabei, frisch gewaschen und getrocknet. Sehr schön! Kurze Zeit später klingt ein ungewohntes Geräusch durch die Hütte, ein leises Surren, das ich so noch nicht kenne. Verwundert schaue ich um die Ecke, und da steht Tom im Bad und rasiert sich. Es war mir noch gar nicht so aufgefallen, aber in den letzten Tagen war ihm wieder ein ziemlich voller, rotblonder Bart mit viel Grau darin nachgewachsen. Es sieht nicht mehr ganz so merkwürdig aus wie am Anfang, das Gesicht ist jetzt vollständig gebräunt. Eigentlich hätte er ihn auch dran lassen können, denke ich so bei mir, es steht ihm.

»He, wo hast du denn den her?«, frage ich schließlich und lächle in mich hinein.

Er guckt erst verwundert und grinst dann, ohne mit dem Rasieren innezuhalten. »Von Sarah, den hat sie mir geschenkt. Die Leute vergessen ständig etwas hier, sie hat da ein ganzes Sammelsurium. Wurde auch Zeit, der fing schon wieder an zu jucken. Was ist, willst du anschließend auch mal?«, fragt er und lacht glucksend in sich hinein.

Himmel, dem geht's ja richtig gut! »Brauche ich nicht. Ich bin geblitzdingends.« Eines der wenigen Luxusdinge, die ich mir in der Körperpflege wirklich leiste. Das ewige Haare Zupfen nervt einfach und kostet so viel Zeit.

»Geblitz..was?« Jetzt hält er inne.

»Na, wie bei *Men in Black*. Bssst!« Ich mache die Handbewegung nach. »Lichtblitz. Das zerstört die Haare, zumindest für eine gewisse Zeit. Sehr praktisch.«

Kopfschüttelnd wendet er sich wieder dem Spiegel zu. »Dinge gibt's.... bei Pam gab's immer Theater. Stundenlang hat sie das Bad blockiert, und dann hat sie mir vorgehalten, warum ich nicht ein zweites eingebaut habe, wenn's mich so stört.« Düster schaut er jetzt in den Spiegel, die Bewegungen langsamer und ruckartig. Da lasse ich ihn doch lieber allein.

Macht, verstehe ich auf einmal, während ich mich wieder an den Rechner setze. Es ging um Macht, um nichts weiter. Sie musste ihr eigenes Versagen, ihre eigene Schwäche kaschieren, und das konnte sie nur erreichen, indem sie Macht über jemanden gewann. Das hat sie ihn bestimmt jeden Tag spüren lassen. Oh, Tom, wie konntest du dich nur in diese Falle manövrieren lassen?

Den restlichen Nachmittag verbringt er schweigend in der Sonne liegend. Schläft vermutlich auch, denn das Zwischenspiel mit dem Jungen muss ihn angestrengt haben, anders kann es gar nicht sein. Am Abend zieht er sich gleich zurück, in düstere Gedanken versunken. Ich lasse ihn einfach. Er muss sein Leben aufräumen, jetzt mehr denn je.

Was auch immer ihn an dem Abend beschäftigt hat, am Morgen merkt man nichts mehr davon. Nach einem herzhaften Frühstück – Bacon and Eggs und Buttertoast, lecker!, werden wir von Sarah mit besten Wünschen und einem großen Lunchpaket, das sie uns zusätzlich zu unseren Vorräten gibt, verabschiedet. Sie ist ganz aus dem Häuschen über die Fotos, die ich ihr aushändige, und fragt mich, ob ich nicht noch ein paar Monate bleiben will. Lachend winke ich ab. Josh fährt uns mit dem Jeep über staubige Pisten nach Westen, bis hin zum Beginn des Trails, und wir laufen allein wieder los, hinein in die Stille und Ruhe dieser fantastischen Bergwelt.

Von da an wird alles anders. Tom wirkt wie befreit, die düsteren Momente werden seltener, und ich merke, er beginnt die Wanderung wirklich zu genießen. Immer noch schlafen wir in einem Zelt. Noch vor dem Aufbruch hat er mich darum gebeten, und diese Bitte kann ich ihm einfach nicht abschlagen. So aber schlafen wir beide tief und alptraumfrei durch, und das ist auch nötig, denn diese

Wanderung ist anstrengend, viel anstrengender als alle Vorherigen. Wir bewegen uns nun auf einem festgelegten Track, müssen teilweise in tiefe Schluchten hinab und auf der anderen Seite hinaus. Bisher sind wir mehr oder weniger mit den Schluchten und dem Landschaftsrelief gewandert, doch das ändert sich nun, da wir ja den Berg umrunden müssen. Gut, dass wir mittlerweile recht fit sind! Doch die Landschaft, die macht alle Anstrengungen wieder wett. Der Navajo Mountain ist ein amtlicher 3000er, nicht so spektakulär wie die markanten Felsen im Valley, aber er hat seine ganz eigene Schönheit, die ich versuche, bestmöglich einzufangen. Manchmal hängen Nebelschwaden in den verschneiten Felsgraden, gerade bei Sonnenauf- und Untergang ein fantastisches Motiv.

Die vielen Schluchten rings um den Berg stehen oft unter Wasser, aber das ist nie besonders tief, wir können hindurch waten. Es gibt mir ganz eigene Fotomotive, spiegelnde Felsen in bewegungsloser Wasseroberfläche.

Josh hat mir auch den Tipp gegeben, den Bootsanleger der Rainbow Bridge zu besuchen, um die Felsen in den Fluten des Stausees zu fotografieren. Nach drei Tagen ist es dann soweit. Wir hören Menschen, entfernt auch Motorgeräusche. Der See ist befahren, noch nicht so stark wie im Sommer, aber wir können teilweise sogar den Schiffsdiesel riechen, ungewohnt für unsere Nasen. Wir verstecken uns regelrecht in den Bergen vor den Menschenmassen – eigentlich sind es nur zwei Dutzend Leute, aber das ist dennoch viel für uns, ganz besonders aber für Tom – und warten, bis das letzte Boot den Anleger verlassen hat und es still geworden ist. Erst dann wagen wir uns zur Rainbow Bridge, einem markanten Felsenbogen, hinab.

Dieser liegt leider so spät am Abend schon im Schatten, daher machen wir uns einen Plan, wie wir diesen Platz erleben wollen. Wir beschließen, etwas abseits des Bogens zu übernachten und im Morgengrauen zum Bootsanleger aufzubrechen, um dann mit der aufgehenden Sonne wieder zurückzukehren. So sind wir hoffentlich wieder verschwunden, bevor die ersten Menschen eintreffen.

Obschon die Sonne weg ist, gelingen mir ein paar schöne Bilder im Abendlicht. Dabei finden wir aber leider auch jede Menge Müll, den wir verbrennen. Können die Menschen denn nicht besser aufpassen, schimpfe ich in mich hinein. Tom meint dazu nur lakonisch, dass die Menschen die größten Dreckschweine auf unserem Planeten sind und sich nie ändern werden. Recht hat er!

Auch in der Nacht habe ich dank des kräftig scheinenden Mondes ein paar schöne Motive zum Ablichten. Die Nacht selber ist dadurch eher kurz, ich habe die Weckzeit auf weit vor Sonnenaufgang gestellt. Ohne Frühstück laufen wir zum Bootsanleger hinunter und werden dort von rotglühenden Felsen in gespiegelter Wasseroberfläche belohnt. Ein regelrechter See ist das an dieser Stelle nicht, eher ein breiter Fluss. Der eigentliche Stausee, der Lake Powell, liegt westwärts, wo die große Staumauer ist. Das Wasser staut sich aber weit bis in die Canyons im Hinterland zurück, und diese sind Dank der Schneeschmelze gut gefüllt.

Tom sitzt die ganze Zeit auf einem Felsen und genießt die Aussicht und die Stille, nur unterbrochen von meinen leisen Schritten und dem gelegentlichen Klicken der Kamera, wenn ich die Einstellungen verändere. Ich kann es gut spüren. So langsam findet er wieder zu sich selbst zurück.

Dann wird mit einem Mal die Stille von einem startenden Motor durchbrochen. Es ist ziemlich weit weg, doch für uns das Signal aufzubrechen. So schnell wir können, suchen wir das Weite und kehren zur Bridge zurück.

Wir kommen gerade an den Punkt, von dem man das Monument das erste Mal sehen kann, da bemerke ich mit einem Mal eine Bewegung zwischen den Steinen. »Tom!«, zische ich und halte ihn fest. Stocksteif stehe ich da, als sich aus den roten Felsen ein Tier herausschält – fast perfekt getarnt – und zielstrebig mit eleganten Bewegungen zur Bridge läuft. Ich halte den Atem an und hebe die Kamera. Es ist ein Puma, ein Weibchen mit Jungen, denn zwischen den Felsen sehe ich durch mein Zoom die Bewegung zweier kleinerer Schatten. Das Weibchen weiß offenbar genau, wo es etwas zu fressen findet, nur wird es diesmal leer ausgehen, wir waren gestern Abend schneller gewesen. Mir gelingen zwei wirklich schöne Bilder von der eleganten Raubkatze, immer noch in atemloser Stille, da dreht leicht der Wind und Sally fängt mit einem Mal an zu knurren. Tom zischt leise, doch es genügt, das Weibchen hat uns gehört oder gewittert und ist augenblicklich verschwunden.

Beide stoßen wir den lang angehaltenen Atem aus. »Wow!«, entfährt es mir. »Ist die gestern Nacht auch schon um uns rumgeschlichen?«

Tom macht eine leichte Bewegung, als entspanne er sich wieder. »Ich glaube schon. Sally hat ein paar Mal so merkwürdig gegrummelt. Aber heran getraut hat sie sich offenbar nicht.« Er richtet sich auf, mit einem Gegenstand in den Händen. Erst sehe ich den nur aus den Augenwinkeln, doch als er im Sonnenlicht aufblitzt, erkenne ich mit einem Mal, was das ist.

»Großer Gott, Tom, du hast eine Waffe dabei?!« Ich mache einen hastigen Schritt zurück und starre auf die nicht gerade kleine Pistole, die er nun mit geübten Bewegungen sichert und wieder in ihrem Futteral verstaut. Es ist eine unscheinbare eckige Tasche an seinem Beckengurt, nichts lässt auf deren Inhalt schließen. Da habe ich noch nie reingeschaut, habe immer gedacht, er hat irgendwelches Werkzeug dort drin. Mir wird kalt. Auf einmal ist er mir unheimlich, fast fremd. Wie beiläufig er mit diesem Ding umgeht! Und wie kalt seine Augen blitzen! Kriegsmodus, schießt es mir durch den Kopf.

»Was ist?«, fragt er nicht im Ansatz verwundert, als sei dies das Selbstverständlichste auf der Welt. »Die habe ich für Notfälle dabei. Falls ich mal auf richtig böse Buben treffe, nicht solch einen Schlaffie wie den Fettwanst an der Tankstelle.« Doch dann geht ihm auf, dass etwas nicht stimmt. »Sanna, was ist denn?«

»Du... du...« Ich schüttele den Kopf, weiche weiter zurück. Kris' Worte fallen mir ein: *Die Amis haben doch alle 'nen Sockenschuss mit ihren Waffen und ihrem Kämpfergehabe!* Er hatte die Waffe die ganze Zeit dabei, hätte sie einsetzen können. Gegen sich selber. Oder gegen mich, wenn er mich nicht mehr ertragen hätte. Dem jetzigen Tom würde ich das nicht mehr zutrauen, aber damals, in seinem Zustand... hastig wende ich mich um, renne fast davon, nur ein paar Schritte, bis ich hinter einigen Felsen außer Sicht bin. Dort gehe ich in die Knie, bekomme auf einmal keine Luft mehr.

Er ist nur wenige Schritte hinter mir. Ich habe vielleicht zwei oder drei gequälte Atemzüge gemacht, da hockt er auch schon vor mir. »Ganz ruhig! Tief einatmen. Hol tief Luft. Ja, so ist es gut! Meine Güte, was ist denn auf einmal? Was macht dir solche Angst? Das war doch nur ein Tier. Ich hätte es nicht getötet, keine Sorge. Ein paar Mal in die Luft geschossen, falls es uns zu nahekommt.« Er nimmt mich nicht in die Arme, das hätte ich nicht ertragen, und er merkt es wohl, legt mir nur die Hände auf die Schultern.

»Nein«, flüstere ich erstickt, »aber du hättest dich damit töten können. Oder mich. In deinem Zorn, damals, als ich dich traf. Warum hast du es nicht getan?« Er lässt mich los, als hätte er sich verbrannt. Aus weit aufgerissenen Augen starrt er mich an, doch ich sehe das nur schemenhaft, denn mein Blick verschwimmt. »Du warst so wütend auf mich. Du hättest es jederzeit beenden können. Warum nicht?«

Jetzt ist er es, der aufspringt und wegläuft. Auch nur ein paar Schritte, aber wie er dasteht mit stocksteifer Gestalt, da merke ich, das hat ihn getroffen. Ich kann mir nicht helfen, der Verdacht ist einfach da. Schließlich, nach einem kurzen Kampf mit geballten Fäusten, setzt er den Rucksack ab und löst das Etui vom Gurt.

Mit ein paar langen Schritten kommt er zu mir zurück. »Hier, trag du sie. Wenn es dir Angst macht, dass ich sie trage, musst du sie halt nehmen. Aber lass sie geladen, ja? Falls wir wirklich mal in Schwierigkeiten geraten.« Er wirft sie mir quasi in den Schoß, dreht sich um und geht zu seinem Rucksack zurück. Keinen Moment später ist er zwischen den Felsen verschwunden.

Dieser Tag wird einfach furchtbar. Er läuft immer weiter, wartet nicht auf mich. Der Weg ist ja markiert, er kann sich nicht wirklich verlaufen. Ihn einzuholen, das schaffe ich nicht, ich habe keine Chance gegen ihn. Er ist so schnell!

Das Etui drückt wie ein Mahnmal an meiner Hüfte. Ich mag das nicht, habe es schon bei den diversen Kamerahalterungen gehasst. Schließlich nehme ich es wieder ab und tue es nach hinten, befestige die Halterung an der Kameratasche. Da komme ich genauso schnell ran.

Bilder mache ich an diesem Tag kaum. Ich habe es gerade mal geschafft, mit zitternden Händen ein oder zwei sonnige Bilder von der Felsenbrücke zu schießen. Das Wetter passt zu der Stimmung, der Himmel zieht zu, es wird kälter und windig, und es kommt eine unangenehme Mischung aus Regen und Schnee herunter. Schließlich wird es so schlimm, dass ich beschließe, unter einem Felsüberhang Schutz zu suchen. Dort ist es einigermaßen trocken, sodass ich mein nasses Regenzeug gleich ausziehen und aufhängen kann. Mit klammen Fingern baue ich mein Zelt auf und merke, dass es nicht nur der Regen war, der meine Wangen heruntergelaufen ist, sie sind immer noch nass. Wo steckt er nur? Hoffentlich findet er irgendwo Schutz.

Schließlich liege ich zitternd im Schlafsack, doch warm will mir nicht werden. Es fehlt die Wärmequelle, dieses Gefühl, nicht allein zu sein, jemanden zu haben, der sich um einen kümmert. Da hilft es auch nicht, dass ich mir sage, dass ich schon vorher alleine klargekommen bin. Erschöpft rolle ich mich zusammen und schließe die Augen

Ich muss wohl weggedämmert sein, denn von einem Ritsch werde ich wieder wach. Tom hockt im Dämmerlicht vor mir, doch wie sieht er nur aus?! Klatschnass ist er, er hat nicht einmal eine Regenhose an, die Jacke ist offen. Seine Lippen sind ganz blau vor Kälte. Ich bin sofort auf den Beinen, helfe ihm aus den nassen Sachen, verfrachte ihn in meinen angewärmten Schlafsack und rubbele ihn tüchtig warm. »Es tut mir leid, es tut mir leid, es tut mir leid«, flüstere ich die ganze Zeit. Hoffentlich wird er jetzt nicht wieder krank! Er schläft binnen kürzester Zeit ein und rührt sich lange nicht mehr.

Ich ziehe mich wärmer an, denn es ist jetzt wirklich kalt, und baue sein Zelt und sein Lager auf. Irgendwo zwischen den Felsen finde ich Feuerholz und mache ein tüchtiges Feuer. Wie sich die Rollen umkehren können! Jetzt bin ich es, die seine Sachen reinigt, die Stiefel trocknet und schaut, dass er es auch richtig warm hat. Mit einem Mal merke ich, wie hungrig ich bin, wir hatten ja kein Frühstück, und die paar Müsliriegel über Tag bringen es nicht wirklich. Also wieder Medizin, beschließe ich, und koche uns einen großen Topf YumYums. Dann wecke ich ihn.

Schweigend sitzen wir uns gegenüber und essen langsam die heiße Brühe, einander verstohlene Blicke zuwerfend. Schließlich hält er es nicht mehr aus. »Du hast jetzt hoffentlich keine Angst vor mir?«, fragt er rundheraus.

Ich höre auf zu kauen. »Nein«, sage ich und schlucke herunter. »Doch wenn ich damals gewusst hätte, dass du dieses Ding bei dir hast, dann wäre ich davongelaufen. Oder ich hätte es in den nächsten Canyon geworfen. Du warst nicht zurechnungsfähig.«

Da fährt er auf, zornig. Er stellt die Schale ab, so heftig, dass die Brühe nach allen Seiten schwappt. »Lass dir eines gesagt sein, nie, niemals, würde ich eine Waffe gegen einen Menschen richten, außer in Notwehr oder gegen mich selbst. Oh ja, ich war kurz davor, so kurz!« Er hält die Finger mit einem kleinen Abstand in die Luft. »Ich hatte die Waffe schon im Mund stecken...«

»Tom!«, entfährt es mir gequält, doch er hört nicht auf.

»Aber ich konnte es nicht tun. Als ich in dem Canyon am Abgrund stand und mich festgehalten habe, da dachte ich, lass das Schicksal entscheiden oder Gott, ob du abstürzt oder nicht. Doch stattdessen kamst du, Sanna, und hast mich herumgerissen. Ich dachte erst, du bist ein Geist, eine Erscheinung. Erst am Abend, als ich aus dem Zelt kam, habe ich begriffen, du bist wirklich da. Und ich merkte, dass ich immer noch lebte. Zu der Zeit wollte ich es schon lange nicht mehr.« Er reibt sich stöhnend über das Gesicht.

»Feigling, Schlappschwanz und noch viele andere unschöne Bezeichnungen, so hat Pam mich in unseren letzten Tagen genannt, und ich war versucht, ehrlich versucht, ihr das Gegenteil mit der Waffe zu beweisen. Das Ding lag in meiner Schublade und hat mir ein Loch ins Gewissen gebrannt. Ich merkte, wenn ich mir das noch länger anhöre, dann raste ich aus und dann war's das. Deshalb bin ich gegangen. Weil ich sie nicht verletzen, gar töten konnte. So, nun weißt du es! Bist du jetzt zufrieden?« Er wendet den Kopf ab, schaut düster in die Dunkelheit.

Doch ich will das nicht so stehen lassen. »Fast sollte man meinen, sie hat es darauf angelegt«, sage ich leise und wie zu mir selber. Diese Worte überraschen ihn. Er wendet den Kopf wieder zu mir, schaut mich an. Immer noch zornig, aber auch etwas anderes liegt in dem Blick, das kann ich nicht ganz deuten.

»Wie meinst du das?« Er hat die Stirn gerunzelt.

Ich mache eine unbestimmte Handbewegung. »In letzter Zeit habe ich viel über euch nachgedacht. Mir kommt es so vor, als hätte sie nur nach einem triftigen Grund gesucht, aus eurer Beziehung herauszukommen, ohne dabei das Gesicht zu verlieren. Sicherlich, der Tod der Kleinen war ein Schlag für sie, denn das war ihr Wunschkind, nicht wie die beiden anderen, die ihr nur eingepflanzt worden sind. Aber sie hat gemerkt, dass du dabei warst, aus ihrem schönen Plan, wie euer Leben auszusehen hat, auszubrechen. Hattest du nicht vor, deinen Abschied einzureichen? Du hast da mal so etwas angedeutet«, füge ich hinzu und beiße mir auf die Zunge. Mist! Jetzt habe ich mich verplappert. Denn das weiß ich von Jimmy, er hat es mir gesagt.

Meine List funktioniert offenbar, er merkt es nicht. »Das hatte ich nicht nur vor, ich habe es getan, hab den Brief am Busbahnhof eingeworfen. Allerdings hatte ich schon vorher mit meinen Vorgesetzten darüber gesprochen. Aber meine Dienstwaffen, die Pistole, das Messer, die habe ich behalten. Alle Soldaten, egal ob in einer kämpfenden Einheit oder nicht, erhalten eine Grundausbildung im

Umgang mit Waffen, Sanna, das gehört einfach dazu. Wo ist sie überhaupt? Hast du sie etwa in den nächsten Canyon geworfen?«

»Nein, nein, sie ist in der Kameratasche«, beruhige ich ihn. »Also, deine Frau hätte bei einer Scheidung, und darauf läuft es zwangläufig hinaus, das Gesicht verloren, vor allem gegenüber ihrer Familie, denn die war von Anfang an gegen eure Beziehung, nicht wahr? Da wäre sie nur rausgekommen, wenn sie dich als Bösewicht der ganzen Geschichte hätte hinstellen können. Wenn sie das Opfer gewesen wäre.«

Er hat das Gesicht in seinen Händen vergraben. »Was sie vermutlich auch getan hat. Oh Gott, was hat sie ihnen nur erzählt? Wie kann ich ihnen jemals wieder unter die Augen treten?«

Dieses Thema beschäftigt ihn den ganzen Abend und die ganze Nacht, und auch am Morgen sitzt er da in trübe Gedanken versunken. Das Wetter ist jetzt klar und schön, und in der warmen Morgensonne trocknen auch die letzten Kleidungsstücke wieder. Gestärkt durch ein reichliches Frühstück machen wir uns auf den Weg, durch eine wunderschöne Landschaft, doch er genießt es nicht, brütet vor sich hin. Das geht den ganzen Tag so weiter und den Abend auch, er steigert sich immer mehr dort hinein.

Am nächsten Morgen, kurz nach dem Aufbruch, da sind wir schon fast am Ende des Tracks angekommen, reißt mir dann der Geduldsfaden, ich kann einfach nicht mehr mit ansehen, wie er sich quält.

»Schluss jetzt!«, rufe ich aus, so plötzlich, dass er förmlich zusammenfährt. Ich baue mich vor ihm auf und hindere ihn damit am Weitergehen. »Hör auf, dir Vorwürfe zu machen! Du hast dich und deine Kinder geschützt, so sehe ich das. Lass Pam doch erzählen, was sie will! Wenn es hart auf hart kommt und die Wahrheit ans Licht, dann wird sie den Kürzeren ziehen. Siehst du das denn nicht?!«, fauche ich beinahe den letzten Satz heraus.

»Nein.« Er schüttelt heftig den Kopf, will an mir vorbei, aber ich versperre ihm weiterhin den Weg.

»Du wirst dich dem stellen müssen, Tom. Du kannst nicht immer davonlaufen!«

»Hör auf!«, knurrt er und packt mich bei beiden Armen, aber ich tue es nicht, treibe ihn immer weiter aus seiner Deckung.

»Was würdest du tun, wenn sie jetzt, in diesem Moment, da hinten um die Ecke biegen würden? Deine Kinder, dein Vater? Dein bester Freund Jimmy? Was würdest du tun? Wieder davonlaufen? Dich verstecken?« Ich schaue ihn fest an. »Stell es dir vor. Sie stehen dort hinten. Sie sehnen sich nach dir, ganz sicher tun sie das. Was würdest du tun?«

Etwas zerbricht in seiner Miene. Sie verzerrt sich, zersplittert fast in tausend Einzelteile. Er kämpft und kämpft gegen die Wahrheit, und dann verliert er, bricht auf die Knie, es ist wie ein Aufschrei. Ich halte ihn ganz fest an mich gedrückt, auch damit er meine Miene nicht sehen kann, denn ich stehe da, das Gesicht in die Sonne gestreckt, und muss vor lauter Erleichterung die Tränen unterdrücken, und gleichzeitig stiehlt sich ein Lächeln hinein. Siehst du, so einfach ist das, denke ich und halte ihn fest, bis er sich wieder beruhigt hat und ich meine Gesichtszüge unter Kontrolle.

Er sagt nichts mehr, nicht als wir uns am Nachmittag von einem Jeep einsammeln lassen, nicht als wir auf einer Farm unser Quartier aufschlagen. Er lässt mich mit den Bewohnern reden, zieht sich ganz zurück. Ich warte. Bearbeite Bilder, treffe meine Auswahlen. Mit Josh plane ich den nächsten Abschnitt Richtung Page. Diesmal will er uns einen Führer mitgeben, damit wir uns nicht verlaufen und den Touristenströmen entgehen. Also will er uns weiter kontrollieren. Mir soll's recht sein, solange der uns nicht allzu sehr belästigt.

Dann schicke ich eine kurze Nachricht an Rob und Jimmy, dass es uns gut geht und sie keine Fragen stellen sollen. Nachts liegen wir dann schlaflos nebeneinander in einem Stallgebäude, einem Arbeiterquartier wie schon zu Anfang. Jeder eine Pritsche für sich, aber wir können einander erreichen, wenn es nötig ist.

»Ich muss mit ihnen reden«, kommt es plötzlich zu mir herüber geflüstert. Vor Erleichterung balle ich kurz die Fäuste, um ja keinen Laut von mir zu geben. »Ich habe keine Ahnung, wie ich das anstellen soll. Wie soll ich das machen? Ich weiß es nicht!« Er klingt völlig verzweifelt.

»Willst du es denn?«, stelle ich leise die alles entscheidende Frage. »Es geht nicht ums Müssen, es geht ums Wollen. Willst du sie wiedersehen?«

Einen langen Augenblick schweigt er. Dann: »Ja. Oh ja, mehr als alles auf der Welt. Aber es geht nicht. Wie soll ich das machen?«

»Schscht, nicht.« Ich lange hinüber und taste nach seiner Hand, die meine sofort packt und verzweifelt drückt. »Lass dir Zeit. Gewöhne dich an den Gedanken, langsam und stetig. Und dann, wenn du dich bereit fühlst, findest du einen Weg. Du wirst sehen. Überstürze nur nichts«, flüstere ich und liege mit einem breiten Lächeln im Gesicht da, denn jetzt weiß ich, was ich zu tun habe.

Kapitel 10

Am Morgen weckt mich ein nur allzu bekanntes Geräusch. Nanu? Auch Tom hebt den Kopf. Mit einer Vollbremsung, gefolgt von einer Staubwolke, kommt der Landi vor der Scheune zum Stehen, und Chip steigt aus. Ich reiße die Tür auf. Sally rast heraus, springt ihn begeistert an, was er mit einem lauten Lachen und viel Kraulen erwidert.

»Was machst du denn hier?«, rufe ich ihm zur Begrüßung entgegen.

Er grinst breit, klopft Sally noch einmal, und dann kommt er zu mir und umarmt mich, obschon ich nur in der Nachtwäsche dastehe und mir verschlafen die Augen reibe. »Ich dachte, ich spiele mal den Führer für euch. Die Slots kenne ich wie meine Westentasche, da sind wir schon als Kinder immer drin gewesen. Tom, wie geht's?« Sie begrüßen sich mit Handschlag.

»Was, du spielst unseren Führer?«, fragt Tom mit rauer Stimme. Er ist blass, das sehe ich, hat vermutlich nicht gut geschlafen.

»Jaa, es sei denn, ihr wollt jemand anderen...« Chip grinst.

»Nein!«, rufe ich und stoße ihn an, und Tom lacht leise.

»Solange ich den Jeep nicht wieder ausgraben muss... soll's mir recht sein.«

»Na dann... habt ihr schon gefrühstückt... ach nee, ich sehe schon. Na, dann besorge ich uns mal was. Ich hab' Hunger«, ruft er über die Schulter und stiefelt von dannen.

Hinter mir stößt Tom erleichtert die Luft aus. »Ist das okay für dich?«, frage ich über die Schulter, während ich Chips Weg über den Hof verfolge.

»Aber ja. Besser er als jemand anderes, obwohl... er ist eine echte Nervensäge«, brummt Tom leise in sich hinein.

»Immer mit der Ruhe. Wenn's dir zu viel wird, schicken wir ihn weg, das versteht er schon. Los, kommt, satteln wir die Pferde. Ich bin echt gespannt auf die Landschaft dort oben.«

Da er ja noch nicht wirklich mitbekommen hat, wo wir hingehen, zeige ich ihm Bilder aus dem Netz, vom Antelope Canyon, einem schmalen, tiefen Slot Canyon, wo das Licht der Sonne durch schmale Einschnitte ein fantastisches Lichtspiel in die geschwungenen Felsschichten zaubert. »Der ist ein echter Touristenmagnet. Mit Eintritt, vordefinierten Wegen, Zeitslots, wo du hindurch darfst, Führungen und so weiter. Den werden wir meiden. Sie zeigen uns die anderen, nicht für die Öffentlichkeit zugänglichen oder so stark reglementierten Schluchten.«

Tom guckt nur staunend auf die Bilder. »Wow. Das ist... Wahnsinn. Und so etwas sehen wir in den nächsten Tagen?« Ein ganz klein wenig fällt die Erschöpfung von ihm ab.

»Oh ja. Ich freue mich riesig darüber. Warte, ich schaue mal, wo Chip bleibt. Fängst du schon mal an zu packen? Dann können wir gleich nach dem Frühstück los.«

So langsam ist in mir ein Schlachtplan gereift, und den brauche ich auch, soll das gelingen, was ich vorhabe. Chip hat sich in der

Küche mit seinen Verwandten festgequatscht. Bevor ich ihn herauswinke, surfe ich rasch auf dem Handy nach Unterkünften in der nächsten Stadt. Ich lese nur Hilton, Holiday Inn, Marriott.. nein, das wird nicht gehen. Zu groß, zu trubelig

Chip kommt zu mir heraus. »Ich muss mal mit dir reden«, sage ich leise und führe ihn vor das Haus, wo Tom uns nicht sehen kann. Ich frage ihn, wie lange wir ungefähr in den Canyons sein werden.

Da lacht er. »Kommt auf dich an, Sanna. Wir können dort in ein oder zwei Tagen hindurch marschieren, aber wie ich dich kenne, willst du jede Menge Bilder machen. Also fünf Tage oder sechs?«

Ich überlege. »Fünf klingt doch gut, das reicht dann auch mit den Vorräten. Hör zu, ich brauche ein Quartier in Page, am besten etwas abseits, wo nicht so viel Trubel herrscht. Keins von diesen großen Hotels. Es ist für Toms Familie...« Leise erläutere ich ihm die Situation. »Kannst du den Mund halten, Chip? Er soll nichts davon wissen, das ist noch nicht gut für ihn. Er macht sich so schon genug Gedanken. Also, kennt ihr da jemanden?«

Chip überlegt nicht lange, sondern zückt das Handy. »Wir rufen Ma an. Die weiß bestimmt jemanden.«

Nicht lange, und ich habe Kontakt zu einer Familie, die betreut eine brandneue Unterkunft einige Meilen unterhalb des Staudamms. Im traditionellen Stil, wie man mir versichert. Die Unterkunft ist noch so neu, dass sie nicht wirklich bekannt ist. Entsprechend dünn ist sie gebucht, jetzt in der Nebensaison allemal. Eine Zeit lang telefoniere ich mit Sylvie, der Verwalterin. Es stellt sich heraus, die beiden Jungen, die wir aus dem Canyon geborgen haben, waren mit ihr verwandt. Von daher hilft sie mir gerne mit meinem Anliegen. Kurze Zeit später habe ich in der Unterkunft vier Zimmer für Rob, die Kinder, Tom und mich gebucht und eine Vierer Hütte für die Jungs, so sie denn kommen können. Das sage ich Sylvie dann auch, doch sie lacht nur. Nebensaison halt. Ich soll mir keinen Kopf machen.

»Alles klar, das wäre geregelt«, sage ich zu Chip. Dann hole ich tief Luft. »Dann werde ich mal seine Familie anrufen. Oh, Himmel, ich bin nervös«, gestehe ich mit einem leichten Flattern im Magen. »Kannst du Tom solange beschäftigen? Das wird wohl etwas dauern.«

»Klar doch«, sagt er, das Gesicht ernst auf einmal. Ihm ist wohl erst jetzt aufgegangen, wie ernst es wirklich ist.

»Und Chip, bitte halte wirklich den Mund. Mach es nicht kaputt, verstanden? Er hat immer noch zu kämpfen. Lass uns in den Canyons auch ein wenig Luft, ja?«

Er nickt. »Ma hat mir schon einen Tritt verpasst, weil ich Tom in die Stadt mitgenommen habe. Aber hier sagen sie, er ist kein Suchender, sondern ein Hüter. Stimmt das? Ist er das wirklich?«

Ich lächele. »Oh ja, das ist er. Das habe ich mittlerweile herausgefunden. Also, lass mich bitte telefonieren, ja? Sag Tom einfach, ich habe einen Anruf aus Deutschland bekommen. Dann weiß er, das kann dauern.«

Ich warte, bis er gegangen ist und ich wirklich allein bin. Zur Sicherheit verlasse ich die Farm und gehe ein Stück die Zufahrt hinauf, die Gebäude genau im Auge behaltend. Ich wähle Robs Nummer. Er meldet sich sofort.

»Ich bin's, Rob. Kannst du gerade sprechen?«

»Sanna! Ist etwas passiert? Ist etwas mit Tom? Du hast dich so lange nicht gemeldet, da habe ich…«

Ich unterbreche ihn einfach. »Rob, Rob, warte, warte! Beruhige dich! Hol erst einmal tief Luft und setz dich hin, ja? Ich werde dir gleich…«

Das Handy kracht, als wäre es heruntergefallen, und dann ist mit einem Mal Jimmy dran. »Sanna! Was ist? Rede mit uns, nun mach schon!«, ruft er.

»Schscht, nicht so laut, man kann dich ja über den ganzen Hof hören!«, zische ich. »Ihr beruhigt euch jetzt, alle beide, oder ich lege sofort auf und schreibe per WhatsApp. Hast du verstanden? Leg das Handy auf den Tisch, mach den Lautsprecher an, und dann hört ihr mir zu.« Ich warte, bis er es tut. »Ist noch wer bei euch?«

»Ja, Danny, er hat gerade frei«, kommt Jimmys Stimme jetzt von weiter weg.

»Hallo Danny«, sage ich und höre aus dem Raum einen Gruß. »Also gut. Er will euch sehen, das hat er mir gestern Abend gesagt, und...« Weiter komme ich nicht. Ich höre einen lauten Freudenschrei und erleichtere Rufe, es hört gar nicht mehr auf.

Schließlich kracht es im Handy wieder, und eine fremde Stimme ist dran. »Ich übernehme mal, die kriegen sich ja gar nicht mehr ein. Hallo Sanna, schön dich zu hören«, sagt Danny.

»Ebenso, Danny. Scheint, als wärest du der Vernünftige in eurem Gespann.«

Er lacht. Es ist ein schönes Lachen, warm und voller Freude. »Darauf kannst du 'ne Wette abschließen. Also, wie hast du es dir gedacht?«

Ich muss lächeln. Wirklich der Vernünftige. »Hast du was zu schreiben? Dann gebe ich dir gleich eine Adresse durch. Wir sind in fünf Tagen in Page, das liegt in der Nähe vom Lake Powell in Utah.«

»In.. in Utah?! Ich dachte, ihr wäret in Arizona unterwegs«, ruft er erstaunt aus. Hinter ihm wird es still, und ich höre, wie er leise zischt, als würde er jemanden abwehren. Bestimmt haut er gerade Jimmy auf die Finger, weil der sich wieder das Handy greifen will.

»Page liegt noch gerade so eben in Arizona. Wir bewegen uns im Grenzgebiet. Also gut, hör zu. Es gibt da eine Unterkunft...« Ich gebe ihm die Adressdaten durch. »Danny, ich habe aber eine Bitte an euch, und die meine ich Ernst. Kommt nicht alle auf einmal her und überfallt ihn. Das wäre zu viel für ihn. Schickt erst Rob und die Kinder vor und lasst ihm etwas Zeit, sich daran zu gewöhnen, und kommt dann hinterher, auch wenn es Jimmy noch so schwerfällt. Das wird sonst zu viel auf einmal. Verstehst du das?«

»Ich denke, ich verstehe, aber...«

»Ich werde mein Möglichstes tun, ihn an den Gedanken zu gewöhnen, darf es aber nicht überstürzen, sonst ahnt er etwas und bekommt Panik. Also haltet euch zurück. Ganz besonders Jimmy.«

»*Das* werde ich ihm eintrichtern, bis es hinter seinen Segelohren hervorquillt, darauf kannst du dich verlassen. Danke, Sanna. Aus vollem Herzen, von uns allen. Du weißt gar nicht, was du da für uns getan hast.«

Die Wärme in seiner Stimme bringt mich ein wenig aus der Fassung. »Dankt mir erst, wenn es wirklich gelungen ist. Es kann immer noch schief gehen. Ich muss jetzt Schluss machen. Grüße an die anderen und besonders die Kids. Wir sehen uns dann. Bye.« Ich lege auf. Puh! Noch ein paar solche Telefonate, und ich kann mich an Ort und Stelle hinlegen. Nein, da gehe ich doch lieber frühstücken, doch mein Handy brummt sofort los, und ich erhalte zwei Nachrichten, eine von Rob, eine von Jimmy.

<*Daankke, Liebes*>, lautet die von Rob, und Jimmy schreibt keinen Augenblick später:

<*Der alte Mann sitzt neben mir und heult und bekommt kaum die Buchstaben getippt. Genauso wenig wie ich. Ich umarme dich, Sanna, und werde es wirklich tun, wenn wir uns endlich sehen. Kann's kaum erwarten.*>

Da schalte ich doch lieber ab. Jimmys Botschaften werden von Mal zu Mal intensiver. Hoffentlich steigert er sich nicht in irgendetwas rein, das ich gar nicht will. Auf einmal habe ich ein ungutes Gefühl. Das kann in der Sache mit Tom nur schaden.

Die Jungs lassen es sich bereits schmecken, als ich in die Unterkunft zurückkomme. »Problem?«, fragt Tom sofort, als er meine Miene sieht. Ach herrje, kein Pokerface. Das schaffe ich einfach nicht, nicht jetzt.

Ich winke ab. »Kris hatte ein Problem, aber ich konnte ihr helfen. Eine Sache, die wir im letzten Sommer mit den Dachdeckern gemacht haben, wo sie jetzt nochmal ranmussten. Diese Idioten! Hätten sie mal lieber auf mich gehört.« Dankbar über die Ablenkung, nehme ich mir etwas zu essen und fahre auf ihre fragenden Blicke hin das Ultrabook hoch und zeige ihnen ein paar Bilder von der Baustelle auf Haulensteen. So richtig schöne Ruinenbilder, sodass sie etwas zu gucken haben, da kann ich meine Fassung in aller Ruhe wiedergewinnen.

»Himmel, was für eine Bruchbude«, meint Tom kopfschüttelnd bei einem Bild von dem zusammengebrochenen Dachstuhl.

»Jaah, warum habt ihr das nicht abgerissen?«, mampft Chip.

Ich verpasse ihm einen spielerischen Nackenschlag. »Man reißt ein fast 800 Jahre altes Gebäude nicht einfach so ab, Junge«, erwidere ich würdevoll. »Man restauriert es.«

Er verschluckt sich. »Wie alt???«

»Du hast richtig gehört. Die Fundamente gehen auf das Jahr 1250 zurück. Der Dachstuhl aber und die Böden stammen aus dem 17. Jahrhundert. Wir haben die Jahreszahlen auf den Balken gefunden. So etwas reißt man doch nicht ab! Würdet ihr bei euren Anasazi Ruinen auch nicht machen, oder? Es wird großartig werden, wenn es einmal fertig ist. Ist es jetzt schon«, sage ich und schalte das Book ab. Nun habe ich mich wieder im Griff, und Tom, der scheint es geschluckt zu haben.

Keine halbe Stunde später sind wir mit Chip unterwegs. Er wird den Landi einfach irgendwo in den Felsen stehen lassen und später wieder einsammeln, sagt er uns. Es ist zehn Uhr morgens, die Sonne steigt langsam höher. Wir brauchen Sonnenlicht in den Canyons, an bedeckten Tagen wirken sie überhaupt nicht, das weiß ich, und die Wettervorhersage spielt mit, wir haben sonnige Tage vor uns ohne Regen.

Zunächst sind die Slots noch so flach, dass wir in ihnen stehen können und unsere Köpfe herausschauen, doch das ändert sich schnell. Staunend wie kleine Kinder wandern wir durch diese Welt der Farben und Formen, geschwungene Wellen aus Weiß und Gelb, mit jeder Minute anders aussehend. Am liebsten wäre ich stundenlang am selben Platz geblieben, aber dann wären wir in Wochen noch nicht hier heraus.

Oft müssen wir auch klettern, es ist manchmal sehr eng und anstrengend, doch das stört uns nicht. Die tieferen Canyons führen

Wasser, teilweise liegen noch Schneereste in ihnen. Wir steigen auf Zip-Hosen um, damit wir uns nicht ständig wieder aus- und anziehen müssen. Das spiegelnde Wasser sorgt für eine ganz eigene Atmosphäre in dieser unterirdischen Welt, zusammen mit dem Schnee hat es etwas Unwirkliches. Ich schieße dutzende Serien für Kris bereits am ersten Tag und merke, wenn das so weiter geht, werde ich sämtliche Speicherkarten nicht nur einmal leeren müssen.

Was den Reiz dieser Tage noch erhöht, ist, dass wir auf Vollmond zusteuern und nachts die Canyons gut beleuchtet sind. Chip erlaubt uns nicht, dort unten zu schlafen – zu gefährlich, weil es immer mal wieder Fluten geben kann. Aber Fotos machen, das geht.

Am Abend lässt er uns dann allein, um mit seinen Freunden zu chatten oder sich irgendein Zeug anzustecken, dessen Rauch wir bis zu uns rüber riechen können. So haben Tom und ich Zeit für uns, während ich im Canyon eine nächtliche Fotoserie vorbereite. Durch den Vollmond werden die Sterne kaum zu sehen sein, was schade ist, aber das gibt dem Canyon selber genug Licht. Ich hoffe auf ein weiteres Geisterbild, wie ich sie bereits im Stillen getauft habe. Den beiden Jungs habe ich für dieses Experiment absolutes Feuer- und Taschenlampenverbot auferlegt, bei Todesstrafe.

Tom sitzt bei mir, und wir unterhalten uns leise. Ich brauche ja nicht viel mehr zu tun, als die Ersteinstellung vorzunehmen und von da an den Zeitauslöser und die Batterieanzeige im Auge zu behalten. Theoretisch könnte ich die Kamera einfach unten stehen lassen und den einen Timer stellen, aber allein lassen will sie nicht – die Springflut mir noch in allzu frischer Erinnerung. Schließlich einigen wir uns darauf, oben auf den Felsen ein freies Lager aufzuschlagen, nur mit Isomatten und Schlafsäcken. Die Zelte lassen wir eingepackt.

»Und wie baust du die Bilder dann am Rechner zusammen?«, fragt Tom leise, als wir es uns in unseren Schlafsäcken gemütlich gemacht haben. Zwischen uns haben wir die Reste des Lunchpaketes von heute Morgen ausgebreitet und essen.

»Ganz einfach, ich lege sie übereinander«, erkläre ich ihm. »Die wandernden Schatten ergeben dann eine Art Schleier, der sich wie eine Decke in das Bild legt. Wenn es funktioniert, sieht das irre aus, aber es kann auch schief gehen, wenn die Kamera nicht ganz ruhig steht, dann verwackelt der Rest. Ich kann dir leider das Foto von Faiths heiligem Berg nicht mehr zeigen, das haben sie behalten. Da hat es funktioniert.«

»Das, von dem Teddy so begeistert war?«

»Genau das. Die wandernden Schatten haben Kreise um die Felsen gebildet. Es sah aus, als würden sie tanzen. Das ist richtige Kunst, Tom. Wenn wir wieder Strom haben, kann ich es dir mit diesen Bildern zeigen. Leider frisst die Berechnung so viel Batterieleistung, dass ich das hier draußen nicht machen kann.«

»Wandernde Schatten...«, sagt er leise und legt sich auf den Rücken. »So komme ich mir manchmal vor. Ein wandernder Schatten. Noch nicht wirklich... da. Ich schwebe irgendwie zwischen meinem alten Leben und... nichts. Hier. Irgendwas.«

Das klingt so traurig, dass ich schlucken muss. Denn ich weiß, unsere gemeinsame Zeit wird in Kürze vorbei sein. Dann wird er nicht mehr schweben, sondern mit der Realität konfrontiert werden und womöglich hart aufschlagen.

»Es wird besser werden. Anders.« Ich schweige, überlege, was ich noch sagen soll. »Weißt du, ich habe viel darüber nachgedacht.«

Er hebt den Kopf und dreht sich wieder auf die Seite. Da der Mond hinter ihm steht, sehe ich nur den Schatten seines Gesichts. »Worüber diesmal denn?«

»Über dich natürlich.« Ich stupse ihn an, und er greift meine Hand und drückt sie. Eine helle Reihe Zähne erscheint in der dunklen Fläche seines Gesichts. »Ach ja? Und? Irgendwelche bahnbrechenden Erkenntnisse? Spuck's aus. Welche ungewöhnlichen Gedanken wollen jetzt wieder aus deinem Kopf?«

»Hmm... ich frage mich, warum sie dich so angreifen konnte.« Die Zähne verschwinden wie fortgewischt, er lässt auch meine Hand los. Fast tut es mir leid, seine so gelöste Stimmung zu zerstören, aber nun gibt es kein Zurück mehr.

Beinahe hastig spreche ich weiter: »Das will mir einfach nicht in den Verstand. Sicherlich, der Tod der Kleinen war schlimm, für euch beide, keine Frage. Aber jeder andere hätte ihr irgendwann die Tür vor der Nase zu geknallt und gesagt, *fuck you*, Pam, sieh zu, dass du Land gewinnst oder zum Psychodoktor gehst. Was ich damit sagen will... oh man, das kann ich schwer ausdrücken.« Ich lege mich auf den Rücken, überlege.

»Sieh mal, es ist ein wenig wie mit unserem alten Haus. Du kannst es noch so schön wiederherrichten, es restaurieren, all das, aber wenn das Fundament nicht stimmt, dann bringen es die leisesten Erschütterungen zum Einsturz. Dein Fundament, das war nicht in Ordnung. Sie muss das gespürt haben. Hast du nicht erzählt, dass ihr euch bei der Physiotherapie sehr nahegekommen seid?« Er sagt nichts dazu, schweigt. Ich vermag nicht auszuloten, was er denkt.

Also mache ich weiter, jetzt ist es eh egal. »Sie kommt mir ein wenig vor wie ein Raubtier. An die großen Tiere kam sie nicht heran, sie konnte mit ihnen nicht umgehen. Ganz gezielt hat sie sich daher ein geschwächtes Tier aus der Herde ausgesucht, um es zu reißen. Oder in deinem Fall, zu beherrschen, nach ihrer Fasson zu biegen. Nur bist du ausgeschert, dank der Jungs, dank deiner Familie. Das hat sie gestört. Sie hat permanent an deiner Fassade gerüttelt, und irgendwann hat sie es geschafft, den schwachen Punkt zu finden, bei deinen Freunden. Als das Fundament dann nicht mehr da war, ist dein Haus eingestürzt. Ich glaube, wenn du es schaffst, das Fundament wieder in Ordnung zu bringen, dann kannst du auch das Haus wiedererrichten. Ein neues, meine ich. Nicht dieses Konstrukt, das keines war. Tut mir leid, besser kann ich das nicht ausdrücken.«

Ich liege neben ihm und warte, dass er etwas sagt, doch lange Zeit kommt nichts. Habe ich ihn jetzt verärgert? Verstört? Ist er wütend? Ich spüre nichts.

Fast glaube ich, er ist eingeschlafen, da richtet er sich mit einem Mal auf und beugt sich zu mir hinüber. Seine Hand streicht über meine Wange, umfasst dann sanft mein Kinn. »Da sind wirklich eine Menge ungewöhnlicher Gedanken in deinem Kopf«, sagt er leise und kommt näher. Ich liege wie erstarrt. Er kommt noch näher, sein Atem streicht über mein Gesicht.

»Hey, Leute, wollt ihr nicht mal langsam eure Zelte aufbauen?«, ruft Chip im selben Moment herüber. »Es wird kalt!«

Wir fahren auseinander. »Nein, ich bleibe hier, ich muss die Kamera im Auge behalten«, antworte ich und drücke Toms Hand mit einem leichten Kopfschütteln fort. »Nicht. Bitte...«, flüstere ich fast unhörbar, und er zieht sich sofort zurück. Keinen Moment später ist er aus seinem Schlafsack heraus und in das eigentliche Lager umgezogen, und ich bleibe mit Tränen in den Augen zurück. Das ist gewiss besser so. In ein paar Tagen fährt er nach Hause, hoffentlich. Alles andere kann da nur stören. Und viel kaputt machen.

Mit nichts lässt er sich in den nächsten beiden Tagen anmerken, dass etwas passiert ist. Chip und mich behandelt er mit der gleichen gutmütigen Freundlichkeit wie auch schon zuvor. Vielleicht ein wenig einsilbig, aber das kennt Chip nicht anders. Er streift jetzt auch allein durch die Canyons, denkt offenbar nach. So habe ich meine Ruhe und kann die Landschaft wirklich genießen und mit allen Sinnen aufnehmen. Nur, so ganz will mir das nicht gelingen. Denn es fehlt die Freude, das mit jemandem zu teilen. Verdammt, ich vermisse es! Wie sehr, das geht mir erst jetzt auf.

Begegnen wir uns bei den Streifzügen durch die schmalen Durchlässe, schaut er mich so merkwürdig an und sucht dann das Weite. Ein bisschen traurig, ganz sicher forschend. Die Vertrautheit ist wie weggeblasen. Als ich am nächsten Abend mein Zelt aus dem Rucksack hole und es langsam aus seiner Hülle befreie, guckt er schweigend zu. Auf meinen fragenden Blick zuckt er unmerklich mit den Schultern und sagt nichts. In der Nacht lenke ich mich mit weiteren Nachtbildern ab, aber ich höre an den Geräuschen aus seinem Zelt, er schläft nicht gut. Oder auch gar nicht. Am Morgen schaut er entsprechend übermüdet aus. Oh nein, das ist nicht gut, nicht, wenn er in ein paar Tagen die anderen treffen soll! Doch was soll ich denn tun?

Chip bemerkt von alldem nichts. In aller Unbekümmertheit führt uns gekonnt durch die vielen Schluchten, zeigt uns besondere Plätze, auch draußen in der flachen, felsigen Landschaft. Ab und an hören wir mal Stimmen, ein Auto, doch das ist weit entfernt, nur ein Nachhall, und abends, da ist es wieder still. Bis auf das Geraschel im Zelt nebenan.

Auch am folgenden Tag ändert sich die Lage nicht. Es ist jetzt der vierte Tag, morgen kommen wir in Page an, und ich werde stetig nervöser. Das kommt noch erschwerend hinzu. Den ganzen Tag bemerke ich schon, wie Toms Blick forschend auf mir liegt, aber ich kann mir nicht helfen, ich verstecke mich geradezu hinter meinen Fotografien, aber er merkt es dennoch. Eigentlich müsste ich ihn besser vorbereiten, mit ihm reden, mit ihm arbeiten. Aber es will mir kein Wort über die Lippen kommen. So langsam weiß ich nicht mehr, was ich noch tun soll.

Dann, am Nachmittag, ändert Chip plötzlich abrupt die Richtung. »Ich denke, ich zeige euch mal was Besonderes«, tut er geheimnisvoll und marschiert grinsend aus dem Slot Gebiet heraus.

Verwundert folgen wir ihm. »Was hat er vor?«, frage ich. Tom hebt nur die Schultern und sagt nichts.

Doch nicht lange, da biegt er bei einem Wegweiser, der bei einer Reihe sich kreuzender Wanderwege steht, wieder ab. Ich lese nur *Page 5 mi* und eine ganze Reihe anderer Punkte in verschiedene Richtungen. So dicht sind wir schon an den Ort heran? Nachts sieht man ihn bestimmt. Und richtig, hinter ein paar Hügeln entdecke ich die Türme einer Industrieanlage. Wie nett!

Chip quert eine Teerstraße, nicht ohne sich aufmerksam nach rechts und links umgesehen zu haben, und läuft vielleicht ein Viertelmeile querfeldein, dann verschwindet er plötzlich zwischen ein paar Felsen. »Kommt hierher«, hören wir es wie aus weiter Entfernung. »Ihr müsst klettern. Gebt eure Rucksäcke runter, dann ist es leichter.«

Verwundert tun wir, was er sagt. Ich steige zuerst hinab, aber ich bin mal wieder zu klein, muss mir von Chip und Tom helfen lassen. Ganz kurz nur, einen winzigen Moment, hält Tom mich länger fest als nötig und schaut mir forschend ins Gesicht. Da weiß ich, er ahnt etwas, er merkt, dass noch etwas ganz anderes nicht stimmt. Er hat ein unheimlich gutes Gespür für meine Stimmungen entwickelt, genauso wie umgekehrt.

»Lass mich runter, bitte«, sage ich leise und konzentriere mich auf den Abstieg. Es sind vielleicht zweieinhalb Meter, die ich hinab muss. Tom kommt einfach den Felsen herab gerutscht, Sally auf dem Arm. Hätte ich das man auch so gemacht!

Wir stehen in einem schmalen, dunklen Canyon. Kaum etwas zu erkennen, außer dass noch überall tiefer Schnee liegt. Chip hat sein Licht eingeschaltet. »Normalerweise betritt man diesen Abschnitt vom Fluss aus, aber da steht alles noch mannshoch unter Wasser. Diesen Zugang kennt kaum jemand, den haben wir mal als Kinder entdeckt. Wenn wir Glück haben, sind wir ganz alleine hier heute Abend. Kommt mit!«

Wir gehen um ein paar Ecken, es wird heller und spürbar wärmer. Wie kann das sein? Vor uns öffnet sich ein kleines, nach oben offenes Tal. Hohe, überhängende Felsen, grüne, blühende Sträucher, und am Ende dampft es aus einer Felsspalte heraus. »Chip! Ist das etwa...«

Er dreht sich um und grinst. »Wolltest du nicht schon die ganze Zeit eine heiße Badewanne?« Das hatte ich ihm irgendwann in der Lodge erzählt, als das warme Wasser alle war.

»Ooohh!« Ich setze meinen Rucksack ab, so schnell ich kann. »Sag nicht, ihr habt hier einen Hot Pot gebaut!« Da hält mich nichts mehr. Gleich darauf stehe ich in einer kleinen Höhle, wo mir der Dampf entgegenschlägt. Ich sehe Stufen, ein tiefes Becken mit kristallklarem Wasser und umlaufend in den Felsen gehauene

Steinbänke. Mein Jubelschrei wird von draußen mit Gelächter quittiert. »Fast wie auf Island! Fehlen nur noch die Gletscher und die Nordlichter. Mensch, Chip, warum hast du nicht eher etwas gesagt?«

Die beiden haben hinter mir die Höhle betreten. »Ich war mir nicht sicher, ob ich den Zugang noch finde und ob wir überhaupt reinkommen. Es hätte alles voller Schnee oder schlimmer noch, Schmelzwasser sein können.«

Meine Hand prüft die Wassertemperatur. Knapp unter vierzig Grad, schätze ich. Genau richtig, dass man nicht zerkocht. »Aber woher... hier gibt es doch gar keine Geothermie!«

»Da hast du recht«, sagt Chip und hockt sich zu mir. Sally schnuppert misstrauisch am Wasser und schüttelt sich dann. Ihr ist es offenbar zu warm. »Das ist das Kühlwasser vom Kraftwerk. Sie leiten es durch die Felsen, wo es sich abkühlt, und dann in den Stausee. So haben wir alle etwas davon, besonders im Winter. Aber vom Fluss aus sind die Töpfe derzeit nicht zugänglich, wegen der Schneeschmelze. Dies hier ist nur der Oberste von ihnen, es gibt noch mehr. Die sind aber etwas kühler.«

Ich schnüre mir schon die Schuhe auf. »Davon steht aber nichts in den Reiseführern, rein gar nichts.«

»Nee...«, macht er und schaut mit großen Augen zu, wie ich mir die Socken ausziehe. »Was meinst du, was dann hier los wäre. Das ist der einzige Hot Pot im Umkreis von ein paar Hundert Meilen oder so. Ähm, Sanna, du willst doch nicht etwa... jetzt?!« Er springt hastig auf, als ich den Hoodie ausziehe.

»Natürlich, was denkst du denn? Eine solche Gelegenheit darf man sich nicht entgehen lassen. Was ist?« Chip starrt mich mit großen Augen an, und Tom, der hat die Arme verschränkt. Ein leichtes, belustigtes Zucken seiner Mundwinkel verrät, dass er sich amüsiert. Die denken doch etwa nicht... »Du meine Güte, was seid ihr Amis prüde!«, sage ich kopfschüttelnd. Chip läuft rot an. »Das ist da, wo ich herkomme, völlig normal. Alle gehen zusammen baden, in die Sauna. Und zwar ohne Klamotten, egal, ob Männlein oder

Weiblein.« Jetzt verarsche ich sie so richtig, und das mit Vergnügen. »Dreht euch meinetwegen um, wenn ihr das nicht sehen wollt.«

»Hab' ich was mit den Ohren oder hat sie uns gerade prüde genannt?«, grollt Tom da und kommt näher.

»Jaaahh, ich habe das auch gehört...«, ächzt Chip, und im nächsten Moment werde ich auch schon an Armen und Beinen gepackt und im hohen Bogen ins warme Wasser geworfen, dass es nach allen Seiten aus dem Becken schwappt. Mein empörter Aufschrei wird von der Wasserfontäne erstickt, und als ich prustend wieder auftauche, sitzen die beiden dort und lachen sich kaputt.

»Na wartet, das werdet ihr büßen!«, rufe ich und spritze sie gehörig nass. Johlend bringen sie sich in Sicherheit, was mir die Gelegenheit gibt, aus dem Wasser zu kommen und Hose und Shirt auszuziehen. Nur in Unterwäsche bekleidet, steige ich wieder ins Becken. Die schlichte Trekkingwäsche ist so gut wie jeder Bikini. Letzten Endes kommen sie doch zu mir ins Wasser, in Boxershorts, sodass der Anstand gewahrt bleibt.

Meine Bemerkung von vorhin hat Chip neugierig gemacht. So erzähle ich ihnen ein wenig von der Bade- und Saunakultur in Skandinavien, die sich so sehr von der hier unterscheidet. Er hört mit großen Augen zu. Tom nicht, das ist ihm offenbar nicht neu.

»Dafür würdest du hier mancherorts im Knast landen«, sagt Tom.

»Oh ja«, meint Chip. »Die haben hier mal ne Party gefeiert, die aus dem Ruder gelaufen ist. Hinterher hat es mächtig Ärger gegeben.«

»Und du warst mittendrin, was?«, lache ich und spritze ihn nass.

»Hmm...« Chip grinst. Über seinen Kopf hinweg begegne ich Toms Blick. Diese Augen, grün im Licht des Wassers funkelnd... hastig wende ich mich ab. Zum Glück sitzt Chip zwischen uns, sodass ich mich ein wenig verstecken kann, doch damit entkomme ich ihm nicht.

Kaum sind wir wieder draußen, trocken angezogen und Chip macht sich auf die Suche nach Feuerholz, da hat er mich auch schon zufassen.

»Was ist? Du hast doch etwas, das sehe ich dir an, schon die ganze Zeit.« Ausweichen geht nicht mehr. Er steht dicht vor mir, und als ich trocken schlucke und den Kopf senke, fasst er mit beiden Händen nach meinem Gesicht und zwingt mich, ihn anzusehen. »Schlimm?«, fragt er leise. Dieser Blick...

Ich kann nur geschlagen nicken. Du ahnst gar nicht, was dich erwartet. »Bitte, lass mich.« Ich mache eine leichte, abwehrende Handbewegung, und er lässt sofort los. »Ich werde es dir erklären, wenn Chip uns abgesetzt hat und nicht mehr in der Nähe ist. Das möchte ich nicht tun, wenn er dabei ist. Okay?«`

»Oh man, du machst mich fertig!«, grollt er. »Na gut. Aber verschweig mir ja nichts!«

Was willst du dann tun, es aus mir herausprügeln?, will ich erwidern, lasse es aber. Das kann er gar nicht verhindern, denke ich so bei mir, während ich die nassen Sachen auswringe und zum Trocknen aufhänge. Wenn er wüsste!

Zumindest aber ist die Stimmung heute Abend gelöst. Ich unterhalte mich mit den beiden am Lagerfeuer, erzähle von meinen Reisen, von Island, dem Land aller Hot Pots, wo man in jedem Dorf, manchmal sogar in der jung ausgebrochenen Lava diese wunderbar warmen Wasserbecken gebaut hat. Chip erklärt uns, wie die Becken in den Canyons angelegt wurden – heimlich, natürlich - und Tom steuert ein paar seiner Campingerfahrungen aus Kinder-und Jugendzeiten bei. Eigentlich ein schöner, entspannter Abend, nur dass ich seine Stimmung wie an unsichtbaren Fäden bis zu mir hinüber spüren kann. Er ist unruhig, macht sich Sorgen. Das darf ich nicht zulassen, und leider gibt es lediglich ein Mittel, dass er sich beruhigt. Aber das mag ich nicht tun, wenn Chip dabei ist. Als der sich jedoch verzieht, um mit seinen Freunden zu chatten, nehme ich mir Tom vor.

»Hör auf, dir Sorgen zu machen!«, sage ich leise. »Es ist nicht, wie du denkst!«

»Wie denn dann? Sanna, bitte!«

»Nein, Tom.« Ich sage das ganz ruhig.

Da muss er wohl merken, dass es mir Ernst ist. Er zieht sich zurück, geht langsam zu seinem Zelt. Dann bleibt er stehen und wirft mir über die Schulter einen Blick zu. Ein unterdrückter Fluch, und ich sehe sprachlos zu, wie er zu meinem Zelt geht, mit einem Ruck Schlafsack und Isomatte herauszerrt und alles zu seinem hinüberträgt und es förmlich hineinwirft.

Einen Moment lang bleibt er dort hocken, dann schaut er auf. »Ich kann nicht schlafen, wenn du nicht bei mir bist. Bitte bleib.« Er klingt zornig, richtig wütend. Auf sich selber, das merke ich.

Langsam gehe ich zu meinem Zelt hinüber. Was soll ich tun? Ihn zurückweisen? Das mag ich nicht tun, nicht bei dem, was ihn morgen erwartet. Es ist ja nur noch eine Nacht, Sanna. Lass ihn doch, wenn er es braucht. Nur, was dann? Und was ist mit mir? Wie komme ich aus der Sache heraus ohne Schaden, für ihn, für mich? Mehr und mehr merke ich, wie es an mir zerrt, und ich weiß nicht, wie ich damit umgehen soll. Genauso zögernd hocke ich vor meinem Zelt wie er, doch dann gebe ich mir einen Ruck.

»Also gut.« Ich hole meine Nachtwäsche heraus und ziehe das Zelt mit einem Ruck zu. Soll Chip denken, ich sei schlafen gegangen. Und selbst wenn nicht... er ist ja schon ein großer Junge. Toms Blicken ausweichend, gehe ich zu seinem Zelt, schlüpfe hinein. Ich mache es kurz zu, um mich umzuziehen, dann kommt auch er herein.

Wir sagen nichts, als wir endlich einander gegenüber liegen. Es ist nicht wirklich dunkel, denn der Mond ist gerade aufgegangen, sodass ich seine Umrisse erahnen kann. Schließlich legt er sich mit einem Seufzer auf den Rücken. »Danke, Sanna.« Es klingt spröde.

»Gern geschehen, Tom«, erwidere ich genauso spröde und starre das Dach des Zeltes an.

Doch das halten wir nicht lange durch. Den Anfang macht er, ein leises Atmen, dann gluckst er, und dann können wir beide nicht mehr und prusten los. »Oh, du bist echt unmöglich, Tom Flynnt!«, schimpfe ich und verpasse ihm einen Stoß.

»Ich weiß.« Ich kann das zufriedene Grinsen in seinen Worten hören. »Und echt kaputt. Letzte Nacht habe ich gar nicht mehr geschlafen und davor kaum. Du doch auch nicht, oder?« Seine Hand langt herüber, nimmt meine. Ein kurzes Drücken, und er lässt wieder los.

»Nein.« Ich gähne herzhaft. »Lass uns schlafen und Chip denken, was er will!«

Was auch immer Chip denkt oder nicht denkt, er bekommt gar nicht mit, wie ich im Morgengrauen aus Toms Zelt krieche und die Schlafsachen rasch wieder in mein Zelt lege. Wir haben beide tief – und Albtraum frei – durchgeschlafen, und das hatten wir wohl auch bitter nötig. Ausgeruht begebe ich mich auf eine morgendliche Foto Tour und kann sie wieder richtig genießen. Das hilft auch, meine flatternden Nerven zu beruhigen. Nicht, dass er mir die Nervosität ansieht! Das fehlt noch. Jetzt brauche ich wirklich ein Pokerface, und es gelingt mir, wie es scheint, denn Tom schaufelt fast vergnügt sein Frühstück in sich hinein. Chip habe ich mir in einem unbeobachteten Moment noch einmal zur Brust genommen und eindringlich ermahnt, ja nichts durchblicken zu lassen.

An Rob schreibe ich eine Nachricht: <*Wo seid ihr?*>

Er schreibt gleich zurück: <*Wir sind gestern Abend angekommen. Die Unterkunft ist wirklich schön und Sylvie ein echter Schatz. Lizzie hat nicht geschlafen vor lauter Aufregung und wir auch kaum. Wann kommt ihr an?*>

<*Am Nachmittag vermutlich, genau kann ich es noch nicht sagen. Wir sind noch ein ganzes Stück außerhalb. Ich freue mich auf später, darauf, euch endlich persönlich kennenzulernen! Grüße an die Kids*> Oh Gott, hoffentlich geht das gut!

Als ich fertig getippt habe, merke ich, dass Tom mich beobachtet und Chip auch. »Ich habe uns eine Unterkunft für heute Abend gebucht. Keine Sorge, nicht in einem von diesen großen Hotels, sondern außerhalb. So wie die letzte«, füge ich an Tom gewandt hinzu und stecke das Handy weg, innerlich die Luft anhaltend. Schluckt er es? Doch es scheint so. Er nickt erleichtert und widmet sich wieder seinem Müsli. Chip schieße ich einen warnenden Blick zu, den der geflissentlich ignoriert.

Wir machen uns nach einem abschließenden warmen Bad wieder auf den Weg. Wieder müssen wir durch den schmalen Einlass hinauf. Für mich definitiv zu hoch, zumal glatter Fels. Da hilft nur eine Räuberleiter, und Sally, die wickeln wir in ihre Decke und ziehen sie an einem Gurt hoch.

Diesen letzten Tag in den Canyons würde ich am liebsten ganz bewusst in die Länge ziehen, denn ich bin nervös, so nervös, dass es mir fast nicht mehr gelingt, das zu verbergen. Aber ich tue es nicht, wegen Rob und der Kinder, die ungeduldig auf uns warten. Aber zu schnell dürfen wir auch nicht sein, sonst merkt Tom etwas, wenn wir auf direktem Wege in die Unterkunft gehen. Doch irgendwann gebe ich Chip auf seinen fragenden Blick hin mit einem Nicken zu verstehen, er kann die Richtung zu unserer Unterkunft einschlagen.

Also tauchen wir langsam wieder aus dieser unterirdischen Welt auf. Zwischendrin gibt es immer wieder tiefe Felseinschnitte, die ein schönes Motiv ergeben, sodass ich noch eine Weile beschäftigt bin. Tom schaut manchmal etwas rätselnd auf mich, doch das ignoriere ich geflissentlich.

Gegen Mittag sind wir in dem letzten Abschnitt angekommen und wollen uns gerade in Richtung des Ausstiegs aus dem Canyon begeben, da hören wir mit einem Mal von weiter weg ein Geräusch, etwas, das klingt wie ein entfernter Schrei. Tom hebt sofort die Hand, und wir bleiben stehen.

»Habt ihr das gehört? Wo kam das her?!«, entfährt es Chip.

»Woher auch immer, es klang nicht gut«, sagt Tom und neigt den Kopf leicht zur Seite. Wir lauschen, und dann, lauter diesmal, wieder ein lang gezogener Schrei, eindeutig schmerzhaft. »Dort lang!« Wir rennen los und quetschen uns, behindert durch unsere schweren Rucksäcke, durch einen schmalen Felsdurchlass. Es geht um etliche Windungen herum, bis sich ein größeres Tal vor uns öffnet.

»Da!«, schreie ich und nehme die Beine in die Hand. In etwa zehn Metern Höhe baumelt eine Gestalt an einem Seil, sie hängt regungslos in ihrem Klettergurt von der Felsenkante herunter, alle Viere von sich gestreckt. Tom und Chip sind schneller als ich, doch sie können nichts tun, der Mann hängt viel zu hoch. In den wenigen Schritten, die ich bei ihnen bin, sehe ich ein zweites Seil und einen Klettergurt, der darunter zurückgelassen wurde. »Scheiße, wo ist der zweite Mann?«, rufe ich und setze meinen Rucksack ab.

»Wir müssen ihn runterholen, so schnell wie möglich. Oder vielmehr rauf«, ruft Tom und fängt Blutstropfen mit seinen Händen auf. »Chip, wo ist der Ausgang? Wie komme ich da hin?«

Der starrt immer noch ziemlich fassungslos nach oben. »Verdammt, Eddie! Was machst du hier?«

»Chip!!« Tom stößt ihn grob an, und der Junge kommt wieder zu sich.

»Etwa zehn Minuten, die Richtung.«

Tom will schon losrennen, doch ich halte ihn gerade noch auf. »Halt, warte, Tom! So viel Zeit hat er nicht, er hängt da schon zu lange. Ich hole ihn runter. Dein Messer, schnell! Chip, lauf du, du kennst dich hier besser aus. Hol Hilfe, einen Krankenwagen, den wird er brauchen!« Während ich noch rede, schnappe ich mir den Klettergurt, steige hinein und ziehe die Schnallen zu. Meine Finger streifen rissiges Material, das mag ich jetzt gar nicht untersuchen. Dieser Gurt ist absoluter Schrott, niemals hätten sie damit klettern dürfen!

»Sanna, was hast du vor?!«, ruft Tom, aber er tut, was ich sage, immerhin, und ist augenblicklich mit dem Armeemesser in der Hand wieder bei mir.

Es liegt ein Sammelsurium an Material herum. Ich finde ein paar Handschuhe, streife sie hastig über. Aus einem Hilfsseil bastle ich mir rasch einen Klemmknoten, den ich um das andere Seil schlinge und dann in meinen Gurt einklinke. Dann eine zweite kleine Schlaufe, die ich ebenfalls mit einem Karabiner daran befestige, genauso wie das Messer. Was man einmal gelernt hat...

»Vertrau mir, so geht es schneller«, sage ich zu Tom, stelle einen Fuß auf das Seil, packe das lose Ende mit der rechten Hand und ziehe es unter dem Fuß durch, während ich mit der anderen Hand den Klemmknoten immer höher schiebe, bis das Seil gestrafft ist und ich das erste Mal merke, dass Zug darauf kommt. Der Klemmknoten macht zu, ich hänge jetzt frei. Tom hilft mir, sein Griff verhindert, dass ich allzu sehr hin und her pendle.

Jetzt schlinge ich das freie Seilende zweimal um die rechte Hand und packe mit ihr das Seil oberhalb meines Kopfes, klemme es fest. Mit der Bewegung ist eine Schlaufe unter meinem Fuß entstanden, mit der ich jetzt den Fuß hochziehe und das Knie anwinkele. Damit habe ich eine Stufe für mich geschaffen und kann das Bein durchdrücken und mich ein Stück höher schieben. Jetzt ist der Klemmknoten wieder frei, ich kann ihn mit der Linken raufschieben, dann der Schlaufe Luft geben, der Klemmknoten macht zu, dann die Schlaufe wieder ein Stück höher ziehen. Es ist eine simple Methode, so simpel, dass ich binnen kürzester Zeit oben bei dem Verletzten bin.

»Wie sieht er aus, Sanna?«, ruft Tom von unten.

»Nichts gebrochen, soweit ich sehen kann. Eine Schürfwunde am Bein, ziemlich übel, aber der Kopf hat am meisten abbekommen, er blutet stark. Sein Abseilgerät ist defekt.« Das sehe ich sofort, es ist verbogen, und das Seil hat sich verklemmt. Deswegen ist er nicht sofort abgestürzt. Ganz vorsichtig schwinge ich mich zu ihm und packe sein Seil. Es ist ein junger Mann, stelle ich nun fest, in Chips Alter, natürlich. Er hat ihn ja erkannt.

Eigentlich müsste ich jetzt seine Beine bewegen und die Blutzirkulation in Gang bringen, doch der Gurt und das Abseilgerät sehen so kaputt aus, dass ich das lieber lasse. Stattdessen hake ich mein zweites Hilfsseil in seinen Gurt ein und befestige es auf der anderen Seite an meinem. Hoffentlich hält das Material das aus!

Jetzt kommt der schwerste Schritt. Ich muss den Zug vom Seil des Verletzten nehmen, sprich, mich mitsamt seinem Gewicht weiter in die Höhe stemmen, bis sein Seil ohne Last hängt. Erst dann kann ich es durchschneiden. Tue ich es nicht, kracht er mit vollem Schwung in mein Seil, sobald ich seins abtrenne, und das hält das Material gewiss nicht aus.

Meine Knie und Schultern um Verzeihung bittend, denn er ist nicht leicht, das sehe ich, stemme ich mich mit aller Kraft in die Höhe. Es ist so schwer, dass mir unwillkürlich ein Schrei entfährt.

»Sanna, was ist?!«, ruft Tom zunehmend ungeduldig und besorgt von unten, doch da habe ich es geschafft. Er hängt jetzt mit dem ganzen Gewicht an meinem Gurt, der hörbar unter dem zusätzlichen Gewicht knarzt.

»Scheiße!«, fluche ich unterdrückt. »Geh ein Stück zurück!«, rufe ich und schneide, als er es getan hat, mit seinem Messer das andere Seil durch und löse dann das defekte Tool vom Gurt des Verletzten. Es rauscht mitsamt dem Seil in die Tiefe und schlägt zu Toms Füßen auf. Jetzt kann ich uns Stück für Stück mit dem Klemmknoten herablassen. Binnen weniger Augenblicke habe ich ihn unten.

»Nicht hinlegen«, keuche ich, als ich unten bei Tom ankomme. »Setz ihn mit angewinkelten Beinen an den Felsen und schneide ihm den Gurt runter, mach schnell!« Er stellt keine Fragen, tut, was ich sage. Ich muss einen Moment vor Erleichterung die Augen schließen und weil mir mein heftig pulsierendes Blut flirrende Kreise in die Augen sendet. Doch das ist gleich wieder vorbei.

Tom, der während meines Aufstiegs das Erste Hilfe Set geholt hat, untersucht die Kopfwunde. »Hat ganz schön was abbekommen. Ich würde ihn gerne hinlegen, Sanna.« Er schiebt Sally beiseite, die den Verletzten interessiert beschnüffelt.

»Noch nicht«, widerspreche ich, während ich versuche, zu Atem zu kommen. Ich spüre, das muss ich erklären. »Er hat dort oben zu lange gehangen, das Blut ist in die Beine gesackt. Der Gurt kann ihm die... die... Mist! Wie heißt das? Wo das Blut drin fließt? Dahinter kann sich ein Klumpen bilden.«

»Du meinst, in den Blutgefäßen bilden sich Blutgerinnsel?«, hilft er mir mit den medizinischen Fachbegriffen weiter, während er den Verletzten weiter versorgt.

»Ja, die Blutgefäße werden vom Gurt abgeschnürt, und dahinter sich können sich dann Blutgerinnsel gebildet haben. Wenn du ihn dann gleich hinlegst, dann war's das, dann schießt entweder alles Blut auf einmal hoch oder es wandern die Pfropfen in die Lunge oder ins Herz. Wie lange war er da oben? Zehn Minuten? Etwas länger?«

»Länger, würde ich sagen.« Er reibt mir kurz die Schulter. »Geht's?«, fragt er besorgt.

Ich winke ab. »Lange nicht mehr gemacht. Wir müssen ihn ganz langsam wieder strecken, die Beine bewegen. Halt die Wunde dabei zu.« Ich werfe einen bösen Blick auf den Gurt. »Guck dir das an, das Ding ist totaler Schrott. Und wo ist sein Helm? Hatten die überhaupt Helme?«

»Sieht nicht so aus. Verdammter Mist! Was haben die sich dabei gedacht?«, flucht er unterdrückt und kümmert sich dabei um die Beinwunde, während ich anfange, das eine Bein zu strecken, ganz vorsichtig, dann wieder zurück, dann das andere. »Denen sollte man...«

Tom hebt lauschend den Kopf, und ich höre es im selben Moment auch: entfernte Sirenen. »Die Kavallerie kommt. Gut!«, stößt er erleichtert aus.

»Habt ihr keine Höhenrettung in New York? Bei den ganzen Hochhäusern? Als Sani müsstest du von einem ... einem... hängenden... ach, verdammt, ich kenne euren Begriff dafür nicht«, ärgere ich mich, während ich weitermache und beobachte, wie er mit wenigen, sparsamen Bewegungen die Wunden reinigt und provisorisch verbindet.

Er presst die Lippen zusammen. »Du meinst ein Hängetrauma. Ja, ich erinnere mich. Alle Trainees lernen in der Ausbildung ein paar grundlegende Dinge wie Abseilen und so, aber normalerweise machen so etwas Spezialeinheiten. Ist schon ne Weile her, fast zwanzig Jahre.« Das trifft ihn, ich kann es sehen.

Tröstend klopfe ich ihm den Arm. »Mach dir keinen Kopf. Wir haben's hinbekommen.«

»Nein, du hast es hinbekommen«, widerspricht er, während wir den Verletzten langsam in die Waagerechte bringen. »Ich konnte nur zugucken. Mann, warst du schnell! Und so etwas lernt man bei der Baumkletterei?« Er klingt ehrlich beeindruckt. Und das von einem Feuerwehrmann.

»Freu dich nicht zu früh, es kann immer noch schief gehen. Aber ja, man lernt dort so etwas, fast als allererstes. Ist fester Bestandteil der Prüfung. Meine Knochen werden's mich morgen spüren lassen. Wir beide sind ganz schön abgehalftert, was?«

Da muss er grinsen. Er hält einen Moment mit seinen Verrichtungen inne, drückt mich fest an sich und gibt mir einen Kuss auf die Schläfe. Der Moment ist jedoch schnell wieder vorbei, denn jetzt werden oberhalb von uns Stimmen laut.

»Hier unten! Wir haben ihn runtergeholt. Ihr müsst runterkommen!«, ruft Tom nach oben.

Gleich darauf sind rennende Schritte zu hören. Feuerwehrleute und Sanitäter kommen in die Schlucht gerannt, letztere mit einer Trage in der Mitte, während ich oben das unverkennbare Klirren von Klettergeschirren hören kann. »Übernimm du«, sage ich zu Tom und ziehe mich ein wenig zurück.

Er übergibt den Verletzten an die Rettungskräfte. Ich verstehe nichts von dem medizinischen Fachjargon, das ist nun wahrlich nicht meine Stärke im Englischen, wie ich ja bereits habe feststellen müssen. Mittlerweile hat sich mein Puls soweit beruhigt, dass ich wieder aufstehen und meine schmerzende Schulter dehnen kann.

Plötzlich ist der Canyon voller Leute. Ein halbes Dutzend Feuerwehrleute und Sanitäter, die sich jedoch gleich wieder mit dem Verletzten aufmachen, zwei Kletterer, ebenfalls von der Feuerwehr, die sich von oberhalb der Schlucht abseilen, und etwas weiter hinten kommt nun auch noch Chip mit zwei Polizisten und einem jungen

Mann in zerrissenen Jeans angelaufen. Ah, der zweite Mann. Angriffslustig kneife ich die Augen zusammen und will schon zu ihnen, aber ich werde von den beiden Kletterern abgelenkt. Der eine ist eine Frau, ein Rotschopf, wie er im Buche steht mit Sommersprossen im Gesicht und grünen Augen.

»He, hast du ihn dort runtergeholt?«, ruft sie mich an, als sie unten ankommt.

»Ja, habe ich. Wobei ich dieses Ding hier...«, ich löse den Gurt und steige hinaus, »normalerweise nicht mal mit der Kneifzange anfassen würde.«

»Da hat sie recht, Mo, guck dir das an.« Der andere Kletterer hält das Abseilgerät hoch. Jetzt, wo es am Boden ist, sieht man erst, wie verbogen und kaputt es ist. Total vergammelt.

»Wo haben die denn diesen Schrott her? Das gehört auf den Müll«, grolle ich ärgerlich.

»Das ist eine Frage, die uns gleich jemand beantworten wird!«, sagt eine strenge Stimme hinter mir, und als ich mich umdrehe, steht der Sheriff mit verschränkten Armen und finsterer Miene da und betrachtet das Equipment, das wir in den Händen halten.

Neben ihm hat der sichtlich blasse junge Mann mit den zerrissenen Jeans die Schultern eingezogen. Mir fällt auf einmal auf, alle rings herum, bis auf Chip, sind Weiße. Keine Navajo. Doch das bemerke ich nur am Rande.

Mit einem Blick, der den jungen Mann noch ein wenig kleiner werden lässt, baue ich mich vor ihm auf. »Du bist der zweite Mann?« Er nickt unbehaglich. »Weißt du eigentlich, wie lange es dauert, bis ein Verletzter in einem Gurt bewusstlos wird? Bis es zu einem Blutstau kommt?« Er schluckt und schüttelt den Kopf. »Zwei verdammte Minuten!« Meine Stimme wird jetzt richtig laut. Ich bin sauer, so sauer wie schon lange nicht mehr. »Und dann weißt du sicherlich auch nicht, wie lange es dauert, bis die ersten Menschen, die so hängen, anfangen, lebensgefährliche Symptome entwickeln, anfangen zu sterben!«

»Nein...«, flüstert er kleinlaut.

Ich mache noch einen Schritt auf ihn zu und funkele ihn böse an. »Zwanzig Minuten! Wenn der dort oben geblieben wäre, dann wäre er jetzt allerspätestens in arger Bedrängnis, wenn nicht auf dem besten Weg ins Grab! Du hättest ihn da nicht hängen lassen dürfen!«

»Aber wie sollte ich denn...«

»Ja genau.« Ich bin jetzt so dicht bei ihm, dass ich die Stimme senke. »Ihr dachtet, komm, lass uns das mal probieren, kann ja nichts schiefgehen. Aber da habt ihr euch getäuscht. Dann stürzt euch lieber gleich so in den Canyon, Mann, dann gefährdet ihr nicht noch die anderen, die versuchen, euch zu retten!«

»Dem gibt es wohl nichts mehr hinzuzufügen«, brummt der Sheriff und guckt mich anerkennend an. »Gott weiß, Junge, wie ich das deiner Tante beibringen soll. Meiner Schwester«, fügt er erklärend hinzu.

»Wissen Sie was, Chief?« Ich bin so richtig in Schwung. »Das sollten Sie gar nicht tun, sondern *er* sollte es tun.«

»Was, ich?!«, keucht der junge Mann, bleich wie ein Leintuch auf einmal.

»Natürlich du, was denkst du denn?! Ihr habt euch die Suppe eingebrockt, dann löffelt sie gefälligst auch wieder aus!«, zische ich und pfeffere ihm den Gurt vor die Füße.

Eine Hand landet auf meiner Schulter. »Richtig so, das hat er verdient«, sagt die Frau hinter mir. »Was ist, zeigst du uns mal, wie du das gemacht hast? Die Methode kennen wir gar nicht.«

Der Sheriff nickt. »Das würde mich auch interessieren. Und du, du wirst im Wagen warten.« Er gibt dem Deputy einen Wink, und der nimmt den jungen Mann am Arm und führt ihn ab.

»Na, dem haste es aber gegeben«, grinst der andere Kletterer und hält mir die Hand hin. »Ich bin Geoff. Und dieser Wirbelwind hier ist Mo.« Er stößt die Frau freundschaftlich in die Seite.

»Moira eigentlich«, sagt sie und knufft Geoff nicht eben sanft zurück.

»Ich heiße Sanna.« Wir schütteln uns die Hände, und der Sheriff stellt sich mit Chief Hensson vor.

»Also, wie hast du das gemacht?«, fragt Mo neugierig. Sie hebt das Seil mit dem Klemmknoten an.

»Ach herrje. Nun ja, ich kann's ja mal versuchen. Ich kenne eure Fachbegriffe nicht, zumindest nicht auf Englisch«, sage ich, verlegen auf einmal.

Tom kommt jetzt zu uns. Auf meinen fragenden Blick schüttelt er den Kopf. »Sie holen einen Rettungshubschrauber, zur Sicherheit. Es steht immer noch auf der Kippe, die Kopfwunde ist ziemlich übel.«

»Verdammt!«, flucht Geoff. »Das kann dauern! Was haben sie sich dabei nur gedacht?«

»Gar nichts, sonst wären sie nie so losgezogen«, sage ich und nehme das Seil, wo immer noch mein Klemmknoten dranhängt. Rasch zeige ich ihnen, wie man ihn schlingt, und erkläre, wie man sich mit Hilfe der Schlinge nach oben bewegt. »Die Methode ist so einfach, dass sie *Mädchenschlinge* genannt wird. Für Leute, die nicht stark genug sind, sich an ihren eigenen Armen am Seil hochzubewegen. Sie ist einfach, aber effektiv, und man ist zudem gesichert.«

»Darf ich mal?« Mo nimmt mir das Hilfsseil ab und geht nun zu ihrem eigenen Seil hinüber. Ich zeige ihr, wie ich es gemacht habe, und binnen kürzester Zeit hat sie sich den Canyon hochgearbeitet.

»Jetzt drück mit deiner Hand von oben auf den Knoten, dann öffnet er sich und du rutscht herunter. Aber langsam, damit er nicht heiß läuft, sonst dürfen wir dich da auch noch runterholen«, rufe ich zu ihr herauf.

Gleich darauf steht sie wieder unten und grinst mich zufrieden an. »Wow, wo lernt man so etwas? Bis du bei den Bergrettern, oder was?«

»Nein, nein«, wehre ich lachend ab. »Ich habe Baumklettern gemacht, eine Zeit lang sogar recht intensiv. In den Kursen dazu lernst du das alles, weil dein Equipment dort oben schnell kaputt gehen kann. Daher weiß ich das.«

»Du weißt anscheinend eine ganze Menge«, sagt Geoff beeindruckt.

»Jaja, Sanna ist schon ein arger Schlaukopf«, gluckst Tom und duckt sich unter meiner Hand weg.

»Halt die Klappe, Tom! In meinem Gebiet, ja, aber was ihr hier macht, darin habe ich keine Erfahrung«, sage ich und zeige auf ihr Equipment. Rettungsequipment, ganz anders als das Zeug, das ich zuhause habe.

»Nun, da wir ja jetzt alles geklärt haben, sammelt das Material mal ein. Ich will es für meinen Bericht«, bestimmt der Sheriff und gibt das Signal zum Aufbruch. Dabei fällt sein Blick auf Chip, der etwas abseits von der Gruppe an einem Felsen lehnt. »Was hast du denn hier noch zu suchen?«, raunzt er ihn unfreundlich an.

»Ich bin mit ihnen hier«, entgegnet Chip und zeigt unfein auf uns beide.

Die anderen wenden sich mit hochgezogenen Augenbrauen an uns. »Moment mal, ihr beide...« Sie schauen auf uns, nehmen jetzt erst unsere Kleidung wahr. »Eigentlich ist dies hier kein offizieller Weg«, sagt der Sheriff streng.

»Das wissen wir, Chief. Wir sind im offiziellen Auftrag hier, und Chip führt uns hier durch.«

»Was, der?!« Mo prustet los, und auch Geoff lacht. »Da könnt ihr froh sein, hier heil angekommen zu sein. Der hat doch nur Unsinn im Kopf!«

Tom lacht. »Ach was, nur manchmal.« Er geht zu Chip, klopft ihm auf die Schulter, was der mit einer Grimasse quittiert, und holt unsere Rucksäcke. Erleichtert sehe ich, dass die Kamera keinen Schaden genommen hat.

»He...«, sagt Mo. »Das ist ja eine Profikamera! Aber...« Sie schaut mich rätselnd an. »Moment mal! Du... das ist kein Gerücht? Sie sagen, der Stamm hätte eine Fotografin engagiert, die sich mitten im Winter zu Fuß durch das Reserverat bewegt, selbst in dem großen Schneesturm. Zusammen mit einem recht finsteren Gesellen, heißt es. Ihr seid das?!«

»Guck, wie finster du bist«, zahlt Chip es Tom mit gleicher Münze heim, doch der lacht nur.

»Das kann manchmal gar nicht schaden, wenn man als Frau allein unterwegs ist«, fühle ich mich genötigt, Tom zu verteidigen. »Aber ja, das sind wir. Wir haben eine Vereinbarung mit dem Stamm getroffen, und sie lassen uns dafür durch ihr Gebiet reisen. Nur hier, da brauchten wir einen Führer, und das ist Chip. Er kennt sich hier gut aus.«

»Jaah, das ist nur allzu wahr. Pass bloß auf, du!«, droht der Sheriff. »Wehe, ich erwische dich in den Hotpots!«

Wir müssen uns alle drei ein Grinsen verkneifen. »Keine Sorge, Chief, unsere Tour ist hier zu Ende«, sage ich schnell. »Wir haben heute eine Unterkunft gebucht.« Auf einmal wird mir wieder die Zeit bewusst und das, was dort wartet. Das hatte ich in all der Aufregung völlig vergessen.

»Können wir euch mitnehmen? Seid ihr fertig hier?«, fragt Mo. »Wir setzen euch im Ort ab, wenn ihr wollt.«

Ich schaue Tom an. Er zuckt mit den Schultern. »Warum nicht, wenn du fertig bist?«

»Ja, dann... gerne.« Wir helfen ihnen, das Equipment zusammenzusuchen, und folgen ihnen aus dem Canyon hinaus. Draußen stehen noch der Jeep des Sheriffs und ein Rettungsfahrzeug von der Feuerwehr.

»Ich hau dann mal ab, Sanna«, raunt Chip mir zu.

»Wieso?« Fragend wende ich mich zu ihm um, doch er zuckt nur mit den Schultern und nickt unmerklich zu dem Polizeifahrzeug.

»Okay«, sagt Tom, als verstünde er. »Kommst du heute Abend noch mal rum? Dann gehen wir zusammen was essen.«

»Sicher, bis dann, Alter«, sagt er und stiefelt verdächtig schnell von dannen.

»War ja klar«, schnaubt Mo daraufhin.

Der Sheriff schüttelt nur den Kopf. »Steigt bei mir ein. Wo übernachtet ihr denn?«

»In Sylvies Lodge«, antworte ich abwesend und schaue Chips verschwindender Gestalt hinterher. Oh oh. »Was hat er denn angestellt, Chief?«, frage ich beim Einsteigen. Ganz bewusst tue ich es hinten und lasse auch Sally mit rein, denn ich muss noch eine Nachricht an Rob schreiben, und das schnell. Tom klettert dagegen auf den Vordersitz, was mir die Sache erleichtert.

Der Chief startet den Wagen. »Er ist ein Rumtreiber und Taugenichts und stachelt die Jugendlichen hier ständig zu irgendwelchem Mist auf. Letztes Jahr habe ich ihn und andere eingebuchtet. Die haben dort draußen ne wilde Party gefeiert, mit Alkohol, Drogen und allem Drum und Dran. Eigentlich nicht mehr unser Zuständigkeitsgebiet, weil Stammesland, aber wir haben sie zusammen mit der Tribal Police hochgenommen. Da waren unsere Zellen erstmal voll.« Holpernd fährt der Jeep querfeldein zu einer Piste, wo der Weg dann etwas besser wird.

»Dem ist langweilig. Er braucht eine Aufgabe«, sagt Tom, und damit teilt er meine Einschätzung. »Gibt wohl nicht viele Jobs dort draußen.«

»Im Stammesland? Nada. Seiner Familie geht's einigermaßen gut, aber den anderen...«

Sie unterhalten sich über die Armut im Reservat, während ich das Handy zücke. Dabei bemerke ich, dass ich immer noch die Handschuhe trage, und ziehe sie aus.

<*Wo seid ihr?*>, schreibe ich Rob.

<*Der Hunger hat uns rausgetrieben. Wir sind an der Straße, dort gibt es ein Diner mit einer Bar und Tanzlokal. Gleich neben der Tankstelle und der Wache. Ihr könnt es nicht verfehlen.*>

<*Bleibt da erstmal, irgendwo, wo es nicht so voll ist*>, schreibe ich zurück.

<*Wir sitzen draußen auf der Terrasse. Niemand dort.*>

Der Sheriff fährt jetzt von der Piste auf eine Teerstraße. »Soll ich euch gleich zur Unterkunft bringen oder wollt ihr erstmal was essen? Ich lade euch ein. Das ist das Mindeste, das ich für euch tun kann zum Dank.«

»Danken Sie uns erst, wenn klar ist, dass der Junge überlebt«, sage ich. »Aber Hunger hätte ich schon ein wenig. Was ist mit dir, Tom?«

»Immer doch«, sagt der und klopft sich den Bauch.

»Sehr gut! Rettungseinsatz macht hungrig, was? Bei unserer Wache nebenan gibt es ein gutes Lokal, dort gehen wir hin. Ich muss nur noch rasch tanken.«

Innerlich drücke ich die Daumen. Es dauert nur ein paar Minuten, da fahren wir in die Ausläufer von Page hinein, und am Ortsanfang steht die Tankstelle mit der Wache. Das Lokal ist gegenüber, und der Außenbereich ist nicht von der Straße einsehbar.

Der Sheriff biegt auf die Tankstelle ein, schaut hinein und ruf dem Mitarbeiter hinter dem Tresen zu: »Mach ihn voll, ja?«

Wir steigen aus. Tom schaut interessiert zur Feuerwache hinüber. »Wow, brandneu.«, sagt er mehr zu sich, aber der Tankwart fühlt sich gleich angesprochen.

»Ja, die alte ist abgebrannt. War eh zu klein, und weil sie das Gelände für ein Hotel brauchten, sind alle Einrichtungen hierher gezogen.«

Ich sehe Tom an, das will er gerne näher in Augenschein nehmen. Oh nein, nicht jetzt, denke ich und überlege fieberhaft, was ich tun soll. »Ähm, Tom, willst du nicht schon mal rübergehen und uns einen schönen Tisch suchen? Ich glaub, ich habe eine Terrasse gesehen eben. Ich möchte hier nur noch ein, zwei Dinge besorgen.« Ich zeige auf den Verkaufsraum hinter mir.

Jetzt guckt er verwundert, doch dann zuckt er mit den Schultern. »Ja, klar, wenn du meinst... bring mir ne Cola mit für später, okay? Komm, Sally!« Langsam schlendert er über die Straße hinüber zum Restaurant, geht aber nicht vorne rein, sondern an der Seite vorbei nach hinten.

»He, wollt ihr...« Der Chief kommt wieder heraus, und im selben Moment ertönt von der anderen Seite ein Jaulen, lautes Gebell und ein hoher Schrei. »Was zum...« Er will sofort losrennen und greift automatisch nach seiner Waffe.

»Nein, nicht!« Ich lege ihm die Hand auf den Arm. So etwas darf man eigentlich auf keinen Fall machen, nicht bei einer Amtsperson, das weiß ich wohl. Aber ich tue es, denn er darf jetzt nicht eingreifen. »Es ist nicht, wie Sie denken, Chief. Seine Familie sitzt dort drüben, er weiß nichts davon.«

»Was treibt ihr denn für Spielchen!?«, grollt er und befreit seinen Arm mit einem warnenden Blitzen in den Augen. Dabei fällt sein Blick auf mein Tattoo. Er zieht überrascht die Augenbrauen hoch.

»Keine Spielchen, Chief. Die Kids haben ihn seit Wochen nicht gesehen. Es sollte eine Überraschung von mir und seinem Vater sein. Ich gehe gleich rüber und gucke, was sie da treiben, keine Sorge.«

»Na gut.« Er seufzt und entspannt sich wieder etwas. »Damit fällt das Mittagessen wohl aus. Meine Frau wird's freuen«, sagt er und tätschelt sich seinen nicht gerade flachen Bauch. »Ich lasse euer Gepäck zur Lodge bringen und melde mich, sobald ich etwas von dem Jungen weiß.«

»Ja, danke, Chief... oh, Moment.« Gerade noch rechtzeitig fällt mir ein, die Kameratasche und das Ultrabook herauszuholen. Das werde ich vielleicht noch brauchen.

Dann verabschiede ich mich und gehe über die Straße auf das Restaurant zu. Ich nähere mich der Ecke zur Terrasse ganz vorsichtig und schiele nur herum, denn ich will nicht stören, doch ich sehe erst einmal nichts. Die Geräusche bringen mich auf die richtige Spur. Sallys Gefiepe ist unverkennbar. Ich schaue um einen Sichtschutz herum, und was ich dann sehe, treibt mir die Tränen in die Augen. Dort hocken sie am Boden, allesamt ineinander verknäult. Von Tom sehe ich nur den breiten Rücken, er hat die Arme um Lizzie und Col geschlungen. Rob hockt dabei, die Hand auf seiner Schulter, die Tränen laufen ihm das zerfurchte Gesicht herunter, und Sally umkreist sie und weiß gar nicht, wen sie zuerst abschlecken soll. Man hört kaum einen Laut mehr, aber ich weiß, dass sie weinen, anders kann es gar nicht sein. Rasch ziehe ich mich zurück. Dieser Moment, der gehört ihnen ganz allein.

Ich gehe durch den Seiteneingang ins Restaurant. Die Bedienung schaut mich fragend an. »Alles in Ordnung da draußen?«

»Jaja.« Ich winke ab und schaue schnell durch das Restaurant, doch die wenigen Gäste, scheint es, haben nichts von dem Drama dort draußen mitbekommen. »Lang ersehnte Familienzusammenkunft. Die kriegen sich wieder ein, keine Sorge.« Ich setze mich an den Tresen.

»Ahm, dann ist jetzt wohl kein guter Zeitpunkt, das Essen rauszubringen? Das ist nämlich fertig«, sagt sie und zeigt hinter sich.

»Nee, ich glaube nicht, dass sie in nächster Zeit zum Essen kommen werden. Packen Sie es einfach für alle ein, und machen Sie noch zwei Portionen fertig. Ich zahle dann auch gleich«, sage ich und reiche ihr die Kreditkarte über den Tresen. Was können Kids schon ordern außer Burger und Pommes? Bestimmt keine teuren Steaks.

Sobald das fertig ist, gehe ich vorne heraus und setze mich auf die Stufen in die warme Sonne. Was soll ich jetzt tun? Warten? Gehen? Ich schaue auf die Essenspakete. Gehen ist wohl erstmal keine Option. Also lehne ich mich an den Eingangspfeiler, schließe die Augen. Die warme Sonne genießend, spüre ich eine Zufriedenheit wie schon lange nicht mehr.

Leise Schritte holen mich aus meiner Versunkenheit. Rob kommt auf mich zu, er strahlt über das ganze Gesicht. »Sanna?«

Ich springe auf. »Rob!«

»Oh, lass dich einmal ansehen, Mädchen!« Er fasst mich bei beiden Schultern und mustert mich mit einem breiten Lächeln. Dann umarmen wir uns, es kommt wie von selber. Er ist ein ganzes Stück kleiner als Tom, das habe ich ja schon auf dem Foto gesehen, aber in seinen Bewegungen liegt dieselbe Geschmeidigkeit wie bei seinem Sohn, das merke ich gleich. »Du hast einen alten Mann heute sehr glücklich gemacht, weißt du das?« Noch einmal drückt er mich fest, gibt mir einen väterlichen Kuss auf die Stirn und lässt mich dann los. Stattdessen nimmt er meine Hände. »Wie geht es dir denn, hmm?«

»Mir?« Ich muss lächeln. »Die Frage muss wohl eher sein, wie geht es euch? Alles klar dahinten? Ich wollte euch nicht stören.«

Er schüttelt mit Tränen in den Augen den Kopf. »Es geht uns gut, so gut wie schon lange nicht mehr. Ich wollte nur gucken, wo das Essen bleibt, aber ich sehe, darum hast du dich gekümmert.«

»Hmm..« Ich lasse seine Hände los und zeige auf das größere Paket und den Getränke Tray. »Hier, das ist für euch. Ich habe Tom auch etwas bestellt. Ich lasse euch heute allein.«

»Was? Oh nein, kommt nicht...«, will er widersprechen, aber ich wiegele seinen Einwand ab.

»Ihr braucht Zeit für euch, Rob. Nehmt sie euch! Ich störe da nur. Es ist immer noch sehr viel für ihn, das wirst du später sehen.« Eindringlich sehe ich ihn an. »Er wird sauer auf mich sein, Rob. Nein, sag nichts! Es ist so. Ich habe ihm die ganze Zeit etwas verschwiegen, und das hat er gemerkt. Hinter seinem Rücken habe ich gearbeitet. Er wird sauer sein, glaube mir! Dem gehe ich lieber aus dem Weg, wenigstens eine Zeit lang noch, bis die Gemüter sich ein wenig beruhigt haben. Das würde jetzt nur euer Wiedersehen zerstören, und das möchte ich den Kids und dir nicht antun, verstehst du? Und ihm auch nicht.«

Er mustert mich forschend. »Du scheinst uns sehr gut kennen gelernt zu haben in den letzten Wochen.«

»Tja.« Ich hebe die Schultern. »Das bleibt nicht aus. Ich hoffe nur, die Jungs sind auch so schlau. Haben sie sich an meinen Rat gehalten und lassen euch die Zeit?« Ich sehe gleich, dem ist nicht so. Rob verzieht die Miene. Er kann genauso wenig ein Pokerface wie sein Sohn. »Waas, nicht?!«

Rob hebt die Hände. »Sie hatten Streit. Jimmy wollte unbedingt mit uns fliegen, aber Danny hat ihn nicht gelassen. Sie haben sich dermaßen gezankt, dass Sean schließlich ein Machtwort gesprochen hat. Sie kommen heute Abend. Vielleicht auch erst heute Nacht. Die Flugverbindung war nicht ganz klar. Bitte, sei ihnen nicht böse.«

»Wir werden sehen«, sage ich nur und habe innerlich schon das Handy gezückt. Na warte, der kann was erleben!

»Sei ihm nicht böse, ich bitte dich«, wiederholt Rob inständig. »Jimmy, er ... ihm geht es nicht gut. Er hält es einfach nicht mehr aus. Deshalb, lass sie. Ich sage Tom nichts, und die Kinder auch nicht.«

»Wir werden sehen«, wiegele ich ab. »Geh nun, Rob, bevor sie dich suchen kommen. Wir sehen uns später.« Ihm noch einmal zulächelnd, nehme ich meine Sachen und laufe über die Straße zur Tankstelle. Ein kurzer Blick aufs Handy, und ich sehe, es ist nicht weit zur Lodge, die Zufahrt beginnt etwa eine Meile weiter. Die Lodge liegt südwestlich des Ortes fast direkt am Glen Canyon, gerade außerhalb des Nationalparks. Das ist doch interessant.

»Hey!«, werde ich angerufen. Ich drehe mich um und sehe Mo in einem der Tore von der Feuerwache stehen, die Hände in den Taschen ihrer Arbeitskluft. »Hast du dich verlaufen? Soll ich dich zur Lodge bringen?«

»Ach was, natürlich nicht. Ist ja nicht weit.« Interessiert trete ich näher. »Tom hat recht, hier ist ja wirklich alles brandneu. Riecht sogar noch nach Farbe.«

»Willste mal gucken?« Sie winkt mich hinein. Ich gebe mich hinreichend beeindruckt von den großen, hellen Räumlichkeiten, in denen man fast noch vom Fußboden essen kann, obschon die Trucks und Fahrzeuge älteren Datums sind. Oben haben sie die Mannschaftsräume untergebracht, eine Küche, Schlafräume, Aufenthaltsraum zum Essen und Fernsehen. Einige Leute sind noch dort, die ich aus dem Canyon wiedererkenne und die mich freundlich grüßen. Ein Schichtplan hängt an der Wand, durchgehend belegte Tage und Nächte.

»Oh, ihr seid keine freiwillige Feuerwehr, sondern eine Berufsfeuerwehr?« Das wundert mich schon bei einem Ort dieser Größe, denn bei uns würde man ihn als Dorf bezeichnen, doch sie nickt.

»Jepp, rund um die Uhr besetzt. Im Moment ist es relativ ruhig, aber in der Saison steppt hier der Bär, da kommen wir kaum hinterher und müssen sogar Personal aufstocken. Seid Covid erst recht, als alle im Land bleiben mussten. Die alte Wache war viel zu klein.

Gut, dass sie abgebrannt ist, obwohl es uns etliches Equipment gekostet hat.«

»Und arbeiten neben dir noch mehr Frauen hier?«, frage ich sie, denn mir ist aufgefallen, die anderen sind alle Männer.

Da grinst sie. »Nee, ich bin die einzige, außer die Sekretärin des Chiefs. Deswegen gehört das Kabuff dort hinten auch mir allein. Kein Zutritt außer für mich.«

»Unsere Mo ist halt empfindlich«, ruft Geoff herüber, und die Männer lachen.

»Ihr schnarcht zu laut, Jungs! Los komm, ich bringe dich in die Lodge, bevor die noch auf dumme Ideen kommen.« Sie führt mich runter und hinter die Halle, wo die Wagen der Kollegen geparkt sind. Unsere Rucksäcke sehe ich bereits in einem schnittigen kleinen Hybrid.

»Gab's irgendwie Zoff mit dem Chief? Er war ein wenig angepisst, als er vorhin hereinkam«, sagt sie, während sie den Motor startet.

»Ach herrje.« Ich lege meine Hand an den Mund. »Das war dann wohl ich.«

Sie fährt nicht los, sondern schaut mich fragend an. Dabei fällt ihr Blick auf meine Hand. Ihre Augen weiten sich. »Was ist denn...« Sie streicht mit dem Finger über die Tätowierung, so schnell, dass ich keine Zeit habe zu reagieren. Dann reibt sie sogar einmal kräftig.

»He!« Ich ziehe meine Hand fort.

»Heilige Scheiße, das ist ja echt! Meine Güte, Sanna! Was haben sie dir denn da verpasst?«

»Ein Tattoo?«, sage ich leichthin, doch sie schüttelt energisch den Kopf.

»Das ist nicht irgendein Tattoo. Du bist eine von ihnen? Aber wie kann das sein? Das gibt es doch gar nicht! Sylvie hat auch so eins, und die anderen Frauen, die behandeln sie fast mit Ehrfurcht. So etwas bekommen nur ihre weisen Frauen, so etwas wie Schamaninnen, und zwar nicht irgendwelche. Wie kommt das?«

Jetzt bin ich kurz davor, wieder aus dem Wagen zu springen. »Darüber möchte ich nicht sprechen, tut mir leid. Aber mit dem

Chief hat das nichts zu tun«, lenke ich sie rasch ab. »Ich bin ihm vorhin in die Parade gefahren. Ich hatte eine Überraschung für Tom geplant, seine Familie ist hier. Das wurde etwas lauter, und der Chief wollte schon mit der Waffe in der Hand hin. Da habe ich ihn aufgehalten.«

Sie sperrt den Mund auf. »Du... hast... aufgehalten?! Bist du verrückt?! Der hätte dich verhaften können!« Offenbar ist meine Ablenkung gelungen, denn sie wirkt fassungslos. Kopfschüttelnd fährt sie los. »Kein Wunder, dass er sauer ist! Und dann seid ihr auch noch mit Chip unterwegs... was habt ihr für eine Verbindung zum Stamm? Die lassen sich sonst nie in die Karten blicken. Nimm zum Beispiel unsere neue Wache. Das ist hier ist eigentlich noch Stammesland. Was musste gefeilscht werden, bis das möglich wurde!« Sie biegt jetzt auf die Zufahrt zur Lodge ein.

»Das verstehe ich nicht«, sage ich vorsichtig.

»Musst du auch nicht, keine Sorge. Das hat mit euch nichts zu tun. Schau, dort vorne ist die Lodge, und da ist auch schon Sylvie.«

Eine ältere Frau, eine Navajo mit schwarzgrauen Haaren kommt freudestrahlend auf uns zu, als wir aussteigen. »Mo, meine Liebe, dich hätte ich nicht erwartet. Und du musst Sanna sein.« Sie hebt kurz die Hand, den Rücken zu mir, und ich sehe dasselbe Tattoo wie meines. Wir legen die Handrücken aneinander, dann lachen wir los und umarmen uns. »Oh, ich wäre so gerne dabei gewesen, aber ich konnte hier ja nicht weg! Dieser verdammte Schnee! Ich habe Rosie bekniet, mir alles zu erzählen, aber sie meinte nur, das sollst du selber machen.«

»Puh!«, mache ich. »Ich glaube nicht, dass ich so etwas jemals wieder erleben möchte. Es war grauenvoll, Sylvie. Sei froh, dass du nicht dabei warst.«

Sie nickt verständnisvoll und legt mir den Arm um die Schultern. Dabei fällt ihr Blick auf Mo, die uns fassungslos anschaut. »Das verstehe ich. Dann will ich dich nicht weiter drängen. Aber nun sag, ist es dir gelungen? Haben sie sich getroffen? Rob ist ja sehr nett, er hat mir erzählt, was ihr vorhabt.«

»Oh ja.« Ich hole erleichtert Luft, Mo's Blicke ignorierend. »Sie sind jetzt zusammen, ich habe sie allein gelassen. Er sagt, die anderen kommen heute Abend, vielleicht auch heute Nacht. Na, hoffentlich geht das gut.«

Sylvie lacht. »Wird es schon, keine Sorge. Das ist was für dich, Mo! Ein ganzer Haufen Feuerwehrleute, aus New York, stell dir vor! Dein Tom, der ist doch auch einer, oder Sanna?«

Jetzt reißt Mo erst recht die Augen auf. Verdammt! Was hat Rob ihr denn alles erzählt? »Das war er mal, ja. Ist aber schon ne Weile her.« Um davon abzulenken, mache ich mich von Sylvie los und hole unsere Rucksäcke aus dem Wagen.

Doch Mo kommt hinter mir her und nimmt mir den einen ab. »Hab ich das eben richtig gehört?«, fragt sie fassungslos. »Echte Fidnies?«

»Ja.« Ich schlage die Kofferraumklappe zu.

»Oh, wow«, formt sie fast lautlos die Worte. »Und, haben sie...«

Ich nehme ihr Toms Rucksack ab. Ich weiß genau, was sie fragen will. »Frag sie das selber, Mo, wenn du dich traust. Es steht mir nicht zu, darüber zu spekulieren.« Halb gebe ich ihr damit die Antwort schon, das ist mir klar.

Sylvie geht dazwischen. »Nun lass Sanna doch ein wenig Luft, Mo! Komm, gib mir den anderen Rucksack. Ich zeige dir deine Unterkunft.«

»Ja, ich könnte eine Dusche wirklich gebrauchen. Danke, Mo. Wir sehen uns.« Ich will sie nur noch loswerden, und das merkt sie. Mit einem knappen Nicken steigt sie wieder in den Wagen und fährt davon. »Puh! Oh Sylvie, das...«

»Tut mir leid, das war nicht gut. Der alte Mann hat so bereitwillig davon erzählt, da dachte ich...«

»Mach dir keinen Kopf. Wenn die anderen hier sind, kommt es eh heraus, wie ich sie kenne. Das ist eine lebhafte Bande. Aber sag, woher weiß Mo von...« Ich hebe meine Hand. Langsam gehen wir zum Hauptgebäude hinüber, ein im traditionellen Stil gebauter Rundbau mit einer breiten, umlaufenden und überdachten Veranda.

Schaukelstühle stehen vor den einzelnen Wohneinheiten, jeweils ein kleiner Tisch dazwischen. Sehr hübsch!

»Sie ist hier geboren und aufgewachsen, ganz einfach«, erklärt Sylvie. »Unsere Welten überschneiden sich in diesen Dingen nicht häufig, aber sie bekommen zwangsläufig einiges davon mit. Schau, hier ist dein Zimmer. Ist das okay für dich? Ich kann dir auch gerne eine Hütte geben, wenn du etwas abgeschiedener sein willst.« Sie schließt mir einen Raum auf. Eine Schlafstätte auf einem Podest. Eine Sitzecke, Felle und niedrige Hocker, Kissen. Eine unauffällige Schiebetür zu einem Bad, das aber hochmodern.

»Nein, lass nur, dies ist perfekt für mich.« Ich bin jetzt lieber unter Menschen und nicht allein in einer Hütte, wo alle naslang einer vor der Tür stehen kann.

»Dann ist ja gut. Deine Freunde habe ich gleich neben dir einquartiert. Komm erstmal an. Wenn du dich ein wenig eingerichtet hast, habe ich Tee für dich und etwas zu essen. Auf deine Bilder bin ich wirklich gespannt!« Sie lässt mich allein.

Kaum ist die Tür zu, lasse ich mich aufs Bett fallen. Auf einmal kann ich nicht mehr, bin völlig erschöpft. Mit geschlossenen Augen liege ich da und atme bewusst tief und ruhig und dämmere sogar eine gewisse Zeit ganz und gar weg. Es ist erst früher Nachmittag, aber ich komme mir vor, als wäre ich einen Marathon gelaufen. Bin ich ja auch, im übertragenen Sinne.

Als ich ungefähr eine Stunde später wieder aufwache, ist es immer noch ruhig in der Lodge. Ich beschließe, duschen zu gehen, obschon mein letztes warmes Bad ja kaum einen halben Tag her ist. Meine Knochen danken es mir, der unaufgewärmte Aufstieg im Canyon hat mir gehörigen Muskelkater beschert. Dann sortiere ich meine Sachen durch, was gewaschen werden muss. Automatisch will ich das auch mit Toms machen, da geht mir auf, dass sein Rucksack gar nicht hier ist. Natürlich, er hat ja ein eigenes Zimmer. Einen kurzen Moment halte ich inne. Mir wollen die Tränen kommen, ich weiß auch nicht, warum. Unsere gemeinsame Zeit ist jetzt zu Ende, das ist es wohl. Die Augen zusammengekniffen, richte ich mich auf. Will ich jetzt bei Sylvie sitzen und quatschen, als sei nichts? Nein, das kann ich nicht.

Rasch ziehe ich mir meine Ersatzkleidung an und die leichten Schuhe. Ich habe beschlossen, einen Spaziergang zu machen, nur die Kamera und ich, ganz gemütlich hin zum Canyon. Sylvie zeigt Verständnis für meinen Wunsch. »Geh nur und genieße die Ruhe. Hier wird es noch früh genug trubelig. Gib mir ruhig deine Wäsche, ich kümmere mich darum und stelle dir etwas zu essen aufs Zimmer, dann kannst du dich zurückziehen, wenn es nötig ist.«

Rob hat recht, sie ist ein echter Schatz. Kein Wunder, dass er zum Plaudern aufgelegt war!

Dieser Spaziergang, der eigentlich eine lange Wanderung über den ganzen Nachmittag hinweg bis in den Abend hinein ist, befreit mich irgendwie, das merke ich schon bald. Ohne Gepäck, nur die Kamera, etwas zu trinken und eine Lampe. Niemand, auf den ich Rücksicht nehmen muss. Eine Landschaft, die dramatisch ist und schön, der tief eingeschnittene Glen Canyon mit dem Colorado River, der hier in vielen verschiedenen Farbschattierungen funkelt, mit der sinkenden Sonne sich ständig verändernd. Stundenlang wandere ich auf den Klippen entlang. Einen richtigen Wanderweg gibt es nicht, eher eine lose Anzahl Trampelpfade, man muss sich seinen Weg suchen, teilweise um tiefe Spalten herum, aber das macht nichts. Ich entdecke antike Felszeichnungen, tief unten im Canyon, sodass ich einen steilen Pfad hinabklettern muss, mache Bilder auch von dort unten. Sitze in der relativ warmen untergehenden Sonne lange oben auf den Klippen da und denke... an nichts. Wie schön das ist! So sehr habe ich mich von den Problemen der anderen einwickeln lassen, dass ich mich selber dabei fast vergessen habe.

Erst lange nach Anbruch der Dämmerung kehre ich im Licht der Stirnlampe in unsere Unterkunft zurück. Es ist immer noch ruhig, kein Zeichen von Tom, von den Kindern oder Rob, und auch neue Autos sind nicht hinzugekommen, erkenne ich erleichtert. Leise schleiche ich mich auf mein Zimmer und finde dort einen gut gefüllten Tisch vor. Da das Mittagessen beinahe ausgefallen ist – den Burger hatte ich unterwegs gegessen – bin ich entsprechend ausgehungert. Hausmannskost, lecker! Auch an einen schönen Tee hat Sylvie gedacht, der auf einem Stövchen warmgehalten wird.

Ich habe es mir mit einer Tasse und einem Teller gerade gemütlich gemacht und das Ultrabook hochgefahren, da klopft es an der Tür.

Rob und Col stehen davor, beide breit lächelnd. »Hier steckst du also!«

»Col! Es ist schön, dich zu sehen!«

»Jaa, dich auch.« Sichtlich verlegen umarmt er mich. Himmel, er ist ja fast schon so lang wie sein Vater! Ich muss mich gehörig recken.

»Wo ist Lizzie? Und wo ist Tom?«, frage ich besorgt.

»Hmm... Dad hat unsere Handys und mein Tablet einkassiert und liest jetzt unsere E-Mails. Wir... Lizzie hat ihn nicht einmal mehr losgelassen seit heute Mittag, aber wir... wir wollten fragen, ob du nicht Lust hast, mit uns essen zu gehen und... naja.«

Ich muss lachen, und auch Rob schmunzelt. »Ich hatte zwar gerade vor zu essen, aber warum nicht, ich komme gerne mit. Was ist, wollt ihr mal ein paar Bilder sehen? Dann nehme ich das Book mit.«

Wir fahren zum Diner hinunter. Auf dem Parkplatz dort ist es voll geworden. Aus der Bar nebenan dringt Musik, es ist einiges los. Im Diner selber ist es dagegen fast leer, uns gerade recht. »Kommt, setzen wir uns dort hin, da ist genug Platz.« Wir nehmen einen großen Tisch, sodass wir nebeneinander über Eck sitzen können, machen unsere Bestellung. »Und jetzt erzählt. Wie hat er es aufgenommen?«

Rob sieht auf einmal müde aus. »Ganz ehrlich, ich weiß es nicht.«

»Zuerst war's richtig schön«, sagt Col leise und starrt auf seine Hände. »Aber irgendwann hat er angefangen, Fragen zu stellen, und dann ist Lizzie mit der ganzen Geschichte rausgeplatzt. Mit dir, mit uns, mit Onkel Jimmy und was du getan hast. Da wurde er kreidebleich. Ich glaube, er ist sauer. So sauer habe ich ihn noch nie gesehen. Dann hat er unsere Geräte einkassiert.«

Ich schon. »Kopf hoch, der beruhigt sich wieder, du wirst sehen.« Ich bemerke, wie Rob die Lippen zusammenpresst, und drücke kurz seine Hand. »Was habt ihr denn erwartet, dass es einfach wird? Ihr seht euch alle wieder und juhu, wir fahren nach Hause? Ihr werdet noch ganz, ganz viel Arbeit vor euch haben, bis alles wieder im Reinen ist. Lasst euch Zeit, und erwartet bloß nicht zu viel von ihm. Ihr seid ein Schock für ihn, das muss euch klar sein. Er ist immer noch sehr angeschlagen.«

Rob holt tief Luft. »Nein, das haben wir auch nicht erwartet. Aber wenigstens...«, er stockt, sucht nach Worten, und lässt es dann seufzend. Stattdessen sagt er: »Deine offenen Worte haben uns manches Mal über vieles hinweggeholfen, Sanna. Wir ahnen, dass du uns nicht alles erzählst.«

»Onkel Jimmy und Onkel Danny haben sich darüber unterhalten, als sie dachten, wir bekommen das nicht mit. Aber in dem Loft kann man kaum etwas heimlich tun. Es ist alles sehr offen«, sagt Col. »Jimmy sagt, es ging Dad sehr schlecht. Wie schlecht?«

Er will es unbedingt wissen, doch das möchte ich ihm und vor allem Rob nicht antun. Daher sage ich: »Ich habe euch nicht alles geschrieben, das stimmt, und Jimmy auch nicht, das mag euch ein kleiner Trost sein. Ganz ehrlich, Col, das soll dein Vater euch selber erzählen. Ich habe ganz bewusst die schlimmsten Dinge verschwiegen. Das geht nur ihn etwas an. Er soll entscheiden, wer es erfahren soll und wer nicht, versteht ihr?«

»Was für ein Glück, dass du ihn gefunden hast und nicht irgendjemand anderes!«, sagt Rob und drückt mich an sich. »Darüber bin ich froh, so froh! Du hast einfach eine Art, damit umzugehen, die macht mich sprachlos. Wirklich.«

»Oh, bitte nicht, Rob!« Ich werde ganz verlegen. »Ich habe einfach getan, was ich für das Beste hielt. Weil ich auch schon mal so etwas durchgemacht habe, damals, nach dem Tod meines Mannes. Ich konnte ihn einfach gut verstehen. Nur dass seine Probleme viel,

viel tiefer liegen. Du hast recht, ich habe ihn und euch mittlerweile gut kennen gelernt. Nur, dort rausfinden, das müsst ihr schon selber. Das kann ich euch nicht abnehmen.«

»Jawohl, Ma'am!«, sagt Rob lächelnd, nimmt meine Hand und drückt einen Kuss darauf.

Diese Geste rührt mich zu Tränen. »Verdammt, jetzt fange ich gleich an zu heulen!«, krächze ich. »Ich glaube, bevor es soweit ist, essen wir lieber etwas, und ich zeige euch die Bilder.«

Und das tun wir ausgiebig. Es lenkt uns ab, und das haben wir alle nötig. Die beiden stürzen sich geradezu auf diese Gelegenheit. Sie staunen über die vielen, vielen Eindrücke. Col probiert begeistert das Ultrabook aus, und ich verpasse ihm bei der Gelegenheit gleich ein paar grundlegende Lektionen in Sachen Internetsicherheit. »Dadurch, dass du meinen Link weitergeschickt hast, hast du ihn aus dem Saferoom herausgelöst und für andere sichtbar gemacht«, erkläre ich ihm. »Deshalb habe ich die Kamera nicht angemacht, man hätte mich da sehen können.«

»Onkel Jimmy hat uns dermaßen gelöchert, wie du aussiehst, das kannst du dir nicht vorstellen. Er war nach dem Chat ganz komisch«, sagt Col. Ich begegne Robs Blick, und er schüttelt leicht den Kopf.

Daher sage ich: »Ich glaube, dein Onkel Jimmy verträgt es nicht, wenn man mal Nein zu ihm sagt.«

Rob lacht dröhnend los. »Oh ja, ein wahres Wort gelassen ausgesprochen. Vor allem, wenn es eine Frau tut!« Col grinst bei den Worten und läuft ein wenig rot an hinter den Ohren. Wie süß!

»Hmm, mit deinem Onkel Jimmy habe ich noch ein ernstes Wörtchen zu reden, da kannst du sicher sein! Der kann sich schon mal warm anziehen! Hoffentlich lassen sie ihm wenigsten Zeit bis morgen früh, bevor sie ihn überfallen!«

»Ich glaube, da hoffst du vergebens«, sagt Col, düster auf einmal, und Rob nickt dazu.

Der Gedanke macht uns unruhig, und so beenden wir das Abendessen recht bald, denn wir spüren alle auf einmal, wir sollten schnellstens zur Lodge zurückkehren. Doch es ist bereits zu spät. Als wir auf die Zufahrt einbiegen, kommt uns im Dunkeln eine kleine Gestalt mit fliegenden Haaren entgegengerannt. Rob macht eine Vollbremsung, wir springen aus dem Wagen.

»Grandpa! Grandpa!« Lizzie fällt ihm in die Arme, sie weint.

»Was ist passiert, Kleines?« Rob nimmt sie besorgt in Augenschein.

»Die anderen sind angekommen, und jetzt streiten sie. Richtig laut sind sie geworden! Du musst ganz schnell kommen, bitte!«, schluchzt sie.

Mir wird vor Schreck ganz kalt, aber das Letzte, was jetzt passieren sollte, ist eine Eskalation des Ganzen. »Hey, Lizzie«, sage ich und lege ihr tröstend die Hand auf die Schulter. »Ich kann mir vorstellen, dass dein Vater das eine oder andere Hühnchen mit den Jungs zu rupfen hat. Lass sie, die vertragen sich wieder, hmm?« Sie schaut mich verweint an, nimmt mich erst jetzt richtig wahr.

»Sanna?«, schnieft sie.

»Ja, ich bin's. Schön, dich endlich zu sehen.«

Da schlingt sie die Arme um mich und klammert sich förmlich an mir fest. »Bitte tu was, bitte mach, dass sie aufhören!«

»Schscht, ganz ruhig. Wir gehen langsam zurück und gucken mal, was gerade passiert, okay? Rob, stellst du den Wagen ab? Ich glaube nicht, dass wir dort jetzt eingreifen sollten. Komm, Kleines, ganz ruhig.« Nur unter gutem Zureden gelingt es mir, sie zum Gehen zu bewegen. Verdammt, können die denn nicht besser aufpassen?!

Doch als wir bei der Lodge ankommen, ist alles ruhig. Bei Sylvie brennt Licht, ich drücke Lizzie Col in die Arme und gehe zu ihr rüber. Sylvie macht mir nach einem kurzen Klopfen auf, doch auf meine Nachfrage meint sie, sie hätte nichts gehört, hätte nur den Schlüssel für die Hütte rausgegeben. Ich danke ihr und kehre zu den Kindern zurück, und auch Rob kommt vom Parkplatz zu uns.

»Los, kommt, schleichen wir uns mal zur Hütte und schauen, was los ist.«

Lizzie ist regelrecht ängstlich, sie drückt sich eng an ihren Großvater und packt gleichzeitig meine Hand. In der Hütte brennt Licht, das sehen wir, doch wir hören sie erst, als wir schon relativ dicht heran sind. Erhobene Stimmen, die streiten, aber sie sind leise dabei, als wollten sie nicht, dass man sie hört.

»Hmm...« Ich halte Lizzie fest, die schon wieder loslaufen will. »Klingt nicht so, als hätten sie einander umgebracht, sie leben noch. Lassen wir sie streiten, was denkt ihr? Das ist wie ein Gewitter, die Luft wird hinterher sehr viel klarer sein.«

Ich ziehe Lizzie einfach mit mir, und die anderen kommen zögernd hinterher. »Was ist mit dir, Kleines, hast du heute Abend überhaupt schon was gegessen?«, frage ich. Sie schüttelt den Kopf. Also biege ich kurzerhand zu meinem Zimmer ab. »Ich habe noch jede Menge Zeug von Sylvie. Kommt rein.« Auf dem Bett liegt die frisch gewaschene Wäsche. Rasch räume ich sie ins Bad und bitte die anderen, Platz zu nehmen.

Nur unter gutem Zureden lässt Lizzie sich zum Essen bewegen. Sie ist erschreckend blass, und ich tue alles, um sie wieder aufzumuntern, doch es ist schwierig. Sie fängt wieder an zu weinen, will gar nicht mehr aufhören. Rob's Trost lehnt sie ab und klammert sich stattdessen an mich. Himmel, was soll ich nur tun? Schließlich bewege ich sie dazu, sich ein wenig hinzulegen, und setze mich zu ihr aufs Bett. Rob und Col gucken regungslos zu, sie wissen sichtlich nicht, was sie noch tun sollen. Ich lasse die Kleine weinen, bis sie wieder etwas ruhiger geworden ist. Völlig fertig und übermüdet, das ist sie. Aber schlafen will sie nicht, egal, was ich versuche. Also Ablenkung, beschließe ich.

»Die werden sich wieder einkriegen, du wirst sehen. Es gibt vieles, was sie bereinigen müssen, aber das bekommen sie hin. Dein Dad hat mir gesagt, dass er sich freut, sie wiederzusehen. Natürlich streiten sie, das müssen sie auch, sonst kommt das alles nicht heraus.«

»Ist es wegen.... wegen Dad's Krankheit?«, schnieft sie. »Wir haben sie gehört, die Onkel, wie sie nachts geredet haben.« Rob verzieht das Gesicht bei diesen Worten, und ich schüttele den Kopf.

»Darum geht es sicherlich auch. Lass sie nur machen, Lizzie, und hab keine Angst. Was ist, soll dein Grandpa mal nachsehen, was da vor sich geht? Schscht, keine Angst.« Ich drücke sie an mich, denn sie ist ängstlich zusammengefahren. »Nur gucken, nichts tun. Machst du das, Rob?«

»Ist gut.« Sichtlich hin und her gerissen verlässt er das Zimmer.

»Willst du heute Nacht bei mir bleiben? Du brauchst Schlaf, das sehe ich dir an.«

»Jaaah... darf ich? Bitte, Sanna!«

Wie sehr sie sich nach ihrem Vater anhört, wie sie das so sagt, und gleichzeitig kindlich! Mir tut das Herz weh, sie so zu sehen. Diese Kindlichkeit, die passt gar nicht zu einer Vierzehnjährigen. Was hat sie nur alles mitmachen müssen, und wie sehr sie das belastet! »Natürlich darfst du, das bekommen wir schon hin. Kannst du ihre Sachen holen, Col?« Er nickt und verlässt das Zimmer. Kaum ist er draußen, sackt Lizzie zusammen. Sie hat sich angespannt, und wie! »He, was ist denn? Was sollen die anderen nicht mitbekommen?«

Sie schnieft wieder los, vergräbt ihren Kopf in meinem Schoß. »Dad, er ... er hat... er wollte wissen... wegen Maddy... er hat die anderen angeschrien. Ich wollte das nicht sagen, wenn Grandpa und Col...« Sie verstummt.

Ärger wallt in mir auf, wie sehr, das mag ich sie gar nicht sehen lassen. Was für Idioten! »Oh. Verstehe. Oh je.«

Zu mehr komme ich nicht, denn es klopft an der Tür. Col kommt mit einer Reisetasche und einem kleinen Rucksack herein. »Grandpa sagt, sie sind jetzt ganz leise. Er bleibt da und passt auf.«

»Danke, Col. Ich denke, wir sind alle rechtschaffen fertig, aber ganz besonders du, Lizzie. Versuchen wir, etwas zu schlafen, ja? Morgen sieht die Welt schon wieder ganz anders aus, du wirst sehen.« Ich warte nicht ab, ob Rob zurückkommt. Col mit einem

Kopfschütteln wegschickend, schließe ich die Tür und verriegele sie, lege sogar die Sicherheitskette vor. So. Welt ausgesperrt.

Nun entspannt sie sich noch mehr und lächelt mir unsicher zu. Ich mache den Anfang im Bad, und sie folgt irgendwann meinem Beispiel. »Nimm du ruhig die Decke, ich nehme meinen Schlafsack«, sage ich zu ihr. Das Bett ist zum Glück breit genug, sodass wir uns nicht ins Gehege kommen. Obwohl, sie schmiegt sich gleich wieder an mich. Wie ein verletztes, zu früh aus dem Nest gefallenes Küken.

»Du weißt Bescheid über Maddy?«, flüstert sie.

»Nicht wirklich bescheid, nein. Aber ich... wir glauben, eine Menge herausgefunden zu haben. Das wird er jetzt von den anderen wissen wollen. Mach dir keine Sorgen. Sie werden das klären.«

Sie schnieft wieder los. »Es ist nur... wenn sie sich zerstreiten... so richtig böse... dann... es ist das einzige Zuhause, das wir noch haben. Was, wenn wir da nicht mehr hinkönnen?«

»Schscht, nicht. Das wird nicht passieren, du wirst sehen. Dafür haben sie sich viel zu gerne. Doch, es stimmt. Dein Dad hat es mir oft erzählt. In allen Freundschaften streitet man sich mal, oder tust du das nicht mit deinen Freundinnen?«

Sie kneift die Lippen zusammen. »Früher, ja. Aber ich bin jetzt in einer neuen Schule, und da... habe ich niemanden. Grandpa sagt, das kommt noch. Aber ich hasse es dort.«

Wie gut ich sie verstehen kann! »Das ging mir in deinem Alter genauso. Ich habe mir Freunde außerhalb der Schule gesucht... nein, nicht gesucht. Das kann man nicht erzwingen. Solche Freundschaften kommen von selber, das wirst du sehen. Es braucht nur Zeit. Das hilft dir vielleicht jetzt nicht, aber es wird besser werden.« Ich lege mich ein wenig anders hin, denn ihr Kopf lässt meinen Arm einschlafen, und schlage auf der anderen Seite meinen Schlafsack zurück, denn mir wird ganz schön warm.

»Ist dir der Schlafsack zu warm?«, flüstert sie denn auch und befühlt ihn. »Ganz schön dick.«

»Oh ja, da draußen habe ich ihn gebraucht. Wenn ich noch länger hier unterwegs bin, müsste ich ihn austauschen, dann wird er wirklich zu warm. Im Moment ist er noch okay, wenn ich mich nur leicht zudecke. Im Zelt ist es natürlich kälter als hier drin.«

»Onkel Jimmy sagt, dass du mit Dad in einem Zelt geschlafen hast, obwohl du dein eigenes hast. Stimmt das?«

Du meine Güte! Was beschäftigt die Kleine nur? Ich beschließe, ehrlich zu sein. »Ja, das stimmt. Ich wollte das nicht, aber er hatte so furchtbare Träume, da hat er sich kaum beruhigen lassen. Es ging nicht anders, sonst hätte er nicht schlafen können und ich auch nicht.«

»Magst du meinen Dad?«

Ah, das ist es also. Das musste ja kommen. »Ich mag ihn, klar tue ich das. Am Anfang, da hat er mich ein wenig erschreckt, dann hatte ich Mitleid mit ihm, weil er so krank war. Aber später dann habe ich gemerkt, er ist wirklich nett. Er hat mir sehr geholfen dort draußen, es war teilweise nicht leicht bei dem schlimmen Wetter. Wir sind Freunde geworden, Lizzie, ziemlich gute Freunde. Aber das ist ganz normal, wenn man so lange zusammen reist.«

Das stellt sie nicht im Ansatz zufrieden, aber sie verkneift sich weitere Fragen. Ich drücke sie kurz. »Ihr beiden, ihr seid ganz schön schlau und gerissen. Was ihr alles mitbekommen habt!«

»Pah!« Jetzt markiert sie den zickigen Teenager und klingt auf einmal viel älter als noch gerade eben. »Man braucht sich nur auf die Galerie zu schleichen. Das Haus ist so hellhörig wie eine Konzerthalle. Wenn sie sich nicht in einer Wohnung einschließen, sondern unten in der Bar sind, versteht man oben alles. Was ist, willst du es mal sehen? Ich hab Fotos gemacht.« Sie greift hinter sich und wühlt aus ihrem Rucksack eine Kameratasche heraus.

»Oh ja, da bin ich aber gespannt. Das PFZ wollte ich schon immer mal sehen.«

»PFZ?« Sie hält erstaunt inne.

Jetzt habe ich mich verplappert, verdammt! Aber nun gibt es keine Ausrede mehr. »So nenne ich im Stillen das Refugium, das die Jungs für deinen Dad gebaut haben. Pam-Freie-Zone. Das ist respektlos, ich weiß, denn es geht hier immerhin um deine Ma. Aber das haben die Jungs getan, Lizzie. Sie haben es für ihn gebaut. Als Schutzraum. Auch für euch.«

Einen Moment guckt sie, als wüsste sie nicht, ob sie heulen, lachen oder ärgerlich sein soll. Dann siegt die Belustigung. »PFZ! Das merke ich mir!« Sie grinst und holt die Kamera aus der Tasche heraus. Ich bin froh über dieses Grinsen, es bringt etwas Farbe in ihr Gesicht. »Dann zeige ich dir jetzt mal was davon. Ich habe geübt. Aber du kannst mir sicherlich noch viel mehr beibringen. Guck, hier. Das ist es von außen.«

Sie zeigt mir einige Bilder. Sie sind interessant, nicht wegen der Perspektive, denn da hat sie in der Tat noch viel zu lernen, sondern wegen der Räumlichkeiten. Von außen eine schlichte Lagerhalle ohne allen Schnickschnack. Backstein, Wende neunzehntes zum zwanzigsten Jahrhundert, würde ich sagen. Eingang mit Lastenfahrstuhl und einem umlaufenden Treppenhaus, geschwungenes Metallgeländer, Jugendstil. Dahinter, hinter einer Wand aus mattem Glas mit Verzierungen, so dass man nicht von außen reinschauen kann, ein hoher, offener Raum vom Erdgeschoss bis zum Dach, Kassettenfenster bis ganz oben und umlaufender Galerie, wo man andere innenliegende Fenster und Türen sieht, bestimmt zu den Wohnungen der Jungs. Sehr schön angelegt, aber gewiss sehr schwierig zu heizen. Ein lang gezogener Tresen mit Barhockern, gut bestückte, verspiegelte Regale mit allerlei Erwachsenengetränken und Gläsern. Zapfanlage, Kaffeemaschine, Küchenzeile, alles, was dazu gehört. Hätte auch in einem Restaurant stehen können. Lampen im Industriestil hängen auf halber Höhe an den alten Rohren, und auch an den Wänden haben sie interessante Beleuchtung installiert.

Auf dem nächsten Foto das Sofa, das ich schon auf dem Gruppenfoto gesehen habe, eine Sitzgruppe, niedrige Tische. Ein riesiger Flatscreen an der Wand, natürlich. Spielekonsole, Musikanlage. Dann das richtige Spielzeug: Dartscheibe, zwei Flipperautomaten, ein Billardtisch. Hinter einer Trennwand ein paar Trainingsgeräte, Hantelbank, ein Boxsack. Hat bestimmt 'ne schöne Stange Geld gekostet. Wahrlich eine Männerhöhle! Dennoch, die Liebe zum Detail sieht man den Räumlichkeiten an, und ich weiß schöne Architektur zu schätzen. »Sieht echt super aus. Oh halt, was ist denn das? Himmel, das ist ja eine lange Liste!«

Ich nehme Lizzie die Kamera aus der Hand. Das ist die Wand hinter dem Billardtisch. Eine ganze Reihe Urkunden und Zertifikate hängen da, von ihnen allen, auch von Tom und Rob, wie ich beim Hereinzoomen feststelle, und eine mannshohe Kreidetafel mit zwei Abteilungen, eine mit Überschrift S und eine mit J, und darunter eine lange Reihe Striche in Fünfergruppen, die meisten weiß, andere wenige in rot und ein ganz paar in grün. Siegesstriche, was sonst? »Jimmy und Sean spielen aber wirklich viel«, meine ich kopfschüttelnd und gebe Lizzie die Kamera wieder zurück.

Erstaunt sehe ich, dass sie die Nase kraust und kichernd errötet. »Jaah, das sollen alle glauben. Aber die Striche bedeuten etwas ganz anderes.«

»Wie... was meinst du?«

Sie prustet los. Jetzt ist sie wirklich ein Teenager. »Ich bin mal nachts auf Klo, da hab ich sie gehört. Sie kamen grad von 'ner Party oder so was zurück und waren ziemlich...« Ihre Hand imitiert das Trinken. »Sie haben sich gestritten, ob eine Sheila einen weißen oder einen roten Strich bekommen sollte. Bei Onkel Sean.«

»Sie... waas?!« Mir bleibt die Sprache weg. Das darf doch nicht wahr sein! »Du meine Güte, Lizzie.« Eine Männerhöhle? Das trifft es nicht einmal annähernd! Ich weiß nicht, ob ich belustigt oder empört sein soll, und beschließe, dass Letzteres wohl angebrachter ist. Als Frau allemal. Was denken die sich eigentlich!? Dass sie beim Moorhuhn Schießen sind?! Jetzt, wo die Kinder dort wohnen, erst recht! Col weiß bestimmt auch Bescheid.

»Die können ja Strichlisten führen, wie sie lustig sind, aber wenn das Jugendamt das mitbekommt, dann gibt es mächtig Ärger! Hoffentlich sind sie so schlau und nehmen das ab, und zwar bald.« Jetzt guckt mich Lizzie ängstlich an. »Ich rede mit ihnen, keine Sorge. War das Amt denn schon da?«

»Jaah, aber nur bei uns drüben. Die haben gar nicht mitbekommen, dass es auf jeder Ebene einen Durchgang zum Haupthaus gibt. Es hängen Vorhänge davor. Onkel Jimmy wollte das so. Wohl deshalb, oder weil wir nicht ständig bei ihnen reinschauen sollen. Vielleicht.«

»Na, dann hoffen wir mal, dass es so bleibt, nicht? Ich rede aber trotzdem mit ihnen, keine Angst. Das Ding können sie sich in ihr Schlafzimmer hängen oder aufs Klo, wo es keiner sieht.« Strichliste, ich fasse es nicht! Ob damit auch Jimmys Spitzname zu tun hat? Fast sollte man es meinen. Seine Liste ist länger als Seans, aber nicht viel. Bestimmt holt Letzterer gerade mächtig auf.

Lizzie hat inzwischen weitergescrollt zu ihrem Teil des Gebäudes. Auch das ist sehr schön geworden, aber nicht so offen, normale Etagen, drei an der Zahl. Die gleichen Kassettenfenster und ein Balkon, von wo aus man den Fluss sehen kann. Und ungepflegte Hinterhöfe und jede Menge Hochhäuser. Hmm... nicht mein Ding.

Da sie immer noch nicht schlafen will oder kann, revanchiere ich mich und beginne ihr ein wenig von Haulensteen zu erzählen, leise und ihr immer wieder über den Rücken streichend, und schließlich hat meine Methode Erfolg. Sie schläft ein, derart tief und fest, dass ich ihr schon bald die Kamera abnehmen, sie von mir lösen und fest zudecken kann. Traurig betrachte ich ihr blasses Gesicht im Schein der Nachttischlampe. Ihr wisst gar nicht, was ihr der Kleinen antut! Pam, Tom, Rob und die anderen. Verdient habt ihr sie alle nicht!

Ein Blick aufs Handy, und ich sehe, es ist noch nicht einmal Mitternacht. Trotzdem fühle ich mich, als hätte ich die Nacht durchgemacht. Da schalte ich doch lieber das Licht aus. Ich bin schon fast weggedämmert, da knarzt mit einem Mal der Dielenboden vor unserer Tür. Jemand dreht leise, ganz leise den Türknauf. Ich halte die Luft an, doch da fällt mir ein, ich habe ja abgeschlossen. Dennoch setze ich mich lautlos auf und versuche mich zu erinnern, wo was in diesem Zimmer stand, falls...

Doch der Unbekannte verharrt nur einen Moment, dann lässt er den Türknauf los und geht wieder. Ich stoße erleichtert die unwillkürlich angehaltene Luft aus.

Wer das wohl gewesen ist? Als ich vorsichtig hinter der zugezogenen Gardine aus dem Fenster schaue, sehe ich niemanden mehr, aber mein Fenster weist auch auf die Auffahrt. Er muss von der anderen Seite gekommen sein. Entweder Rob oder Tom oder... Jimmy? Oder ein Fremder? Auf einmal muss ich frösteln. Es ist kalt im Zimmer, oder kommt das aus meinem Innern? Irgendwie habe ich auf einmal ein ungutes Gefühl. Rasch kuschele ich mich wieder in meinen Schlafsack und lausche, ob sich noch etwas rührt, aber es bleibt still.

Kapitel 11

Weit vor Sonnenaufgang wache ich auf. Trotz des Besuchers am Abend habe ich gut geschlafen, sodass ich ziemlich erholt bin. Da Lizzie immer noch schläft, beschließe ich, eine morgendliche Fotorunde am Canyon einzulegen. Mal sehen, welche Farben mich heute erwarten. Auf Zehenspitzen ziehe ich mich an und hinterlasse ihr eine Nachricht, wo ich hingegangen bin.

Draußen mache ich einen großen Bogen um die anderen Zimmer und die Hütten, will jetzt niemandem begegnen. Doch meine Sorge ist unbegründet. So früh ist niemand auf den Beinen.

Mein Spaziergang lohnt sich so sehr, dass ich ihn viel länger ausdehne, als ich es ursprünglich geplant hatte. Rot glühen die Felsen in der Morgensonne, ein fantastisches Bild mit den tiefen Wassern des Flusses. Erst der Hunger treibt mich wieder zurück zur Lodge, und auf einmal bin ich nervös. Nun denn, auf in den Kampf!

Mein Zimmer ist leer, Lizzies Sachen sind verschwunden. Sie ist wohl wieder zu ihrem Bruder gezogen, vermute ich. Rasch ziehe ich meine Jacke aus und lasse sie samt Kamera zurück.

Sylvie steht hinter ihrem Empfangstresen, ein Glas Latte Macchiato in der Hand. Als sie mich kommen sieht, lächelt sie erfreut. »Guten Morgen, du warst aber früh auf! Hast du bereits eine Runde gedreht?«

»Oh ja, es war wunderschön. Sylvie, machst du mir auch so einen Latte Macchiato? Den habe ich seit Ewigkeiten nicht mehr getrunken!«

»Aber gerne doch, Liebes. Deine Fidnies sind im Frühstücksraum, zumindest die Vierercombo«, sagt sie über die Schulter, während sie die Kaffeemaschine bedient. »Rob war auch schon hier, aber er ist mit den Kindern zum Canyon gegangen. Hast du ihn getroffen?«

»Nein, wir müssen uns knapp verpasst haben.« Also manövriert er sie aus der Schusslinie. Gut! »Ich gehe schon mal rein, ja?«

»Ist gut, ich bringe dir gleich dein Getränk. Frühstück steht auf dem Buffet.«

Ich danke ihr und mache mich auf in den Frühstücksraum, ein runder, hoher Raum mit umlaufenden Fenstern, die auf eine begrünte Gartenanlage hinausgehen. Im Eingang bleibe ich stehen und lehne mich in den Türrahmen. Die wenigen anderen Gäste fallen gar nicht ins Gewicht, meine Aufmerksamkeit lenkt sich automatisch auf die lebhafte Viererlgruppe an einem runden Tisch am Fenster. Die Unterhaltung ist fröhlich, erkenne ich leichtert, die Scherze fliegen hin und her. Also ist das Gewitter zumindest bei ihnen vorüber, aber meines, das kommt noch ganz gewiss, denn der Wichtigste in der Gruppe fehlt. Von Tom keine Spur.

Guck sie dir an, denke ich und muss unwillkürlich schmunzeln. Alle mittleren Alters, aber durch ihre Fröhlichkeit wirken sie viel jünger, beinahe jugendlich. Was für eine Bande! Ich hätte da ewig so stehen bleiben und sie anschauen können, da bemerkt Danny mit einem Mal, dass ich sie beobachte. Er stößt Jimmy an und ruckt mit dem Kinn zu mir. Der springt sofort auf, erst fragend, und als ich nicke, erscheint ein strahlendes Lächeln auf seinem Gesicht. Oh ja, verdammt gut sieht er dabei aus! In den wenigen Schritten, die er zu mir braucht, werde ich einer ausgiebigen Musterung unterzogen. Nichts in seinem Lächeln lässt darauf schließen, was er denkt, doch ich spüre, nur ganz unmerklich, er ist ein wenig enttäuscht. Er beherrscht sein Pokerface, so viel ist sicher. Aber damit täuscht er mich nicht. Dafür habe ich ihn bereits viel zu gut kennengelernt.

»Sanna! Endlich! Lass dich anschauen!« Er fasst mich bei beiden Schultern. Ich werde noch einmal gemustert, ausgiebiger diesmal, und wieder stellt sich dieses Gefühl ein.

»Tja«, sage ich und mustere ihn ebenso von oben bis unten und das so offensichtlich, dass er hoffentlich versteht, mir ist das unangenehm. »Wen hast du erwartet? Eine zweite Claudia Schiffer etwa?«

Er lacht los und umarmt mich. Ein intensiver Geruch kommt mir entgegen, nach Deo und Aftershave, gemischt mit etwas anderem, etwas, das ich nicht ganz einordnen kann, als gehöre es nicht zu ihm. Es ist kaum zu merken, aber dennoch da. Hager ist er, das spüre ich deutlich und mag ihn gar nicht so feste drücken. Ich bekomme links und rechts einen Kuss auf die Wange. »Ich weiß nicht, was ich erwartet habe, aber auf jeden Fall dein freches Mundwerk«, grinst er und legt mir den Arm um die Schultern. »Komm, ich stelle dich den anderen vor!«

Danny macht den Anfang, bei ihm ist es leicht, denn wir haben ja schon miteinander gesprochen. Ein warmes Lächeln, ebenfalls Küsschen links und rechts und ein sanfter Druck aus schmalen Händen, nicht so aufdringlich wie Jimmy.

Sean gibt mir nur die Hand, fest und knapp. Bei ihm merke ich sofort, wie eine Schublade aufgeht, sobald er mich in meinen Trekkingklamotten gemustert hat. Ziemlich weit unten ist sie, und ich verschwinde augenblicklich darin. Gut, dass das geklärt ist. Er ist attraktiv, oh ja. Das Foto hat es schon gezeigt, aber in Natura wirkt es noch intensiver. Karamellfarbene Haut, schmale, leicht schräge blaue Augen und ein Gesicht wie gemeißelt. Figurbetontes Langarmshirt, was deutlich zeigt, er ist der Hauptnutzer der Fitnessecke im PFZ. Der füllt seine Liste bestimmt schnell auf. Aber nicht mit mir, was für ein Glück!

Vince kommt zuletzt auf mich zu. In seinem unvermeidlichen quietschbunten Hemd schlabbert er mir ganz ungeniert einen Kuss mitten auf den Mund, drückt mich an seinen Wabbelbauch und tätschelt mir bei der Umarmung das Hinterteil. Dabei ist er aber so nett und regelrecht süß, dass ich ihm nicht sofort eine runterhaue, sondern ihn erst mit zwei schnellen italienischen Sätzen, in denen es sinngemäß um Machos und verbrannte Finger geht, zur Räson bringe, als wir uns an den Tisch setzen und er einfach nicht von mir lassen kann. Da lacht er gutmütig, behält seine Pfoten aber fortan bei sich, und die Jungs ziehen ihn so richtig schön auf, obschon sie vermutlich meine Sätze nicht verstanden haben.

Wie er so in der Sonne sitzt, erkenne ich auf einmal, er hat eine Prellung am Kinn, das hatte ich vorher gegen das Licht nicht gesehen. Aha. Das ist also der Missetäter. Ausgerechnet. Ein wenig unwohl wird ihm unter meinem forschenden Blick schon, er sieht rasch zur Seite.

Bevor ich noch etwas sagen kann, kommt Sylvie zu uns und bringt mir meinen Macchiato. Vorsichtig, denn er ist sichtlich heiß, nehme ich den ersten Schluck. »Hmm.. das habe ich vermisst. Immer nur Tee morgens, ich bin wirklich auf Entzug!« Genüsslich trinke ich einen weiteren Schluck.

»Du solltest mal Vince zuhause besuchen. Der macht dir da einen Latte, dass dir Hören und Sehen vergeht«, sagt Jimmy.

Das meint er offenbar völlig ernst, aber ich verschlucke mich an dem Milchschaum. »Was?!" Hustend versuche ich, wieder Luft zu bekommen, aber dann kann ich nicht mehr, ich muss einfach lachen.

Die anderen schauen unsicher lächelnd und fragen, was ich denn so witzig daran finde. Wie können sie das auch verstehen? Also kläre ich sie auf, mit einem breiten Grinsen, wofür das Wort Latte im Deutschen noch steht und warum wir zu diesem Getränk auch Latte Macho sagen. Bald bebt die Runde vor dröhnendem Gelächter, und ich werde, das spüre ich, jetzt wirklich willkommen geheißen. Das Eis ist gebrochen. Sie versorgen mich mit allerlei Leckereien vom Buffet, fragen mir wahre Löcher in den Bauch über unsere Reise, wollen Fotos sehen. Alles unverfängliche Themen, auf die ich gerne eingehe, denn ich merke, sie brauchen diese Lockerheit genauso wie ich. Denn unter all dem liegt immer noch eine gut spürbare Anspannung. Wegen mir? Die Unbekannte, die plötzlich in ihren Reihen auftaucht? Sie taxieren mich, so viel steht fest, und daher bin ich sehr vorsichtig mit dem, was ich zu ihnen sage.

Dennoch stelle ich fest, ich mag sie. Wie hätte ich sie auch nicht mögen sollen? Selbst Sean, jeder von ihnen hat seinen ganz eigenen Charme. Oberflächlich, oh ja. Sie lassen sich nicht in die Karten gucken, von jemandem wie mir schon gar nicht. Aber solange man sie als Kumpels oder Bekannte sieht, ist das in Ordnung. Nur von Danny werde ich ehrlich überrascht. Nett, einfühlsam und nicht so aufdringlich wie die anderen, gibt er mir das Gefühl, wirklich an mir interessiert zu sein, und zwar nicht auf eine oberflächliche, sondern ehrliche, tiefsinnige Art und Weise. Instinktiv halte ich mich an ihn, setze mich auch neben ihn, was mir zu den anderen ein wenig Distanz verschafft. Aber das registriere ich nur im Unterbewusstsein und hinterher, als ich länger über sie nachgedacht habe.

»Und du hast Tom allen Ernstes...?«, fragt Vince gerade und schiebt sich genüsslich noch mehr Ei und Schinken rein. Sein Bauch kommt nicht von ungefähr. Die anderen sind längst fertig.

»Oh ja, ihr hättet sein Gesicht sehen sollen. Er...«

»Oh oh!«, sagt Jimmy da leise, seine Augen plötzlich auf den Eingang gerichtet.

Als ich mich umdrehe, steht dort Tom in der Tür. Er hat andere Kleidung an, fällt mir als erstes auf. Jeans, Hemd und Boots. Offenbar haben die Jungs ihm etwas mitgebracht. Doch dann sehe ich seine Miene, sie ist wie in Stein gemeißelt, die Hände in den Hosentaschen, Fäuste geballt. Er ist finsterster Laune, das steht schon mal fest. Kaum begegnen sich unsere Blicke, dreht er sich abrupt um und verschwindet wieder.

»Ach herrje. Warte, Sanna, ich rede mit ihm«, sagt Jimmy und will aufstehen.

»Oh nein, du bleibst!« Meine Hand liegt schneller auf seinem Arm, als er sich bewegen kann. Ich schüttele den Kopf. »Das ist eine Sache zwischen uns. Ich bin jetzt über zwei Monate mit ihm fertig geworden, dann schaffe ich das auch noch.«

»Aber Sanna...«, will Jimmy protestieren, doch ich stehe einfach auf und schneide ihm das Wort ab.

»Du hältst dich da raus!«, fahre ich ihn derart rüde an, dass er förmlich den Mund aufsperrt. »Mit dir werde ich noch ein ernstes Wort reden müssen, das weißt du genau. Also halte dich zurück, verstanden?« Ich warte keine Antwort ab, sondern gehe einfach.

Hinter mir höre ich nur ein leises »Wow!« und Jimmys Protest, als die anderen ihn festhalten. Gut so! Hoffentlich merkt er jetzt, wo die Grenze ist. Oder der Hammer hängt. Rasch laufe ich hinaus. Von Tom keine Spur. Doch, da hinten verschwindet ein langer Schatten zwischen den Felsen und dem Gestrüpp in Richtung Canyon. Hoffentlich läuft er nicht ausgerechnet jetzt Rob und den Kindern über den Weg!

Da lege ich doch lieber einen Zahn zu, aber rennen, das tue ich nicht. Das hat er nicht verdient, dass ich mich derart für ihn beeile. Er ist indes nicht weit gegangen, nur ein paar Schritte ins Dickicht hinein, wo eine Bank auf einer Lichtung steht, weit genug von der Lodge weg, dass sie nicht mehr gesehen werden kann. Dort hat er sich in die warme Morgensonne gesetzt.

Leise trete ich an ihn heran und setze mich zu ihm, gebührenden Abstand haltend. Nicht, dass er mir gleich eine verpasst. Zuzutrauen wäre es ihm.

Wir schweigen uns an. Ich werde ganz sicher nicht das erste Wort sprechen, nehme ich mir vor. Da mache ich doch lieber die Augen zu und genieße die Morgensonne und die Stille. Der Tag wird noch anstrengend genug, das spüre ich.

Schließlich ist Tom es, der das Schweigen bricht. Er seufzt. »Hättest du mich nicht vorwarnen können?«, sagt er, stur geradeaus schauend.

»Und dann? Du wärest schnurstracks zurück in die Berge gelaufen. Nein, das hätte ich nicht machen können. Es tut mir nur leid, wie es gelaufen ist. Ich habe Jimmy gesagt, sie sollen etwas warten, aber er hat nicht auf mich gehört. Dafür werde ich ihm noch gehörig eine reinwürgen, da kannst du sicher sein!« Langsam wende ich den Kopf, schaue ihn an, doch seine Miene verrät nichts. Versteinert wie eben.

»Ich habe ihn gefragt, ob sie dich auf mich angesetzt haben, von Anfang an. Ich habe eure Nachrichten gelesen. Aber er sagt, dem war nicht so. Er sagt, du hast dich geweigert, mit ihm zu sprechen. Am Anfang.«

»Ja, das stimmt. Nachdem ich dich in den Bergen aufgelesen habe, hat Faith eine Suchmeldung über dich gefunden. Sie hat sie auf meine Bitte hin einkassiert. Ich wusste, dass es dich zerstören würde, sollten sie dich den Cops übergeben. Erst dann habe ich deinen Vater angerufen. Es war schwierig, sehr schwierig, ihn zu überzeugen, dich in Ruhe zu lassen. Das wollte ich nicht noch mal vier haben. Deshalb habe ich ihm nicht erlaubt, meine Nummer an die Jungs weiterzugeben. Aber dein Vater kann sehr überzeugend sein.«

»Oh ja.« Das sagt er mit einem tiefen Luftholen. »Du hast mich gerettet. Da gibt es kein Drumherum. Aber im Moment weiß ich nicht, ob ich dir nicht lieber den Hals umdrehen soll!«

Jetzt schaut er mich endlich an. Diesem Blick halte ich kaum stand. Er ist ein richtiger Dolchstoß, so voller Zorn und Verletztheit, dass ich beinahe, aber nur beinahe, Reißaus genommen hätte. So aber kann ich nur dasitzen und ihn anstarren.

Manchmal ist Angriff die beste Verteidigung. »Mach mit mir, was du willst, das ist mir egal! Aber hättet ihr nicht besser auf Lizzie aufpassen können? Sie ist gestern Nacht voller Panik zu uns geflüchtet, sie hat alles mitbekommen, wirklich alles!« Jetzt merke ich, wie ich selber wütend werde, ein wirksamer Schutz. »Die Kleine hat so viel durchgemacht, und was tut ihr? Führt eure Fehde direkt vor ihren Augen fort! Nein, ich könnte *euch* den Hals umdrehen, allesamt! Und bei Jimmy werde ich das ganz sicher noch tun, dieser Idiot!«

»Jaahh, Jimmy! Mit ihm hast du dich ja richtig angefreundet, wie es scheint!« Jetzt kommt er näher. Ich bleibe stocksteif sitzen. »Der hat dich ja geradezu bombardiert mit Nachrichten. Oh ja, ich habe sie alle gelesen. Was habt ihr denn noch so hinter meinem Rücken ausgeheckt?«

»Hinter deinem Rücken? Oh nein, nichts! Er war für mich da, wenn ich mit dir nicht mehr weiterwusste, er hat mir zugehört, hat mir Ratschläge gegeben. Er hat mir ein wenig von dir erzählt, von euch, von dem Unfall, von seinem Vater. Aber ich habe immer eine klare Grenze gezogen bei dem, was ich ihm berichte und was nicht. Das musst du doch gemerkt haben, wenn du alles gelesen hast. Doch dann hat er irgendwann die Geduld verloren und nicht mehr aufgehört, mir Nachrichten zu schicken, und ich musste ihn abblocken. Ich glaube, er hat keine Kraft mehr, das zu ertragen. Er stirbt, Tom. Vorhin, als ich ihm das erste Mal persönlich begegnet bin, da habe ich es deutlich gemerkt. Das hat er sonst gut versteckt.« Bei diesen letzten Sätzen verzerrt sich seine Miene. Er schüttelt heftig den Kopf, will es nicht wahrhaben, und doch weiß er, dass es so ist. »Es tut mir leid.« Ich drehe mich von ihm fort, schaue wieder geradeaus. »Hat er dir das nicht gesagt?«

»Nein.« Es kommt tonlos. »Aber ich merke es auch. Oh Gott, Jimmy.« Seine Stimme klingt rau. Es passiert ganz von selbst. Plötzlich lehnt er an mir, vergräbt den Kopf an meiner Schulter, und ich nehme ihn fest in die Arme. »Wie hast du mich nur ertragen? Uns? Sanna, das kannst du gar nicht aushalten...«, flüstert er erstickt.

»Langsam und mit ganz, ganz viel Geduld«, sage ich und schließe die Augen. Atme einmal tief ein. Wärme, Geruch, der tiefe Atem neben mir, alles so, wie es sein sollte. Wie kommt das nur? Vertraut, das ist es. Ich will es gar nicht, und doch verharren wir eine lange Zeit so, bis uns sich nähernde Stimmen wieder der Welt da draußen gemahnen. Sally kommt angerast, begrüßt uns schwanzwedelnd. Wir setzen uns rasch auseinander, gerade noch rechtzeitig, dann kommen Rob und die Kinder den Hang hinauf.

»Dad!« Lizzie stürzt zu uns und fällt ihm um den Hals. »Hast du dich mit den anderen wieder vertragen? Bitte sag, dass du dich vertragen hast!« Sie lässt sich zwischen uns fallen.

»Aber ja, das haben wir, keine Sorge.« Über sie hinweg sehen wir uns kurz an, und er schüttelt leicht den Kopf. Sie merkt davon nichts, aber Col und Rob sehen es. Die beiden runzeln die Stirn. Mir wird auf einmal ganz anders. Was geht da vor sich?

Lizzie zieht meine Aufmerksamkeit auf sich. »Guck, Sanna, ich habe Bilder gemacht. Kannst du sie dir einmal ansehen?«

»Oh ja, das machen wir. Zeig mal her.« Derart abgelenkt, ist sie wieder ganz kindlich. Rob fragt Tom leise, ob er die Jungs schon gesehen hat, was der knapp verneint. Oh ja, da ist immer noch etwas im Argen, und das muss bereinigt werden, so viel ist sicher.

»Wisst ihr was?" Ich stehe auf. »Lasst mich einmal meine Kamera holen, und dann brechen wir alle zusammen zum Canyon auf, was meint ihr? Der Tag ist viel zu schön, um ihn hier zu vertrödeln. Dann kann ich dir auch ein paar Tricks zeigen, Lizzie.« Gesagt, getan. Tom berührt kurz meine Hand, als wir zur Lodge zurücklaufen, ein Dank.

Oben angekommen, bemerken wir vor dem Haupthaus eine Menge Leute. Der Sheriff ist da mit einer uns unbekannten Frau, daneben Mo und Geoff und ein paar andere Feuerwehrleute, alle in Arbeitskluft. Angeregt und mit viel Gelächter unterhalten sie sich mit den Jungs.

»Da sind sie ja!«, ruft Mo und winkt.

Der Sheriff kommt mit der Frau auf uns zu und stellt sie als seine Schwester vor. Das ist also die Mutter von dem Verunglückten. »Ich wollte euch danken, dass ihr meinen Sohn gerettet habt«, sagt sie mit Tränen in den Augen. Dabei wendet sie sich mehr an Tom als an mich, was der sofort bemerkt.

»Danken Sie nicht mir, sondern Sanna. Sie hat ihn gerettet«, sagt er.

»Sie haben ihn da heruntergeholt?«, fragt sie erstaunt. Die Jungs, die nun herangekommen sind, machen große Augen, und Mo grinst in sich hinein.

Das ist mir peinlich. »Ja, habe ich«, erwidere ich verlegen. »Wie geht es ihm denn?« Ich nehme die Hände der Frau und drücke sie tröstend.

»Oh, schon wieder besser. Er muss noch ein paar Tage im Krankenhaus bleiben, aber er ist von der Intensivstation herunter. Danke, vielen Dank.« Sie umarmt mich einfach, was ich gerne erwidere. Als sie mich wieder loslässt, fällt ihr Blick auf meine Hand. Sie reißt die Augen auf und macht einen unmerklichen Schritt zurück. Sofort bedecke ich den Handrücken mit der anderen Hand.

Jetzt ist sie verlegen. »Ja, ich...« Hilfe suchend schaut sie zu ihrem Bruder.

Der Chief räuspert sich. »Wir wollten euch einladen, heute Abend, zum Essen drüben in der Bar. Als Dank für den Einsatz. Das schließt eure Freunde mit ein. Die Jungs – und Mädels – von der Tagschicht kommen auch.«

»Ein Essen und hinterher ein bisschen die Hüften schwingen? Super!«, sagt Mo und lacht. Dabei zwinkert sie den Jungs zu, die breit zu grinsen zu beginnen. Oha.

»Das nehmen wir gerne an, Chief«, erwidert Tom.

»Ja, sehr gerne«, stimme ich zu und lege Lizzie den Arm um die Schultern, die erwartungsvoll lächelt. »Das wird bestimmt nett«, sage ich zu Mo.

Sie beugt sich zu mir. »Eine Gelegenheit, sich mal richtig schick zu machen, nicht? Eure Jungs, die sind ja der Hammer«, fügt sie nun ganz leise hinzu. Lizzie kichert los, als sie das hört.

»Tja«, mache ich nur, und sage dann: »Zum richtig Schickmachen habe ich keine Sachen dabei, du etwa, Lizzie? Aber es wird auch so gehen.«

»Nix da!«, sagt Mo und führt uns ein paar Schritte weg, denn ich kann die lauschenden Ohren förmlich sehen und sie auch. »Ich hole euch beide nach Dienstschluss ab. Meine Schwester hat einen Laden im Ort, da finden wir alles, was wir brauchen. Shoppen und aufbrezeln, Mädels!«

Oh je! Das ist ja so gar nicht mein Ding, aber mein Blick fällt auf Lizzies erwartungsvolle Miene, also erkläre ich mich notgedrungen einverstanden. Genau so etwas kann sie nach dem durchgestandenen Schrecken gut gebrauchen.

Da die Feuerwehrleute im Dienst sind, verabschieden sie sich schnell. Unseren Vorschlag, dem Canyon einen Besuch abzustatten, nehmen die Jungs gerne an. Sylvie packt uns ein Essenspaket, ich hole Kamera und Stativ und nehme nach kurzem Überlegen auch das Ultrabook mit, denn wenn ich Lizzie ein paar Grundlagen in Sachen Fotografie zeigen will, brauche ich das vielleicht. Dann machen wir uns auf den Weg.

Da ich die Pfade am Canyon schon ausgiebig erkundet habe, kann ich mich ganz auf die Beobachtung meiner Begleiter konzentrieren. Ich will unbedingt herausfinden, was da vor sich geht. Doch zunächst ist der Canyon dran, denn den haben die Jungs ja noch nicht gesehen. Die Kids laufen voraus und zerren die Männer mit sich, während ich mit Tom und Rob als letztes gehe.

Das gibt mir die Gelegenheit, Tom leise zu fragen: »Was ist los mit euch?«

Er weiß sofort, was ich meine. »Sie weigern sich, mir zu sagen, was passiert ist.«

»Was, immer noch?« Ich bin entrüstet.

»Mädchen, das ist...«, will Rob anheben, doch ich schneide ihm das Wort ab.

»So geht das nicht! Na wartet, ich...«

Diesmal unterbricht Tom mich. »Lass nur, das werde ich schon selber regeln«, sagt er grimmig und legt einen Zahn zu, sodass ich nicht hinterherkomme.

»Oh je«, seufzt Rob und nimmt mich beim Arm. Langsam schließen wir zu den anderen auf, die bereits am Aussichtspunkt angekommen sind und sich abwechselnd von Lizzie ablichten lassen. Keiner von ihnen hat ein Handy dabei, fällt mir jetzt auf. Offenbar hat Tom die immer noch einkassiert.

»Kommt, Sanna, Rob, ihr auch!«, ruft Jimmy uns zu.

Ich zögere. »Na komm schon, Mädel«, brummt Rob.

»Also gut. Aber das Foto mache ich und überspiele es euch. Ihr müsst mir aber versprechen, dass es nicht im Netz landet, klar?«

»Meine Güte, stellst du dich an«, sagt Sean, aber er erhält von Tom einen rüden Stoß in die Seite.

»Klappe! Sanna hat ihre Gründe dafür, glaub mir.«

»Ganz genau«, erwidere ich und baue das Stativ an einem etwas höheren Standort auf. »Stellt euch da drüben hin. Nein, noch ein Stück rüber, sodass wir die Schleife vom Canyon mit draufbekommen. Ja, so ist es gut.« Ich korrigiere noch ein paar Einstellungen, dann lasse ich unauffällig den Fernauslöser in meiner Hand verschwinden und stelle mich zu ihnen. Ganz bewusst geselle ich mich zu Lizzie, lege ihr den Arm um die Schultern. Tom tut dasselbe von der anderen Seite, fasst dabei nach meinem Arm und drückt ihn leicht. Auch Lizzie legt den Arm um meine Taille und kommt so der Absicht von anderer Seite zuvor. Jimmy, wer sonst?

»Also gut, nun hört schon auf zu gucken, als hätte man euch einen Stock in den Hintern geschoben!«, sage ich und drücke unmerklich den Auslöser für den Serienschuss. Das Gelächter, das auf meine Worte folgt, wird mit jedem Moment eingefangen, auch die anschließenden Scherze.

»Wann kommt denn jetzt das Foto?«, fragt Jimmy neben mir, denn es ist nichts zu hören. Kein Piepsen, kein Klacken.

Ich grinse ihn an. »Schon längst erledigt. Nichts ist schlimmer als ein gestelltes Bild. Komm, Lizzie, schauen wir mal, ob die was geworden sind.«

»Was!? Du hast uns reingelegt!«, ruft Vince, und alle lachen auf. Es klingt irgendwie befreit. Selbst Tom schmunzelt in sich hinein, wie ich erleichtert feststelle.

Gemeinsam mit Lizzie lade ich die Bilder auf das Book und ihre gleich dazu. Während die Jungs den Aussichtspunkt erkunden, schauen wir die Sequenz durch. »Das meiste ist natürlich Schrott«, erkläre ich ihr, »denn irgendjemand hat immer die Augen geschlossen oder guckt nicht in die Kamera. Die lösche ich gleich. Aber meistens sind auch ein oder zwei gute Bilder dabei. So wie dieses hier«, sage ich zufrieden.

»Oh wow, das ist toll.« Und da hat sie recht. Alle strahlen in die Kamera, es sieht ganz natürlich aus. Hinter uns ist die markante Flussschleife des Canyons mit all den schönen Farben gut zu sehen. »Seht euch das an!«, ruft sie die anderen herbei. Nach etlichen Oh's und Ah's und Komplimenten werden wir wieder allein gelassen, und ich kann Lizzie ein paar sehr grundlegende Dinge zeigen. Ihre Bilder wirken nicht, und das erkennt sie auch.

»Was mache ich nur falsch?«, fragt sie verzweifelt.

»Oh, nicht viel. Du hast schon Gefühl für Bilder, das ist das Wichtigste. Aber zunächst einmal, was fällt dir bei dem Horizont auf?«

»Er ist schief«, sagt Col hinter uns mit der Überlegenheit des großen Bruders. »Das sag ich ihr schon die ganze Zeit.«

»Gut gesehen«, erwidere ich und schicke ihn mit einem warnenden Blick weg, denn Lizzie hat die Lippen zusammengekniffen und sieht aus, als wolle sie ihm gleich eine verpassen. »Keine Sorge, das bekommen wir schon hin. Warte, ich stelle dir mal etwas ein.«

So sehr unterscheiden sich die Kameramodelle nicht voneinander, sodass ich die Einstellungen für den künstlichen Horizont schnell gefunden habe. »Siehst du, hier.« Ich reiche ihr die Kamera zurück.

Lizzie schaut durch den Sucher. »Ja... cool! Das kann ich gut gebrauchen. Aber...«, sie nimmt die Kamera wieder runter und schaut auf das Book, »deine Bilder sehen trotzdem anders aus. Irgendwie...« Sie zeigt einen Abstand mit den Händen.

»Tiefer? Ja, das hast du gut gesehen. Meine Freundin Kris sagt immer, ein wirkliches Bild muss man betreten können. Das erreichst du, indem du verschiedene Dinge in den Vorder- oder Hintergrund stellst.«

Nach und nach erkläre ich ihr die Tiefenschärfe, wie man richtig fokussiert und mit dem Vorder- und Hintergrund spielt. »Das reicht erstmal. Fotografiere zunächst einmal in der Automatik, sie nimmt dir das meiste ab. Der Rest kommt später.«

»Hey Sanna, wollen wir nicht langsam mal weiter?«, ruft Col. »Wohin als nächstes?« Die Jungs schauen mich fragend an.

»Nach Norden«, ich zeige in die Richtung. »Da gibt es antike Felszeichnungen und einen Aussichtspunkt auf den Staudamm. Geht schon mal vor, wir kommen gleich.« Ich fahre das Book herunter, nicht ohne vorher das Gruppenbild an einen gesonderten Ort gespeichert zu haben. Das werde ich später per Stick oder Bluetooth überspielen müssen, aber ganz gewiss nicht verschicken.

Langsam laufen wir hinter den anderen her, aber ich komme nicht wirklich dazu, die Jungs zu beobachten, denn Lizzie fordert fast meine gesamte Aufmerksamkeit. Sie scheint geradezu süchtig danach zu sein. Diese Rolle sollte eigentlich ihre Mutter oder ihr Vater einnehmen, denke ich traurig, aber ich schicke sie nicht weg, sondern helfe ihr, wo ich nur kann. Gemächlich wandern wir an dem Canyon entlang, machen Bilder, vergleichen sie auf beiden Kameras. Schon bald merke ich, sie lernt dazu und ist mit Feuereifer dabei.

Das Ganze ändert sich, als die Klippen mit den Felszeichnungen in Sicht kommen. Da hält Lizzie nichts mehr, sie stürmt voraus und liefert sich ein Wettrennen mit ihrem Bruder, was die anderen johlend anfeuern. Meine Rufe, dass es steil hinab geht und sie aufpassen sollen, werden geflissentlich ignoriert.

Plötzlich steht Jimmy vor mir, allein, die Hände in den Hosentaschen, und lächelt mich mit seinem jugendlichen Grinsen an. »Endlich. Sie hat dich ja gar nicht mehr losgelassen.«

Soso! Hast nur auf die Gelegenheit gewartet, was? Er sieht fast aus wie ein Kater, der zufrieden seine Beute umkreist. Doch wie ich ihn etwas genauer anschaue, fällt mir auf, dass er irgendwie erschöpft wirkt. Die Äderchen an seiner Stirn treten deutlicher hervor, er schwitzt ein wenig, obschon es nicht wirklich warm ist und wir auch nicht schnell gegangen sind. Aber es sind ja schon einige Kilometer, über Stock und Stein. »Geht es? Willst du dich nicht setzen? Da drüben sieht es ganz gut aus.« Ich zeige auf ein kleines Felsplateau etwas unterhalb von uns, wo es in leichten Stufen abwärts geht.

Er schnaubt, das Lächeln schwindet einen Moment. Doch dann nickt er, steigt hinab und setzt sich. »Ist das so offensichtlich, ja?«

»Nein.« Ich nehme neben ihm Platz, mit gebührend Abstand. »Aber ich kenne dich irgendwie schon ganz gut, und ich merke, wenn du mir was vormachst.«

Jetzt lacht er leise. »Das ist schon irre. Da sehen wir uns einmal von Angesicht zu Angesicht, aber du durchschaust mich, als würden wir uns schon Jahre kennen. Ich hab's gleich gemerkt, beim Frühstück. Wie kommt das bloß?« Jetzt mustert er mich das erste Mal richtig offen. Kein Pokerface, sondern ehrliches Interesse. Ein wenig unwohl wird mir unter diesem Blick schon, denn er geht tief, sehr tief. Jimmy, Jimmy, was hast du vor?

»Es liegt an Tom«, sage ich und schiebe seinen Namen wie einen Schutzschild vor mich. Es wirkt sofort, er zieht sich unmerklich zurück. »Nach so einer Geschichte, mit alldem, was wir gemeinsam erlebt haben, ist das doch kein Wunder, Jimmy. Er hat unsere Nachrichten gelesen, und zwar alle.«

»Oh ja.« Er seufzt, presst die Lippen zusammen. »Keine Ahnung, was er darüber denkt.« Jetzt guckt er mich wieder an, forschend.

Ich zucke mit den Schultern. »Er ist sauer, was denn sonst? Er denkt, wir haben ihn hintergangen. Aber ich glaube, den Zahn habe ich ihm schon gezogen.«

»Du hast uns ganz schön im Griff, was?«, sagt er leise, und sein Blick wird warm.

»Oh nein, das habe ich nicht, denn wenn es so wäre, dann hättest du dich mehr zurückgehalten, du Idiot!«, fahre ich ihn an, und auf einmal kann ich nicht mehr gelassen bleiben und würge ihm eine rein, dass es sich gewaschen hat. Mein ganzer Zorn entlädt sich auf sein Haupt, nicht nur wegen Tom, sondern auch wegen Lizzie, vor allem wegen ihr.

»Tut, was ihr wollt, aber lasst die Kleine nicht darunter leiden, Jimmy! Sie bekommt alles mit, wirklich alles. Sie hat Angst, dass sie ihr Zuhause verliert, ihre Zuflucht, wenn ihr euch nicht wieder vertragt. Oh, gestern Nacht hätte ich euch den Hals umdrehen können, wie sie da auf meinem Bett lag und gar nicht mehr aufhören konnte zu weinen! Also redet miteinander, und am besten jetzt gleich, wenn sie abgelenkt ist.«

Er sitzt da und starrt mich sprachlos an. Da sagt eine Stimme hinter uns: »Jetzt hat sie es dir aber gegeben, Alter!« Wir fahren herum, und da stehen Sean, Danny und Vince auf der Steige, ersterer spöttisch grinsend, doch ich gucke ihn so böse an, dass er das sofort einstellt.

Danny nickt grimmig. »Wurde aber auch mal Zeit«, sagt er und zwinkert mir unmerklich zu.

»Oh ja«, sagt Vince und nickt, doch er bekommt auch gleich noch sein Fett weg.

»Das sagt der Richtige!« Ich springe auf und baue mich vor ihm auf. »Du wirst es ihm erklären. Keine Ausflüchte mehr! Ihr werdet euch vertragen, und wenn es das Letzte ist, was hier geschieht! Ihr müsst eure Reihen schließen, denn Pam, so viel steht fest, ist noch nicht fertig mit euch. So, wie ich sie einschätze, legt sie gerade erst richtig los. Ah, ich sehe schon«, sage ich, als ich Seans und Dannys starre Mienen entdecke und Vinces Erschrecken, »sie ist schon dabei. Weiß er das?« Sie versteifen sich unmerklich. »Also nein. Um Himmels Willen, redet miteinander. Ihr habt nur noch wenige Tage, bevor dort drüben der Zirkus richtig losgeht. Klärt es, jetzt gleich!« Ich halte es nicht mehr aus bei ihnen, sondern kehre schleunigst nach oben zurück. Ihre Stimmen verfolgen mich dennoch.

»Mann, sie ist mir richtig unheimlich«, sagt Vince da.

»Vince, das ist nicht...«, hebt Danny mahnend an, doch er wird von Sean unterbrochen.

»Wie kann sie das wissen?« fragt er und klingt ehrlich überrascht.

»Hast du nicht das Tattoo auf ihrer Hand gesehen? Das ist vom Stamm, das trägt sie bestimmt nicht umsonst. Die Schwester vom Sheriff hat es regelrecht erschreckt...«

Ich suche lieber das Weite. Danny beobachtet alles genau, das hat sich soeben bestätigt. Aufrichtig an mir interessiert? Aushorchen, das will er mich! Er ist bei Weitem der Klügste von allen, also muss ich mich vor ihm auch am meisten in Acht nehmen, wenn ich ganz bewusst Dinge verschweigen will. Gut zu wissen!

Als ich um die nächsten Windungen gebogen bin, laufe ich Rob und Tom in die Arme. »He, was ist los?«, fragt Tom sofort, als er meine Miene sieht.

»Nichts. Alles. Geh, sie warten da hinten auf dich. Nun mach schon!« Ich warte keine Antwort ab, sondern packe Rob beim Arm und ziehe ihn energisch in die andere Richtung. Erst stolpert er hinter mir her, dann hält er mich auf. »Was ist passiert?«

»Ich habe sie in den Senkel gestellt, Rob. Sie werden das jetzt klären. Komm, lass uns die Kids suchen und zusehen, dass sie nichts merken. Verdirb ihnen nicht den Tag, ja?« Er will zurück, das sehe ich ihm an, aber ich lasse ihm keine Gelegenheit zur Flucht. Strammen Schrittes marschieren wir los, bis ich merke, er gerät außer Atem. Da nehme ich ein wenig mehr Rücksicht auf ihn, denn er ist ein alter Mann. Zwar noch topfit, aber man merkt es dennoch, außerdem bin ich Monate im Training und er nicht.

»Vielleicht ist es besser so. Vielleicht muss das von außen kommen, von jemand Dritten. Von dir. Gut gemacht, Mädchen.« Er legt mir den Arm um die Schultern, drückt mich kurz. Schweigend laufen wir weiter, bis wir auf Col und Lizzie stoßen, die wieder von den Felszeichnungen zurück sind und sich gerade zanken, wie man die Aussicht vor ihnen am besten ablichtet. Da greife ich doch gerne ein und zeige es ihnen.

Nach einer langen Wanderung kommen wir irgendwann an einem Aussichtspunkt an, von wo man etwas entfernt den Staudamm sehen kann. Dort sind wir natürlich nicht alleine, denn es gibt hier einen Parkplatz für Besucher. Von den Jungs keine Spur. Gut so, dann reden sie hoffentlich miteinander. Wir genießen die Aussicht, machen Bilder, schauen uns ein paar Erklärungen auf einer Schautafel zum Staudamm an, denn bis zum Besucherzentrum wollen wir nicht weitergehen, das ist zu weit. Ich erzähle ihnen ein wenig von unseren Erlebnissen an der Rainbow Bridge und der Berg- und Seenlandschaft da hinten, damit sie begreifen, welche Wassermassen der Damm zurückhält.

Als die Jungs nach einiger Zeit noch immer nicht aufgetaucht sind, gehen wir langsam zurück. Es ist früher Nachmittag, als wir zur Lodge zurückkehren. Von den Jungs ist immer noch nichts zu sehen. Wir beschließen, das Lunchpaket zu öffnen und nicht auf sie zu warten, denn die Kids haben jetzt wirklich Hunger. Wir rücken uns vor unseren Zimmern ein paar Stühle zusammen und verzehren genüsslich die Leckereien, die Sylvie uns eingepackt hat.

Dann klappe ich das Ultrabook auf und beginne, die Fotoausbeute der letzten Tage zu kategorisieren. Die Fotos vom Glen Canyon kann ich ohne Genehmigung der Bundesbehörden für kommerzielle Zwecke nicht verwenden, denn es ist ein offizieller Nationalpark, aber die vom Navajo Land schon. Chip hat mir auf unserer Tour ja gesagt, welche Stellen in die Kategorie Heiligtum fallen und welche nicht.

Bald schon ist Rob in seinem bequemen Stuhl eingenickt, aber die Kids schauen mir gespannt über die Schulter, wie ich die Bilder umwandle. Ich erkläre ihnen einiges zur Bildbearbeitung, und wir holen Lizzies Bilder zum Vergleich dazu. Ich bin beeindruckt, sie hat es schon gut hinbekommen. Das Gruppenfoto kopiere ich auf ihre Kamera, dann hat sie es gleich. Als letztes starte ich die Zusammenrechnung der Nachtbilder. »Das wird jetzt einige Zeit dauern«, sage ich und zeige ihnen das eigens für Kris und mich geschriebene Programm und wie das vonstattengeht. »Was ist, Lizzie, wollen wir noch mal zum Aussichtspunkt und ein paar Dinge ausprobieren? Kannst du währenddessen auf meinen Rechner aufpassen, Col? Ich möchte ihn jetzt ungern vom Strom trennen.«

»Klar«, sagt er, und Lizzie springt sofort mit der Kamera in der Hand auf. »Zeigst du mir jetzt die Belichtung?«

Ich habe eine eifrige Schülerin, das habe ich schon im Laufe des Tages festgestellt, und eine begabte obendrein. Sie merkt sich alles, ich brauche ihr nichts zweimal zu sagen, und die vielen Details werden ihr auch nie zu viel. Intensiv die einzelnen Kameraeinstellungen durchgehend, laufen wir auf den Aussichtspunkt zu. Doch als wir gerade über die letzte Anhöhe vor dem Canyon kommen, sehe ich mit einem Mal eine Gruppe auf den Klippen, ein Stück weiter unten und noch etwas entfernt. »Lizzie!«, zische ich und halte sie fest, sodass wir außer Sicht bleiben.

»Oh, da sind sie ja! Aber, was ist denn mit Onkel Jimmy?«

Sie hat recht. Die Jungs gehen langsam, und Tom und Danny müssen Jimmy stützen. Er sieht sichtlich geschafft aus, und als es an das letzte Stück bergauf geht, bleibt er stehen und schüttelt den Kopf. »Oh nein, der ist ja richtig fertig. Komm lass uns...«

Doch da haben Tom und Danny ihre Hände schon über Kreuz gefasst und lassen Jimmy darauf aufsitzen. Er hält sie an den Schultern umfasst, und unter viel Gelächter und Geschiebe von Sean und Vince hinter ihnen kommen sie die Felsen hinauf.

Die Kamera liegt schon in meiner Hand, bevor ich es überhaupt merke. »Lizzie! Kamera an, los, los. Zoome sie ran, Focus auf die Gesichter«, flüstere ich ihr zu und habe selbst schon den Serienschuss ausgelöst. Ich breche nun ganz bewusst meinen Vorsatz, niemals Bilder von Personen ohne ihr Einverständnis zu machen. Denn diese Momente, so viel steht fest, müssen festgehalten werden. Ich möchte sie ihnen schenken, irgendwann. Als eine Erinnerung an eine glückliche Stunde, denn das ist sie, so viel kann ich selbst von hier aus sehen. Sie haben sich ausgesprochen, man merkt es an jeder Bewegung, an jeder Geste. Sie sind wieder eins.

Bevor sie uns entdecken, laufen wir eilends zur Lodge zurück. »Los, das will ich sehen!«, ruft Lizzie begeistert aus. Zum Glück für uns ist die Berechnung des Nachtbildes bereits abgeschlossen, sodass ich die Bilder gleich herunterladen kann. Unsere Aufregung weckt Rob, und auch Col schaut verwundert aus seinem Zimmer, was wir denn haben. Als wir die Sequenz aufrufen, lachen sie los.

»Oh wow, das habt ihr aber gut getroffen! Das sollten wir zuhause in die Bar hängen!«, ruft Col aus.

»Pst! Das wird eine Überraschung. Nur welches?« Ich scrolle durch die Bilder, einmal vor, einmal zurück, und plötzlich sagen wir alle: »Das!« Unser lautes Gelächter ruft sofort die Jungs auf den Plan, die nun auch bei der Lodge angekommen sind.

»He, was habt ihr da?«, fragt Sean.

»Nichts!« Ich klappe energisch das Display runter, sodass sie das Bild nicht sehen können. »Was ist mit dir, Jimmy? Geht es dir gut?«

»Ach, geht schon«, winkt er ab, doch er hat immer noch die Arme um Tom und Danny gelegt und ist ziemlich blass.

»Du brauchst eine Pause, Mann. Los, ab ins Bett mit dir, damit du nachher das Tanzbein schwingen kannst«, sagt Tom, wirft mir noch einen langen Blick zu und führt ihn weg. Kein Protest kommt von Jimmy, woran ich erkennen kann, er ist echt fertig.

»Oh je, das war wohl zu heftig für ihn. Also, was ist? Habt ihr euch ausgesprochen?« Ich frage die anderen drei das ganz bewusst im Beisein der Kinder. Sie müssen es wissen.

»Ja, haben wir«, sagt Danny und lächelt mich an. Ein Dank, so verstehe ich das.

»Gut! Hoffen wir, dass es eine nachhaltige Wirkung hat.« Rasch speichere ich das Foto auf einer Speicherkarte, nach kurzem Überlegen aber dann noch einmal in Schwarzweiß, ebenso wie das Gruppenbild und noch zwei andere aus einem gesonderten Ordner, dann sammele ich mein Zeug ein und bringe es aufs Zimmer.

Danny folgt mir, wobei ich nicht weiß, was ich davon halten soll. Er lehnt sich in die offene Tür. »Danke, Sanna. Das meine ich ernst. Du hast uns gehörig bescheid gestoßen, das war wohl nötig.«

»Ich habe das vor allem wegen Lizzie getan. Ganz ehrlich, Danny, ihr solltet die Kinder mehr mit einbinden. Sie kriegen doch eh alles mit, wirklich alles.«

Er nickt. »Das weiß ich. Die anderen nicht so, aber ich merke das durchaus.« Er verstummt, schaut auf meine Hand, die gerade das Book in die Hülle schieben will. »Was hat das Tattoo zu bedeuten?« Das fragt er geradeheraus.

»Darüber möchte ich nicht sprechen. Tut mir leid.« Ich verstaue die Hülle wieder im Rucksack.

»Hmm... weiß Tom darüber Bescheid?« Jetzt löst er sich vom Türrahmen und kommt etwas näher. Wie ein Wächter. Er beschützt die Gruppe, geht mir auf einmal auf. Meistens stiller als die anderen, beobachtend, seine Schlüsse ziehend. Es passt zu ihm.

Ich nicke langsam. »Oh ja. Er weiß Bescheid, keine Sorge.«

Darauf bleibt er stehen. »Das ist gut. Dann verlasse ich mich auf ihn, dass es okay ist.« Ohne ein weiteres Wort dreht er sich um und geht hinaus. Sprachlos starre ich auf den jetzt leeren Türrahmen. Du meine Güte! Was denkt er denn, was ich bin? Eine Hexe? So etwas in der Art muss es sein. Ich kenne mich in der jüdischen Glaubenswelt nicht wirklich aus, weiß nicht einmal, ob er richtig gläubiger Jude ist. Vielleicht ist er auch nur wegen der Jungs besorgt. Aber trotzdem, das muss ich im Auge behalten.

Gleich darauf steht Tom in der Tür. Mann, es geht hier ja zu wie auf einem Bahnhof, denke ich, verkneife mir aber den Kommentar, als ich sein Gesicht sehe und er die Tür hinter sich schließt. »Und?«, frage ich und setze mich auf einen der Hocker.

»Schlimm.« Er nimmt mir gegenüber Platz, die Miene ganz zerfurcht. »Ich mag das gar nicht wiedergeben«, sagt er und schaut auf seine verschränkten Hände herab.

»Musst du auch nicht«, erwidere ich leise. »Solange du das jetzt weißt, ist es gut so. Wann musst du zurück?« Denn dass dies unausweichlich ist, das ist mir klar.

Er blickt auf. »So schnell wie möglich. Dad und die Kinder fahren morgen, sie müssen wieder zur Schule. Die Jungs übermorgen. Sie haben mir ein offenes Rückflugticket mitgebracht, meine Papiere, Karten, alles. Mein altes Leben. Ich werde mit ihnen fliegen.«

Ich bin es jetzt, die auf ihre Hände herabschaut, um ihn nicht ansehen zu müssen. Das ist es dann also, seufze ich innerlich und weiß nicht, was ich fühlen soll. Einerseits Erleichterung. Er hat es geschafft. Andererseits wird mir ganz anders bei dem Gedanken, was er bald vor sich hat. Und dass ich allein hier zurückbleibe und nicht mehr bei ihm bin.... daran mag ich gar nicht denken. »Du wirst stark sein müssen. Ich kann dir nicht mehr helfen, nicht so wie hier jedenfalls«, sage ich und beiße mir auf die Lippen, weil mir die Tränen kommen wollen.

»Nicht.« Er macht eine Bewegung, als wolle er nach mir greifen, doch wir werden von einem Klopfen an der Tür unterbrochen.

»Sanna? Kommst du? Mo ist da!«, ruft Lizzie von draußen herein.

Der Moment ist vorbei. Ich wische mir hastig über die Wange, um zu prüfen, ob sie feucht ist, und stehe auf. »Ich komme. Einen Augenblick noch.« Rasch nehme ich mir meine Tasche, verstaue Kamera, Geld und Papiere und die Speicherkarte, an die ich gerade noch rechtzeitig denke. Wenn Rob und die Kinder morgen fahren, muss ich die Bilder heute abziehen lassen.

Als ich mich wieder aufrichte, steht Tom mit einem Mal dicht vor mir. »Sanna...« Er hebt die Hände, als wolle er mein Gesicht umfassen.

»Nicht, bitte.« Ich mache eine abwehrende Handbewegung. »Lass uns heute Abend kein Trübsal blasen, dafür ist noch genug Zeit, wenn die Kids weg sind. Gönne es deiner Tochter mal, ein wenig Spaß zu haben, ja? Ich muss jetzt los. Wir sehen uns später.« Ihn nicht noch einmal ansehend, gehe ich hinaus und ziehe die Tür fest hinter mir zu. Puh! All meine aufgewühlten Gefühle verbergend, laufe ich zu Lizzie und Mo hinüber, die sich schon angeregt über den bevorstehenden Abend unterhalten.

Mo fährt uns den kurzen Weg in die Innenstadt – oder das Innendorf – des kleinen, ziemlich schmucklosen Ortes. Dort führt sie uns durch die Hintertür eines Geschäftes, das jetzt gerade geschlossen hat. »Meine Schwester verkauft neue, aber auch gebrauchte Klamotten«, sagt sie und strahlt wie ein kleines Mädchen in einem

Süßigkeiten Laden. »Los, lasst uns anfangen.« Sie verschwindet im angrenzenden Raum.

»Ähm, Mo, was ist denn das für eine Angelegenheit heute Abend? Eher formell oder eher locker?«, frage ich und schaue mich ein wenig unsicher um. Wir stehen gerade in einer Abteilung ziemlich scheußlicher langer Abendkleider. Auch ein paar – gebrauchte – Hochzeitskleider sind darunter. Lizzie schaut sich mit großen Augen um, fängt meinen Blick auf, und dann prusten wir los. Für ein New Yorker Mädchen muss dies der Inbegriff der Provinz sein, und für die weit gereiste hamburger Deern ist es das erst recht.

»Was habt ihr denn?«, fragt Mo verwundert und schaut aus dem nächsten Raum zu uns herein. »Och, nee, kommt da raus. Hier spielt die Musik. Und zwar lockere Musik«, fügt sie grinsend hinzu.

Im nächsten Raum fühlen wir uns schon sehr viel wohler. Mo hat sich bereits ein rotes und ein grünes Cocktailkleid gegriffen, beide mit kurzem Rock, und hält sie sich an. »Das Grüne«, sage ich, denn das Rote beißt sich mit ihren Haaren. Sie wirft mir einen raschen Blick zu und hängt das Rote schulterzuckend wieder weg. Dazu greift sie sich silberne Sandaletten mit hohen Pfennigabsätzen. Wenn sie meint... sie wird sich totfrieren heute Abend, aber anscheinend ist Mo hart im Nehmen.

»Sanna? Glaubst du, ich kann auch so etwas...« Lizzie zeigt auf das Kleid.

»Hast du so eines noch nie angehabt?«, frage ich erstaunt.

Sie schüttelt den Kopf. »Ma wollte das nicht. Und Dad sagte nur, frag Ma. Ich durfte nie.«

»Nun«, sage ich, »du bist jetzt fast erwachsen. Zieh an, was du willst. Niemand braucht dir da mehr hineinzureden. Zieh etwas Tolles an, und lass den Jungs die Augen aus dem Kopf fallen! Deinem Dad insbesondere.«

»Ganz genau«, sagt Mo und grinst. »Nur zu! Wir dürfen uns nehmen, was wir wollen. Die Kleider könnt ihr hinterher wieder zurückgeben oder auch kaufen, ganz wie ihr wollt.«

Jetzt fängt die Sache an, richtig Spaß zu machen. Ich helfe Lizzie, ein enganliegendes, knielanges Kleid mit langen Ärmeln und einigen dezenten metallenen Applikationen auszusuchen. In Schwarz, was hervorragend zu ihrer blassen Haut und ihren schwarz gefärbten Haaren passt. Als sie es angezogen hat, zieht sie die Luft ein. »Wow!«, flüstert sie.

»Das wird es werden«, sagt Mo und legt ihr den Arm um die Hüfte. »Hier. Diese Schuhe dazu.« Es sind Stiefelletten, schmal und hochgeschlossen und mit hohen Absätzen. Als Lizzie diese angezogen hat, ist sie nicht nur ein ganzes Stück größer, es betont auch ihre langen Beine. Sie sieht aus wie eine Gazelle. Mo grinst sie im Spiegel an. »Darf ich dich schminken? Es juckt mich geradezu in den Fingern.«

Lizzie läuft rot an. »Wenn du magst...«

»Oh ja. Und Schmuck, den brauchst du auch noch. Komm mit...« Sie zieht Lizzie mit sich.

Das gibt mir Gelegenheit, selber durch den Laden zu streifen. Ich mache mir keine Illusionen über mein Aussehen. Weder habe ich die Beine noch die Länge für derartige Minikleider, das hatte ich noch nie, und ich werde mich ganz sicher nicht wie eine Wurst in eine Pelle quetschen. Ich brauche etwas... mein Blick fällt auf ein Kleid im Schaufenster. Dunkelblau, ein Samtstoff. Breiter Ausschnitt, der die Schultern fast frei lässt, lange Ärmel, was mir ganz recht ist, denke ich doch an die Tattoos. Und der Rücken... ein ganz schönes Stück frei. Hmm... da werde ich andere Wäsche brauchen. Der Rock geht bis über die Knie und ist etwas weiter als bei einem Mini, gerade und fließend. Die Größe sagt mir nichts, ich muss es anprobieren.

Es passt tatsächlich. Meine Güte, Sanna, du hast wirklich abgenommen! Das Kleid sitzt wie angegossen. Da darf aber kein Gramm mehr dazu! »Mo? Kannst du mal gucken?«, rufe ich über die Schulter und drehe mich vor dem Spiegel hin und her. Der Rock, nur oberflächlich züchtig, hat einen Schlitz an der rechten Seite, er lässt ein gutes Stück vom Oberschenkel durchblitzen. Ha!

»Wir sind gleich fertig. Warte eben«, ruft Mo.

Ich mache mich auf in die Abteilung mit der Wäsche. Scheußlich, was da so rumhängt, aber ganz hinten finde ich einen passendes, dunkelblaues und mit Spitze besetztes Wäscheset, der BH trägerfrei.

Als ich das anhabe, guckt die Spitze ganz knapp unter dem Ausschnitt hervor. Hmm... Irgendwie komme ich mir noch ziemlich nackt um den Hals vor. Ich brauche eine Kette, nichts Filigranes... oh, sie haben ja Navajo Schmuck! Da bin ich sofort dabei. Ich greife mir eine Kette aus Natursteinen mit Anhänger, der schwer in meinem Ausschnitt zum Liegen kommt. Ha, das würde Kris gefallen! Passende Ohrclips, denn ich bin nicht durchstochen, finde ich auch dazu. Sehr schön! Jetzt nur noch die Schuhe. Ich überlege. Langsam wandere ich durch die Schuhabteilung. Ich brauche Stiefel, möglichst hohe. Bis knapp unters Knie. Aber schwarz geht nicht, wegen des blauen Kleides. Mein Blick streift ein Paar in Braun, Wildleder. Die passen zum Schmuck. Etwa zehn Zentimeter Absatz, ganz schön hoch für meine Verhältnisse. Die Stiefel passen sogar, sind weit geschnitten, bei meinen Beinen sonst immer ein Problem. Jetzt noch Strümpfe, die müssen sein bei den Temperaturen.

Als ich gerade fertig bin, kommen Mo und Lizzie zurück. Bei sich selber hat Mo tief in die Farbkiste gegriffen, grün um die Augen und ein zu ihren Haaren passenden Ton für die Lippen mit jede Menge Rouge auf den Wagen und Lack auf den nackten Zehen. Das stellt sie sich also unter aufbrezeln vor! Es steht ihr, keine Frage, aber für mich wäre das nichts.

Lizzie dagegen hat sie ganz anders geschminkt. Das schwarze Kajal betont die Augen ihres Vaters, die Lippen leuchten rosa aus dem blassen Gesicht, nur ein bisschen betont. Sie sieht so nicht aus wie ein Vamp, sondern echt cool. Und mindestens wie achtzehn. Oh ha, wenn das man keinen Ärger gibt! Aber Lizzie strahlt, sie findet es toll, von daher lasse ich sie. Die beiden sind so aufgedreht, dass sie meine Erscheinung erst mit Verspätung wahrnehmen. Mo bleibt wie angewurzelt stehen, und Lizzie reißt die Augen auf.

»Was ist? Gefällt es euch nicht?« Auf einmal bin ich unsicher, ob ich mich nicht vergriffen habe.

»Wow, Sanna, das...« Mo betrachtet mich von oben bis unten und geht einmal um mich herum. Sie lacht leise. »An das Ding im Schaufenster habe ich gar nicht mehr gedacht. Ich dachte, so was trägt man zu Beerdigungen. Aber weit gefehlt. Guck es dir an, Lizzie!«

»Supercool«, sagt Lizzie.

»Jetzt nehme ich dir die Schamanin beinahe ab. Du siehst richtig fremd aus.« Mo mustert mich forschend. »Aber mit deinem Gesicht, da müssen wir noch etwas machen. Mit den Augen vor allem. Du hast echt schöne Augen. Total blau. Und lange Wimpern, nur dass man die nicht sieht, weil sie blond sind.«

»Meine Augen sind nur dann blau, wenn es mir gut geht«, wehre ich verlegen ab. »Keine Schminke, Mo, nur etwas für die Augen und für die Lippen.«

»Bist du sicher?« Sie führt mich in einen angrenzenden Raum, wo es ein ganzes Sammelsurium an Schminkutensilien auf einem großen Schminktisch gibt.

»Oh ja.« Ich setze mich auf den Stuhl. »Ich verzichte auf solches Zeug, wo es nur geht.«

»Hmm...«, macht Mo und wählt einen Kajal aus. »Warum?«

»Ja, warum?«, fragt auch Lizzie.

Ich schaue sie im Spiegel an. »Weil alles, was du an künstlichem Zeug auf deine Haut tust, sie vorzeitig altern lässt. Du brauchst dann Cremes, also wieder Chemie, damit sie sich erholt. Je mehr du das tust, desto mehr musst du auch gegen die künstliche Alterung anarbeiten. Genauso wie mit Zigaretten, Alkohol, Drogen. Das alles hat eine Auswirkung darauf. Was denkst du, Mo«, ich schließe die Augen, habe aber ihr Augenrollen gesehen, »wie alt bin ich?«

»Naja«, sagt sie und zögert.

»Das wollen die Onkel auch wissen, unbedingt«, sagt Lizzie und kichert.

»Also?« Ich halte die Augen weiterhin geschlossen, denn sie legt jetzt richtig los.

»Vom Aussehen her, würde ich sagen, Mitte Dreißig. Aber so, wie du dich verhältst, und vor allem, wie die Navajo Frauen mit dir umgehen... ich schätze, du bist ein wenig älter. Vielleicht Vierzig?«

Ich muss grinsen. Lizzie stößt mich an, was ihr ein ärgerliches Zischen von Mo einbringt, denn das wackelt. »Na gut. Ich werde in zwei Jahren fünfzig.«

»Waas?!« Mo fällt fast der Stift aus der Hand.

Ich öffne die Augen und schaue in ihr fassungsloses Gesicht. »Und jetzt sage mir, dass meine Methode keinen Erfolg hat! Es hat auf Reisen, besonders, wenn man alleine ist, durchaus Vorteile, wenn man nicht alle Blicke auf sich zieht. Lizzie, so, wie du jetzt aussiehst, darfst du auf keinen Fall allein losziehen. Das ist zu gefährlich. Das zieht bloß die ganzen Scheißkerle an, die glauben, sich was herausnehmen zu können.«

»Ha, das sollen sie mal versuchen!«, schnaubt Mo und bedeutet mir, wieder die Augen zu schließen. Anscheinend hat sie sich wieder gefangen. »Ich habe einen schwarzen Gürtel, in Karate. Da würden sie sich schön umgucken.«

»Ich kann auch einiges«, sage ich und erzähle ihr von meinem Nachbarn, dem pensionierten Polizisten. »Lizzie, du solltest auch darüber nachdenken, etwas in Sachen Selbstverteidigung zu lernen. Bei deinem Aussehen... da wirst du es vielleicht mal brauchen.«

Die Kleine wird ganz unsicher, doch mit viel gutem Zureden schaffen wir es, dass sie wieder Selbstvertrauen fasst. Als Mo mit mir fertig ist und ich die Augen aufmache, erkenne ich, sie hat recht. Kajal und Lidschatten betonen meine Augen, sie wirken fast so fremd wie damals nach dem Navajo Ritual. Die langen Wimpern verstärken das noch. Auch die Lippen sind betont, aber dezent, was mich erleichtert. »Sehr schön, Mo. Also, auf in den Kampf?«

»Halt, halt«, sagt Mo. »Deine Haare. Der Zopf, also das geht gar nicht. Offen, hmm... nee, zu viel Spliss. Hochstecken, denke ich. Warte, ich guck mal nach einer Spange.«

Als sie wieder da ist, hat sie eine passende Spange zu meinem Schmuck in der Hand. Rasch hat sie mir eine sehr schöne Hochsteckfrisur gezaubert. »Wo hast du das gelernt?«, frage ich.

»Bei meiner anderen Schwester, sie hat einen Friseursalon. Deine Haare, die sind richtig schön. Ausgeblichen, würde ich sagen, von der Sonne. Man sieht die grauen Strähnen darin nur, wenn man ganz genau hinguckt. Jetzt nehme ich dir dein Alter wirklich ab. Beneidenswert. Du brauchst sie nicht mal zu färben.«

»Aber nur, wenn die Sonne mitspielt, wie hier in der Wüste. Ansonsten sind sie graubraun. Straßenköterblond nennt man das bei uns. Also? Wollen wir?« Ich stehe auf.

»Oh ja!« Mo betupft sich noch großzügig mit Parfüm. »Mal sehen, wen ich mir als erstes schnappe. Sind die eigentlich verheiratet? Oder liiert?«, fragt sie Lizzie.

Die wird rot. »Nee, keiner, bis auf Dad. Aber der bald auch nicht mehr.«

»So?« Mo schaut mich fragend an, doch ich schüttele leicht den Kopf. »Na gut. Ich glaube, ich guck mir mal den gut gebauten Kerl als erstes an. Wie heißt er noch gleich?«

»Sean«, sagen Lizzie und ich wie aus einem Munde und prusten los. »Oh je, Mo, sieh bloß zu, dass du nicht zu einem Strich auf seiner Liste wirst«, kichert Lizzie.

»Schscht, Lizzie!«, mache ich sofort, und sie schlägt sich die Hand auf den Mund.

»Ach? Das müsst ihr mir mal genauer erklären.« Mo zieht die Augenbrauen hoch.

»Da gibt es nicht viel zu erklären«, sage ich abwehrend, und Lizzie errötet. Es sieht bezaubernd aus, wie sehr, das ist ihr vermutlich gar nicht bewusst.

»Aha.« Mo wackelt mit den Augenbrauen. »So ist das also. Ein Wettbewerb?« Sie lacht schallend los. »Das können sie ja gerne machen. Aber bevor ich auf ihrer Liste stehe, sind sie ganz sicher schon zu einem Eintrag auf meiner geworden«, grinst sie vergnügt und springt auf. »Los, kommt! Denen werden die Augen ausfallen!«

Beim Rausgehen greifen wir uns noch passend zu den Kleidern jeder ein wollenes Tuch, damit wir uns in der kühlen Luft nicht erkälten, dann will sie auf direktem Weg zurück zur Bar, doch mir fällt gerade noch rechtzeitig die Speicherkarte in meiner Tasche ein.

»Warte, Mo. Ich muss noch etwas erledigen. Gibt es hier irgendwo einen Copyshop? Einen, wo man Bilder machen lassen kann? Es soll eine Überraschung werden von Lizzie und mir.«

»Na klar. Aber wir sind echt schon spät dran. Muss das sein?« Sie schaut auf die Uhr.

»Ja, bitte«, sagen Lizzie und ich wie aus einem Mund und lachen los.

Es ist ja nicht weit, und ich habe die Bestellung binnen zehn Minuten erledigt, oder vielleicht auch zwölf. Ich bestelle jeweils ein Bild von dem morgendlichen Gruppenfoto für uns alle, und von dem Bild von den Jungs jeweils eines mit Passepartout. Außerdem davon ein großes Bild mit Rahmen, das direkt nach New York geliefert werden soll, letztere in Schwarzweiß. Lizzie gibt mir die Adresse. So, das wird ihnen hoffentlich gefallen. Von den letzten beiden bestelle ich nur zwei Ausdrucke. Das wird eine Überraschung.

Mo trommelt ungeduldig mit den Fingern aufs Lenkrad. »Der Chief hat's mit Pünktlichkeit.«

»Ha, wenn der uns sieht, wird er das vergessen«, sage ich nur, aber jetzt werde ich doch etwas nervös und mit mir Lizzie, und das merkt Mo. Sie muntert uns auf, wo sie nur kann. Unter ihrem fröhlichen Geplapper bleibt kein Auge trocken, und so verbringen wir die kurze Fahrt schallend lachend über die Männer, die sie bereits kennen gelernt und gehabt hat.

»Oh je, alle schon da«, sagt sie mit Blick auf den Parkplatz. »Naja, der Chief wird's verkraften können. Los, kommt.«

Das Restaurant, aber besonders die Bar ist voll. Samstagabend. Etliche Motorräder und Autos, teilweise auch Trucks vor der Tür, dazu der Wagen des Chiefs und auch ein Einsatzwagen. Bereitschaft, vermutlich. Obwohl, der sieht gar nicht aus wie die hiesigen, sondern irgendwie anders, das Emblem auf der Tür ist mir fremd.

Anderer Staat? Ich frage Mo, und sie sagt nur: »Utah. Hat der Chief wohl eingeladen.« Sie zuckt mit den Schultern.

Vor der Tür stehen ein paar Bänke für die Raucher, gut gefüllt von den Bikern und ein paar anderen. Als wir herankommen, werden wir mit lang gezogenen Pfiffen und anzüglichen Bemerkungen begrüßt. »Hey, Ladies, wie wär's denn mit uns?«, ruft einer.

Lizzie rückt sofort näher an mich heran. »Siehst du, so was meinte ich«, sage ich zu ihr, während Mo frech die Anmache abwehrt und energisch die Tür aufzieht. Drinnen ist es noch voller, die Tanzfläche bereits gut gefüllt. Mo jedoch führt uns an der Bar vorbei weiter nach hinten, durch das Restaurant hindurch zu einem separaten Raum, von wo uns lautes Stimmengewirr entgegenschallt. Ich lasse mich ein wenig zurückfallen und bleibe im Halbdunkel des Ganges stehen, um zu gucken, was jetzt passiert.

»Oh, seht mal, wer da kommt!«, ruft Geoff und pfeift unfein durch die Zähne. Alle wenden sich zum Eingang um und stehen auf. Na, wenn das kein Empfang ist!

Mo lässt sich die Aufmerksamkeit strahlend gefallen, aber Lizzie bleibt stocksteif direkt vor mir stehen. Da muss ich ihr natürlich helfen. Ich trete an sie heran und lege ihr die Hände auf die Schultern. »Nur Mut. Sie werden uns schon nicht auffressen!«, sage ich und schiebe sie fast in den Raum.

Sie läuft schnurstracks zu Rob und Col, in Sicherheit. Tom, der hinter ihnen steht, fallen fast die Augen aus dem Kopf. Sprachlos starrt er seine Tochter an, genauso wie Rob, nur dass der sich wesentlich schneller wieder erholt und Lizzie in den Arm nimmt. »Du siehst wunderschön aus, Kleines«, sagt er und lacht. »Lass mich dich anschauen! Richtig erwachsen, das bist du!«

»Danke, Grandpa«, sagt sie und schmiegt sich an ihn, ihren Vater unsicher anlächelnd. Der ist wie geplättet, doch das währt nicht lange, denn Jimmy beglückt sie nun mit einer wohldosierten Einheit seines Charmes, worauf sie lacht und die Verlegenheit verliert. Ich lasse meinen Blick über die Anwesenden schweifen. Mos Kollegen und den Chief sowie dessen Schwester kenne ich bereits, aber da ist noch ein anderer Mann in einer fremden Uniform, genauso wie ein Mann vom Stamm, der jedoch in Zivil. Was wollen die hier? Wozu hat der Chief sie mit eingeladen? Merkwürdig.

»Wo ist denn Sanna?«, fragt Jimmy gut hörbar.

»Ich bin hier«, sage ich und betrete den Raum. »Entschuldigung. Wir sind zu spät, wurden aufgehalten.« Die Jungs bewusst ignorierend, begrüße ich zuerst den Chief und die anderen Feuerwehrleute, werde den beiden Fremden vorgestellt. Der eine ist der Chief aus dem Nachbarcounty in Utah, der andere von der Polizei aus dem Navajo Reservat. Letzterer begrüßt mich mit einem warmen Lächeln und festem Händedruck und nennt mich auch gleich beim Vornamen, was bei den anderen für hochgezogene Augenbrauen sorgt. »Ich habe schon viel von dir gehört.«

Oh ja, das glaube ich. Bei dem Ritual war er jedenfalls nicht dabei, das wüsste ich. »Nun, ich für meinen Teil kann auf so etwas gut verzichten«, sage ich und lächele, was er mit Gelächter quittiert. Die anderen beiden gucken etwas konsterniert, genauso wie die Feuerwehrleute. Ich bin mir der abrupt verstummten Gespräche auf der anderen Seite des Tisches sehr bewusst. Wie sie mich alle anschauen!

»Nun, da wir vollzählig sind, können wir ja essen«, sagt der Chief und setzt sich wieder.

Ich sehe mich suchend um, wo ich denn meinen Platz finden soll, da steht plötzlich Jimmy vor mir, warm lächelnd. »Komm, du sitzt bei uns.« Er nimmt mich beim Arm und führt mich auf die andere Seite des langen Tisches. »Du siehst toll aus«, flüstert er mir kaum hörbar ins Ohr.

Ich komme an Danny und Vince vorbei, die mich anerkennend mustern, und bei Sean, da geht die Schublade wieder auf, und ich werde hervorgeholt und noch einmal ausgiebig von allen Seiten betrachtet und dann zwei oder drei Schubladen weiter oben wieder einsortiert. Die oberste jedoch, die ist von jemand anderem besetzt, und die guckt gerade amüsiert zu. Ich bedenke Mo mit einem spöttischen Lächeln und lasse mich von Jimmy zu meinem Platz führen, zwischen ihm und Tom.

»Komm, setz dich«, sagt Jimmy, und sein Daumen streicht mir, ganz leicht nur, über den bloßen Rücken. Es jagt einen Schauder durch mich, was er wohl beabsichtigt hat, aber nicht so, wie er denkt. Dann begegne ich Toms Blick. Stumm steht er da, das Gesicht wie gemeißelt. Oh oh, den Blick kenne ich doch!, denke ich und setze mich hin. Ihm passt etwas ganz und gar nicht, nur was? Das ignoriere ich doch lieber und widme mich den Köstlichkeiten, die jetzt aufgetragen werden.

Es gibt gutes, amerikanisches Steak, entsprechend Beilagen, Salat und andere gegrillte Spezialitäten. Es ist die erste Mahlzeit dieser Art, die ich auf meiner Reise hier esse, normalerweise meide ich solche Riesenmengen. Aber es ist lecker und gut, und so lassen wir es uns schmecken.

Das Essen vergeht in angeregter Unterhaltung. Wo Feuerwehrleute zusammenkommen, da ist es immer laut, und diese hier machen keine Ausnahme. Geschichten und Anekdoten werden hervorgeholt, es wird ein regelrechter Wettbewerb daraus, wer wen mit den interessanteren Geschichten übertrumpft, und es ist keine Überraschung, dass Mo da munter mitmischt.

»Weißt du, warum der Chief die anderen mit eingeladen hat?«, frage ich Tom leise, als die anderen so richtig schön in Fahrt sind.

»Nicht wirklich, aber ich glaube, sie wollen etwas von uns. Von mir, oder von dir«, raunt er genauso leise zurück.

»Von mir?« Ich lasse meine Gabel sinken, gucke ihn fragend an, und er zuckt mit den Schultern. »Das ist mir schon heute Morgen aufgefallen. Er hat die Jungs ausgefragt, nach uns beiden. Vermutlich will er wissen, was es mit uns auf sich hat.«

»Verdammt. Danny war vorhin auch schon so komisch. Aber der Chief ist doch gar kein Stammesmitglied. Was kann er denn von uns wollen?«

»He, was gibt es da zu flüstern?«, fragt Jimmy von der anderen Seite und beugt sich zu uns. »Dein Essen wird ja ganz kalt, Sanna.«

Ich schicke ein unmerkliches Kopfschütteln zu Tom und lege mein Besteck fort. »Puh, ich glaube, ich kann nicht mehr!«, sage ich etwas lauter. Es stimmt, ich merke jeden Bissen, wie er sich in meinen Magen hinunter windet. Dieses verdammte Kleid!

»Alles in Ordnung?«, fragt Jimmy sofort und streicht mir wieder über den Rücken. Junge, Junge, der fängt ja an zu graben, das merke ich schon seit Beginn des Essens. Sehr subtil und sicher jahrelang gut eingeübt, so geht er vor.

»Jaja, alles in Ordnung«, antworte ich und rücke unauffällig ein Stück von ihm weg, hin zu Tom.

Der Chief hat nach dem Essen drei große Tische in der Bar für uns reserviert. Seine Schwester verabschiedet sich nun mit Hinweis auf ihre Kinder. Ich begleite sie noch nach draußen, um mich in Ruhe nach ihrem Sohn zu erkundigen, was sie sehr zu schätzen weiß, und danke ihr für die Einladung, was sie verlegen abwehrt.

Als ich wieder hereinkomme, ist die Tür zu dem separaten Speiseraum zu, und die anderen sind in die Bar umgezogen. Ich habe kaum Zeit, mich umzuschauen, da steht schon Jimmy vor mir und schleppt mich auf die Tanzfläche.

Tanzen. Ach herrje. Das ist ja so gar nicht mein Ding, will ich abwehren, aber er lässt mir keine Gelegenheit. Dem bin ich in der Vergangenheit immer aus dem Wege gegangen, zumindest dem klassischen Paartanz. Ein anständiges Rockkonzert, auf einer Party locker abtanzen, das ist etwas anderes. Aber dies hier, noch dazu mit diesem Country-Musik Gejaule? Oh je! Ich kann es, habe es notgedrungen gelernt, aber Vergnügen hatte ich daran noch nie. Außerdem sind die amerikanischen Standardtänze doch ein wenig anders als unsere. So muss Jimmy mir erst die Schritte zeigen, was er mit viel Gelächter und Aufmerksamkeit tut, und er schafft es tatsächlich, dass ich mich entspanne und die Sache richtig zu genießen beginne. Wie er das macht, keine Ahnung. Er hat einfach eine Art, die Frauen auf Händen zu tragen, das muss man ihm lassen.

Nach Jimmy tanze ich mit Rob, mit Danny, Vince lässt sich auch nicht lange bitten, und auch Lizzie wird von ihnen nicht vergessen, sie hat richtig Spaß an dem Abend, obschon sie eigentlich viel zu jung für die Bar ist. Selbst Col bequemt sich für sie auf die

Tanzfläche, doch es ist ihm anzusehen, dass er lieber an seinem Handy kleben würde, was er nach dem Pflichtprogramm auch wieder tut.

Dann kommen auch die Jungs von der hiesigen Feuerwache langsam in Schwung, denn Mo, die legt mit Sean eine wirklich heiße Sohle aufs Parkett und ist gar nicht mehr von ihm wegzubewegen. Wenn da nicht schon die Funken fliegen, dann weiß ich auch nicht. Da bleibe nur noch ich übrig. Ich werde von Geoff aufgefordert, dann von den anderen. Bald wird es mir zu viel, und ich merke, so langsam bekomme ich ziemlichen Durst.

Als Danny und Jimmy dann wieder in unschwer zu deutender Absicht auf mich zusteuern, hebe ich die Hände. »Gnade, habt Mitleid mit mir. Ich brauche etwas zu trinken.«

»Was?« Danny zieht die Augenbrauen hoch. »Hat dir etwa noch niemand etwas zu trinken besorgt?«

»Nein, Danny«, sage ich und strafe Jimmy mit einem vernichtenden Blick, den der mit einem Grinsen erwidert.

Danny macht eine einladende Handbewegung. »Na, dann komm. Was möchtest du denn? Wein? Champagner? Ein Bier?«

Ich muss lachen. Als wenn die hier Champagner hätten! »Nein, nein, erstmal ein Wasser, bitte. Ich habe während des Essens kaum etwas getrunken.« Sie führen mich zu einem der Tische, und ich darf mich tatsächlich setzen. Gleich darauf ist Lizzie bei mir und quetscht sich dicht neben mich. »Und, hast du Spaß?«, frage ich sie und lege ihr den Arm um die Schultern.

»Oh ja, aber meine Füße...« Sie verzieht das Gesicht.

»Geht mir genauso. Morgen werden wir beide humpeln. Mo aber nicht«, füge ich hinzu, denn sie dreht schon wieder eine Runde mit Sean auf dem Tanzparkett.

»Jaah... ich glaube, der Strich ist gesichert.« Lizzie kichert. Gleich darauf ist Danny mit einer großen Flasche Wasser und Jimmy mit ein paar Gläsern wieder da. Hintendrein kommt die Bedienung mit einem Tablett voller Biergläser und zwei Champagnerflöten.

»Es geht doch nicht, dass du so ganz ohne was Anständiges zu trinken diesen Abend überstehen musst«, sagt Jimmy und reicht mir mit einer Verneigung eine der Champagnerflöten.

»Oh, Prickelwasser!«, ruft Mo und bricht dafür ihren Tanz mit Sean ab. Ungefragt nimmt sie sich das andere Glas. Wir stoßen an, sie nimmt einen großen Schluck, während ich nur vorsichtig nippe, denn ich ahne es ja schon: Das Zeug ist lauwarm und pappsüß. Igitt!

Ich muss wohl unmerklich das Gesicht verzogen haben, denn Mo guckt mich mit hochgezogenen Augenbrauen an, und Danny fragt: »Nicht gut?«

»Puh!«, mache ich und stelle das Glas weg. »Gib mir mal das Wasser, Jimmy.«

»Wieso, ist doch lecker«, sagt Mo und leert den Rest in einem Zug.

Sean schaut spöttisch, während ich einen Schluck von meinem Wasser nehme. »Hast es wohl nicht so mit Prozentigem, was?«, sagt er und trinkt selber einen großen Schluck von seinem Bier.

Der verarscht mich doch, der weiß ganz genau, was da drin ist. Na warte! Ich hole innerlich die Messer raus, und sein Grinsen wird breiter. »Oh, ihr kleingeistigen Amerikaner!«, sage ich augenrollend. »Merke dir eins«, ich hebe den Finger, »ein wirklicher Champagner, der kommt aus der Champagne, und zwar ausschließlich, er ist knochentrocken und wird eiskalt und frisch geöffnet serviert. Das hier«, ich stoße mit meinem Wasserglas an die Flöte, »ist Schaumwein. Supermarktware, unterstes Regal, und mindestens schon einen Abend geöffnet, würde ich sagen. Da haben sie euch schön gelinkt.«

Die anderen sind zu verblüfft, als beleidigt zu sein. »Trinkst du denn echten Champagner?«, fragt Sean dagegen seltsam lauernd.

»Selten, aber ab und an… warum?«

Er kommt näher. »Ach ja? Welchen?«

Ah, jetzt will er mich testen und aufs Glatteis führen. Aber nicht mit mir. »Wenn, dann ziehe ich einen schönen Crémant vor. Aus der Bourgogne zum Beispiel. Dieselbe Machart, aber aus anderen Regionen. Das schmeckt man, besonders, wenn sie weiter aus dem Süden kommen, sie haben feinere Aromen. Warum?«

»Nun«, er nimmt meine Hand, »ich habe ein paar schöne Flaschen Crémant in unserem Keller liegen. Die solltest du mal probieren. Und jetzt, finde ich, schuldest du mir für diesen Affront einen Tanz.« Und er zieht mich mit einem derart wölfischen Grinsen vom Tisch hoch, dass Mo die Augen aufreißt.

»He, erstmal sind wir dran«, geht Jimmy dazwischen. »Stell dich gefälligst hinten an.« Er will mich von Sean fortziehen, doch eine Stimme durchbricht seine Absicht.

»Schluss jetzt«, sagt Tom hinter mir und legt die Hände auf meine Schultern. Die anderen weichen sofort ein Stückchen zurück. »Ihr hört jetzt auf, so an Sanna rumzuzerren! Sie ist doch kein Zugseil! Außerdem, ich war noch gar nicht dran.« Und er führt mich ohne ein weiteres Wort auf die Tanzfläche. Die anderen sehen uns mit großen Augen hinterher, Sean und Jimmy sogar mit echter Überraschung im Gesicht.

»Wo hast du die ganze Zeit gesteckt?«, zische ich ihm zu, während wir die ersten paar Schritte machen.

»Bei den Chiefs. Sie hatten was mit mir zu besprechen«, sagt er und schüttelt auf meine fragende Miene hin den Kopf. »Nicht jetzt. Morgen. Lass uns tanzen.«

Und das kann er, stelle ich erstaunt fest. Gekonnt schwingt er mich herum. Ich spüre die Blicke der anderen im Rücken, wie sie uns beobachten. »Was schauen die denn so?«, frage ich leise. Sean ist jetzt wieder mit Mo auf der Tanzfläche, sie wirbeln an uns vorbei.

Ich spüre ein leichtes Beben, er lacht unterdrückt. »Nun, ich tanze sonst nie. Das überlasse ich für gewöhnlich den anderen. Man kann sogar sagen, ich bin notorischer Nichttänzer. Damit ziehen sie mich immer auf.«

»Aber du kannst es.« Das merke ich mit jedem Schritt.

»Familienfeiern«, sagt er nur und zuckt mit den Schultern. »Ich musste es lernen.«

Also wegen Pam. »Tja, ich jedenfalls konnte es bis vorhin nicht. Jimmy hat es mir beigebracht.«

Jetzt schaut er überrascht auf mich herab. »Da hat er sich aber mächtig ins Zeug gelegt. Er gräbt ganz schön an dir herum, muss ich sagen.«

»Oh ja.« Ich merke, wie ich rot werde, was er auch sieht. Rasch blicke ich zur Seite. »Ich weiß nicht, was ich davon halten soll.«

»Stört es dich?« Etwas in seinem Tonfall lässt mich wieder zu ihm aufschauen. In seinen Augen liegt wieder dieser Ausdruck, den ich nicht ganz deuten kann. Unmerklich nicke ich auf seine Frage. Ich spüre, wie er sich kurz versteift, dann verzerren sich seine Züge eine Winzigkeit. Mich trifft ein Blick, so hat er mich noch nie angesehen. Er leuchtet geradezu und umfängt mich. Ganz tief in mir drin, dort, wo ich seit Jahren eine Mauer in meinem Innersten errichtet habe, schlägt er eine Bresche, und auf ödem Land entsteht eine kleine warme Flamme, die stetig größer wird, je länger er mich anschaut. Ich schnappe nach Luft, komme unwillkürlich aus dem Takt. Und er auch. Einen Moment lang ist es still, vollkommen still um uns.

Doch dann rempelt jemand uns an, und der Moment ist vorbei. Er hebt den Kopf ein wenig, schaut ins Leere, dreht mich weiter herum. »Gott, ich wünschte...« Mit einem Mal bricht er ab und sagt nichts mehr. Warum nicht? Er muss es doch genauso spüren wie ich! Aber dann merke ich, es ist wegen der anderen, wegen ihrer Blicke. Eben schwebt Sean wieder vorbei, und er beobachtet uns genau, und da ist auch Jimmy mit Lizzie, sie kreisen uns förmlich ein. Verdammt! Was kann ich tun? Gar nichts kann ich tun, oder vielleicht doch? Mein Herz fängt hart an zu klopfen.

»Tom?«, frage ich fast unhörbar.

»Hmm?« Er schaut weiter stur geradeaus.

»Meinst du, dass dies eine sichere Gegend ist?«

Meine Frage überrascht ihn, muss sie ja. Er guckt mich kurz erstaunt an. »Warum... ja, wieso? Klar ist sie sicher.« Kopfschüttelnd wendet er seinen Blick wieder auf die Tanzfläche, auf die anderen.

»Nun, dann ist es wohl ungefährlich, wenn man nachts seine Tür nicht abschließt? So als Frau, meine ich?« Ich beiße mir auf die Lippen, mag ihn nicht ansehen dabei. Ich spüre deutlich, wie er zusammenzuckt. Einen winzigen Moment erstarrt er, hält die Luft an, dann atmet er gut spürbar aus. Er zieht mich näher an sich heran, seine Hände brennen fast ein Loch in meine Haut, so kommt es mir vor, und als er den anderen kurz den Rücken zuwendet, spüre ich eine leichte Berührung an meiner Schläfe, einen Kuss. Mehr mag er nicht zeigen, aber es genügt auch so. Ich spüre jede seiner Berührungen, wie er mich umfasst hält, viel intensiver als vorher, und will gar nicht mehr loslassen.

Doch dann ist die Musik zu Ende, und er führt mich wieder von der Tanzfläche. Auch er streicht mir über den Rücken, ganz leicht nur, aber diesmal fühlt es sich gut an, es prickelt. Genau richtig.

Ich bin wie benebelt und merke, den anderen kann ich jetzt nicht begegnen, als wäre nichts gewesen. Daher geselle ich mich zu Rob und den Kindern. »Puh, ich bin geschafft, und ihr? He, Lizzie, du musst ja schon ein Gähnen unterdrücken.« Aus den Augenwinkeln sehe ich, wie Tom sich Jimmy schnappt und ein paar eindringliche leise Worte mit ihm spricht. Jimmy grinst spöttisch, packt ihn am Nacken und schüttelt ihn leicht, doch Toms Miene bleibt ernst, und er flüstert Jimmy etwas zu, noch ernster diesmal, und damit schwindet auch Jimmys Grinsen. Er schaut überrascht, wirft mir einen Blick zu, fragend und auch ein klein wenig verletzt. Ich schüttele nur ganz leicht den Kopf. Sorry.

»Sanna, willst du mit uns zurückfahren?«, zieht Lizzie meine Aufmerksamkeit auf sich.

»Ja, ich glaube, ich habe genug«, höre ich mich sagen und zwinge mich, die drei anzuschauen. Kurz darauf verabschieden wir uns. Die ganze Zeit spüre ich Toms Blick auf mir, wie er mir folgt, bis wir zur Tür hinaus sind.

Stunden später, so scheint es mir, sitze ich geduscht und nur in dem Zeremonienhemd bekleidet auf dem Bett und warte. Dann, endlich, höre ich ein Auto vorfahren, Türen schlagen, Stimmen. Ich gehe zum Fenster und ziehe den Vorhang ein Stückchen zur Seite, schaue auf den Parkplatz. Es ist das Einsatzfahrzeug, vier Leute sind ausgestiegen. Ah, also ist Sean anderweitig untergekommen. Wahrlich keine Überraschung. Hastig lasse ich den Vorhang wieder fallen und setze mich aufs Bett.

Leise Schritte nähern sich meiner Tür. Sie bleiben stehen, als zögere er. Hat er mich richtig verstanden, fragt er sich jetzt bestimmt. Ich kann es förmlich spüren. Doch, hast du!, will ich rufen, bleibe aber stumm. Dann tritt er heran, der Türknauf beginnt sich zu drehen. Ich kann nur noch trocken schlucken, doch da durchbricht ein lauter Schrei aus dem Nachbarzimmer die Nacht.

»Nein, nicht, Col! Gib das her! Du sollst das hergeben!« Das ist Lizzie. Col lacht sie aus, sie fangen an zu zanken und zu kämpfen, so laut, dass draußen vor meiner Tür ein leiser Fluch zu hören ist, dann entfernen sich seine Schritte und nebenan wird die Tür aufgerissen. »Was ist denn hier los?«

Oh je, man versteht ja jedes Wort! So dünn sind die Wände? Das war mir bisher noch gar nicht aufgefallen. Wie denn auch? Lizzie hat ja bei mir geschlafen letzte Nacht. Ich höre, wie Tom die beiden in den Senkel stellt und schließlich ihre Handys einkassiert. »Mann, Dad! Das ist nicht fair!«, schmollt Lizzie.

»Das ist mir egal. Ihr schlaft jetzt, ihr seid hier nicht alleine, verstanden? Morgen bekommt ihr sie wieder!« Mit einem Rumms wird die Tür wieder zugezogen, und ich höre, wie nebenan die Tür aufgeht und Robs tiefe Stimme eine leise Frage stellt, die Tom unwirsch brummend beantwortet.

Irgendwie ahne ich es schon. Seine Schritte entfernen sich, er geht auf sein Zimmer. Und er kommt nicht zurück. Nicht, wenn sein Vater und seine Kinder nebenan sind und alles mitbekommen könnten. Verdammt!

Da ist an Schlaf für mich nicht mehr zu denken. Plötzlich mag ich nicht mehr in diesem Zimmer sitzen, wie bestellt und nicht abgeholt. Ich merke, wie sich die Tränen drohen Bahn zu brechen, und springe auf. Rasch ziehe ich meine normalen Sachen an, greife mir Kamera und Stativ. Nach kurzem Überlegen auch Schlafsack und Isomatte.

Bald darauf komme ich außer Atem am Canyon an. Still schimmert die Schleife des Flusses vor mir im Mondlicht. Auch wenn die Nacht schon weit fortgeschritten ist, für eine Nachtaufnahme ist es nie zu spät. Die gewohnten Handgriffe beruhigen meine aufgewühlten Gefühle, ich entspanne mich. Nachdem ich den Timer gestellt habe, bin ich so weit heruntergekommen, dass die Müdigkeit durchschlägt. Ich baue mir ein Lager und bin beinahe sofort eingeschlafen, Tom, die Jungs, die Probleme und alles andere einfach vergessend.

Kapitel 12

Leises Vogelgezwitscher weckt mich. Als ich die Augen aufschlage, ist es bereits hell, die Sonne aber noch nicht aufgegangen. Ich liege auf der Seite, mit Blick auf den Canyon. Doch das bemerke ich nur am Rande. Eine Hand ruht auf meiner Hüfte, ich spüre jemanden hinter mir, jemanden, der tief und ruhig atmet. Ich schließe die Augen. Ja, er ist es. Der Geruch, die Atemzüge, unverkennbar.

Ganz vorsichtig, um ihn nicht zu wecken, drehe ich mich um. Er hat den Kopf auf den Arm gebettet und ist jetzt nur noch eine Handbreit von mir entfernt. Lange betrachte ich sein Gesicht. Es liegt etwas darauf, das habe ich so noch nie bei ihm gesehen. Eine Art Frieden. Das macht mich froh, so froh zu sehen, dass es mir ein kurzes, intensives Gefühl des Glücks verschafft. Ganz egal, was gestern Nacht passiert oder auch nicht passiert ist, er ist hier. Nur das zählt. Ich will die Hand ausstrecken, dieses Gesicht berühren, und tue es doch nicht. Sicherlich hat er den Schlaf genauso nötig wie ich, denn ich merke, ich bin immer noch geschafft. Also schließe ich die Augen und lasse mich zurück in den Schlaf gleiten.

Eine leichte Berührung weckt mich wieder auf. Als ich die Augen öffne, ist er wach. Stumm schaut er mich an, sein Blick umfängt mich. Seine Finger streichen mir über die Lippen, bevor er mein Kinn umfasst und mich zu sich zieht. »Guten Morgen«, flüstert er.

Ich bringe keinen Ton raus unter diesem Blick, schaffe gerade einmal ein leichtes Lächeln, bevor sich unsere Lippen treffen. Der erste Kuss ist vorsichtig, tastend. Dann ein Blick, fragend, mein Einverständnis, und dann hält uns beide nichts mehr. Die ganze Sehnsucht und aufgestauten Gefühle des letzten Tages, nein, der letzten Wochen, erkenne ich mit nicht leisem Erschrecken, brechen sich nun Bahn. Ich werde verschlungen oder verschlinge ihn, das weiß ich nicht, denn es geht alles in dem Rausch unter, endlich, endlich diese Berührungen spüren zu können.

Ein weit entferntes Hupen und das Schlagen einer Autotür holen uns in die Wirklichkeit zurück. Schwer atmend halten wir inne. Er liegt halb auf mir, eng umschlungen halten wir uns aneinander fest.

»Hör auf«, flüstert er und zieht seine Hände zurück, die sich bereits in meinen Schlafsack gestohlen und unter mein Shirt gewühlt haben. Stattdessen packt er meine, die ihm immer noch über Nacken und Rücken streichen, und löst sie von sich. »Wir müssen jetzt aufhören, sonst kann ich für nichts mehr garantieren!« Er drückt mir einen Kuss auf jeden Handrücken, dann lässt er sich zurücksinken, und wir liegen einen Moment atemlos nebeneinander.

Er hat recht. Jede Minute kann jemand den Pfad herunterkommen. »Verdammt!«, flüstere ich.

»Jaah…« Er reibt sich kräftig über das Gesicht. »Geht es?«

Ich muss kichern. »Die Frage müsste ich wohl eher dir stellen.« Denn ich habe ihn ja ganz genau an mir gespürt.

Er fängt an zu prusten, und dann lacht er schallend los. »Oh Sanna, du bist echt unmöglich!«

»Danke, gleichfalls, Tom Flynnt!« Wir drehen die Köpfe, schauen uns grinsend an. »Das wäre gestern Nacht nicht gegangen.«

»Nein«, sagt er, und sein Grinsen wird matt. »Ich hatte schon mein Messer rausgeholt, wollte bei Sylvie das Schloss aufbrechen und ihr den Schlüssel für die Hütte nebenan klauen, da habe ich dich weggehen sehen. Du warst sauer.«

»Aber nicht auf dich, denke das nicht.« Ich hebe die Hand, will wieder über sein Gesicht streichen, doch er fängt sie ab und schüttelt den Kopf. »Eher auf das Schicksal oder so. Es kann manchmal richtig gemein sein.«

»Wem sagst du das«, seufzt er und setzt sich auf. Atmet ein paarmal tief durch, bringt sich unter Kontrolle, so lese ich das. Dann steht er auf und hilft mir hoch.

Durch die Fotoausrüstung und unsere Schlafsachen sind wir voll beladen, und das ist wohl auch besser so, denn es verhindert, dass wir uns wieder zu nahekommen. »Hoffentlich schlafen die Jungs noch«, sage ich, während wir den Pfad zur Lodge hochlaufen.

»Ach, die liegen im Sauer. Ganz besonders Jimmy. Der hat heute Nacht noch ordentlich tief ins Glas geschaut. Bei den vielen Medikamenten, die er nimmt, ist es ein Wunder, dass er noch gerade stehen konnte.«

»Oh je«, sage ich nur, und er seufzt.

»Ich habe ihm gesagt, dass er die Finger von dir lassen soll.«

»Das habe ich wohl gemerkt, und ich habe ihm auch meine Sicht zu verstehen gegeben, als du es ihm gesagt hast.« Tom bleibt stehen und schaut mich überrascht an. Ich zucke mit den Schultern. »Blicke können manchmal viel mehr sagen als Worte. Aber ich glaube nicht, dass er sich einfach so geschlagen gibt, auch wenn er erstmal seinen Kummer ertränkt hat. Ich werde mit ihm reden müssen, doch, Tom. Er hat sich da in etwas reingesteigert, das ist nicht gut. Torschlusspanik oder so.«

»Himmel! Oh je, da werde ich…«

»Nein, nicht du, sondern ich«, zeige ich mit dem Finger und schaue ihn fest an. »Das bin ich ihm einfach schuldig. Ich mag ihn, als deinen besten Freund eh, aber auch so. Nur nicht so, wie er es sich vielleicht wünscht. Lass mich das regeln. Alles andere kann euch in der Sache dort drüben nur schaden.«

»Bist du sicher?« Es ist ihm anzusehen, dass er am liebsten eingegriffen hätte.

»Aber ja. Wir sind doch alle schon groß, nicht?« Ich muss schmunzeln, und er zieht eine Grimasse.

»Na gut«, gibt er sich geschlagen.

In der Lodge ist niemand zu sehen. Erleichtert verstauen wir die Schlafsachen in unseren jeweiligen Zimmern. Ein Blick in das Zimmer der Kinder zeigt, sie sind bereits auf und vermutlich mit ihrem Großvater frühstücken.

»Gute Idee, so langsam bekomme ich wirklich Hunger. Ich habe gestern Abend kaum etwas gegessen und getrunken«, sage ich zu Tom und trinke mehrere große Schlucke aus meiner Wasserflasche. Er lehnt in der Tür und beobachtet mich dabei.

»Das habe ich wohl bemerkt. Warst du nervös?«

»Hmm?« Ich schüttele den Kopf und schraube die Flasche wieder zu. »Ach was. Es lag an dem verdammten Kleid. Es war ganz schön eng.« Ich betrachte es mit einem missmutigen Blick, wie es da an der Tür zum Bad hängt. Das werde ich ganz sicher nicht kaufen.

»Oh ja, das habe ich gesehen! Es steht dir, keine Frage, aber Lizzie… meine Güte, Sanna, hättest du nicht… ich meine, sie hat ausgesehen wie fast Zwanzig!«

Ich kann nicht anders, ich muss einfach lachen angesichts seiner Miene. Völlig verdattert, ein Vater, der die Welt nicht mehr versteht. »Deine Tochter wird erwachsen, Tom! Sie hatte ein wenig Unterstützung von weiblicher Seite bitter nötig, und vor allem, dass ihr Selbstbewusstsein gestärkt wird. Ich glaube, deine Frau, die hat das immer unterdrückt, bewusst oder unbewusst. So, wie Lizzie aussieht, wird es höchste Zeit, dass sie lernt, damit umzugehen. Wir haben ihr gesagt, was sie machen muss und auf keinen Fall machen darf. Unterstütze sie, wenn sie auf dich zukommt.«

»Wie, du und Mo?!«

»Die ist ein echter Feger, so viel steht fest. Schau nicht so entsetzt, das schadet gar nicht. Lizzie bekommt doch eh mit, was bei euch abgeht. Oder willst du mir etwa sagen, du weißt nicht, wozu die Striche auf der Kreidetafel gut sind?« Er erbleicht sichtlich. »Siehst du. Nur den Farbcode, den hat sie noch nicht geknackt.« Jetzt ist er so entsetzt, dass ich ungeduldig den Kopf schüttele. »Mensch, Tom, hältst du deine Kinder für blöde? Die bekommen alles mit, wirklich alles, so gut könnt ihr gar nicht aufpassen. Ihr solltet diese dämliche

Tafel abhängen oder zu den Jungs in die Wohnung tun. Wenn das Jugendamt das mitschneidet, gibt es mächtig Ärger.« Außerdem habe ich bereits einen guten Ersatz geschickt, füge ich in Gedanken hinzu.

»Himmel, Sanna.« Jetzt reibt er sich mit beiden Händen über das auf einmal müde Gesicht.

Es tut mir fast leid, dass ich es erwähnt habe, aber nur fast. »Ich finde es ganz gut, dass ich Bescheid weiß. Wenn *Onkel* Jimmy partout nicht hören will, haue ich ihm das auch noch um die Ohren. Dann wirkt es hoffentlich.«

Mein leichtes Lächeln wird von seiner Seite mit einem verblüfften Augenaufreißen beantwortet, und dann grinst er breit. »Himmel, ist es verwunderlich, dass ich dich mag?« Er kommt auf mich zu, nimmt mich in die Arme und drückt mir einen nicht eben sanften Kuss auf den Mund.

»Dad?«, ruft Lizzies Stimme draußen.

Ich will mich losreißen, aber er hält mich einfach weiter fest. »Ja, Lizzie?«, antwortet er über die Schulter.

»Sylvie sagt, das Frühstück ist fertig und...« Sie verstummt, als sie in der Tür erscheint. Ich sehe nur ihren Schatten auf dem Boden, Tom verdeckt mir die Sicht auf sie.

»Ist gut, wir kommen gleich. Geht schon mal vor«, sagt er und lächelt auf mich herab. Gleich darauf ist sie verschwunden, und sie rennt, das ist gut zu hören. »Ich nehme mir deinen Rat zu Herzen. Sie merkt es ja eh«, sagt er und lässt mich erst jetzt los.

Nur Rob und die Kinder sind im Frühstücksraum, von den Jungs keine Spur. Rob wünscht uns gut gelaunt einen guten Morgen. »Ich habe mit der Fluggesellschaft gesprochen. Wir können Sally mitnehmen«, sagt er zu Tom, und zu mir: »Wir haben einen Direktflug, die Jungs jedoch nicht. Das macht es einfacher für sie.«

»Das heißt, wir müssen heute Abschied nehmen, mein tapferes Mädchen?« Ich streichele sie, was sie sich schwanzwedelnd und mit einem Schlecker über meine Hand gefallen lässt. Mit einem Mal schlägt voll zu mir durch, was das bedeutet. Tom wird gehen, und das bald. Das hatte ich kurzzeitig verdrängt. Die Freude des Morgens erlischt schlagartig, ich habe keinen Hunger mehr. Aber ich zwinge mich, etwas zu essen, sonst werde ich den Tag nicht überstehen, das merke ich. »Wann müsst ihr denn los?«, frage ich Rob.

»Der Flieger geht kurz nach Mittag in Vegas. Also demnächst«, sagt er und lächelt mich traurig an. »Wann kommst du uns in New York besuchen?«

»Das weiß ich noch nicht«, sage ich und wechsele einen raschen Blick mit Tom. »Ich habe hier noch ein paar Dinge zu erledigen, die restlichen Vereinbarungen mit dem Stamm. Mein Visum läuft noch… ungefähr dreieinhalb Wochen. Ob das für einen Zwischenstopp bei euch reicht, kann ich noch nicht sagen, tut mir leid, Rob.«

»Versuch's«, sagt Lizzie da und greift meine Hand. »Bitte komm zu uns nach Hause und besuche uns, ja?«

»Ja, bitte«, sagt da auch Col und schaut mich forschend an. Die haben was gemerkt, und wie!

»Ich versuch's, wirklich, versprochen.« Und wenn ich mich dafür anderen Dingen stellen muss, dann soll es so sein, ist mein unausgesprochener Zusatz, den Tom durchaus versteht. Er runzelt die Stirn und schüttelt unmerklich den Kopf.

Sylvie bringt uns Kaffeenachschub und flüstert mir ins Ohr: »Da ist ein Päckchen für dich gekommen.«

»Danke, Sylvie, guck ich mir gleich an.«

Nach dem Frühstück gehen die Kinder packen, und Tom und Rob schicke ich unter einem Vorwand weg. In Sylvies Büro liegt das Päckchen. Vorsichtig wickele ich die Bilder aus. »Hey, Sylvie, hast du so etwas wie Grußkarten von deiner Lodge mit passenden Umschlägen? Etwa in der Größe?« Ich halte den Packen hoch. Das Oberste ist die Nachtaufnahme von Tom und mir.

»Oh, hast du schon Bilder?« Sie steckt den Kopf zur Tür herein, aber da ich nur den Packen mit der Außenseite hochhalte, sieht sie nichts. »Nein, so etwas haben wir nicht, aber geht auch weiß? Da habe ich welche da.«

»Natürlich. Ich brauche neun Stück. Acht normale und einen gepolsterten für mich, sonst überstehen die Bilder die Reise nicht.« Ich sortiere die Bilder durch und betrachte sie. Das Gruppenfoto ist gut geworden, die Nachtaufnahme eher nicht, sie haben die Belichtung nicht richtig wiedergegeben. Wenn man das nicht selber macht... ich habe da halt meine Ansprüche. Aber als Erinnerung, da wird es gehen. Das Fünferbild von den Jungs, in Schwarzweiß, ist der Hammer. Jeder einzelne ihrer Züge wird so viel mehr hervorgehoben, als wenn es in Farbe gedruckt wäre. Es wirkt so lebendig, als würden sie aus dem Bild herausspringen. Als letztes kommt mein eigenes Bild aus dem Schneetunnel.

»Oh, wie wunderschön!«, ruft Sylvie aus und nimmt es in die Hand. »Wo wurde das gemacht? Das ist doch nicht etwa...?«

»Doch, am Canyon de Chelly. Das war an dem Tag, bevor ich...«

»Verstehe. Ein glücklicher Moment, das sieht man.« Sie gibt mir das Bild zurück und holt die Umschläge heraus.

Rasch schreibe ich die Namen drauf und verteile die Bilder. Alle bekommen jeweils zwei, nur in Toms Umschlag kommen vier Fotos. »Sie fahren alle heute oder morgen. Ich möchte ihnen das zum Abschied schenken, Sylvie, als Erinnerung.«

»Und du bleibst alleine hier? Oh, da werden wir es uns richtig gemütlich machen! Ich bin schon so gespannt auf deine Bilder! Aber geh nur, genieße die restliche Zeit mit deinen Freunden. Sie sind ja so nett, besonders Rob. Wäre der ein paar Jahre jünger...« Sie klopft sich mit der Hand aufs Herz.

Ich muss schmunzeln. »Ich glaube, das würde er gerne hören«, sage ich, und wir lachen. Ich frage sie, ob sie mir noch einen Latte Macchiato macht, was sie gerne tut, und packe die Bilder ein.

Derart ausgerüstet, mache ich mich auf die Suche nach Rob und den Kindern. Ihre Taschen stehen schon vor der Tür, doch die Stimmen kommen aus Richtung der Hütte. Sie verabschieden sich wohl gerade, da will ich nicht stören. Rasch bringe ich die restlichen Umschläge ins Zimmer. Dann setze ich mich mit den drei

Umschlägen und dem Ultrabook in die warme Morgensonne. Wirklich warm ist es immer noch nicht, knapp zehn Grad, aber die Sonne tut gut.

Ich habe gerade den ersten Schluck genommen und den Startknopf gedrückt, da kommt Mo's Hybrid die Auffahrt hochgebrettert und bleibt mit quietschenden Reifen auf dem Parkplatz stehen. Von den beiden Insassen sehe ich auf die Entfernung nur die Schatten. Sie geben sich einen langen Kuss, dann steigt Sean aus, und Mo düst mit Vollgas wieder ab. Langsam kommt er über den Parkplatz geschlendert, sichtlich zufrieden mit sich und der Welt. Als er mich entdeckt, hebt er grüßend die Hand und kommt zu mir herüber.

»Kurze Nacht, was?«, sage ich und proste ihm zu.

»Auf jeden Fall kürzer als deine«, grinst er, nimmt mir ungefragt das Glas aus der Hand und trinkt selber einen großen Schluck daraus. »Mann, tut das gut! Dafür war keine Zeit mehr.« Er lässt sich in den Stuhl neben mir fallen.

»Dienstbeginn?« Ich schüttele den Kopf, als er mir das Glas wiedergeben will. »Trink ruhig aus, ich hatte schon.«

»Danke. Schon jemand wach?« Er blickt kurz zur Hütte hinüber, doch da ist niemand zu sehen.

»Rob und die Kinder, sie müssen bald fahren. Sie verabschieden sich gerade von den anderen. Wenn sie die denn wach bekommen«, füge ich schmunzelnd hinzu.

»Ha, das glaube ich gerne!«, lacht er. »Du dagegen bist ja gestern Abend ziemlich plötzlich verschwunden«, fügt er hinzu und wirft mir einen kurzen, forschenden Blick zu.

Demonstrativ fahre ich das Ultrabook hoch. »Ich war kaputt. Von unserem Rettungseinsatz hast du ja gehört. Ich mache das nicht mehr oft, und da es so schnell gehen musste, habe ich mir wohl einiges gezerrt. Da helfen selbst Jimmys Tanzkünste nichts.«

Er prustet jetzt in sein Glas. »Jaah, der hat sich ja mächtig ins Zeug gelegt. War nur nicht erfolgreich. Mo hat mir von eurem Einsatz erzählt. Du hast anscheinend viele versteckte Talente. So wie das hier.« Er tippt mit dem Zeigefinger zweimal auf meinen

Handrücken, wo die Tätowierung gut sichtbar in der Morgensonne leuchtet. So schnell macht er das, dass ich keine Zeit habe zu reagieren.

Erst Danny, dann auch noch er. Was soll das? »Auf dieses *Talent* kann ich gut und gerne verzichten«, erwidere ich böse schauend und bringe meinen Handrücken in Sicherheit.

»Mo sagt, das bekommen nur ihre Schamaninnen, und nicht irgendwelche, sondern die Besonderen. Bist du das? Eine Schamanin?« Jetzt klingt er eindeutig lauernd.

Mit hochgezogenen Augenbrauen schüttele ich den Kopf. »Ganz sicher nicht. Ich habe mit ihrer Glaubenswelt nichts zu schaffen, kenne sie nicht einmal. Nein, das ist eine Ehrbezeichnung. Ich habe ihnen geholfen.«

»Hmm…«, macht er, wenig überzeugt anscheinend.

Die Rückkehr von Rob und den Kindern bewahrt mich vor weiteren Fragen. »Und, habt ihr sie wach bekommen?«, rufe ich ihnen entgegen.

»Na, so halb«, lacht Col und tauscht mit Sean die Ghettofaust. »Dad ist bei Onkel Jimmy, dem geht's gar nicht so gut.«

»Selber schuld, was säuft er auch so«, brummt Sean und trinkt den Macchiato aus. »Dann werde ich ihm mal helfen. Wir sehen uns morgen, Kids. Guten Flug.« Er springt auf und schlendert in Richtung Hütte davon.

Erleichtert nehme ich die Umschläge in die Hand. »Nun, da wir alleine sind, habe ich etwas für euch. Ihr müsst mir aber versprechen, dies nicht den anderen gegenüber zu erwähnen, verstanden? Für sie habe ich auch eine solche Überraschung.« Ich überreiche jedem von ihnen einen Umschlag und zwinkere Lizzie zu, die ja schon weiß, was da drin ist.

Rob ist sichtlich sprachlos, als er das schwarzweiße Foto in die Hand nimmt. Er schluckt. »Auf diesem Bild sieht Jimmy aus wie CC«, sagt er leise. »Oh, Mädchen, danke!« Er drückt mich an sich. »Eigentlich müssten wir *dir* etwas schenken, bei alldem, was du für uns getan hast. Nur, daran hat niemand gedacht. Das ist mir ein wenig peinlich.«

»Nicht doch, Rob. Das braucht ihr nicht. Ich bin einfach froh, dass ihr ihn wiederhabt. Dass es ihm gut geht. Das ist mir Lohn genug.« Wir umarmen uns alle. »Ich versuche, nach New York zu kommen, versprechen kann ich es aber nicht«, sage ich, als wir mit ihrem Gepäck zu Robs Mietwagen gehen. Sie steigen ein, Sally und Lizzie hinten, Col und Rob vorne. Ich beuge mich zu Rob herab. »Haltet mich auf dem Laufenden, ja? Und wenn es noch so unwichtig ist. Ich werde euch auch schreiben.«

Ihnen allen nochmal die Hand drückend, verabschiede ich mich von ihnen. Ich winke ihnen hinterher, als sie die Auffahrt hinunterfahren, bis sie außer Sicht sind. Puh! Und das ist erst der Anfang. Wie wird das erst morgen, wenn die Jungs… und Tom… Nicht daran denken!

Was auch immer sie mit Jimmy anstellen, es dauert. So habe ich genügend Zeit, mit der Fotobearbeitung weiterzumachen und schon mal eine Vorauswahl für meine Stocks und für Kris zu treffen. Anschließend hole ich mir noch einen Latte Macchiato als Ersatz für den von Sean entwendeten und lasse von Sylvie ein paar Dinge für die Jungs zusammenstellen, denn sie will das Frühstücksbuffet abräumen.

Beladen mit einem Tablett voller Leckereien und Kaffee mache ich mich auf den Weg zur Hütte. Auf mein Klopfen öffnet mir Vince. In Boxershorts, Schlabbershirt und Badelatschen nicht gerade ein erbaulicher Anblick.

»Oh, ähm, du bist es…« Verlegen guckt er hinter sich.

Sean lümmelt in einem Sessel herum, die Füße auf dem Tisch, und tippt auf seinem Handy. Aus dem Bad kommen würgende Geräusche, und ich höre undeutlich Toms und Dannys Stimmen. So schlecht geht es ihm? Meine Belustigung schlägt in Sorge um.

»Hier, ich habe euch Frühstück mitgebracht und Kaffee«, sage ich zu Vince und reiche ihm das Tablett.

»Oh danke, du bist ein Schatz!« Vince nimmt es mir, fegt Seans Füße vom Tisch und stellt es demonstrativ dorthin.

»Kann ich etwas für ihn holen? Braucht ihr etwas?«, frage ich leise.

»Nein«, kommt es unwirsch von Sean. Vince schüttelt den Kopf.

Also störe ich hier nur. »Okay, dann sagt Bescheid, wenn es anders sein sollte.« Ich drehe mich um, und die Tür wird wieder hinter mir zu gemacht.

Derart abserviert, bleibt mir nur meine Arbeit, doch ich lasse mich von derlei nicht stören. So komme ich gut voran, bis drüben die Tür der Hütte aufgeht und alle fünf herüberkommen.

Ach herrje!, denke ich bei Jimmys Anblick. Er ist totenbleich. Ich will schon sagen ‚Na, wieder unter den Lebenden?‘, da fällt mir gerade noch rechtzeitig ein, dass dies kein allzu guter Scherz bei einem todkranken Mann ist. »Besser?«, frage ich stattdessen.

»Geht schon«, winkt er ab, aber ihm stehen leichte Schweißperlen auf der Stirn. Er lässt sich auf einen der Stühle sinken.

»Gerade noch rechtzeitig wieder auf den Füßen«, spottet Vince.

Ich gucke fragend von einem zum anderen. »Warum?«

Tom setzt sich in den Stuhl neben mich. »Hat Sean dir das nicht erzählt? Die Jungs von der Feuerwache haben für uns eine private Führung durch den Antelope Canyon organisiert.«

»Sie haben…« Mir bleibt der Mund offen stehen. Ich sehe Sean an. Und stattdessen fragst du mich aus! »Wann hattet ihr denn vor, mir das zu sagen?«

»Jetzt?« Sean zieht spöttisch die Augenbrauen hoch.

»Und wann…?«

»Jetzt!«, sagt Sean und lacht mich aus.

»Och, ihr! Ich muss meine Sachen holen!« Ihr Gelächter begleitet mich ins Zimmer. In Windeseile packe ich die Kameratasche zusammen und nach kurzem Überlegen auch etwas Wasser und eine Notration Schokolade. Sie haben bestimmt nicht daran gedacht, für Jimmy etwas einzupacken.

»Nehmt euch Jacken mit, da unten ist es kühl«, rufe ich nach draußen und binde mir meine um die Hüften.

Als ich wieder rauskomme, steht auf dem Parkplatz ein Mannschaftswagen der Feuerwehr mit Geoff am Steuer. »Bereit für die große Tour?«, ruft er herüber und lacht.

Die kurze Fahrt zum Canyon verbringe ich im Fond des Wagens. »Es sind eigentlich zwei«, erklärt Geoff den Jungs über die Schulter. »Wir fangen mit dem Upper Canyon an, dann kommt der Lower Canyon. Jetzt ist im Upper das bessere Licht«, fügt er an mich gewandt hinzu. »Ich fürchte nur, dein Stativ, solltest du eins dabeihaben, musst du hierlassen. Es ist dort nicht erlaubt. Sie haben das vor ein paar Jahren gesperrt. Zu viele Schäden.«

Das weiß ich bereits, daher habe ich es gar nicht erst mitgenommen, und ich rechne auch damit, dass wir nicht alleine sein werden, sodass sich der Aufbau eh nicht lohnt.

Wir werden am Eingang von einem Navajo Guide begrüßt und in den ebenerdigen Eingang hineingeführt. Tom und ich lassen den Jungs den Vortritt, denn sie haben so etwas ja noch nie gesehen. Staunend wie kleine Kinder laufen sie durch diese fantastischen Felsenwelten, die, so muss ich zugeben, wirklich ein Highlight sind. Was mir allerdings die Freude an dieser Führung verdirbt, ist die erzwungene Wegführung, dass ich nicht stehen bleiben und dort Fotos machen kann, wo ich möchte, und mir ständig irgendwelche Fremde ins Bild laufen. So konzentriere ich mich auf die Jungs, mache hauptsächlich Bilder von ihnen. Selbst Jimmy verliert nach einiger Zeit seine Blässe, und man sieht wieder öfter sein jugendliches Grinsen auf dem Gesicht.

»Mir ist es zu voll hier«, sagt Tom gegen Ende der Tour zu mir.

»Geht mir genauso«, erwidere ich. Was wohl in der Saison los ist? Die Leute müssen sich ja hier drin stapeln! Nun jedoch biegen die anderen gerade um eine weitere Windung und sind außer Sicht.

Er hält mich fest. »Ich wäre gerne allein mit dir hier. Nachts«, raunt er mir leise zu und zieht mich zu sich herum. Ein Prickeln läuft durch meinen Körper, es kommt ganz von selbst. Unsere Blicke begegnen sich, er neigt sich zu mir herab. Doch weiter kommen wir nicht, die anderen rufen nach uns, sie wollen weiter. Er rollt mit den Augen, drückt mir einen kurzen Kuss auf die Stirn und rückt dann wieder von mir ab. Rasch schließen wir zu den anderen auf.

Nach dem Upper Canyon und einem kurzen Lunch geht es dann in den Lower Canyon. Dieser ist nicht so einfach zugänglich wie der andere Teil, man muss Stufen und Leitern hinabsteigen. Da ist für Jimmy plötzlich Schluss. Keuchend hält er sich an dem Geländer fest und kann einfach nicht mehr. Erschrocken helfen ihm die anderen wieder hoch und setzen ihn beim Eingang auf eine Bank.

Ich beschließe, bei ihm zu bleiben. »Geht nur, schaut es euch an«, sage ich zu ihnen. »Ich bin ja noch ein paar Tage hier. Wenn ich nochmal rein möchte, wird mich schon jemand führen. Hier, Tom, nimm meine Kamera. Mach ein paar schöne Bilder für uns, ja?«

Was bleibt ihm anderes übrig? Mir einen fragenden Blick zuwerfend, den ich mit einem leichten Kopfschütteln beantworte, lässt er sich von den anderen mitzerren. Als ich mich wieder zu Jimmy umwende, sitzt der da mit einem Ausdruck im Gesicht, der mich sofort stutzig macht. Gar nicht mehr so erschöpft, sondern seltsam zufrieden lächelt er mich leicht verschmitzt an. Was zum…?

»Jetzt habe ich dich endlich einmal eine ganze Weile für mich«, sagt er und klopft auf den Platz neben sich. »Komm, setz dich.«

»Jimmy…«, sage ich warnend und verschränke die Arme. »Das war gespielt?!«

Er verzieht leicht die Miene. »Nein. Zumindest nicht alles. Ich bin echt fertig, das kannst du mir glauben! Also, was ist? Oder hast du etwa Angst vor mir?«

Ich schüttele nur den Kopf über ihn. »Wie kommst du denn darauf? Natürlich nicht.« Also setze ich mich, aber in gebührendem Abstand zu ihm. Ich sage nichts, sehe auf meine Hände herab.

»Tom hat es mir gesagt«, kommt es plötzlich von ihm.

»Was?« Ich fahre erschrocken zu ihm herum.

Jimmy schaut mich an, mit einem kleinen Funkeln in den Augen. Sein Blick heftet sich auf den Ring an meiner rechten Hand. »Du bist also verlobt?«, fragt er leise und sichtlich gespannt auf die Antwort wartend.

»Was?« Ich verstehe immer weniger. »Wie… du meinst, wegen… oh. Oh nein.« Ich muss vor Erleichterung lachen. »Das ist ein Ehering, Jimmy. Wir tragen ihn für gewöhnlich an der rechten Hand. Nein. Mein Mann ist tot. Hat Tom dir das nicht erzählt? Was hat Tom dir denn genau gesagt?«

Er rückt ein Stück näher. »Nun, dass du bereits vergeben bist und ich die Finger von dir lassen soll. Hat er recht damit?«

Ich spüre, wie ich rot werde. »Ja, damit hat er recht«, antworte ich leise und weiche seinem Blick aus. »Das habe ich dir gestern doch zu verstehen gegeben.«

Doch das hält ihn nicht ab. Er kommt noch näher. »Dann hast du einen Freund zuhause? Wartet er auf dich?«

»Jimmy, was sollen diese Fragen?«, wehre ich kopfschüttelnd ab.

»Nun, das ist doch ganz einfach. Mir liegt an dir, und ich lasse mich nicht einfach abservieren. Also? Wartet er auf dich zuhause?«

Jetzt habe ich genug. Was denkt er sich denn eigentlich? Ich bin doch kein kleines Schulmädchen! »Nein, zuhause wartet niemand auf mich.« Und im Übrigen, geht dich das gar nichts an!, füge ich im Stillen hinzu.

»Und wie kommt Tom dann darauf, dass du…« Er will die Hand ausstrecken und mich berühren, aber eine Bewegung meinerseits lässt ihn innehalten.

»Nein, Jimmy!« Kerzengerade sitze ich vor ihm und funkele ihn böse an. »Du kannst wohl ein Nein nicht gelten lassen, was? Für wen ich was empfinde, das geht dich gar nichts an. Hör auf, mich derart anzumachen! Ich habe gedacht, wir wären Freunde! Aber du bist ja nur an der Erweiterung deiner verdammten Liste interessiert, wie es scheint!«

Das hat gesessen. Er zuckt zurück, als hätte ich ihn geschlagen. Sofort tut es mir ein wenig leid, aber nur ein wenig.

»Woher weißt du davon?« Er ist totenbleich geworden. Seine Kiefermuskeln treten hart hervor. »Hat er dir davon erzählt?« Dieser mögliche Verrat tut ihm weh, ich sehe es.

»Nein, was denkst du denn von ihm? Nein, es waren die Kids, sie haben es mir erzählt. Sie haben mir Bilder von eurem Zuhause gezeigt. Meinst du, das bleibt vor ihnen verborgen? Sie sind ja nicht dumm.« Jetzt fällt ihm die Kinnlade herunter, es ist gut zu sehen. Sprachlos starrt er mich an. »Ich werde ganz sicher nicht als Strich auf einer Liste enden, dafür bin ich mir viel zu schade. Aber ich glaube auch nicht, dass das von Belang ist.«

Er schluckt gut sichtbar. »Ich hätte dich niemals dort verewigt. Niemals, hörst du! Du bist anders als alle anderen, das habe ich von Anfang an gemerkt. Ich dachte, nun…«

»Wir tauschen ein paar nette Botschaften aus und dann… Mann, Jimmy, was denkst du denn? Ich habe deine Hilfe gebraucht, mit Tom fertig zu werden. Manchmal wusste ich weder ein noch aus, als es richtig schlimm mit ihm war. Du hast mir geholfen, und dafür bin ich dir dankbar. Nur…« Verlegen starre ich auf meine Hände herab. Wie soll ich ihm das begreiflich machen? Tom ist sein bester Freund, und er ahnt nicht einmal ansatzweise etwas. Sieht aus, als hätte sich Tom tatsächlich noch ein Pokerface zugelegt.

»Ist es, weil ich krank bin und so viel älter als du? Ist es das? Willst du dich nicht damit belasten?« Jetzt klingt er verletzt. Und sehr, sehr leidend. Diese Tonart weiß er auch zu spielen, sogar sehr gut.

»Jimmy, hör auf! Denkt doch nicht so etwas! Das stimmt nicht, und das weißt du auch. Und im Übrigen, ich bin nicht jünger als du. Wir sind etwa gleich alt.« Jetzt ist er sprachlos. Ich lächele in mich hinein. »Falle ich damit durchs Raster?«, spöttele ich leise.

»Du… du…« Er wendet sich ab, schüttelt den Kopf. Lange Zeit sagt er gar nichts. Ich sitze da und warte, dass er wieder spricht. »Das war das erste, was mir an dir gefallen hat. Dein loses Mundwerk. Nein, nicht lose. Dieser feine Spott. Da sitzen wir in der Kneipe, du pingst mich an, und wir erwarten wer weiß was. Stattdessen ziehst du uns mit diesem unmöglichen Ding auf. Da wusste ich einfach, du bist anders. Du musstest es sein. Und ich hatte recht!« Jetzt wendet er sich zu mir um. »Wer ist es? Sag es mir! Oder bist du etwa…«

Ich muss lachen, ich kann gar nicht anders. »Oh nein. Nein. Ist es nicht offensichtlich, an wen ich vergeben bin?« Ich lächele in mich hinein, als ich seine ratlose Miene sehe und dann, mit einiger Verzögerung, ihm langsam die Erkenntnis dämmert.

Er starrt mich offenen Mundes an. »Nein! Das kann nicht sein! Das *kann* einfach nicht sein! Das hätte ich gemerkt. Er hat doch noch nie…«

»Was hat er noch nie?«, frage ich, doch er schüttelt den Kopf und sieht mich auf einmal eindringlich und besorgt an.

»Fühlst du dich ihm gegenüber verpflichtet, ist es das? Bist du abhängig von ihm geworden? Sanna, er hat dich verletzt! Col sagt, du hattest dunkle Male im Gesicht. Brauchst du Hilfe? Ich kann dich…« Jetzt will er wieder nach mir fassen, aber das wehre ich ab.

»Bist du verrückt? Natürlich nicht!«, erwidere ich erbost. Was denkt er denn von Tom? »Ihr täuscht euch, alle beide. Ja, ich hatte dunkle Male im Gesicht, aber die stammten mitnichten von ihm. Die stammten von einem Ritual, sie waren aufgemalt. Ziemlich penetrantes Zeug, das ging erst nach Tagen wieder weg. Nein, Tom hat mich nie absichtlich verletzt. In seinen Träumen um sich geschlagen, sich an mich geklammert, das ja. Aber er würde mir niemals etwas tun, niemals, hörst du? Was denkst du denn von ihm?!« Jetzt werde ich richtig böse. »Wir sind miteinander verbunden, wie sehr, das kannst du gar nicht ermessen. Wir haben da draußen Höhen und Tiefen geteilt, die gehen weit über alles hinaus, was zwei Menschen normalerweise miteinander teilen, selbst Eheleute, selbst ihr. Das geht bis ganz tief hier drin! Das geht weit, weit über jegliches WhatsApp Geschreibe hinaus!« Er starrt mich stumm an. »Es tut mir leid, Jimmy, aber die Dinge sind nun einmal so, wie sie sind.«

»Es ist dir wirklich ernst damit, nicht wahr?« Auf seine bleiche Miene kann ich nur nicken. Er seufzt. »Nun, du musst wissen, was du tust. Aber lass dir eines gesagt sein: Tom kann nicht mit Frauen umgehen, nicht so, wie man es für gewöhnlich tut. Wäret ihr schon so weit gegangen, dann wüsstet du das.«

Wie bitte?! Ich glaube, mich verhört zu haben. »Ha, du meinst, wie ihr es für gewöhnlich tut?« Erstaunt und nicht wenig beunruhigt sehe ich, dass er den Kopf schüttelt.

»Das musst du selber herausfinden.« Er hebt geschlagen die Hand. »Ich kann dich eh nicht davon abhalten, wie ich merke. Es tut mir in der Seele weh, daran zu denken, dass du am Ende leiden wirst. Verstehe mich nicht falsch, er ist mein bester Freund, aber genau deshalb kenne ich ihn auch sehr gut.«

»Das sagst du doch nur…«

»Nein, Sanna.« Jetzt schaut er mich an, voller Trauer. Das ist nicht gespielt, das ist echt. »Für mich ist es eh fast zu spät. Aber ich wünschte mir, ich hätte dich zwanzig Jahre früher kennengelernt.«

Jetzt bin ich es, die ihn offenen Mundes anstarrt. Du meine Güte, ihn hat es ja wirklich erwischt! Habe ich irgendetwas getan, um das zu bestärken? Die vielen, vielen scherzhaften Botschaften? Oder ist er einfach nur einsam? Wünscht er sich, jetzt, wo sich sein Leben dem Ende entgegen neigt, jemanden an seiner Seite? Wohl eher das, denke ich, und ich merke, wie ich zwischen Trauer und Ärger schwanke. Doch das, was er über Tom gesagt hat, das macht mich richtig ärgerlich.

»Vor zwanzig Jahren? Ich glaube, da täuschst du dich.« Etwas in meinem Tonfall lässt ihn aufmerken. »Weißt du, ich habe viel über euch nachgedacht, über eure Freundschaft, über die Sache mit Toms Frau und alles, was da passiert ist. Über diese verdammten Listen. Ganz ehrlich, Jimmy, wenn ich euch vor zwanzig Jahren begegnet wäre, so wie gestern, beim Feiern, in der Disco oder einer Kneipe, dann hätte ich euch vielleicht zwei Minuten, vielleicht aber auch nur eine halbe Minute angesehen. Hätte gedacht, wow, gutaussehende Jungs. Und dann schnurstracks das Weite gesucht.«

»W…was?« Er klingt völlig verdattert.

Jetzt hält mich nichts mehr auf meinem Sitz. Die Wut bricht sich in mir Bahn, die Wut über ein verpfuschtes Leben, unter dem so viele so zu leiden haben. »So, wie ihr eure Frauen aussucht, geschieht das gewiss nach einem ganz bestimmten Schema. Ich habe es gestern doch gesehen, mit Mo. Wobei… da seid ihr wohl eher die Beute. Sean ganz sicher. Aber wenn jemand wie ich, ein normales Mädchen, sich einer solchen Gruppe nähert, die womöglich bereits allerlei langbeinige, sexy Schönheiten im Gepäck hat, da kann es sich nur eine Blamage holen. Oder noch schlimmer, ein blutendes Herz und ein angeknackstes Selbstbewusstsein. Du hast ja keine Ahnung! *Was will die denn hier? Mauerblümchen!* Nein, ganz sicher wäre ich euch aus dem Wege gegangen. Das habe ich schon immer getan. Ich hab's doch bei dir gemerkt, deine Enttäuschung, als du mich das erste Mal gesehen hast!«

Ich schnaube verächtlich, als er den Kopf schüttelt. »Aber ich bin auch nicht wichtig. Denk mal darüber nach, wie oft ihr womöglich Tom die Chance auf eine normale Beziehung verbaut habt! Da musste erst eine wie Pam kommen, eine richtige Jägerin, die sich ihn aus der Truppe herauspickt. Ganz gezielt hat sie seine schwache Seite gefunden und ausgenutzt, und das ist ihr auch erst gelungen, als er von euch getrennt war. Was daraus entstanden ist, das weißt du. Es hat ihn kaputt gemacht, und seine Kinder, die leiden richtig darunter! Ich will nicht sagen, dass ihr allein Schuld daran habt, beileibe nicht! Die tragen jawohl Pam und er auch, oh ja. Aber ihr habt mit eurem Verhalten einen guten Teil dazu beigetragen, dass er ihr in die Arme gelaufen ist, genauso wie Rob mit seinem Drängen nach Enkelkindern. Und jetzt verbaust du ihm wieder die Chance, eine normale Beziehung zu führen, indem du mich denken lässt, dass er nicht gut für mich ist? Denk mal darüber nach, denk gut darüber nach, was ich davon halte!«

Auf einmal ertrage ich seine Gegenwart nicht mehr. Ich wende mich ab, verlasse den Eingang. Er ruft nicht hinter mir her. Scheint, als hätte ich ihn jetzt wirklich mundtot gemacht. Gut so! Wie kann er das über Tom nur sagen? Oder ist da vielleicht etwas Wahres dran? Nein, das will ich nicht glauben!

Es macht mich so zornig, dass ich mich zu Fuß auf den Weg zurück zur Lodge mache. Das ist ein ganzes Stück, etliche Kilometer, aber das ist mir gerade recht. Dank der Wanderapp finde ich den Weg problemlos. Kurze Zeit später bin ich schon unauffindbar in der felsigen Landschaft verschwunden.

Unterwegs entdecke ich nicht weit entfernt die markanten Türme des Kraftwerkes. Das heißt, der Eingang zu Chips geheimen Badeort muss ganz in der Nähe sein. Das wäre jetzt eine nette Ablenkung. Nur, wo ist er? Ah, da hinten, in einiger Entfernung sehe ich den Wegweiser, an dem wir vorbeigekommen sind. Soll ich? Doch ich entscheide mich dagegen, denn wenn ich erst einmal in dem warmen Wasser liege, dann steige ich da nicht so schnell wieder raus. Also laufe ich weiter, meine Gedanken wieder bei den zurückliegenden Ereignissen.

Am liebsten hätte ich jetzt mit Kris telefoniert, ihr mein Herz ausgeschüttet. Aber das gibt meine Datenrate nicht her, zumal es zuhause bereits später Abend ist. Obwohl, das wäre ihr bestimmt egal. Also laufe ich und laufe, bis ich völlig außer Atem anhalte und merke, mein Gesicht ist nass vor lauter Tränen. Nur, warum? Kann Jimmy mir nicht egal sein? Nein. Er ist mir nicht egal, um Toms Willen. Sein bester Freund. Verdammte Sache! Oh, warum nur? Wir haben nur noch diesen einen Tag, dann ist er fort, und jetzt funkt uns das dazwischen. Fast wünschte ich, ich hätte sie nie getroffen, keinen von ihnen.

Ich zwinge mich, ein wenig von dem Wasser zu trinken und einen Riegel zu essen, damit ich nicht völlig zusammenklappe, und schon bald wird es besser. Du musst mehr auf dich achtgeben, Sanna! Sonst kommst du hier völlig vor die Hunde! Auf einmal bin ich mir gar nicht so sicher, ob ich nicht vielmehr erleichtert sein soll, dass sie morgen wirklich fahren, einschließlich Tom. Diese letzten Tage und Wochen waren eine emotionale Achterbahnfahrt gewesen, die hatte es in sich.

Kaum hat sich dieser Gedanke in mich geschlichen, summt auf einmal mein Handy. Ich gucke drauf, sehe eine Nachricht mit einer unbekannten Nummer. Nanu?

<Hab mir ein neues Smartphone gekauft. Wo bist du?!>

Tom? Ich bin vorsichtig. <*Schicke einen Beweis, dass du es auch wirklich bist. Nicht, dass die anderen mir einen Streich spielen.*> Zuzutrauen wäre es ihnen, besonders Sean.

<*Du bist aber misstrauisch*>, schreibt er und schickt ein Bild von sich hinterher.

Lange betrachte ich es. Er ist wütend, das ist gut zu sehen. Finster guckt er in die Kamera. Aber hoffentlich nicht auf mich. <*Aus gutem Grund. Ich bin auf dem Weg in die Lodge. Ich schicke dir die Route, komm mir einfach entgegen, wenn du magst.*> Rasch rufe ich die Wanderapp auf, markiere die Wegpunkte und schicke ihm davon einen Screenshot.

<*Ist gut. Bis gleich.*>

Schon ist die Schwäche von eben verschwunden. Es zieht mich einfach zu ihm. Die restliche Strecke lege ich gefühlt wesentlich schneller zurück als noch eben, obwohl das gar nicht möglich ist. Es dauert nicht lange, dann kommt er mir entgegen. Ich kann nicht anders, falle ihm einfach um den Hals.

»Was ist denn los, hmm?«, fragt er leise, hält mich tröstend fest.

»Jimmy. Er…« Mir fehlen plötzlich die Worte.

Er fährt sofort auf. »Was hat er getan!? Was? Sag es mir!«

»Nicht, was du denkst.« Ich schiebe ihn ein Stück zurück und schaue ihn an. Was soll ich ihm sagen? Nichts, das ihre Freundschaft zerstören würde. »Er hat sich nicht geschlagen gegeben, ganz, wie ich vermutet habe. Dieser Schwächeanfall, der war vorgetäuscht, zumindest teilweise, um mich allein nach draußen zu lotsen. Ich muss schon sagen, das hat er wirklich geschickt gemacht, obwohl es ihm wirklich schlecht ging. Ich musste ihm einige ziemlich unangenehme Wahrheiten an den Kopf knallen, bis er es kapiert hat. Hoffentlich ist er jetzt nicht allzu sauer. Er…«, ich hole einmal tief Luft, »er hat es bisher nicht einmal ansatzweise geahnt. Aber jetzt weiß er Bescheid.«

»Ah.« Mehr sagt er nicht. Er lässt mich los, dreht sich um, geht ein paar Schritte fort. Vergräbt die Hände in den Taschen.

»Es tut mir leid. Anders ging es nicht. Sonst hätte er mich nicht in Ruhe gelassen.«

Er seufzt. »Ich hatte gehofft, dass wir das noch eine Weile für uns behalten könnten. Wegen Pam und allem. Obwohl, die Kids finden es eh heraus.«

Ich weiß, denke ich bei mir. Das ist noch alles so neu, so frisch, dass wir erstmal uns selber finden müssen. »Wie gesagt, es tut mir leid. Hoffentlich tritt er das nicht breit, sondern behält es für sich. Meine Güte, Tom, Torschlusspanik trifft es nicht annähernd. Er hat sich da richtig reingesteigert. Was habe ich nur falsch gemacht?«

»Nichts.« Er dreht sich zu mir um und sieht mich an. »Glaube das ja nicht! Gar nichts hast du falsch gemacht, außer zu sein, wie du bist. Es liegt an Jimmy. Der hat noch nie aufgegeben, wenn es um eine Frau geht. Noch nie. Du bist die Erste, die ihn wirklich einmal richtig zurückgewiesen hat, von Anfang an. Sonst hat er immer Schluss gemacht, jedes Mal, oder das Mädchen so lange getriezt, bis es von selber gegangen ist.«

»Ja, das passt zu ihm. Hat er zu dir noch was gesagt?«

»Nein, er war stumm wie ein Stein, hat auf der Rückfahrt nichts gesagt. Die anderen denken, er ist fertig. Aber jetzt… du hast ihn anscheinend wirklich getroffen.« Er kommt wieder zu mir, legt die Hände auf meine Schultern. »Gut! Hoffentlich merkt er sich das.«

Ich seufze. »Eigentlich habe ich ihn gar nicht so hart anfassen wollen. Er ist doch krank. Aber er hat einfach nicht lockergelassen.«

»Das ist keine Entschuldigung für sein Verhalten!«, grollt Tom, zieht mich an sich und gibt mir einen Kuss auf die Stirn. »Er soll dich ja in Frieden lassen, sonst bekommt er es mit mir zu tun!«

Stundenlang hätte ich so stehen bleiben können, warm umfangen und getröstet. Doch ein kalter Windstoß holt mich in die Wirklichkeit zurück. Die Sonne ist auf einmal weg, es wird spürbar kälter. »Das Wetter schlägt um.«

»Ja, Sylvie sagt, heute Nacht wird es nochmal schneien. Komm, lass uns zurückkehren, du bist nicht warm genug angezogen.« Er fasst mich bei der Hand, und wir laufen gemeinsam über die Felsen.

»Wir sind übrigens heute Abend wieder zum Essen eingeladen, in die Wache. Mo und Geoff und die Jungs wollen kochen.«

»Ach, was für eine schöne Idee! Weiß Sean das auch schon seit heute Morgen?«, kann ich mir nicht verkneifen. Mr. Geheimnisvoll!

Tom lacht. »Nein, Mo hat Geoff angefunkt, als er uns zurückgefahren hat. Das hat sie sich wohl gerade erst ausgedacht. Der Chief kommt auch.«

»Ah, der Chief.« Etwa in meinem Tonfall lässt ihn aufmerken. »Was mag er wohl wollen? Die Feuerwehrleute, das verstehe ich, ja. Geschichten austauschen und so. Aber er? Will er diesmal etwas von mir? Da fällt mir ein, was wollte er eigentlich von dir gestern?«

Er gluckst leise. Das klingt irgendwie merkwürdig, so, als wäre er zufrieden. Ich schaue ihn fragend an. »Sie haben Erkundigungen über uns eingezogen. Über mich, aber auch über dich, nur dass sie zu dir rein gar nichts finden, solange sie deinen Pass nicht haben.«

»Na, da bin ich aber erleichtert«, kann ich mir nicht verkneifen.

Darauf lacht er leise. »Wie das nur sein kann! Bei mir ist das allerdings anders, denn sobald sie meinen Vater bei der Buchung erfasst hatten, kamen sie gleich auf mich. Ich selber bin ja immer bei offiziellen Trägern angestellt gewesen, erst beim FDNY, dann bei der Armee. Da fanden sie natürlich einiges. Und sie haben natürlich auch rausgefunden, dass ich derzeit keinen Job habe. Sie wollten mir auf den Zahn fühlen, was ich bisher gemacht habe und so… Sie haben Pläne, für diese Region, für das Reservat.«

Überrascht bleibe ich stehen. In einiger Entfernung ist die Straße schon zu erahnen, die Lodge ist nicht mehr weit. »Pläne? Was für Pläne?«

»Es geht um einen Rettungsdienst, Sanna, um eine sogenannte Task Force.«

Uih, diese Militärsprache! Ohne die können die Amis einfach nicht. »Wieso, die haben doch Feuerwehr und alles hier?«, frage ich verwundert.

Er setzt sich wieder in Bewegung, und ich tue es auch. »Für hier, für den Ort, ja, genauso wie alle anderen Orte rings herum. Aber sobald etwas Größeres passiert, draußen in der Wüste, mit den vielen, vielen Touristen, dann gibt es Probleme. Je nachdem, wo es passiert, auf Stammesland oder nicht, gibt es Gerangel um die Zuständigkeiten, oder die Einsatzkräfte reichen einfach nicht aus. Jedenfalls dauert es anscheinend manchmal recht lange, bis klar ist, wer fahren muss, schlimmstenfalls zu lange. Die Besitz- und Zuständigkeitsverhältnisse hier sind kompliziert.«

»So was hat Mo auch schon angedeutet… das heißt, sie wollen so etwas wie einen zentralen Rettungsdienst gründen? Oder wohl eher so etwas wie einen Katastrophenschutz. So würde das bei uns heißen. Hier? Und wenn gestern der Navajo Chief und der andere aus Utah dabei waren, dann ist es regionsübergreifend?«

Er grinst mich an. »Sieh an, wie schlau du bist! So ist es. Eine gemischte Truppe, über vier Staaten und die Reservate hinweg, denn die ziehen sich rein bis New Mexico und Colorado. Dies hier ist anscheinend, was solche Dienste angeht, richtiges Niemandsland. Dünn besiedelt, kaum Verkehr. Hast du nicht gemerkt, wie lange der Rettungshubschrauber gebraucht hat, als wir den Jungen geborgen haben?«

Ich schüttele den Kopf. »Ich habe nicht wirklich darauf geachtet. Aber was wollen sie dann von… oh. Waas?! Sie haben dich…??« Ich bin baff.

»Hmm…« Er brummt in sich hinein. »Mal vor- und vor allem auf den Zahn gefühlt. Das Ganze ist noch in der Planungsphase. Sie hoffen, dass sie dieses Jahr die Mittel bewilligt bekommen, aber nächstes Jahr soll es dann losgehen. Vielleicht. Sie haben hier in der Nähe ein altes Army Gelände, das sich gut dafür eignet, und sie suchen Leute, solche, die das koordinieren und leiten können. Offenbar passe ich in ihr Profil, obschon sie wegen meiner Verfassung Bedenken haben, vor allem der Navajo. Aber unser Rettungseinsatz, dein Rettungseinsatz, hat das Ruder herumgerissen.«

»Oh, Tom, das ist doch großartig! Was hast du ihnen gesagt?«

»Mmpf!«, brummt er unwirsch. »Dass ich erstmal zuhause aufräumen muss und es mir dann überlegen werde. Das kommt alles etwas plötzlich. Aber immerhin…«, er atmet einmal tief durch, »es ist ein Schritt in die richtige Richtung. Hin zu meinem alten Job.« Er wirft mir einen Seitenblick zu, mit einem kleinen Lächeln in den Mundwinkeln.

»Das macht Hoffnung, was?« Ich freue mich für ihn, und das richtig. »Dann wollen sie also gar nichts von mir. Gut!«

»Naja…«, macht er und nimmt wieder meine Hand, »so ganz stimmt das nicht. Sie wollten schon wissen, was es mit dir auf sich hat. Aber das habe ich abgeblockt, und der Navajo Chief auch.«

Ich seufze. »Da sind sie nicht die einzigen. Deine Freunde stehen ihnen in nichts nach. Erst Danny, dann Sean. Sean hat mich gefragt, ob ich eine Schamanin bin… he, das ist nicht witzig!«, fauche ich und entreiße ihm meine Hand, denn er hat zu lachen begonnen.

»Du bist ihnen richtig unheimlich, weißt du das? Sie denken, du liest ihre Gedanken. Vor allem Vince. Gut so!«

»Waas?!« Empört bleibe ich stehen, die Arme in die Hüften gestemmt. »Spinnen die? Das darf doch nicht wahr sein! Was denkt Vince sich denn? Dass ich blöde bin? Ihr seht euch wieder, und am nächsten Morgen hat er eine hübsche Prellung am Kinn. War doch klar, wer ihm die verpasst hat! Er ist es, nicht wahr?«

Tom dreht sich zu mir um. »Oh ja. Auch wenn er immer noch nicht recht mit der Sprache rausrücken will, was passiert ist.« Er kickt unwirsch einen Stein fort, und wir setzen uns wieder in Bewegung. »Aber so, wie er reagiert hat, ist Pam diejenige welche. Wir werden sehen. Aber ich finde, es schadet gar nicht, wenn sie ein wenig Angst vor dir haben.«

»He! Aber Hellseherei… das ist etwas ganz anderes.« Ich bin fassungslos.

»Naja, ein wenig stimmt es doch«, meint er und stößt mich an. Wir sind jetzt bei der Straße angekommen und überqueren sie. »Du hast ein unheimlich gutes Gespür für dein Gegenüber, das mussten sie alle schon feststellen. Ich doch auch! Wenn du in einen Raum kommst, dann ist dein Blick wie ein Radar. Das habe ich gestern gesehen. Nur bei dir selber, da versagt er offenbar regelmäßig. Du hast keine Ahnung, wie du auf andere wirkst. Das meine ich ernst«, bekräftigt er, denn ich habe den Kopf geschüttelt. »Du hast etwas an dir, das ist unheimlich anziehend. Du lässt keine Fotos von dir zu, dabei siehst du echt gut darauf aus, doch, so ist es, ich habe sie schließlich gesehen. Warum machst du das, Sanna?«

Wir sind wieder stehen geblieben. Weiter hinten sind die Umrisse der Lodge bereits zu erkennen. »Ich weiß es nicht. Vielleicht ein Schutz. Wer nicht auffällt, kann nicht verletzt werden.«

»Wurdest du das denn schon mal?«, fragt er leise und hebt mein Kinn an.

»So? Nein. Ich hatte echt Glück, hab gleich den Richtigen kennengelernt. Aber andere. So wollte ich nie enden. Ich brauche lange, bis ich jemanden an mich heranlasse, richtig heranlasse, meine ich. Auch Freunde, die finde ich nicht leicht…« Mein Blick verschwindet in seinem. Er neigt sich zu mir, legt seine Lippen auf meine, diesmal sehr sanft.

»Tom…« Ich schlinge die Arme um ihn, halte mich fest.

»Was habe ich für ein Glück«, flüstert er.

»Lass uns…«

Doch er schüttelt den Kopf und drückt mich ein Stück von sich weg. »Nein, nicht jetzt. Wenn ich erstmal anfange, dann kann ich nicht mehr aufhören. Dafür ist nicht genug Zeit.«

Kapitel 13

Für uns ist gar keine Zeit mehr, denke ich traurig, als ich allein in meinem Zimmer stehe. Das Essen heute Abend liegt mir jetzt schon schwer im Magen, und wer weiß, wie lange das dauert. Die Zeit rennt… Missmutig betrachte ich das Kleid, denke an den engen Stoff, an die rapide fallenden Temperaturen draußen. Denke an seine letzten Worte - *zieh es wieder an, du siehst gut darin aus* - bevor er sich verabschiedet hat. Ach, verdammt!

Eine Dusche und etliche Flüche später habe ich mich wieder angekleidet. Nur, auf die Schminke wird er heute Abend verzichten müssen, und auch den Schmuck lasse ich weg. Was zu viel ist, das ist zu viel. Stattdessen nehme ich das Tuch als Ersatz, das muss reichen. Mir wird so oder so wieder warm werden, vermute ich mit einem kleinen Lächeln, nehme die Kameratasche, packe auch das Ultrabook ein und verlasse das Zimmer. Die Fotos jedoch lasse ich da. Die will ich nicht in der großen Runde übergeben, das machen wir morgen früh.

Wenn Feuerwehrleute zusammen kochen, dann bleibt kein Auge trocken, und erst recht nicht, wenn Fidnies es mit den Cowboys und Girls von hier es machen. Wir tun es alle zusammen, jeder bekommt eine Aufgabe zugewiesen. Es ist voll in der Küche und dem Mannschaftsraum, denn die Nachtschicht ist ja auch da und wir und die Tagschicht dazu. Erstere zieht sich entspannt zurück und überlässt uns die Arbeit, denn sie haben ja Dienst. Das tut dem Spaß keinen Abbruch, und ich ertappe mich dabei, dass ich die Scherze, die vielen, vielen Geschichten wirklich zu genießen beginne. Vor allem, weil Jimmy sich von mir fernhält. Das fällt jedoch aufgrund der Enge kaum jemandem auf. Denke ich jedenfalls.

Gleich zu Anfang bekomme ich ein wirklich stumpfes Messer in die Hand gedrückt, für das ich mich erst einmal auf die Suche nach einem Wetzstahl begebe, den ich irgendwo in der hinterletzten Schublade auch finde. Gekonnt schleife ich das Messer scharf, verblüfft beobachtet von den Jungs und dem einzigen Mädel der Wache. Was man einmal von Herrn Ingenieur gelernt hat... Ehe ich es mich versehe, schleife ich alle ihre Messer durch, sie haben es aber auch nötig, und zeige auch Mo, wie man das richtig macht.

»Du wetzt anscheinend gerne die Messer«, raunt Sean mir zu, der an Mos Seite amüsiert beobachtet, wie sie versucht, meine Bewegungen nachzumachen.

Ich schieße ihm einen bösen Blick zu. »Vor allem, wenn ich das Gefühl habe, dass man mich verarschen will«, gebe ich zurück. »Pass bloß auf! Hier, das ist jetzt gut. Ab an die Paprika, Fidnie!«

Er imitiert einen militärischen Gruß und setzt sich zu den anderen an den Tisch. »Habt ihr euch irgendwie gestritten oder so?«, flüstert mir Mo ins Ohr.

»Wieso?«, frage ich leise zurück und nehme das nächste Messer.

»Irgendwas ist komisch, besonders mit Jimmy. Der hat sich ja ganz zurückgezogen. Und die anderen beobachten dich alle.« Sie schnappt sich ein Stück Paprika und steckt es sich in den Mund.

»Ich habe ihn in seine Schranken verwiesen, weil er mich nicht in Ruhe lassen wollte. Das hat gesessen!«

»Echt? Aber warum? Ihr habt euch doch so gut verstanden! Und er ist wirklich süß!«, flüstert sie weiter. Ich stehe auf und lege den Wetzstahl weg. Zeit für einen Gang auf das Örtchen. Warum gehen Frauen immer zusammen... denke ich an den alten Witz zurück. Nun, er hat wohl durchaus seine Berechtigung, denn Mo folgt mir augenblicklich.

»Also, was ist passiert?«, fragt sie und zieht vor dem Spiegel den Lippenstift nach.

»Nichts, jedenfalls nicht wirklich. Er hat sich wohl Hoffnungen gemacht, die ich nicht erfüllen mag. Für mich gibt es halt nur einen«, füge ich leise hinzu und drehe ganz unauffällig meinen Ehering. Soll sie damit zufrieden sein.

»He, fang an, wieder dein Leben zu genießen, es ist ja schließlich nicht vorbei«, sagt sie jedoch und drückt mir kurz die Schulter. Woher weiß sie, dass ich Witwe bin? Verdammt, was reden die bloß über mich? Ganz bestimmt reden sie über mich, und zwar alle. Ich weiß nicht, ob ich entrüstet sein oder mich vielmehr geschmeichelt fühlen soll. Wenn sie über mich reden, dann heißt das, ich stehe nicht am Rande. Sondern mittendrin. Die unbekannte Kraft, die plötzlich in ihrer Mitte aufgetaucht ist.

Ich lächele leicht. »Woher willst du wissen, dass ich das nicht längst tue?«, erwidere ich und lasse Mo mit verblüfft aufgerissenem Mund im Waschraum zurück. Ich lächle in mich hinein, als ich in die Küche zurückkehren will, und laufe dabei Danny in die Arme.

»Was ist so komisch?«, fragt er und beobachtet mich genau.

»Ach, nichts. Frauengeheimnisse. Was ist, seid ihr fertig?« Ich will an ihm vorbei, doch er hält mich fest.

»Nein, noch lange nicht. Was hast du mit Jimmy gemacht?«, raunt er mir zu.

»Lass mich los. Sofort!« Er zieht seine Hand rasch zurück. »Die Frage ist wohl eher, was er mit mir hat machen wollen! Er spricht also nicht darüber? Gut! Dann hat es ihm hoffentlich zu denken gegeben, was ich ihm gesagt habe.« Und damit lasse ich ihn stehen.

Zum Glück haben die anderen nichts gemerkt, sodass ich von weiteren derlei Dingen verschont bleibe. Das Essen, irgendein mexikanischer Eintopf, köchelt auf dem Gasherd in einem riesigen Topf vor sich hin. Wir decken den Tisch, verteilen Getränke – kein Alkohol in der Wache – und setzen uns in der lockeren Runde zusammen. Ganz bewusst platziere ich mich zwischen Tom und Geoff, sodass ich die anderen, die sich neben Tom niederlassen, nicht anschauen muss. Das ist wohl besser.

Bis das Essen aufgetischt wird, hat die Unterhaltung eine andere Form der Güte erreicht. Ernstere Themen kommen zur Sprache, auch die Probleme, die sie hier draußen mit den vielen, vielen Touristen haben, vor allem im Sommer. Viele unterschätzen die Hitze, verunglücken in den Canyons… die Liste ist endlos. Ich höre genau zu, als der Chief von den Plänen für die Task Force berichtet. Es klingt wirklich interessant. Als das Essen aufgetischt wird, habe ich so viel erfahren, dass ich weiß, dass diese wesentlich größer als jede Wache werden wird. Luft-, Wasser-, Landrettung, Hunderettungsstaffel, Brandbekämpfer, alles mit dabei. Ob die Jungs wissen, dass Tom von den Chiefs gefragt worden ist? Bestimmt nicht.

Doch erstmal lassen wir uns den Eintopf schmecken, und er ist gut, kräftig gewürzt und mit genau der richtigen Prise Schärfe. Feuerwehrleute essen immer schnell, es geht ihnen sozusagen in Fleisch und Blut über, das habe ich gestern schon gemerkt, und leider erfahre ich heute auch, warum. Kaum haben sie die ersten Bissen verschlungen, geht der Alarm los, und nicht nur einer. Auch der Pieper des Chiefs meldet sich. Die gesamte Nachtschicht wird zum Einsatz gerufen, und der Chief entschuldigt sich. »Ich muss ins Büro.«

»Tja, so ist das«, sagt Geoff zu mir und isst in aller Seelenruhe weiter. Mo, die mit den anderen kurz runter ist, um zu gucken, was los ist, kommt wieder hoch. »Hey Leute, Massenkarambolage auf der 89. Wo zu dieser Zeit so viele Autos herkommen, das sollen sie uns mal erklären.« Das bedenken die Fidnies natürlich mit allerlei Spott, denn in ihrer Stadt tobt der Verkehr ja bekanntlich zu jeder Tages- und Nachtzeit.

Mo nimmt die Teller der Nachtschicht und stellt sie im Ofen warm. Die so frei gewordenen Plätze füllen die anderen auf, so dass ich jetzt Danny und Sean gegenübersitze. Die beiden beobachten mich die ganze Zeit, Sean aus schmalen Augen. Ich ignoriere das stur und quatsche stattdessen mit Mo und Geoff über ihre Einsätze in der Touristensaison und wie dämlich sich mancherlei Gäste anstellen. Da kann ich natürlich mit meinen Reiseerfahrungen aus dem Vollen schöpfen, und bald merke ich, nicht nur die beiden hören mir interessiert zu.

Nach dem Abwasch – das gehört in einer Wache dazu – sitzen wir schließlich im Aufenthaltsraum in gemütlicher Runde beisammen. Auch der Chief kommt jetzt wieder hinzu mit seinem aufgewärmten Teller in der Hand.

»Probleme?«, fragt Geoff.

»Weiß ich noch nicht wirklich. Kann sein, dass ihr auch noch raus müsst. Wir werden sehen«, wiegelt der ab und beginnt zu essen.

»So ist das immer bei größeren Einsätzen«, sagt Geoff und trinkt einen Schluck von seiner Cola. »Kaum geht's mal rund, wissen sie nicht, von wo die Zusatzkräfte herkommen sollen. Dann sind entweder alle unterwegs und stehen vor Ort rum, oder sie sitzen hier und warten.«

»Und werden dafür bezahlt«, fügt der Chief zwischen zwei Bissen hinzu. »Aber das brauche ich euch nicht zu sagen, in einer Stadt wie New York. Ihr schiebt bestimmt jede Menge Extrastunden.«

»Hmm«, erwidert Sean. Er ist ja Captain, fällt mir ein. Da hat er bestimmt mit solchen Themen wie Mannschaftsplanung zu tun. »Die Dichte der Wachen in der Stadt ist ziemlich hoch, aber das ist auch nötig. Langweilig wird uns bestimmt nicht.« Es wird ein wenig über die Einsätze, die Besatzungsstärke geredet und wie sie mit Großereignissen umgehen. Ich merke es den hiesigen Feuerwehrleuten an, so langsam schwenkt das Gespräch in eine bestimmte Richtung. Erst reden sie ein wenig drum herum. Doch die anderen spüren es, es ist gut zu merken, wie sie plötzlich unruhig werden. Dann kommt das Gespräch tatsächlich auf den größten Einsatz in der Geschichte der New Yorker Feuerwehr.

Mo ist es dann, welche die entscheidende Frage stellt. »Ihr wart also dabei?«

Es ist gut zu sehen, wie sie ganz kurz versteinern. Aber es war ihnen wohl klar, dass dieser Abend auf das hier hinauslaufen musste, denn hätten sie etwas dagegen gehabt, dann hätten sie abgesagt.

Nun aber erlebe ich eine faustdicke Überraschung, denn alle, Sean, Danny, Jimmy und Vince, schauen Tom an. Das verschlägt mir fast die Sprache. Bisher war ich immer der Meinung gewesen, dass Jimmy oder vielleicht auch Sean die Anführer in diesem Gespann sind, weil sie so auffallend sind. Nun muss ich erkennen, dass ich vollkommen daneben lag. Es ist Tom, welcher der Ringgeber in ihrer Gruppe ist, er ist der Anführer. *Tom hat uns alle immer mitgezogen*, hat Jimmy mir geschrieben. Natürlich. Wie er die anderen davon abgehalten hat, an mir zu zerren, und sie sofort zurückgewichen sind. Sie haben für ihn das PFZ gebaut, vor allem für ihn. Wieso habe ich das nicht vorher begriffen?

Schließlich nickt Tom unmerklich und macht eine auffordernde Handbewegung. »Oh ja«, sagt Sean, »wir waren mittendrin.«

»Ah, Schande!«, knurrt der Chief und stellt seinen Teller weg. »Hört mal, Jungs, das müsst ihr nicht tun. Wir verstehen das.«

»Es ist nur so«, sagt einer der älteren Feuerwehrleute, »alle hier hätten damals alles stehen und liegen gelassen, um euch zu helfen.«

»Das wissen wir zu schätzen«, sagt Tom. »Viele haben es getan. Das ganze Land war da.«

»Ich kann mir gar nicht vorstellen, wie das gewesen ist«, sagt Mo und setzt sich zu Sean auf die Sessellehne. Natürlich nicht. Sie ist zu jung dafür. Die Jungs suchen sichtlich nach Worten, finden aber keine. Die anderen trauen sich nicht mehr zu fragen. Die Runde droht in Schweigen zu versinken, da beschließe ich, ihnen zu helfen.

»Ich möchte euch etwas zeigen«, sage ich, stehe auf und hole das Book aus der Kameratasche. Die Jungs schauen fragend zu mir auf. Ich setze mich wieder neben Tom. »Ich habe ein wenig recherchiert. Als ihr mir das erste Mal davon erzählt habt«, ich schaue Jimmy kurz an, und der kneift die Augen zusammen, »da wollte ich etwas mehr wissen. Also bin ich ins Netz gegangen. Seht mal hier.« Ich rufe das erste der drei Bilder auf. Es ist ganz bewusst das Harmloseste der drei. Tom neben mir zieht überrascht die Luft ein.

Ich drehe das Book herum, zeige es Sean und Jimmy. Denn sie sind ja drauf, als sie einen der Verletzten aus dem Turm führen. »Guck dir das an, Jimmy! Das kenne ich ja gar nicht.« Sean will es mir aus der Hand nehmen, aber ich hebe warnend den Finger, sodass er sein lässt.

Mo beugt sich vor. »Ist das…« Sie zeigt auf die markanten Stahlstreben im Hintergrund.

»Oh ja«, sagt Sean. »Das ist der Nordturm, ungefähr… oh man, da ist ja sogar ein Zeitstempel drauf. Nur ein paar Minuten, Jimmy, siehst du das? Dann war er weg. Der andere war es zu dem Zeitpunkt schon.«

»Wir hatten den Typ gerade in einen Krankenwagen verfrachtet und die Sanis ihn einigermaßen versorgt, als es losging. Ich dachte noch, wenn du mal so fett wirst, dass du dich nicht mehr bewegen kannst, bringst du dich besser um, als so zu enden. Dann kam das Ding runter und wir mussten unter einem Einsatzwagen in Deckung gehen. Wir haben's nur knapp überlebt.« Jimmy legt Sean den Arm um die Schultern, und der klopft ihm auf den Rücken.

»Zeigt mal«, bitten jetzt auch die anderen. Ich zeige es herum, und es werden allerlei Kommentare gemacht, Fragen gestellt. Die Jungs fangen an zu erzählen, nicht die schlimmsten Dinge, aber wie es gewesen ist. Der Bann ist gebrochen.

Tom drückt mir kurz den Arm zum Dank, aber ich schüttele den Kopf. Danke mir besser nicht. »Ich habe noch zwei gefunden«, sage ich leise und nehme das Book wieder an mich. Das nächste zeige ich Danny.

»Ach«, sagt er nur und schüttelt traurig den Kopf. Das wollen die anderen natürlich auch sehen.

»Das war nach dem Zusammenbruch des zweiten Turmes. Wir wussten gar nicht... ob die anderen überlebt hatten. Wir waren völlig benommen«, sagt Vince. »Ich bin da hinten. Ich kotze mir gerade die Seele aus dem Leib.« Tatsächlich, er ist es. War mir gar nicht aufgefallen. Sehr viel schlanker als heute, habe ich ihn nicht gleich erkannt.

»Du sagst, du hast drei Fotos?«, fragt Tom mich leise. Ich nicke. Das letzte will ich erst einmal nur ihm zeigen, von daher drehe ich den Bildschirm so, dass auch nur er etwas sehen kann. Er zieht scharf die Luft ein. »Scheiße! Wo hast du das her?!«

»Was... zeig mal!« Diesmal bin ich nicht schnell genug. Sean reißt mir das Book aus der Hand.

»Verdammt nochmal, das haben wir doch einziehen lassen!«, faucht Jimmy und blitzt mich wütend an. »Wo hast du das her?!«

»He, mach Sanna nicht an!«, greift Mo ein.

»Das Netz vergisst nie«, sage ich und halte seinem Blick stand. Tom hat mir wieder die Hand auf den Arm gelegt, doch diesmal als Warnung.

»Aber wir haben doch den Film einkassiert«, meint Danny kopfschüttelnd, als er das Foto herumgedreht bekommt. Durch den Raum geht ein leises, fassungsloses Stöhnen, sobald die Männer das Bild sehen.

»Ich hab dem Typ eins aufs Maul gegeben und ihm die Kamera aus der Hand geschlagen«, grollt Sean. »Er hat was geschrien von wegen Pressefreiheit und so, und da haben die Cops den Film rausgerissen und dem Typen gesagt, er soll sich verpissen.«

»Wenn der von der Presse war, dann hatte er vermutlich auch einen Digitalchip in seiner Kamera. Einige Modelle hatten das damals bereits«, sage ich. »Das Bild ist jedenfalls kein nachträglich eingescanntes, das würde man sehen.«

»Das erklärt, warum es dennoch ins Netz gelangt ist«, sagt Tom und drückt meinen Arm. »Sie wollten mit uns sprechen, Interviews machen, aber das haben wir abgelehnt. Anscheinend war unser Eingriff nicht vollständig. Wo hast du das her?«

Ich seufze und werfe dem Chief einen kurzen Blick zu. Er setzt sich sofort aufrechter hin. »Ich habe dir doch mal erzählt, dass ich mal digital gestalkt worden bin. Mir hat damals ein Bekannter geholfen, einer, der in der Hacker Szene unterwegs ist. Sorry, Chief, wenn man sich vor den wirklich bösen Buben schützen will, muss man wissen, wie sie agieren. Ich habe ihn gefragt. Es gibt da draußen im Netz eine ganze Reihe kranker Typen, die sammeln Bilder zu allem Möglichen, unter anderem zu Katastrophen. Und der Tag steht an vorderster Front ihrer Sammelleidenschaft. Verschwörungstheoretiker, all diese Gestalten. Sie tauschen diese Bilder wie die Kinder in ihren Sammelalben. Da sind Sachen dabei, die will man gar nicht sehen. Sie haben sogar die Bilder aus den Ermittlungsakten entwendet, wie auch immer sie das geschafft haben.«

»Du... du bist im Darknet unterwegs?«, fragt Sean entsetzt. »Und hast dir das alles reingezogen?«

»Nein!«, gebe ich erbost zurück. »Was denkst du denn? Ich habe ein Zeitfenster vorgegeben, ich wusste ja in etwa aus euren Erzählungen, wo ich suchen musste. Glaub ja nicht, dass ich bei diesem kranken Mist mitmache! Ich bin da nur sehr, sehr selten unterwegs, nur wenn es gar nicht anders geht. Es ist gefährlich. Einerseits angeblich anonym, aber man wird auch sichtbarer für die wirklich schlimmen Typen. Ich habe das für euch getan, für dich, Tom, und für dich, Jimmy. Ich musste einfach wissen, womit ich es zu tun habe.« Tom zieht seine Hand zurück, und Jimmy, der hätte mir am liebsten das Book um die Ohren gehauen, das sehe ich genau.

»Da hatten wir Tom gerade wiedergefunden«, sagt Danny leise. Er schaut zu uns auf, hatte die Hände im Gesicht vergraben. »Wir wussten nicht, wo er war, dachten, er wäre umgekommen. Und dann schleppen ein paar andere ihn an. Wir haben ihn fast nicht erkannt.«

»Du hast nach einem Zeitfenster gesucht?«, fragt Sean, jetzt ganz eindeutig misstrauisch. »Dann musst du dich in der Materie ja gut auskennen. Hast dich viel damit beschäftigt, was?«

»Sean…«, mahnt Tom, aber Jimmy springt gleich auf den Zug auf.

»Die meisten Leute tun das nicht. Du wusstest schon vorher darüber Bescheid, denn da draußen, mit dem schlechten Netz, hättest du gar nicht so viel recherchieren können. Bist du ein Katastrophenjunkie, oder was?«, spuckt er aus. Diese Feindseligkeit, die mir plötzlich entgegenschlägt, macht mich sprachlos.

»He, Jungs, was ist denn…« Mo's Protest wird von Seans abrupt erhobener Hand unterbrochen. Alle Augen sind jetzt auf mich gerichtet, und ich merke, wie Tom sich so hinsetzt, dass er mich richtig anschauen kann.

Mir wird ganz anders unter diesen Blicken. »Nun, das ist richtig, ich habe viel zu dem Thema gelesen und Dokumentationen geschaut. Immer mal wieder, wenn es gerade wieder in den Nachrichten kam. Zuletzt beim Zwanzigjährigen.«

»Aber so detailliert…?«

»Sanna?«, fragt Tom leise, und da erkenne ich, er ist mir auf der Spur. Instinktiv merkt er, dass etwas nicht stimmt, muss er ja, so, wie wir die Stimmungen des anderen spüren können. Und die anderen auch, denn ich habe sie gut kennen gelernt und bin damit auch für sie sichtbarer geworden. Lesbarer. Sie kreisen mich regelrecht ein, wie die Jäger ihre Beute.

Mein Mund wird trocken, ich muss schlucken. Oh Scheiße, oh Scheiße, schießt es durch mich hindurch, nicht jetzt! Doch ich kann nichts tun. Plötzlich wallt die Übelkeit in mir hoch. Ich schaffe es gerade noch, aufzuspringen und mir die Hand vor den Mund zu pressen, dann stürze ich schon zur Toilette und gebe alles von mir, was ich so genussvoll in der letzten Stunde gegessen habe.

Zitternd hocke ich schließlich in der Ecke der Toilette und weiß weder ein noch aus. Wo habe ich mir da nur hineingeritten? Das wird nicht gut ausgehen für mich, das spüre ich. Doch es gibt keinen Weg aus der Falle heraus. Je länger ich hier drinnen hocke, desto schlimmer wird es. Also bleibt mir nichts anderes übrig, als mit der Wahrheit herauszurücken. Und die Konsequenzen auf mich zu nehmen.

Ende

Wie geht es weiter?
Walk to Life II
Inklusive Nachwort der Autorin

ISBN 978-3-7575-1088-6

www.epubli.de